# 问道秦岭
# 三百峪

## 旅游心理视域下的秦岭调研

马国杰 著

陕西师范大学出版总社

图书代号　　SK23N1445

**图书在版编目（CIP）数据**

问道秦岭三百峪：旅游心理视域下的秦岭调研／马国杰著 . — 西安：陕西师范大学出版总社有限公司，2023.7

ISBN 978-7-5695-3713-0

Ⅰ.①问…　Ⅱ.①马…　Ⅲ.①秦岭—旅游心理学—调查研究　Ⅳ.① F592.741

中国国家版本馆 CIP 数据核字（2023）第 115871 号

## 问道秦岭三百峪
旅游心理视域下的秦岭调研
WENDAO QINLING SANBAIYU LÜYOU XINLI SHIYUXIA DE QINLING DIAOYAN

马国杰　著

| | |
|---|---|
| 选题策划 | 曾学民 |
| 责任编辑 | 杨　凯 |
| 特约编辑 | 孟　颖 |
| 责任校对 | 曾学民 |
| 封面设计 | 鼎新设计 |
| 出版发行 | 陕西师范大学出版总社 |
| | （西安市长安南路 199 号　邮编 710062） |
| 网　　址 | http://www.snupg.com |
| 经　　销 | 新华书店 |
| 印　　刷 | 陕西隆昌印刷有限公司 |
| 开　　本 | 787 mm × 1092 mm　1/16 |
| 印　　张 | 27 |
| 字　　数 | 493 千 |
| 版　　次 | 2023 年 7 月第 1 版 |
| 印　　次 | 2023 年 7 月第 1 次印刷 |
| 书　　号 | ISBN 978-7-5695-3713-0 |
| 定　　价 | 118.00 元 |

读者购书、书店添货或发现印刷装订问题，请与本社高教出版中心联系。
电　话：（029）85307864　85303622（传真）

　　秦岭，在我童年时期的地理课本上，只是横贯东西的分水岭，作用在于阻断北方冷空气向南入侵，促成了气候的南北差异。当我 2015 年结束在北京的求学生涯，受聘于陕西师范大学时，身在西安的我便有了更多的机会近距离感受秦岭，对秦岭的印象也发生了翻天覆地的变化。

　　秦岭又名南山或终南山，据说取自秦岭北麓居民的方位意识。秦岭如同西安市民的后花园，早上道路畅通的时候，驱车半个小时即可从南郊到达距离西安市最近的子午峪、天子峪、石砭峪等地。这些年参加了许多户外俱乐部，发现秦岭北麓有这样一个群体，每周末雷打不动地活跃在秦岭深山，我们统称这些人为"驴友"。秦岭究竟有什么魔力，究竟有多少好地方，能让驴友们一年四季乐此不疲？驴友们走入秦岭，究竟在看什么，在找什么？有哪些人真正热爱户外徒步？人们选择秦岭户外徒步的动机是什么？秦岭所提供的旅游资源如何满足户外爱好者的需求？这些问题深深地吸引了我，也促使我不断地向秦岭探索。

　　我对秦岭的探索，从距离西安市最近的子午峪开始。最初没有自驾工具，搜索公交车可以到达的山区，最方便的就是子午峪。子午峪不仅距离近，更有一些人文古迹，其中"一骑红尘妃子笑，无人知是荔枝来"的故事让子午峪成为知名人文古道。2015 年，我走进子午峪，攀登小五台，访问金仙观，并在子午庵喝了杯暖茶，这是我初识子午峪。在子午峪见到众多驴友在山中穿梭，询问之后，方才得知子午峪四通八达，进出子午峪也有丰富的线路可供选择。

　　与子午峪结缘，便是与秦岭结缘。秦岭在陕西境内横贯东西四百多千米，类似子午峪一般的山谷究竟有多少？是否真的是大众口中的七十二峪？七十二也因此成了我脑海中挥之不去的问号。我翻阅各个户外平台的介绍，开始整理大众口中的七十二峪版图，几乎无一例外地都被介绍为陕西省内的知名峪道。然而，随着探索范围的扩大，我发现秦岭北麓不止七十二峪，七十二仅仅是一个约数。秦岭北麓的沟道或有几千个，而有公路通达并有名字的沟道或有三四百个。在我最早接触到的2011年出版的《秦岭北麓峪沟口》一书中就介绍了300多个有名称的沟道。毛水龙在考察秦岭中草药的同时，完成了对秦岭北麓沟口的考察，记载秦岭北麓有322条沟道，其中陕西省293条，河南省12条，甘肃省17条。2018年，在我沿着毛水龙所记载的沟道进行探索时，又一本介绍秦岭的巨著《秦岭七十二峪》问世。该书集秦岭动物保护站、水利局、应急救援队、秦岭驴友等各方之力，按照水流方向，从陕西西侧写到东侧，系统介绍了秦岭北麓226个峪道的水文地理、人文历史以及自然风貌。这两本书拓展了我心中的秦岭峪道地图，将我对秦岭的认知扩展到秦岭七十二个峪道之外。

我在对秦岭的探索过程中，借助于一些户外平台，有幸结识了一批志同道合的驴友，一起徒步攀越秦岭峪道，探索秦岭北麓名山。在我的规划中，通常是每周一个非主流的峪道，甚至一天完成多个峪道的穿越。通过七年的不断探索，秦岭三百峪的蓝图逐渐清晰，那些知名的穿越线路以及秦岭北麓的百十峰，从原本地图上的符号，逐步成为记忆中的情怀。当我终于徒步龙脊三千里，完成问道秦岭三百峪时，我想，是时候从驴友的角度写出一本系统介绍秦岭北麓旅游资源的书了。尽管当前已经有多个版本的图书介绍秦岭峪道，但我所呈现的是双脚走出来的体验，是第一次以驴友的视角对秦岭的峪道进行介绍，并结合旅游心理学的专业视角，问道秦岭三百峪。以我一己之力书写秦岭，我坦言并不敢在地理人文方面泼墨太多，因为那不是我的专业。我只能从驴友的角度，将所见、所思以及所悟尽我所能呈现出来，汇报我问道问心的成果，为读者打造不一样的阅读体验。

秦岭的美，只有走进她的人才能欣赏到。尽管书籍带给我们知识，但带来的只是书面知识，带不来感官体验。去过秦岭的人，心中的记忆大多是如诗如画，如歌如唱，每次提到秦岭的名字，脑海中想起的就会是银装素裹的高山草甸，潺潺溪流下的幽幽深潭，庄严肃穆的神仙道场，鬼斧神工的地质奇观。面对大美秦岭，我曾无数次驻足观看、倾听、触摸，以让它深深地刻在脑海中，变成一生的诗情画意。

这本书虽然涵盖了对秦岭北麓主要风景的介绍，但更重要的是介绍秦岭北麓百余峰的徒步攻略，这些攻略中有对山峰攀登难度、位置、高度、距离以及主要风景的介绍，希望读者可以选择感兴趣而又有能力完成的线路走进秦岭欣赏秦岭。

尽管我在秦岭山中的足迹有数千千米，大量的山峰道路已了然于胸，朋友们说我是移动的秦岭峪道地图，但我每一次出行依然谨慎小心。即使我知道秦岭三百峪有上千条道路，但这些仍只不过是秦岭的冰山一角。对于秦岭，永远要心存敬畏之心，秦岭的博大精深是一个民族千百年都无法参透的，更何况是一个人。我在这本书中，对秦岭的动植物只是一笔带过，对地质构造更是不敢妄言。一个研究饮食心理和旅游心理的人，不敢在不熟悉的领域夸夸其谈。

本书分为秦岭概况、秦岭北麓沟道概况、秦岭三百峪、旅游心理视域下的思考四章内容。第 1 章简单介绍了秦岭的水利、植被资源，以及在此基础上形成的动物群落和隐士文化。第 2 章概括介绍了秦岭三百多个峪道，以及分布其中的知名自然和人文景观。第 3 章详细介绍了秦岭三百峪，以及穿插其中的秦岭百余峰的攀登线路。第 4 章阐述旅游心理视域下的思考，分析了户外徒步的动机、饮食、环保等话题。

由于篇幅限制，这本书在初稿的基础上删去了数百幅图片，最终仍然保留了 800 余幅主要用手机和无人机拍摄的图片。该书没有添加手绘轨迹图，任何手绘轨迹图都比不上户外软件。不过，我在两步路户外软件上建立了秦岭三百峪地图集（特别感谢两步路团队，该软件陪伴我探索秦岭数千千米），在两步路 APP 上搜索我的网名"南山马队"即可找到，我创建的数百条秦岭线路累计被驴友下载使用 3 万多次，也算为驴友出行做出了微薄贡献。为了使读者们更直观地欣赏秦岭美景，我所录制的视频以及图片资源，以及近年来的航拍资源，将通过名称为"南山马队旅行记"的抖音以及视频号发布，感兴趣的朋友可扫码（见本书封底）欣赏。

马国杰

2023 年 7 月

目<br>录

第 1 章

秦岭概况

问道
秦岭三百峪

## 本章导读

秦岭，位于祖国的中心位置，有广义和狭义之分。广义的秦岭西起甘肃省境内，东到安徽省境内，逶迤绵延数千千米，是长江和黄河流域的分水岭。而狭义的秦岭指的是陕西省南部即渭河和汉水流域之间的山脉。本书中的秦岭为狭义的秦岭。

秦岭的名称或始于秦朝的影响力，秦朝作为中国历史上第一个统一的封建王朝，对华夏文明和周边各国具有广泛的影响。古往今来，秦岭也被称为南山或终南山，大概因为坐落在秦都城以南。据高从宜和王小宁所著的《终南幽境——秦岭人文地理与宗教》一书记载，"秦岭"一词最早出现在东汉班固的《两都赋》，赋中有"睎秦岭，娥北阜"的句子。作者认为，后人讹传秦岭最早出自《史记》中的"秦岭，天下之大阻也"，实则《史记》中并无此话。类似的表述出自班固的《汉书》，"南山，天下之大阻也"。尽管"秦岭"一词的出处存在争议，但可以确定的是，至少在汉朝就已经出现了"秦岭"的说法。

秦岭又被称为中华父亲山，与之对应的长江和黄河被称为中华母亲河，可见秦岭在华夏人民心目中的崇高地位。尽管长江与黄河的源头都不在秦岭深山，但秦岭是长江与黄河的重要水源地之一，秦岭北麓的水流主要从秦岭各个山谷流出，通过渭河最终汇入黄河。而秦岭南麓的水流主要流入汉江和嘉陵江，并最终汇入长江。秦岭被称为南北分水岭，分的是长江与黄河。秦岭不仅从地理上决定了秦岭南北气候水文的差异，更从人文上决定了秦岭南北历史文化以及民生民俗的差异。秦岭之水从天而降，秦岭依据天然的地势，将天上的水带到人间。秦岭水资源丰富，分布着茂密的植被，形成了动物的天堂以及隐士的福地。中华民族的祖先们利用秦岭的水资源、以及沿河流域的肥沃土地，逐步形成了灿烂的农耕文明，奠定了华夏文明的基础。因此，唯有秦岭受得起中华父亲山的称谓。秦岭如同父亲一般，胸怀宽广性情敦厚，为中华民族的繁衍生息默默地贡献着自身的力量。

## 1.1　南北分水岭

秦岭，如同俯卧在中华大地上的巨龙，其自身就是广义的南北分水岭，而狭义的分水岭指的是龙脊所在的位置，是驴友最渴望攀登的地方，这里往往有高山，也有草甸。秦岭深山有许多地标，指示着龙脊所在，其中较为知名的有终南山黄河长江分水岭（图1）。该标志在终南山巨石东侧100米，这里可见清晰的南草北木现象，秦岭南北气候的差异使得南北两地植被截然不同。到达该分水岭的最佳线路在秦楚古道风景区，徒步拔高400米即可领略终南山分水岭的草甸风光。类似的分水岭在秦岭大梁上比比皆是，通常海拔在2000米以上，这个高度几乎都处在秦岭这条巨龙的龙背上。龙背在陕西境内足足有四五百千米长，无数的分水岭分布其中。

图1　终南山黄河长江分水岭（2018年8月）

　　在秦岭之中，有数条穿山公路分布在渭南、西安以及宝鸡等地。这些穿山公路往往沿着各个峪口的古道修建，直达梁上。秦岭北麓的峡谷有的长达十几千米甚至上百千米，其顶部梁上通常就是分水岭。得益于祖国的交通建设，游客可以不费吹灰之力就能领略这些分水岭的风光。这些分水岭中有一条极为知名，即西安市光头山所在的分水岭。沿着国道210进入沣峪，行进35千米左右即到达分水岭。分水岭海拔2000米左右，其北侧是八水绕长安之一的沣河，向北流入渭河，其南侧是发源于越岭谷的旬河，向南汇入汉江。分水岭所在的地方海拔较高，名山草甸聚集，诸如光头山、鹿角梁、跑马梁、冰晶顶等，是西安户外最为知名的线路聚集地。

　　在宝鸡市，有一条与沣峪极为相似的峪道，即马尾峪。马尾峪有244国道通过，从马尾峪入口行进20多千米即到达海拔1860米左右的秦岭梁附近，这里是马尾峪的分水岭，南北水流同样分别注入汉江和渭河。在秦岭梁附近，也分布着诸多高山草甸，著名的有碙溪峪以及褒河的源头石塔山，以及清水峪的源头冻山，这些风光优美的徒步线路正逐步走进驴友的视野。此外，在宝鸡市的清姜峪，也有一处知名的分水岭，这里修建了嘉陵江源头景区。沿着212省道进入清姜峪，行进25千米左右即可到达嘉陵江源头景区。这里北侧水流通过清姜河汇入渭河，而南侧水流通过嘉陵江汇入长江。嘉陵江的源头是代王山，从嘉陵江源头景区可驱车或徒步到达，但距离遥远。也有驴友从代王山穿越到玉皇山，或者从玉皇山南侧的锅坑梁穿越到嘉陵江源头景区，这类线路属于非成熟自虐线路，偶有宝鸡市探路先锋走通。

　　秦岭有公路通达的分水岭还有几处，譬如贯穿黑河峪的108国道经过的分水岭，也是周至和佛坪的分界线。在眉太线上的太白县境内有石头河和褒河的分水岭，太白县东侧的水流注入石头河，而西侧的水流汇入褒河，最终分别进入黄河和长江的怀抱，那里海拔在1700米左右，因为两侧河谷宽广，很难让人想到那里也是分水岭。此外，在西安市以及渭南市还有一些南北贯穿的公路，这些公路上升到梁上即到达各自的分水岭。只不过因为周边缺少知名的穿越线路，鲜有游客到访。

　　秦岭这座分水岭阻碍了南北气流的贯通，使得秦岭北坡降雨少于南坡，平均气温也低于南坡，形成了南北方植被不同的特征。正所谓一方水土养一方人，美国文化心理学家托马斯·塔尔汉姆更提出了"大米理论"，认为耕作文化影响南北方人民的性格差异。南方的水稻种植对集体依赖性更强，使得南方人更加具有集体主义倾向，而北方的小麦种植不需要较强的集体协作，使得北方人更加倾向于个人主义，而前者倾向于适应环境，后者倾向于改变环境。作者的理论有待进一步检验，但提供的自然与人性相关的视角值得借鉴。

南方水量充沛，河网密集，而北方河流稀少，平原广阔，这类水文地貌特征影响了千百年的建筑规划。北方农村的房屋多为平房，适合晾晒粮食，而南方的房屋多有凸起的房顶，适合雨水的排泄。南方许多房屋的建设与河道平齐，而河道蜿蜒崎岖，导致不同房屋从整体上没有东南西北的对称感，而北方广阔的平原使得房屋横平竖直，这些建筑布局也影响了人们的方位意识。南方人在空间认知上，经常表达左右的概念，而北方人则习惯用东西南北来表述。南北方人不同的空间参照系，显得北方人的方位感更加客观，更不容易受到自身方位的影响。以小见大，这点点滴滴的思维方式或许建构了南北方人更上层的思维差异。也许，秦岭这座父亲山，塑造的不只是华夏民族的脊梁，更潜移默化地影响了南北方人民的性情和意识。

## 1.2　茂密的植被

秦岭是国家中央森林公园，自然不缺少植被。秦岭的垂直高度高，使其拥有了不同的气候条件，秦岭南坡从山麓到秦岭大梁包含了亚热带、暖温带、温带、寒温带、亚寒带等不同气候类型，丰富的气候条件孕育了丰富的植被资源，使得驴友不出南山，即可饱览不同地域的自然风光。秦岭植被丰富，这些植被多数能够入药，是中药材的宝库之一。传闻孙思邈隐居南山采药，也说明了南山中药资源丰富的特点。驴友常在山里走，也能认识一些诸如黄精、天麻、金银花等中草药，如果稍微知晓一些药性的知识，便可以利用秦岭中药宝库对户外常见的跌打损伤、暑湿风寒等进行就地取材，及时救治。不过，没有相应知识的驴友，更多的还是依赖于便携的急救包，自己可不敢随便采药吃。

虽然秦岭草药不能随便吃，但能够辨识山货让驴友享尽口福，进山采摘山货也是驴友的重要乐趣之一。秦岭茂密的植被中，到底哪些可以吃，去哪里可以采摘？资深老驴心中往往有一个采摘线路图，在不同的季节前往不同的地方捡拾山中的宝贝。驴友圈里经常见到这样的人，探索到一个采摘宝地，在采摘的季节，每次总能扛出几麻袋猕猴桃或野生板栗等。类似这种私享的地方，如果驴友不说，你无论如何都找不到。所以，跟着资深老驴去爬山，总有意想不到的收获。为了突出秦岭的植被丰富，我非植物学家，仅从驴友采摘的视角进行阐述。

春节过后，似乎一下子就进入了春天，驴友们告别了雪松与冰瀑，开启了迎接春暖花开的登山季。当梅花凋落时，驴友们开始在山中寻找春天，在各个峪道的入口附近，农家分布较多，杏树得以普遍种植，这时候的杏花挂满枝头，那场景不逊于满山的樱花。当然，杏花盛开时也是樱花盛开的季节，在樱桃沟等樱桃树分布集中的地方，樱花也开始展露芳姿。

3月的桃花娇艳似火，除了长安区王莽乡的万亩桃园，驴友更喜欢去山里看那开满山谷的野桃花，譬如三凤山的桃花谷、土门峪双龙塔下的桃花以及最近走入驴友视线的葫芦岔等。在看桃花的旺季，去晚了往往找不到停车位，足以看出驴友赏花的热情。

4月份白鹃梅盛开。这时候的秦岭被白鹃梅这类神奇的植物包裹着，白鹃梅在秦岭浅山分布较多，距离西安较近的天子峪西岭，以及黄峪寺村通往卧佛寺的梁上都是欣赏白鹃梅的好地方。在白鹃梅之后，紫荆花盛开，也是4月份的盛景之一。紫荆花的观赏地主要在太平峪森林公园，而野山线路则首推涝峪中的凤凰山以及太平峪中的西寺沟等，这些地方在紫荆花盛开时节，整个山头如同赶集般热闹非凡。

5月份，不能只顾赏花，能吃的花已经开满山头。这时的槐花含苞待放，是采摘的重要时节。蛟峪、康峪、虎峪等，西安周边到处都有槐花岭或槐花沟（图2），驻足峪口即可感到花香扑鼻而来。这个季节也适合一家人进山踏青，不仅有槐花可以采摘，而且满地的野菜，诸如荠菜、蒲公英、面条菜等，只要你有一双善于发现的眼睛，地上满是能吃的东西。如果运气好，还能碰到香椿芽，不过香椿大多在4月份就可采摘，5月份的香椿已经没有那么香了，但是，刺老芽或许还在，味道和香椿不相上下。这个季节桑葚也迫不及待地成熟，在乌桑峪有大片的桑树，是采摘桑葚的好地方。此外，樱桃成熟，驴友多半这个时节前往渭南的樱桃沟，去品尝满山的野樱桃。除了吃，5月份也是高山杜鹃盛开的时候，许多驴友选择牛背梁以及高山草甸看杜鹃，这是除了吃之外的头等大事。

图2　胡庆沟槐花（2020年4月）

6月份是山杏以及野桃成熟的季节。在山中有许多杏树挂满了金黄的果实，却无人问津。树木的年龄往往比人的年龄还大，一代一代的山民在山中更迭，有的搬出了深山，只留下年年岁岁相似的果树孤零零地在山中守望。或许，驴友将其带走，分享给朋友，也实现了这些果木的价值。

7 到 8 月份，李子、八月炸、五味子开始走进驴友的视线。驴友们潜入人迹罕至的深山，以及那些叫不上名字的沟道，采摘这些珍宝。就拿五味子来说，越是人烟稀少的地方，越是能发现这种药材，譬如周至的塔峪，长安区的西竹峪等，都有大量的五味子集中分布。不过，想吃五味子也不需要跑那么远，在子午峪的各个沟道中都有五味子的踪迹，当你路过子午峪环山路口时，会发现许多村民在此兜售五味子，这些都是山民自己采摘的果实。

9 月份核桃成熟。即使是青青的核桃，在接近成熟的时候也是香脆可口。拿着刀子从核桃根部划开，将核桃劈成两半，白白的核桃肉酥酥脆脆，味道极好。而且，秦岭深山的核桃，尽管个子小，但含油量较高，甚至能够用手挤出油来，是秦岭上好的山货。

10 月份板栗成熟。这个季节的黄峪寺村热闹非凡，因为这里是板栗集中地，而且是无主的板栗（图 3）。这里的村民几乎全部搬迁了出去，据说这里承包给了开发商，然而，最终因为政策原因，黄峪寺村未得到开发，只留下数千亩板栗树周而复始地开花结果，成了远近闻名的捡拾板栗的宝地。除了板栗，猕猴桃是这个季节的硬菜。秦岭盛产猕猴桃是不争的事实，其分布常常具有聚集性，野生的猕猴桃往往聚集在某些峪道中，譬如太平峪、塔峪、就峪等，驴友们通常在猕猴桃成熟的季节到这里，顺便弄点儿山货回家。

图 3　秦岭板栗（2022 年 9 月）

11月份的秦岭已经没有太多山货。不过，枝头上或许还有一些没有掉落的柿子，一个个像灯笼一样挂满枝头。在秦岭北麓的各个峪口，秋季最容易看到的就是柿子红了的场景，尤其是那小小的水晶柿子，香甜可口。只不过，柿子不适合多吃，更因为采摘柿子需要专门的摘果神器，也削弱了驴友采摘的积极性。

12月份之后的秦岭似乎彻底没有了山货，不过，地上的荠菜等野菜已经开始崭露头角，冬季里也可以采摘一些尝尝鲜。一些资深的驴友知道哪些植物的根茎可以食用，这也扩大了采摘的范围，使得在冬季也能挖出宝来。

此外，驴友们在山中还喜欢采摘木耳、鸡头参、野葡萄、茱萸、羊奶子等，以及能够辨识的野蘑菇。不过，相对于秦岭植被中所有能够食用的东西，驴友们所知晓的以及所采摘的仅仅是冰山一角。秦岭一草一木都有学问，而这些学问似乎是普通人一生都难以完全掌握的。

## 1.3 动物的天堂

秦岭是动物栖息的天堂。秦岭动物无处不在，有的在秦岭上空盘旋，有的栖息在花草树木间，有的生活在潺潺流动的溪水中，有的居住在谜一样的洞穴里，有的潜伏在秦岭高山湖泊中。秦岭以广袤的植被和水源，滋养了数不尽的生物群。即使不曾到访秦岭的人，或许也知道秦岭四宝，即大熊猫、朱鹮、金丝猴以及羚牛。

秦岭佛坪有大熊猫基地，这里有机会碰到野生大熊猫。如果到达华阳古镇附近，水田中看到朱鹮翩翩起舞也极有可能。如果去西光头山或者四方台，多半会路过金丝猴保护基地。在西光头山附近的双庙乡玉皇庙村，曾经有驴友有幸见到成群结队的金丝猴在公路边索要食物。而秦岭四宝中的羚牛，是驴友在高山草甸上最常遇到的动物，在国家的大力保护下，羚牛已经成为真正的秦岭霸主。这种体重几百斤的庞然大物，在秦岭中已经找不到对手，近年来因为偶发独牛伤人的事情，导致羚牛的口碑在驴友心中越来越差，在高山草甸中碰到这些庞然大物，也只好远远地躲避，生怕激怒了它们。

如若在浅山游玩，几乎看不到秦岭四宝的踪影，然而，诸如野猪、豪猪、红腹锦鸡等动物则有极高的概率遇见。野猪经常到河边喝水，这也给了驴友近距离观看的机会。如果没有遇到极其彪悍的猪妈妈，小野猪是不足畏惧的，只不过，野猪的听觉不错，往往察觉动静便迅速跑开了。还有一种小型猪较为常见，它浑身长满了硬刺，像钢条一般，这就是豪猪，驴友在山中经常看到脱落的豪猪刺。而红腹锦鸡以及其他不知名的野鸡在山里更为常见，如果是下雪天，往往能在雪地里看到整齐的鸡爪印，使得这些动物的踪影有迹可循。

除了这些威胁性较小的动物，还有驴友祈求避开的生物，譬如黑熊。秦岭深山有几处称为熊沟的地方，譬如石砭峪的熊沟，这里真的有黑熊。黑熊白天一般不出来，驴友碰到的概率极低，即使到了晚上，黑熊妈妈带着宝宝们遛弯，也会远远地避开人类居住地。不过，前几年紫阁峪黑熊伤人的事件让驴友心惊胆战，遇到这种猛兽，正面打不过，跑也跑不过，爬树也没有人家快，或许只有一动不动方能保命。驴友也不愿意碰到另外一种动物，即毒蛇，如果遇到，尽量打草惊蛇，让其快快地离去，真要是不小心被蛇咬了，风险很难估量。尽管秦岭山中有许多威胁人类安全的动物，但驴友受到秦岭动物伤害的概率极低，并不需要过度担心。

人与自然是一个命运共同体，驴友与秦岭生物也是如此。大多数情况下，如果你没有给对方造成威胁，对方也不会对你有攻击性。人虽然能够改造并利用自然，但仍要对自然心怀敬畏之心。自然界中一个微小的生物，都可能对人造成致命的伤害。譬如，细菌、蜱虫、毒蜂等往往令人忽视的生物，有着极大的杀伤力。一个经常在山里行走的人，见识越多，越觉得自身渺小，对自然也越是敬畏，只有初出茅庐的人，才无所畏惧横冲直撞。所以，维护好秦岭生态，与秦岭生物和谐共处，也是徒步行走的重要原则。

## 1.4 隐士的福地

隐士自古有之，而终南山最多。终南山自古便是隐士的福地，据说山中隐士上万人，这绝对不是夸张的说法。终南山北麓的西安是佛教祖庭最多的地方，历朝历代都有在山上修庙的传统，使得知名寺庙遍布秦岭北麓。一般认为汉传佛教分为八个宗派，包括三论宗、禅宗、天台宗、华严宗、唯识宗、律宗、净土宗和密宗。这些佛教宗派祖庭中只有禅宗少林寺和天台宗国清寺不在西安，其他六个均在西安。在佛家祖庭密集的地方，有些人选择在山下寺庙中修行，有些人则在一定机缘下选择住山，用苦修的方式提升自己。

《隐士》一书的作者张剑锋，曾追随比尔·波特《空谷幽兰》中的记忆，寻访终南山隐士。张剑锋寻访隐士时，交通并不发达，许多峪口没有公路通达。他靠着一双脚走访了几个峪口，这些峪口往往是隐士集中的地方，包括终南山下的翠华山、南五台等区域，也包括石砭峪深山的几个山洞，以及大峪中的几个茅棚。张剑锋登上的山峰，包括距离西安市区较近的子午峪的小五台以及由大峪狮子茅棚登顶的嘉午台等。再远一些，包括宝鸡的太白山以及铁甲树的道观，还有渭南的华山玉泉院道教协会等。张剑锋感叹千百年来，隐士的生活未曾发生变化，大多数隐士一如既往地追求苦修。

　　张剑锋在探访隐士时，有过多次住庙经历，而我与隐士的相交较浅，即便遇见也是匆匆别过。尽管我徒步的目的不是寻找隐士，然而，走山的机会多了，总能碰到形形色色的修行者。隐士在秦岭北麓各个峪口都有分布，有的大隐隐于市，在热闹的佛道庙宇中寻求心灵的宁静。而有的则在人迹罕至的深山古洞中修行（图4），通过与本能的对抗，获得精神境界的提升。不过，想要彻底脱离人间烟火也不太容易。许多住山的隐士，一般有缘得到善信的支持，能够为其提供长期修行的食物供给。如果没有这么幸运，那就需要自己动手了。我见过在山顶开辟田地种菜的隐士，通过储存足够的粮食，以及减少食物的消耗，达到自给自足的状态。

图4　皂峪莲花洞隐士的简易起居（2022年4月）

隐士在我国是一种文化，历朝历代都有。最早的隐士据说是姜子牙，也有人说是伯夷叔齐。姜子牙在秦岭山中垂钓，坐等王侯上钩，这是最早的以隐为工具达到入仕目的的例子。而伯夷叔齐则不同，两兄弟因为商朝覆灭，不愿意为周臣，拒食周粟，饿死于首阳，据说首阳即是耿峪源头首阳山。最早的隐士传说就体现了隐士文化的迥异，姜子牙以隐居作为走入仕途的终南捷径，而伯夷叔齐则是以隐居作为远离仕途追求超我的手段。如今的隐居者或许也有寻访终南捷径的人，但这类人越来越少，因为终南山已经不是入仕的捷径，以此为渠道反而令人反感，譬如前些时间出现的"佛媛"即是此类。

秦岭山中多古庙，古庙旁边多隐士，或许是因为古庙的选择总是讲究风水，只有风水宝地才会被历朝历代的大师相中。古庙中往往有一批固定的隐士，这类隐士居住在庙宇中，来来往往的居士信徒往往会带来一些供奉，这些人大多有证，能四处挂单，每个月领着微薄的薪水。在不追求物质欲望的修行生活中，基本能够满足衣食起居。而这些庙宇附近往往有一些修行者搭窝棚、住山洞，不仅能够借一借古庙所在位置的灵气，也与他人有个照应，或有个学习交流的榜样。在南五台附近的沟道中，就分布着几十处这样的隐士住所，这些住所在隐士的努力下，也不乏从茅棚、石洞演变成辉煌的庙宇。

在深山中，处处有修行者的故事，如果询问一位长久在山里生活的村民，他可能会告诉你哪里有修行的人，这个人有什么样的行为处事方式等。修行者和山里人通常较为熟悉，因为除了一些年久的寺庙，大部分修行者所居住的茅屋为山民所有。即使自己在山中盖茅棚，也多半仰仗村民的帮助，一砖一瓦地将房屋搭建起来。不过，随着秦岭的整治，违规建筑越来越少，更多的是依赖原有的建筑。

许多人住山一住就是一辈子，一生只待在一个地方，也有一些隐士频繁地转场，从一个庙宇搬迁到另一个庙宇，从一个山洞更换到另一个山洞。或许待久了没有新鲜感，或许生存条件每况愈下，也或许机缘巧合觅得宝地，也可能身体原因无法抵抗孤独修行的苦难……真正的修行者，从其言谈举止中可看出不一样的沉稳和智慧，这类人往往建构了一套自己信赖的生存法则，一套成熟的处事信念，为人处世朴素简单而又真诚，从他们身上看不出复杂的心机。不过，走入深山，你所遇到的不一定都是真正的修行者，也有一些动机不纯或犯了事情的人躲在深山，需要小心甄别。

我在山中，既看到过慈眉善目的老者，也见到过玉树临风的少年，这些人不论年龄性别如何，都是在山中修行。老者往往侃侃而谈，见识广博，而少年多为学徒，向师傅学习修行的法门。不论是留发的还是削发的，不论是道长还是仙姑，不论修行的法门究竟有多大差异，他们的生活多半围绕一个"戒"字。修行大多数时候是在和人性对抗，对抗人性的懒惰贪婪，对抗男女之事，对抗功名利禄。我听闻的修行者中，除了正宗的佛家子弟，也有运动员、企业老总，还有学历较高的研究生，不过，更多的是普通人。他们在生活中遭受磨难，远离红尘，以修行对抗心理或身体的顽疾，达到治愈心身的目的。

现在的生活更加多元化，人们有权利、有条件也有自由去选择自己的生活方式。即便如此，我们也应当鼓励在红尘中体会人间百态，而不是以逃避的方式躲进山林。山里的苦不是每个人都能忍受的，有些人意志极为坚定，而有的待上两三天便跑下山找个能吃饱喝足的地方。一位山中老者告诉我，修行，哪里有这么高大上，修行只是活着，每天都是为了活着而已。或许这种生活本身即是修行，但若非生活发生巨大变故，谁愿意舍弃繁华躲入山林呢？许多驴友羡慕山里人的生活，认为山里环境清幽，古庙钟声和潺潺流水，最能治愈人的心灵。而山民说：你若是有钱有闲，山里就有琴棋书画；如果食不果腹，山里只有生活的艰辛。

第2章

秦岭北麓
沟道概况

问道
秦岭三百峪

## 本章导读

　　秦岭北麓因其绝佳的地理位置，使其成为秦岭人文历史文化最丰富的地方。这里不仅有约定成俗的秦岭七十二峪，更有数十个国内知名风景区。不过，对于一些新人，很难知晓秦岭有多少瑰宝。在本章节中，你会了解秦岭七十二峪的由来，以及为什么秦岭有三百峪？除此之外，你还会了解秦岭三百峪中的主要名山大川，有哪些景色极好，安全系数又高值得推荐的风景区。最后，我会带着大家忆古思今，品阅秦岭古道的沧桑变迁，架起沟通自然与人文的桥梁，争做秦岭天地之间的逍遥客。

## 2.1　秦岭北麓有多少峪

秦岭北麓究竟有多少峪？清代毛凤枝所著的《南山谷口考》最早系统介绍了秦岭北麓的峪道，书中说"南山谷口北向者，得一百五十"。书中所说的一百五十是个约数，作者也没有详细记载一百五十个峪道，只是从军事价值的视角列出了几十个主要的峪道，而且作者没有实地考察每一个峪道。在那个时代，交通并不发达，以一己之力考察秦岭北麓所有峪道颇有难度。

关于秦岭峪道的数量，有一个通俗的说法，即七十二峪（图 5）。七十二是个吉利的数字，只是描述秦岭峪道较多的约数。然而，为什么不用三十六或者一百零八呢？这可能是因为，古人所了解的秦岭峡谷相对有限，从文字记载来看，知名的有自然人文景观的谷道大约有一百个，因此，七十二既描述了峪道较多，又较为接近已知峪道的数量。随着科技的进步，人们足不出户，通过遥感卫星即可见识秦岭的轮廓，通过等高线判断峡谷山峰的位置。在此基础上，周灵国和谢伟主编的《秦岭七十二峪》一书系统呈现了 226 个沟峪，堪称一部极具科学价值的秦岭巨著。

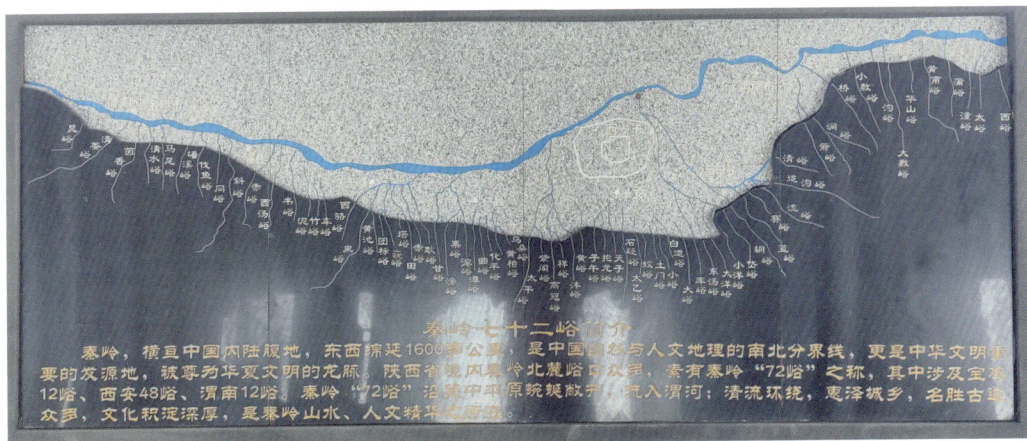

图 5　灞渭桥上的七十二峪石刻（2022 年 8 月）

是否秦岭只有这 200 多个峪道呢？当然不是，秦岭北麓的峪道或有数千条，然而，并不是每条峪道都直达秦岭梁，也并不是每条峪道都有公路通达。《秦岭七十二峪》一书中提到，若将一些较小的峪道呈现出来，或有三百条峪道。我也认为，用三百来描述秦岭北麓峪峪的数量最为合适。在毛水龙所著的《秦岭北麓峪沟口》一书中就已经涵盖了 293 条峪道。近几年来，我沿着秦岭北麓探索每一个峪道，从东走到西，借鉴了近二十年关于秦岭北麓峪道的书籍，最终给出了自己的答案，秦岭北麓大约有300个主要的沟峪。如果说有400峪，也勉强能够找得出来，但这些峪道的名称多半在地图上无法找到，当地百姓也对其名字语焉不详。如果说有200峪，确实与实际相差较大，至少当前的峪道记载以及地图上的标记中，已经远超200条。因此，我在本书中给出三百峪的答案，这三百峪也是个约数，只不过更接近现在公路通达且值得游玩的峪道的数量。

秦岭三百峪中仅西安市长安区就占了近50个，蓝田县、鄠邑区和周至县各有30多个，因此，西安市的峪道占了秦岭三百峪的一半左右，秦岭成为西安市名副其实的后花园。西安市历史上有八水环绕，包括渭河、泾河、沣河、涝河、潏河、滈河、浐河以及灞河，这八水中七个来自秦岭峪道，只有泾水从渭河北部汇入。史上的八水绕长安现已演变成今天的"三河一山"。西安市的"三河一山"项目是指东面以灞河为界，西面以沣河为界，北面以渭河为界，南面以秦岭为阻隔，其中包括了八水中除涝河和泾河之外的6个河道，对西安形成了深度包围。"三河一山"沿线修葺了整齐的绿道，沿河整治也在快速推进，河岸绿道旁修建了大大小小的驿站和服务设施上百个，是西安市民骑行和徒步休闲的重要场所，也是秦岭峪道连接千万居民的重要工程。

## 2.2　秦岭北麓有多少峰

秦岭北麓有多少峰，没有人说得明白。秦岭北麓有三百峪道，每个峪道内沟壑纵横，沟道顶部通常形成突兀的山峰，不过，这些山峰大多没有名字。自古以来有名有姓的山峰，往往得益于大自然的鬼斧神工。以单个峪道进行划分，或许每个峪道都有某某峪道第一峰的概念。然而，并不是每个峪道的山峰都适合攀登或适合打造为神仙洞府。峪道和山峰的关系有如下几种。一是许多较为短小的峪道往往到半截梁即止，并未形成传统意义的山峰；二是许多峪道同源，发源于同一个山梁，并在梁上共享最高峰；三是许多大的峪道绵延几十千米以上，形成了由浅山到深山构成的众多山峰群。以沣峪为例，浅山中有青华山、东观音山、万华山等，向里到分水岭附近分布着光头山、朝天场、鹿角梁、高山草甸、鹰嘴崖等知名山峰。这些有名有姓的山峰，往往是自然风光卓绝的地方，而这些地方如果有适宜的居住条件，往往成为山民居住或祭祀的场所，形成人文自然的交汇。

历史上人们考究过秦岭有多少峪，但对秦岭有多少峰知之甚少。如果将无名山峰尽数算进去，恐怕没有人能够数得清，甚至穷其一生也无法攀登完。如果要统计山峰，只能统计那些有名字的，自然风景优美的，或有人文古迹且有成熟攀登线路的。以这个思路去考虑秦岭北麓有多少峰，或许有个粗略的共识，大概有百十个。这百十个山峰除了华山、少华山、翠华山、南五台（图6）、神仙岭、太白山等比较有名气的山峰外，更多的是驴友深爱的非景区线路，如西安周边的太兴山、嘉午台、东观音山、光头山、九华山、首阳山等。这些山峰上大多有人文古迹，登顶这些山峰最能体验户外徒步的乐趣。

图 6　南五台（2022 年 8 月）

　　这本书将我所徒步攀登的秦岭北麓百十峰悉数列出，且以峪道为线索，把每一个山峰放在最适合攀登的峪道中。这些山峰有高有低，低矮的浅山山峰海拔不过数百米，而陕西省最高的山峰太白山海拔 3771 米。然而，山不在高，有仙则灵，登顶低矮的山峰也有一番乐趣。这些山峰上或有美丽的自然景观，或有奇特的人文古迹，对于体力不足但又热爱登高望远的驴友而言，是不错的选择。而对于体力较强的资深驴友，探索新线路以及不走寻常路往往是登山的一大乐趣，这百十个山峰的线路对于每周攀援一条线路的驴友而言，也得两年以上。许多线路行程较远，加上一些不确定因素，驴友们往往反复多次前往，才能得偿所愿。

## 2.3　秦岭北麓风景名胜

秦岭北麓有许多景区，这些依山而建的景区往往围绕某个峪道，包含峪道内的知名山峰、草甸或洞穴。这些知名的风景区无论收费还是免费，都具有一个共性，即景区基础设施较好，对游客的安全有一定的保障。即使在天气不好的情况下，譬如雪天或者雨天，一些景区依然开放，也让寻求不同登山体验的游客有了登山目标。

从东向西，主要的景区如表1所示：

**表 1　秦岭北麓景区分布**

| 市区 | 峪道 | 风景名胜 |
| --- | --- | --- |
| 渭南市华阴市 | 华山峪 | 华山风景区 |
| 渭南市华州区 | 小敷峪 | 少华山风景区 |
| 渭南市临渭区 | 天留沟 | 天留山风景区 |
| 西安市蓝田县 | 流峪 | 流峪飞峡风景区 |
| 西安市蓝田县 | 蓝峪 | 莲花山风景区 |
| 西安市蓝田县 | 蓝峪 | 玉山风景区 |
| 西安市蓝田县 | 蓝峪 | 王顺山风景区 |
| 西安市蓝田县 | 辋峪 | 辋川溶洞风景区 |
| 西安市长安区 | 库峪 | 太兴山风景区 |
| 西安市长安区 | 蛟峪 | 二郎山风景区 |
| 西安市长安区 | 太乙峪 | 翠华山风景区 |
| 西安市长安区 | 太乙峪 | 终南山风景区 |
| 西安市长安区 | 白蛇峪 | 南五台风景区 |
| 西安市长安区 | 青华沟 | 青华山风景区 |
| 西安市长安区 | 沣峪 | 万华山风景区 |
| 西安市长安区 | 祥峪 | 祥峪森林公园 |
| 西安市长安区 | 高冠峪 | 高冠峪风景区 |
| 西安市鄠邑区 | 太平峪 | 太平森林公园 |
| 西安市鄠邑区 | 曲峪 | 金龙峡风景区 |
| 西安市周至县 | 田峪 | 秦岭国家植物园 |
| 西安市周至县 | 闻仙峪 | 古楼观风景区 |
| 西安市周至县 | 黑河峪 | 黑河森林公园 |
| 西安市周至县 | 黑河峪 | 黄柏塬风景区 |
| 宝鸡市眉县 | 西汤峪 | 太白山景区 |
| 宝鸡市眉县 | 赤峪 | 红河谷风景区 |
| 宝鸡市太白县 | 斜峪 | 药王谷风景区 |
| 宝鸡市太白县 | 斜峪 | 青峰峡森林公园 |
| 宝鸡市陈仓区 | 伐鱼峪 | 钓鱼台风景区 |
| 宝鸡市渭滨区 | 茵香峪 | 天台山风景区 |

从表 1 中可以看出，这些景区主要分布在西安市，可见西安市对秦岭的开发力度之大。除了西安市丰富的景区资源外，渭南和宝鸡也各有代表。渭南市最具代表性的景区是华山风景区，从古至今承载着显赫的声誉，也是渭南市旅游收入的龙头。而西侧宝鸡市的太白山风景区，因其是陕西省的最高点，也是国内顶级户外线路的重中之重，更因为璀璨的文化而成为宝鸡市的重要旅游支柱。宝鸡市的另外一个王牌估计是宝鸡市地名由来的鸡峰山风景区，也是天台山风景区的一部分。这几年宝鸡市投入大量资金用于天台山西线鸡峰山风景区的开发，未来或将成为与太白山并驾齐驱的旅游资源。

西安市的风景区较多，而山峰中首屈一指的是终南山风景区，整个终南山风景区东侧从库峪开始，西侧到楼观台风景区。最东侧的库峪太兴山被称为终南第一峰，是因为太兴山属于终南山从东向西的第一道山峰。西安市围绕终南山开发的风景区较多，其中距离西安市区最近的莫过于翠华山和南五台风景区，翠华山和南五台是登高望远的好地方，也是西安市民最喜爱的打卡地。其他景区各有特色，有山峰，有草甸，有峡谷，有庙宇群，有植物园，这些风景区极大地满足了西安及周边居民乃至全国游客走进秦岭的需求。

既然是风景区，门票是少不了的，但也有例外。在西安市的蓝田县，大多数风景区都是免费的。譬如，悟真寺、辋川溶洞、玉山风景区以及王顺山风景区，这些地方都修了整齐的台阶，基本可以到达主要景点附近，驴友们将这些免费景区作为小雨天气或冰雪天气的备用线路，以减少登山的风险。如果游客们不习惯野山的道路，想要在景区中欣赏秦岭的风采，上述景区都值得一去。除此之外，还有一些免费的景区没有一一列出，这些景区开发得不够彻底，登顶的线路多是野路，譬如车峪的翠峰山、白石峪的嘉午台等。不过，这些野线往往是驴友的最爱，登顶这些地方，可自虐亦可休闲，可晴天览胜也可特殊天气遛腿。本书中将在相应的峪道中提供这些线路的游览攻略，不过，涉及收费景区时，这里避免介绍野线，以免给读者增加登山风险。

## 2.4　秦岭北麓古道人文

秦岭古道众多，贯穿七十二峪，这些古道多有分支，纵横交错，其目标就是从秦岭北麓通往秦岭南部的商洛、安康以及汉中。为何要翻山越岭？这和秦岭的地貌以及秦岭北麓在历朝历代中的重要地位有密切的关系。秦岭东西绵延上千千米，其北麓是古城西安，历史上十三王朝定都于此。因此在政治斗争中，关中是征伐之地，而在和平年代，若想在朝廷谋个一官半职，秦岭南麓的黎民百姓也需要翻越秦岭。尽管可以绕一大圈从东侧的潼关进入，但这个距离走下来所用的时间不是一般人能够耗得起的，单纯徒步少说也在半年左右。因此，历朝历代都重视打通秦岭南北的交通。古代劳动人民采用最原始的方法铺路修路，遇到峡谷河道则搭建栈道，开辟了一条条贯通南北的古道。

在秦岭古道中，有五条较为重要，从东向西依次是蓝武道、子午道、傥骆道、褒斜道、陈仓道，如果再加上几条，那就是通往商洛市柞水县的锡谷道、义谷道和库谷道，后面这三条与前面不同，如今也没有沿着这三条峪道所在的小峪、大峪以及库峪修建贯通南北的公路，而主要通往柞水的公路包括通过石砭峪的包茂高速，以及沿着蓝武道入口所在的辋峪修建的福银高速和蓝武道贯通的蓝峪所在的312国道。锡谷道、义谷道以及库谷道似乎已经被历史抛弃，其历史地位也明显低于其他古道，如今也只有个别驴友偶尔会沿着这些古道穿越南北。每条古道都承载着千年的历史，古道人文也不是片言只语所能阐述的，这里只将我的古道见闻简略呈现，以使读者对秦岭古道有一个大概的了解。

蓝武道又被称为丹江通道，该通道可以通往楚地，因过蓝关、武关，所以在秦岭南北坡附近分别称为武关道和蓝关道。蓝关道也就是驴友口中的蓝关古道（图7），主要通过蓝峪。现在的蓝峪有312国道通过，而蓝关古道核心段也修建了平坦的公路，从辋峪的薛家村蓝关古道入口进入，在山梁上行进18千米左右即到达蓝峪内的国道上。这一路有多个观景台，沿途可向西观看竹篑寺文峰塔夕照，追忆韩愈"雪拥蓝关马不前"的仕途心态。蓝关古道的入口不止在辋峪口，在徐家山村以及虎吼山道观所在的沟道，都有蓝关古道的入口，而在著名的上悟真寺，更有诸多蓝关古道栈道的遗迹，以及文人骚客留下的诗篇。千百年来，不知蓝关古道成就了多少仁人志士的梦想，又淹没了多少怀才不遇者的悲伤。如今，蓝关古道成为驴友心中重要的自驾线路，也是登顶虎头山的最佳线路，更是通往王顺山、玉山以及莲花山的一条风光优美的自驾线路。

子午道这个名字很容易让人们想到子午峪，但子午峪不是子午道的别称，只是子午道最重要的入口。在子午峪附近，有许多峪道通往子午峪，并汇聚到子午峪梁顶的土地梁以及南坡的碌碡坪附近。譬如，从石砭峪的青岔可横穿秦岭，通往沣峪的喂子坪。而沿着子午峪翻越土地梁，一路下撤经过石峡沟即到沣峪主路上。在沣峪没有修建成熟的公路时，子午峪是古道的重要出口。唐朝时"一骑红尘妃子笑，无人知是荔枝来"走的就是这条子午道。子午道如今是最受西安市民欢迎的峪道之一，无论是子午峪浅山休闲游，还是沿着沣峪行进35千米到达分水岭，站在中华龙脊上俯瞰大好河山，都令人心潮澎湃。不过，沣峪210国道车辆较多，如果出来的晚，恰好赶到高峰期，长长的车队可能会绵延数千米，这也是美中不足的事情。

图 7　俯瞰蓝关古道（2022 年 11 月）

傥骆道之所以得名如此，是因为这条栈道南北两侧分别是洋县傥水河口和周至县骆峪口。这条古道极为险峻，也是通往汉中最为便捷的通道。曾经的老周佛路即沿着部分傥骆道的遗迹，翻山越岭穿过骆峪口到达厚畛子，通过黄柏塬景区，迂回向南过华阳古镇，最终到达汉中。我曾听说有驴友徒步历经坎坷走完整个傥骆古道，全程在200 千米以上。如今的骆峪口依然有傥骆古栈道的遗迹，只不过从骆峪翻山越岭的驴友越来越少，即使是要攀登到地标为"一脚踏三县"的地方，也不再从骆峪出发。老周佛路的修建，逐渐替代充满了艰难险阻的骆峪以及泥峪的登山路，使其成为登顶"一脚踏三县"的捷径。然而，老周佛路因为 108 国道的修建而半途而废，并没有打通到老县城，这也是古道修建的一大憾事，目前也只有要攀登到"一脚踏三县"的驴友会选择此路。如今的 108 国道成为这里贯通南北的大动脉，尽管频繁塌方封路，但依然是驴友进入黑河森林公园、老县城、黄柏塬、四方台、西光头山等知名景点的必经之路。

褒斜道的南端在褒河与汉江交汇处，北端的出口在斜峪关附近，其名称也和傥骆道一样取自古道两端出口的地名。褒斜道的南端有石门水库，尚存石门栈道遗迹，褒斜道北端有石头河水库，也是西安市的候补水源地之一。褒斜道不知多少次走进军事家的视野，刘邦当年"明修栈道，暗度陈仓"中的栈道指的就是褒斜栈道，而"暗度陈仓"所指的陈仓就是清姜峪所在的陈仓道。褒斜道如今有成熟的交通公路眉太线贯穿南北，这里以太白县东侧的分水岭为界，东侧水流汇入北侧的石头河，西侧的水流汇入褒河。这条路从北向南有多个风景区，包括药王谷风景区、青峰峡风景区、紫柏山风景区等，也是游人自驾到汉中欣赏红叶的重要自驾线路。在车辆较少的周内，也是跨越太洋公路前往黄柏塬景区的最优线路。

陈仓道沿着清姜峪到达凤县，过略阳转到汉中，这条路沿着嘉陵江南行，也叫嘉陵江通道。随着古时栈道的开辟，陈仓道和褒斜道后米由一条横向的栈道连接在一起，这就是从凤县出发，在留坝县和褒斜道汇聚一起的连云栈道。连云栈道北段与陈仓道重合，南段与褒斜道交汇，将嘉陵江与褒河沿线连通在一起。这般操作确实缩短了陈仓道的距离，在古代具有较高的军事价值。如今的陈仓道有了成熟的公路，其北段清姜峪沿线分布着古渔公园、大散关、嘉陵江源头风景区等景点，也有众多小众登山线路，是宝鸡市驴友重要的登山徒步休闲目的地。

这些古道历经千载，也是历史变迁的见证者。千年之后看古道，古道依然如此。尽管有了新的交通方式，古道的天堑已经变通途。然而，千百年来，游人依然如故，从徐霞客那样的古人到今天的驴友，不知有多少惊人的相似之处，大路我不走，偏爱小路行。驴友中不乏有文采者，尽管与古人遣词造句存在差异，但在古道中徜徉，其所抒发的心境并无二致。

第3章
秦岭三百峪

问道
秦岭三百峪

## 本章导读

　　秦岭北麓在陕西境内的峪道三百有余，这些峪道在地图上基本都能找到地标。峪是山谷的意思，我曾以为这种说法是陕西特色，然而，当我徒步太行以及长白山时，发现这种表达具有文化共性，在河北、山西、辽宁等地，都曾见到以峪命名的沟道。峪和沟无大小区分，秦岭三百峪也可以称之为秦岭三百沟，或者秦岭三百谷。在这个章节中，我将为大家呈现秦岭版的"西游记"，从东向西按照峪道所在的市区县逐步介绍秦岭三百多个峪道，范围包括渭南市、西安市以及宝鸡市，其中在宝鸡市所属峪道的介绍中，因陈仓区、渭滨区区划形状特殊（渭滨区被陈仓区包裹）的缘故，为了保持峪道从东到西的介绍顺序，故分为陈仓区（东）、渭滨区、陈仓区（西）介绍所属峪道。所有峪道图片都是我实地考察所拍摄的一手资料，我不知自己是不是第一个走完秦岭三百峪的人，但我相信自己是历史上第一个系统地实地考察秦岭三百峪的人。

## 3.1　渭南市潼关县

### 3.1.1　西峪

西峪在渭南市潼关县最东侧，之所以称为西峪，是因为地处河南省最西侧的三门峡市豫灵镇，这里属于豫陕晋交汇处，有"鸡鸣三省"的说法。西峪河接纳了潼关县麻峪以东包括桐峪、太峪等峪道的水流，并吸收了流经亚武山风景区西侧的河南文峪的水流，最终汇入黄河。人们常说秦岭北麓七十二峪水流通过渭河汇入黄河，这个说法在潼关县并不适用。潼关县蒿岔峪以东的峪道径直奔向黄河的怀抱，这是因为渭河在潼关县早早汇入黄河，如果蒿岔峪以东的河流想投奔渭河，就需要逆流而上了。

西峪的入口在东官村，旁边有一个池子叫东官涝池（图 8），修成了公园模样，附近可以停车。西峪目前不对外开放，也没有看到驴友分享的游记攻略等。众所周知，潼关县以及豫灵镇附近矿产资源丰富，这些地方分布着大大小小的金矿，为了个人安全以及矿产资源的安全，大多数地方属于禁区。

图 8　东官涝池（2020 年 10 月）

### 3.1.2 大猇峪、小猇峪

猇，读音 náo，字典上解释为古代山名，在山东淄博一带。而这个字何时用于命名潼关的峪口，至今不得而知。导航可以定位到上小猇口附近，东边的猇峪称为大猇峪，其资料很少，我也无缘进入。西边的峪口称为小猇峪，目前处于开放状态。大小猇峪都和矿产有关。小猇峪入口附近有几个矿产公司都与黄金加工有关。峪内不远处分布着大大小小的矿洞（图 9），不过，由于污染治理的原因，洞口已在 2016 年封闭得严严实实。小猇峪的路况不是很好，在雨水的冲刷下，土路上深沟纵横（图 10）。小猇峪少了采矿的喧嚣，显得分外宁静。偶尔路边可以捡到几块漂亮的石头，也算是到此一游的回赠。

图 9　小猇峪矿洞（2020 年 10 月）

图 10　小猇峪路况（2020 年 10 月）

### 3.1.3 桐峪

桐峪尽管采用梧桐树的"桐"字命名，仍容易让人联想到铜矿，而古代为了掩饰金矿的开采，有时也将金矿对外声称为铜矿。导航搜索桐峪就能定位到潼关县桐峪镇，该镇就处在进出桐峪的公路上，沿着桐峪镇中心的 Z202 乡道进山就可到桐峪深处。

因为矿产开采原因，桐峪失去了山里应有的宁静。在桐峪的道路上，运送矿石的车辆呼啸而过，尽管山中仍有村落，但住的多是戴着安全帽的工人。在大雾弥漫的天气，我和驴友有幸进入桐峪，驱车进入峪内 6 千米深处，到了坡夫岔附近。因为天气原因，汽车在峪内多次熄火等待雾散。越往里走，道路越窄，而与矿车错车更加困难，于是，我们在六千米左右开始返回。沿途可以看到"中国黄金"的大门和劳碌的工人。这里的矿藏不知已经被挖了多少年（图 11），只不过现在的开采技术比古代更加先进，挖得更快，破坏力更小。也许，等到若干年后，矿藏开采完毕，青山绿水还会回到附近居民的怀抱。

图 11　桐峪矿场（2020 年 10 月）

### 3.1.4　小峪、马峰峪、党家峪、瞿家峪

在桐峪和西侧的善车峪中间有四个山谷，自东向西分别是小峪、马峰峪、党家峪、瞿家峪。这几个峪道虽短，但地图上可以找到这四个峪口，峪口处有党家村等。小峪的名字在秦岭三百峪中出现次数最多，大概有 6 次，可见峪道命名具有地域性，又具有思维的共性。这里的瞿家峪和马峰峪有采矿痕迹，其他两个峪道处于未开发状态。尽管潼关一带处处有矿藏，但能留下几个峪道供游人休闲玩耍，也不失是经济与生态的平衡。这四个峪道中，马峰峪最长且有机耕路通往峪内二三千米深处的矿场附近（图 12 和图 13），不过，马峰峪的铁矿厂已经关闭，目前处在环境恢复中。

图12 马峰峪入口（2022年2月）

图13 马峰峪内部（2022年2月）

### 3.1.5 善车峪

善车峪是个较长的峪道，地图上有潼关县善车峪村，位于善车峪的深处。善车峪的"车"应当读作jū，原作善猪峪，为了好听而改为音近字。目前善车峪属于未开放区域，驴友无缘进入。在善车峪附近有一块重点文物保护碑，上面写着"善车口蓝居易墓"（图14），据说，附近发现了明朝将军蓝居易的墓碑，而蓝居易生平如何，这里没有记述。

图14 善车口蓝居易墓（2020年10月）

### 3.1.6　立峪、玉石峪

立峪的入口在善车峪专线上，右转进入立峪路（图 15）驱车 500 米，右侧可见善车口蓝居易墓墓碑。从墓碑向里驱车 600 米左右，可见玉石峪的入口，这里有个玉石峪隧道（图 16），是通往玉石峪的近路，如果不走此路，前行右转也可以绕过去。不过，这两个峪口对于驴友可能没有什么吸引力，尽管玉石峪的名字很诱人，但进入之后，看到的只是采矿后留下的山体创伤，并没有驴友喜闻乐见的美景。

图 15　立峪路况（2020 年 10 月）

图 16　玉石峪隧道（2020 年 10 月）

### 3.1.7　太峪

太峪在秦岭三百峪中有两个，华阴市方山峪东侧有一个，但不及潼关的太峪有名。搜索潼关县太峪水库，就能导航到太峪水库的堤坝上，车可以开到堤坝中央。我们到达时，恰逢大雾弥漫，辽阔的水面更显得烟波浩渺，两侧山峰的倒影与山体相连，仿佛两只俏皮的海豚在水中"相濡以沫"（图 17）。

太峪的进山公路属于 203 乡道，沿着太峪河道修建，路况较好，可以通往洛南，这也是古时潼洛古道的一部分。离开太峪水库 9 千米到达太峪分水岭，海拔 1560 米左右，这里有一座太峪分水岭"无量祖师"庙（图 18）。此处不是一般意义的分水岭，而是黄河与其支流的分界。北坡的水汇入黄河，而南坡的水汇入洛河，最终仍注入黄河。太峪岭也是潼关和洛南的分界线，沿着太峪岭下山，则进入洛南县的寺耳镇。这里的青山绿水总使游人惊喜不断，在大板路上途经许多原始的村落，南北两侧青山连绵起伏，偶尔遇到清澈的河流在宽阔的河谷中缓慢地流淌。雨水的冲刷将原本五彩斑斓的石头雕琢得更加璀璨，使得我们情不自禁地停下来捡几块漂亮石头以作纪念。这里简直是潜藏在洛南县的香格里拉，更多的美景有待游人挖掘。

图 17 太峪分水岭（2020 年 10 月）

图 18 "无量祖师"庙（2020 年 10 月）

尽管从这里可以穿到潼峪，沿着大板路西行可到潼洛路，在潼洛路的庙台附近右转可以由南向北穿过潼峪，然而路况极差，不仅弯多弯急，而且道路因采矿而损坏严重。潼峪深处，即从北向南过了佛头崖景区之后，有多处矿山正在作业中，沿途道路被运载车辆碾压得坑坑洼洼，小车在这里很容易磕碰底盘。所幸，我们经历了胆战心惊的驾驶体验后，最终完成了太峪到潼峪的 U 型自驾，全程大概 50 千米。

### 3.1.8 麻峪

麻峪在太峪西侧，导航到上麻峪口就到了进入麻峪的主路，即上麻峪口和下麻峪口中间进山的道路。麻峪的名称据说和麻脸婆婆麻仙姑的传闻有关，不过，传说无从考究。也有人说，麻峪中蕴含的矿藏中可能有一些毒砂，接触后容易出现麻脸，这倒是一个令人生畏的说法。麻峪也是潼关七峪（西峪、桐峪、善车峪、太峪、麻峪、蒿岔峪、潼峪）之一，峪道长 15 千米左右。不过，我们并没有深入探索，在峪口看到泥泞不堪的路面（图 19）以及不太清澈的河流（图 20），推测这里的生态可能已被矿产开发破坏，对驴友的吸引力较弱。

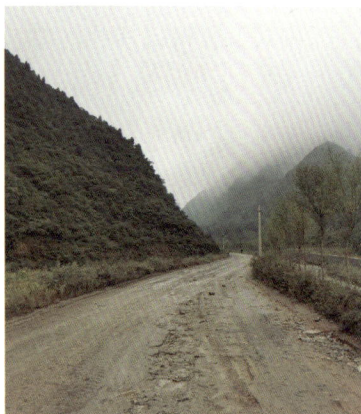

图 19 麻峪路况（2020 年 10 月）

图 20 麻峪河道（2020 年 10 月）

### 3.1.9 小麻峪

小麻峪在麻峪西侧，入口（图 21）在上鹿岭村，又被称为四儿沟。从鹿岭村东头保存接近完好的古门楼（图 22）处可进入沟内。沿着四儿沟前行 1.5 千米左右，有一座山神庙，不过，因为我们到达的时候刚下过雨，道路泥泞，所以放弃了探访。尽管只能从老乡言语中得知一些传闻，但总算知晓了潼关峪口保留不多的一些人文景观。

图 21　小麻峪入口（2020 年 10 月）

图 22　鹿岭村古门楼（2020 年 10 月）

### 3.1.10 蒿岔峪

蒿岔峪属于潼关较大的峪道，也是潼洛古道重要的分支，搜索潼关县的蒿岔峪口就能导航到蒿岔峪。蒿岔峪名称据说与龙王受命治蟒蛇有关，龙王用天火焚烧蟒蛇，峪道山石化为岩浆伴随河水流出峪口，河道中惊现一根可做椽木的蒿草，村民用蒿草做椽在峪口修建龙王庙，因而得名。不过，传闻经不起推敲，也许这里蒿草遍地，岔道多，所以命名蒿岔峪。蒿岔峪口向北延伸 15 千米的天然深谷被称为禁沟，基本上与潼关古城相连。禁沟西侧修筑了十几个方形土台，俗称烽火台，烽火台下修建屯兵城池，也叫作潼关十二连城。

蒿岔峪整体路况较好，又因为岔路多，水流大（图 23），总能找到一个适合玩耍的地方，因此是一个休闲戏水的好去处。不过，峪道深处仍有矿场正在作业中。目前，大部分村民都搬出了蒿岔峪，只留下进进出出的旷工在此劳作。

### 3.1.11 潼峪

#### 3.1.11.1 峪道概况

潼峪也是潼关七峪之一，搜索潼关县潼峪，百度地图定位到潼峪佛头崖附近。佛头崖的山门前有两处开阔的停车场，可免费停车。潼峪的路况在佛头崖与峪口之间尚可，

图 23    蒿岔峪沟道（2020 年 10 月）

因为矿藏开发的原因，过了佛头崖道路毁坏严重。尽管可以从潼峪入洛南，但这条路很难走，远不如太峪进洛南的道路方便。

潼峪是潼关之行最大的惊喜，因为这里有座佛头崖，又名佛头山。站在佛头崖景区门口北侧的公路上可以清晰地望见状如佛头的崖壁。在佛头崖下方有几处庙宇，主要有观音正殿等。据碑文记载，此处庙宇最早修建于唐朝，重建于 2008 年。除了人文景观，佛头崖下还有两处深潭，潭水清澈，未见枯竭。另有观音洞一座，洞中有一些密宗修行的手印，也是吸引游人的重要地方。从佛头崖的北面可以穿到留翎站，还可以下到蒲峪的东交口，也可以向南 U 型穿越到潼峪公路上。然而，留翎站目前十分荒芜，蒲峪的道路也因为少有人走而荒草丛生。

### 3.1.11.2　秦岭百十峰之佛头崖

概况：起点佛崖寺景区大门海拔 1000 米左右，佛头崖海拔 1800 米左右，而崖壁下的观音洞海拔在 1700 米左右，单程 3 千米，线路成熟，风景较好。

佛崖寺是个未充分开发的免费景区，无人看管，大门处（图 24）可以免费停车，北侧有住户，也能找到水源。从寺门进入，拾级而上，200 米左右来到佛崖寺的下庙（图 25），山庙分高低，或许是为了方便体力较差的香客进香的缘故，也为了方便修行的人在自身或自然条件不适合在上庙居住的情况下，能有个安身立命的场所。下庙开阔整洁，地理位置较好，可以在庭院中清晰地看到佛头的轮廓，想来是信仰者所选的风水宝地。

图 24　佛崖寺山门（2020 年 10 月）

图 25　佛崖寺下庙（2020 年 10 月）

　　距离起点 1.3 千米的道路右侧有两块巨大的石头，下方石头上写着"四马石"三个字，而上方的石头顶上有铁铸的围栏，上有天然水槽一个。两块巨石中间有一条裂缝隔开，登顶四马石需要借助一条铁索软梯。有些驴友在此如履平地，迈着大步登上四马石，而有的驴友望着两石中间的狭缝两腿打颤，最终放弃登顶四马石。通往佛崖寺上庙的路况较好，除了石头铺就的台阶，就是枯叶铺满的小土路，一路上还可以看到天然石洞、破山石等。在经历山路十八盘之后，当看到无数五彩经幡时，预示即将登顶。这条线路单程仅有 3 千米，登顶却消耗了我们两个半小时的时间。在佛首崖崖壁下可见整齐的几间庙宇（图 26），周边杂草横生，但寺庙前方的空地干净整洁，有两个石桌以及几个石凳可供游客休息。

　　尽管大老远就能听到太阳能音乐播放器播放着空灵的佛乐，然而庙内空无一人，我们将背包放到石桌上，开始到正殿左前方的观景台打卡。左前方是一块小菜地，只是已经看不到种植的蔬菜。小菜地接近左前方的悬崖，而悬崖边上立着一座小庙，站在小庙前方的大石头上，可以一览无余地看到来时的山谷风光，以及潼峪以东的大美秦岭。观景台的风很大，我们在此拍照无不谨小慎微，尽量距离崖壁远一些，生怕一失足成千古恨。在返回观音殿的间隙，我顺道沿着观音殿北侧的小路到了北边的庙上，只看到在荒木丛中庙宇依山而立，旁边杂草丛生，几乎将其掩盖。

　　回到正殿前的休息点，看到手机信号居然是满格的，想着在这里做直播都不成问题。

沿着观音殿向南走去，路过寺庙的厨房和水源地，只不过，我们此行缺少详细的攻略，并未打卡两处龙潭。继续向南前行几十米，可到达菩萨洞（图27）。这段路或是因为自然塌方，散乱的大石头损毁了路面，我们只能手脚并用跨过小石海，方才见到菩萨洞的真面目。菩萨洞外的崖壁上刻着观音殿以及观音洞的故事，从其文字记载可以看出，佛头崖从唐朝至今经历无数浩劫，原始的模样已经荡然无存。所幸尚能从碑文以及自然风光中，追忆与佛头崖相关的历史风采等。菩萨洞口的木门敞开着，我们抱着敬畏之心走进菩萨洞，看到洞中供奉着南海观世音菩萨，洞内石壁上刻满了密宗手印，似乎每一个手印对修行者都有特殊的意义，或许只有对佛教有信仰的人才能明白。

图26　佛崖寺庙宇（2020年10月）

图27　菩萨洞（2020年10月）

### 3.1.12　新晋峪、马驹峪

在潼关的潼峪和华阴的蒲峪中间，主要隔着七个长度较小的峪道。其中自东向西，新晋峪、马驹峪、员陈峪、七岔峪以及翎峪这五个峪道的入口都在潼关县，几乎每个峪道入口处都有以峪名命名的村子，而哲远峪和老虎峪这两个峪道的入口在华阴市。最东侧新晋峪以及马驹峪的入口在渭南市潼关县西寨子村附近，因为东侧有较大的峪道潼峪，通往这两个峪道的交通相对比较便利，从进入潼峪的专线向西500米即到达两沟道的入口。新晋峪峪道较短（图28），全长不过500米，梁顶在马驹峪东侧山梁附近。马驹峪发源于佛头崖西北侧的山峰，长度虽不足3千米，但有机耕路通往峪内深处（图29）。这两个峪道中，马驹峪更值得游玩，其入口西侧有一些风蚀地貌，如同土塔一般，颇有特色。

图 28　新晋峪入口（2022 年 2 月）

图 29　马驹峪机耕路（2022 年 2 月）

### 3.1.13　员陈峪、七岔峪、翎峪

员陈峪距离东侧的马驹峪入口不足 500 米，有公路通达峪口。不过，员陈峪峪道发源于马驹峪西侧山梁，峪道较短，没有特别的景观。员陈峪西侧的七岔峪峪道稍长，发源于佛崖山西侧海拔 1900 米的山峰附近，峪口有地标七岔峪口以及水峪口，其西侧还有一个长度不足 500 米的小沟道名为水峪。七岔峪内有机耕路通往两千米左右的峪内深处，峪内生态相对良好，有季节性水流。七岔峪西侧 2 千米左右即是潼关最西侧的翎峪，不过，两峪口之间无直线公路通达，需要向北经过留翎村，辗转一番才能到达翎峪峪口（图 30）。翎峪峪口无特别标志，有机耕路通往峪内深处，峪口有一个小水塘（图 31），水质较为清澈。

图 30　翎峪峪口（2022 年 2 月）

图 31　翎峪峪口水塘（2022 年 2 月）

上述峪道较短，也没有特别的景观，唯一能让驴友念叨的是留翎瓒的传闻，据说与东汉关西夫子杨震有关。杨震蒙冤昭雪，改葬潼亭，大鸟前来吊孝，在其灵柩前俯仰致礼而不去，直到杨震的棺木入土，大鸟飞向蒲峪东侧的朝阳山，在山顶留下翎羽，后人称之为留翎瓒，现也称之为留翎站或龙脉站。龙脉站鲜有人走，其最近的登山口在蒲峪的东交口北侧。有驴友近期从华阴市的哲远峪登顶龙脉站，或从蒲峪东交口北侧的山梁下山，或从翎峪探路出山。两条道路都不太好走，从驴友分享的照片来看，龙脉站基本荒芜，已经看不到任何人文遗迹。

## 3.2 渭南市华阴市

### 3.2.1 哲远峪、老虎峪

哲远峪和老虎峪在渭南市华阴市境内，哲远峪属于华阴市最东侧峪道，入口处有东牛家岭村。老虎峪的入口朝向西北侧，可看作蒲峪的分支，该峪道长度不足500米，没有特别的景观。东侧的哲远峪较长，发源于海拔1700米左右的龙脉站，峪道长5千米左右。哲远峪曾有矿藏开发，沿着哲远峪机耕路可通往峪内深处（图32），以及老虎峪尽头的采矿场。在哲远峪入口有华阴市自然资源和规划局所立的警示牌（图33），提醒大家峪道内矿山和坑道全面关停，禁止采挖，矿区坑道存在塌方危险，私自进入造成的伤亡责任自负。看到这些警示，驴友不免疑惑，如果有危险，矿藏开发商在退出时理应封闭矿场入口，而不是在山中留下安全隐患。不过，矿藏对驴友没有吸引力，驴友来访一般是为了登顶龙脉站，从哲远峪登顶龙脉站是近年来频繁看到的户外活动之一，这里有狭窄的公路通达峪口，停车也相对方便。

图 32 哲远峪内部（2022 年 2 月）

图 33 哲远峪入口警示牌（2022 年 2 月）

### 3.2.2　蒲峪

蒲峪位于华阴市营里村南侧，入口处有蒲峪水库（图34），从蒲峪口进山可翻山越岭到达洛南地区。据说蒲峪梁顶有山神庙，这条路也是通往洛南的古道之一，但因为山高路险，所以知名度以及利用率较低。蒲峪多金，金子的诱惑使得蒲峪内部修葺了公路，然而，公路并没有修到蒲峪的尽头，在进入峪道 7 千米左右，公路逐渐变成碎石路，坑坑洼洼，使得小车通行困难。

蒲峪最佳的风景大概是蒲峪水库以及从蒲峪登留翎站或佛头崖的线路。蒲峪水库解决了下游百姓的饮水问题，他们不再靠天喝水，也是人类利用自然条件的体现。沿着蒲峪公路行进 3.5 千米，有一处破房子，这里是留翎站下撤到蒲峪的出口。再往前 100 米左右东侧，有一处比较成熟的山沟，即东交口（图35），这个地方是从潼峪登佛头崖穿蒲峪下山的必经之路。因为东交口金矿开采的缘故，这个线路相对路况较好。从东交口攀登到海拔 1800 米左右的垭口时，可以看到残留的矿洞，以及开矿的设备和采矿人临时搭建的窝棚。

图 34　蒲峪水库（2021 年 3 月）

图 35　蒲峪东交口（2021 年 3 月）

### 3.2.3　小蒲峪

小蒲峪在蒲峪西侧，从蒲峪水库北侧 500 米左右向西，有一条狭窄的公路通往小蒲峪的峪口（图36）。这条公路非常窄，或许是为了方便村民的摩托和小三轮采摘花椒，因此不建议驱车前往。可以将车停在蒲峪主路上，徒步进入小蒲峪，以免在这条路上错车困难。不过，小蒲峪极短，较为原始，没有知名风景，驴友也没有强烈的动机到访小蒲峪。

### 3.2.4　芦金峪、锁峪、宋峪

从小蒲峪沿着狭窄的公路西行，路过芦金峪，但入口不明显，属于极短的非知名峪道。

图36　小蒲峪峪口（2021年3月）

锁峪不算太短，沿途风景不错，而且有一座小型水库（图37）。地图上搜索锁峪口即可找到进入锁峪的道路。沿道路从锁峪峪口向里几百米到达水库，过了水库便是机耕路，而且这段机耕路较长，通往未被开发的锁峪深处。因为没有听说锁峪内部有特别的景观，所以我们未深入探索峪道，仅在水库附近拍照留念。

在一路西行前往秦峪的路上，可以看到宋峪的标记。路口有一个牌子，上面写着"宋峪村唐墓"（图38）。导航到宋峪村，在宋峪村东侧有进山的入口。不过，宋峪是个短小的峪道，也没有公路延伸到峪道内部，只适合附近居民来此休闲遛弯。

### 3.2.5　东秦峪、西秦峪

秦峪的入口在华阴市秦峪村东南，紧邻宋峪，东边较长的沟称为东秦峪，西边较短的沟称为西秦峪。秦峪以及秦峪村的名字据说和秦王李世民有关，秦王李世民曾经跟随父亲征战华阴，镇压农民起义，在此屯兵屯粮，因此，秦峪被称为秦仓谷，秦峪口称为秦仓口。这里有一条村道自东向西将两个峪口连接在一起，对华阴的驴友而言，东秦峪是穿越杜峪的一条常规线路。从东秦峪入口向里行走500米，即到一个瀑布处，该瀑布名叫虎口。从瀑布西侧盘旋而上，可到达虎口瀑布上方，即虎口所在位置，这

图 37  锁峪水库（2021 年 3 月）

图 38  宋峪村唐墓（2021 年 3 月）

里也是进入东秦峪深山的必经之路。虎口位置是一处天险，现存有人为修筑的接近5 米的石头大坝，坝体残缺，中间留下两人宽的豁口（图 39），确有"一夫当关，万夫莫开"的气势，据说这里是 20 世纪 70 年代修建的水坝。驴友戏说道，如果放在古代，此地一定是一个落草为寇的好地方。

东秦峪峪道较深，可以从该峪出发环形穿越杜峪，也是渭南驴友的常规线路之一。东秦峪入口西侧土坏上有多处窑洞，而且保留完好，许多窑洞都有使用过的痕迹。我们驾车前往西秦峪时，路边不知道见到多少窑洞，这些窑洞或居住，或存储，或养殖，窑洞的利用也体现了孟塬镇的地名特点，一般塬上的高坡都适合窑洞建筑。当我们驱车自西向东即将到达秦峪村时，西秦峪的入口映入眼帘。西秦峪到梁顶的距离较短，前段是300 米左右的机耕路，再向里只剩下狭窄的山间小路，只能徒步前行（图 40）。

图 39  东秦峪虎口背面的豁口（2021 年 3 月）

图 40  西秦峪小路（2021 年 3 月）

### 3.2.6　小杜峪、杜峪

#### 3.2.6.1　峪道概况

小杜峪的名字虽受杜峪影响，但距离杜峪较远，反而距离西秦峪较近。小杜峪入口在秦峪村西北方向的索家窑附近，有公路直达峪口。这里人迹罕至，自然风景保留较好。地图上可见峪口有小型水库，这里应当水源充沛，是个戏水纳凉的浅山峪道。

杜峪的入口在杜峪口村，然而，导航到杜峪口村往往无法直接到达峪口，在杜峪口村西侧有一条不起眼的公路，才是通往杜峪的必经之路。杜峪西侧是华山的东大门皇甫峪，据说杜峪也纳入了华山景区开发的范围，目前门口有内外两层管护站（图41）。驴友若想参观杜峪，比较理想的一日线是从东秦峪或者王道岭穿越。

王道岭是杜峪和皇甫峪中间的山梁（图42），也是解放军智取华山进入猩猩沟的线路。王道岭靠近华山，自古也是修道的重要场所。王道岭的顶峰馒头山（因酷似馒头而被驴友称为馒头山）的崖壁上有著名的王刁洞，曾是王遥、刁自然修行的宝地，两位仙人离开后，陆续又有多名道士在此修行，其中不乏道教界的大师。在《隐士》这本书中，就描述了王道岭的高人可以餐风饮露、长久禁食。尽管这样的说法有些颠覆我的认知，但我还是相信世间或有一些能人异士，是常人很难理解的。王道岭是杜峪周边最大的风景线，其上不仅有丰富的人文自然景观，也有令人胆战心惊的攀爬线路，譬如上园子的铁锁链，近些年在驴友圈中的知名度越来越高。

图41　杜峪口管护站（2020年10月）　　　图42　王道岭王刁洞北侧观景台（2020年10月）

#### 3.2.6.2　秦岭百十峰之王道岭

概况：起点铁路涵洞海拔500米左右，王刁洞所在位置海拔1540米左右，单程8千米。线路有一定强度，起步就是练驴坡，对体力要求较高，但风景极好。

前往杜峪管护站的路上经过陇海铁路的桥洞，这里比较宽阔，适合停车，从杜峪穿出必经此地。沿着铁路北侧的小路西行 800 米左右，右下方有一处铁路涵洞（图 43），穿过去就是王道岭登山口。整个华山附近的沟峪，几乎都要过涵洞才能到达登山口。这些涵洞是修建铁路时的排水口，几乎每一条沟都会有。王道岭线路虽然不长，但起步就是练驴坡，直到拔高 400 米到达梁上，才逐渐平缓，此时右侧华山的风景也开始映入眼帘（图 44）。

图 43　涵洞（2020 年 10 月）

图 44　华山远景（2020 年 10 月）

　　金秋 10 月，尽管天气渐凉，驴友爬到梁上的时候却已汗流浃背，所幸华山远景极佳，加上梁上的红叶初步渲染（图 45），整齐的芒草在风中欢畅地摆动，心中的疲惫瞬间全无。在梁上缓慢行走距离起点 5 千米处，有一个山神庙（图 46）。这里视野开阔，可以望见华山以及王刁洞所在的崖壁。过了山神庙有一段平缓的下坡路，通往谷底的王道岭村。王道岭村原有人家，现存一些残砖破瓦，还有被开垦的农田的痕迹。王道岭村的位置也是下撤杜峪的位置，在王道岭村东侧，只需拔高十几米就能上到梁上崖口，顺着陡峭的小路下撤到杜峪。

图 45　王道岭红叶（2020 年 10 月）

图 46　王道岭山神庙（2020 年 10 月）

从王道岭村沿着开阔的谷地前行,一路看到废弃的农宅以及河道中缓缓流淌的溪水。在前方有上下园子的地标,然而,驴友一般称王刁洞所在位置为下园子,王刁洞上方的山顶为上园子。我们这次并未做上园子的功课,只到达了下园子的王刁洞。在距离起点6千米处,沿着右侧的山谷和废旧的院墙上山继续前行1千米,拔高200米左右,即到达王道岭神仙洞府的山门。初到山门,小伙伴们惊呆了,在如此陡峭的山坡上,居然有这等豪宅。大门看起来新修不久,门上新刷了金黄的油漆,外周由整齐的石头堆砌而成(图47)。

通过山门,犹如进入了一个依山而建的花园别墅,在高低起伏间有几处主要的洞府,其中最大的就是声名远播的王刁洞(图48)。王刁洞洞口有红色木门,洞口虽小,洞内却别有洞天。进去之后可沿着台阶下到内洞,真不知这个内洞是天然形成,还是修行者用双手挖出来的。洞内有简易的小窗,侧壁上有储物的一方一圆两个格子,是否寓意了天圆地方,寓意修行者不出洞府,畅游于天地之间。

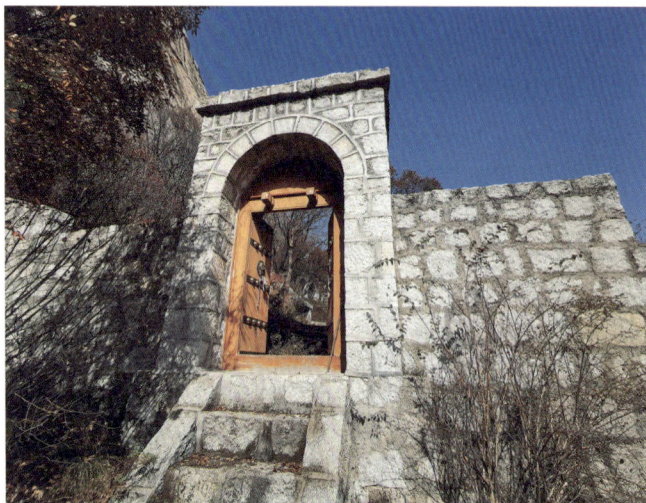

图47 王刁洞山门(2020年10月)

图48 王刁洞(2020年10月)

崖壁北侧有一块大平台,一直延伸到北部的灌木丛。站在这块平台上,可以近距离感受馒头山的气魄,也可以远眺华山雄姿。在王道岭修行的隐士,或许每日面对华山,吸收天地精华,提升自己的境界。我曾听闻道人对修行地的见解,对他们而言,一个地方有没有灵气,呼吸之间就能知道,难怪有些隐士不辞山林穿梭,去寻找合适的道场。

馒头山的顶部南侧,就是驴友所说的上园子,顶上有残缺的瞭望台遗址。在接近山门的时候,沿着左侧的岔路直行,就能找到登顶的铁链子。这条铁链子不知吓破了多少英雄胆,有些登过顶的驴友,提起崖壁的这段铁链子,依然心有余悸。铁链子在几处地方，似乎直上直下，下脚的地方只有半个拳头大小，可谓异常惊险。据说修行者不喜驴友叨扰，2022 年将铁链子关键的地方拆除，普通驴友登顶上园子几乎不可能。

　　沿着杜峪下山，线路接近 8 千米，线路虽然不长，但从王道岭村下到杜峪的这段路并不好走，山路陡峭，一路要小心谨慎地前行。我们下山时几乎没有看到任何村民，可能村民已经整体搬迁。杜峪内部没有修建公路，沿途都是碎石路，许多地方被河水冲刷成深沟。不过，该峪有多个石顶石奇观（图 49），令人称奇。我们下到杜峪河谷，沿着杜峪的河道以及碎石路行走 8 千米左右，穿过最后的狭窄峡谷口（图 50），终于看到出口的管护站。据说这里有几只恶犬，我们一行围成一圈，准备随时与恶犬搏斗。所幸到门口时，管理员听到人声，迅速勒住两只恶犬，使我们安全经过。

图 49　杜峪石顶石（2020 年 10 月）

图 50　杜峪出口路况（2020 年 10 月）

### 3.2.7　黄甫峪

　　黄甫峪是华山的东大门（图 51），从黄甫峪的华山游客中心乘坐摆渡车，可以到达瓦庙沟附近停车场，搭乘索道直上北峰。黄甫峪的名字来自于春秋战国时期黄芦子。传说黄芦子在此隐居，借助道法，只要说出病人姓名，病人千里之外仍可以收到药方，这个传说可谓最早的"远程医疗"了。黄甫峪因为黄芦子的故事，又被称为黄神谷。

　　华山包括九个峪口，从东向西，依次是黄甫峪、牛心峪、白马峪、文仙峪、华山峪、仙峪、黄峪、台峪和瓮峪。尽管这些峪口都在华山景区内，但"自古华山一条路"

的说法并不唬人，如果不走寻常路，需要用尽九牛二虎之力才能穿越到华山景区。当前登顶华山主要有四条线路：两条索道线（北峰索道和西峰索道）和两条徒步线（"智取华山路"和"自古华山一条路"）。"自古华山一条路"指的是华山峪的登山线路，从玉泉院后面的华山门进山，全程徒步在 20 千米左右。而"智取华山路"在黄甫峪瓦庙沟索道停车场附近，这条徒步线路这几年一直处于未开放的状态，游客鲜有体验。倘若不走徒步线路，借助黄甫峪的北峰索道或瓮峪的西峰索道登顶华山，则是老少皆宜的休闲活动。

图 51　黄甫峪华山东门（2022 年 2 月）

华山周边最负有盛名的穿越线路莫过于三公山穿越，三公山在华山南峰正对面，比南峰略低，三公山的东侧是三凤山，与三公山遥相呼应。三公山因为像极了望着华山的三位耄耋老人而得名，而三凤山或许因为三公山而得名。三公三凤也应了阴阳相生相随的道家思想。华阴的驴友将三公山穿越（仙峪登三公山，出黄甫峪或王道岭）看作华阴第一线，能走下来者寥寥无几。我所认识的驴友曾经带着西安的几个户外大神走三公山七日大环线，其勇气和毅力令人钦佩。

### 3.2.8 牛心峪

牛心峪（图52）在黄甫峪西侧，导航到玉泉院东侧的仙姑观附近可以停车。仙姑观北侧的道路正在整修，也许不久后进出这些小峪道更加方便。无论在何处停车，都需要过涵洞。在仙姑观附近沿着进山小路前行，过铁路涵洞，沿着铁路内侧靠近山体的小路向东行走，一路经过文仙峪、白马峪和牛心峪。牛心峪因为峪内有状如牛心的山峰（图53）而得名，峪道虽然不长，但有山水瀑布，也是一个休闲纳凉的好去处。华阴周边的驴友经常到此，或夏天纳凉，或冬天欣赏冰瀑。牛心峪的瀑布以及冰瀑奇观在滴水崖附近，雨后瀑布非常壮观。滴水崖右侧有小路可以上山，并穿越到王猛台。我曾带队试图反向穿出牛心峪，无奈夏季树高草深，没有找到滴水崖西侧杨震讲学的山洞，遂不得不返回到王猛台附近，从文仙峪下山。

图52 牛心峪入口（2022年2月）

图53 远观牛心峰（2022年2月）

### 3.2.9 白马峪

白马峪（图54）是夹在牛心峪与文仙峪中间的小峪道，因为走的人少，道路几乎荒芜，入口可见人工修建的排水渠。我和几名驴友曾经从文仙峪上王猛台，登顶枣核山，最后从白马峪下山。然而，白马峪下山的道路并不顺利，沿途下到瀑布（图55）无路可走，只得借助绳索。那次穿越是我们爬山这么多年唯一一次用长绳，也是一同穿越的驴友唯一一次崖降后双腿打颤，至今想起来依然有些后怕。万一绳子不够结实怎么办？万一树杈不够牢固怎么办？后来我们总结道：如果有难度一定要知难而退，华山周边探路必须带绳，最好带粗绳。

图 54　白马峪入口（2021 年 5 月）

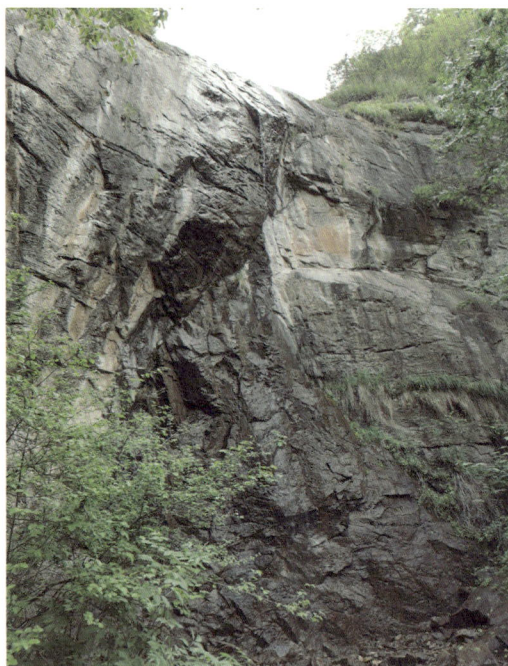

图 55　白马峪瀑布（2021 年 5 月）

### 3.2.10　文仙峪

#### 3.2.10.1　峪道概况

文仙峪在华山峪西侧，峪口西侧有仙姑观。文仙峪的名称与吕洞宾的传说有关，据说吕洞宾在此修行 40 年，后来羽化成仙。此处现有纯阳观（图 56），其前方大树上挂满了红丝带，因为吕洞宾是文仙，所以许多家长为了孩子升学而来。纯阳观后方有一泉，游人到此往往捧起水就喝，祈求能够祛病消灾。与文仙峪名称发音相似的是周至县楼观台后山的闻仙峪，两个峪都与吕洞宾有关，后者有"闻仙而不识仙"的内涵。传闻羽化成仙后的吕洞宾曾回到故居，留诗一首："昔日曾居此，埋名四十春。红尘多少客，谁是识予人。"文仙峪或许是华阴驴友光顾频率最高的峪道，这里有知名的王猛台（图 57）。这个王猛台不是华山山门中的王猛台，据说前秦丞相王猛在华阴屯兵，有王猛点将台等遗迹。王猛台正南方是枣核山（图 58），山如枣核，尖锐光滑。因为枣核山极其险峻，登顶枣核山的驴友不多，大多只在王猛台远眺枣核山的雄姿。

#### 3.2.10.2　秦岭百十峰之王猛台—枣核山

概况：起点文仙峪涵洞海拔 450 米左右，王猛台海拔 1080 米左右，而枣核山海拔大约 1280 米。徒步到王猛台单程 2.7 千米，到枣核山单程 3.5 千米。线路不长，较为成熟，但垂直拔高较大，到王猛台较为容易，但到枣核山有一定难度。

我们在仙姑观（图 59）停车，首先参观了仙姑观的历史遗迹。从道教协会的介绍

图 56　纯阳观（2021 年 5 月）

图 57　王猛台（2021 年 5 月）

图 58　枣核山（2021 年 5 月）

图 59　仙姑观（2021 年 5 月）

得知，唐睿宗李旦之女金仙公主在公元 710 年来到华山，在此处修建道观，后来公主在华山大上方建了白云宫，此观是她的行宫。仙姑观东侧有公主乘鹤仙去后所建的仙姑塔，现在仅存的是侍奉公主的使臣之冢。1984 年，仙姑观被山体滑坡摧毁，后来华山道教协会重建仙姑观，由华山玉泉院管辖。从仙姑观出发，路上遇到一位和蔼的道长，带我们迅速到达文仙峪涵洞。这条路非常成熟，沿途多有红丝带标记，基本不会走错。徒步约 800 米后到达纯阳观，这就是传闻中吕洞宾修行的地方。我作为领队，胸前挂着许多红丝带，旁边的美女带着姑娘还以为我是进山祈福的香客，看着我这么多的红丝带羡慕不已。于是，我解下两条丝带送给她的两个姑娘，让她们挂在枝头，以佑其学业进步。

继续前行，走过一处适合拍照打卡的石壁（图 60），驴友们纷纷上演飞檐走壁的功夫，在此愉快地拍照合影。徒步 1.2 千米左右从右侧绕过一段崖壁，这段崖壁非常陡峭，充分展示了华山附近的断层地貌风采。石壁上方的小石门是一个不错的观景点（图 61），站在石门顶上，可以俯瞰整个华阴城的风貌。

图 60　文仙峪石壁（2021 年 5 月）

图 61　石门观景点（2021 年 5 月）

　　距离起点约 1.6 千米的崖壁中央有一个石洞，石洞大门的红漆已经褪色，但上面的"玉皇洞"三个字依然清晰可见。洞门虽然紧锁，但通过门缝可以望见，里面是打凿的光滑的石壁，洞内中央的供奉无法分辨，其后是扇形的石墙，像极了威严壮观的帝王宝座。洞内可见一张小板床，除此之外再无他物，或许，这是修行者偶尔住山苦修的地方。在距离起点 2.7 千米左右，有几处观景平台，其中最为宽阔的便是王猛台。从王猛台向南可见险峻异常的枣核山，如果没有轨迹，很难想象要去的目的地恰好在山谷对面。因为有驴友到过枣核山，所以尽管线路较难，我们对攀登枣核山依然充满期待。

　　通往枣核山并不是持续拔高，而是在王猛台向东一段距离，沿着右侧小路下降 60 米左右，进入下方谷底，再往梁上走。因为王猛台下是断崖，必须从左侧绕过，否则无法到达枣核山。在经过艰难地爬升之后，我们终于到了枣核山的山顶。此地非常凶险，需要手脚并用地沿着石皮（图 62）往上爬，并借助北坡少许灌木丛，如果恐高或者登山鞋不防滑，万万不可往上冲。上山容易下山难，能爬上去不一定能安全下来，尽管我们放了 10 米的绳子，在经过慎重评估后，只有我们几个前队登顶，后队一律在石皮处打卡原路返回。

　　古人确实勇猛，在无数陡峭的山峰上都留下了人文遗迹。我们在顶上发现有人工打凿的痕迹，顶上有一处小平台，平台四方有铁制的楔子，上面穿着粗孔，或许枣核山曾修建过庙宇之类的建筑。在枣核山顶西侧的崖壁处，可以向西南方向眺望华山（图 63），又因为游人罕至，或许正是古代道人追求的修行宝地。

图 62　枣核山石皮（2021 年 5 月）

图 63　山顶望华山（2021 年 5 月）

### 3.2.11　华山峪

#### 3.2.11.1　峪道概况

华山峪因华山而得名，尽管峪道较短，但人文气息浓厚，自古即是道观林立、能人异士辈出的地方，也流传着无数江湖传说。如果要徒步登山，可以在玉泉院门口停车场停车，从玉泉院开始徒步。华山自然风景以险著称，华山东西南北中五峰之中，南峰附近的长空栈道是险中之最。华山山脉属于断层山脉，山峰似乎从平地上拔地而起，从山顶向下望去，只见万丈深渊。古时候，人们常以华山论剑比喻追逐人生巅峰，这有一定的道理。在没有索道通往西峰和北峰时，登顶华山确实需要有勇，有志，有力。

华山不仅有险峻的风景，更有洗涤心灵的人文古迹。古代的文人在此留下大量墨宝，旧时的江湖侠客也曾在此开山立派，道家的仙人据说在此与帝王对弈，近代的革命先烈也曾在此洒下热血。无论从哪一个角度，当你驻足于一块牌匾、一方石刻时，历史的车轮都会从心头走过，那份厚重和博大，不是只言片语所能讲透的。华山作为秦岭名山，像中国人的脊梁一样傲然挺拔，屹立于华夏大地，见证了华夏人民的生生不息。

#### 3.2.11.2　秦岭百十峰之华山

**概况**：起点玉泉院海拔 420 米左右，南峰顶海拔 2154 米左右，五峰徒步单程 10 千米左右，线路台阶较多，线路较长，对于体能一般者而言攀登难度较大。

我第一次登顶华山是在 2017 年。在一个雾蒙蒙的早晨，我和一位大学同学开启了华山之旅。我们 6 点钟从西安出发，在 8 点左右到达玉泉院停车场。在玉泉广场可以看到陈抟老祖的睡像（图 64），陈抟老祖的睡功一直是道家修炼的一种门径，修道的人在提示我们这些凡夫俗子，也许吃好睡好就是道。沿着华山步行道进山，经过华山门楼（图 65），然后到达玉泉院后方约 300 米的售票厅，售票厅旁边即是检票的大门，上面写着"华山门"三个大字。

图 64　陈抟老祖睡像（2022 年 2 月）

图 65　华山门楼（2017 年 8 月）

　　前面一段路走起来较为轻松，几乎都是在平路上缓慢拔高。在距离起点 3 千米左右左侧有桥通往大上方。大上方是一个神仙秘境，一路台阶拔高（图 66），许多地方鹰飞倒仰，令人心潮澎湃。徒步 1 千米左右经过雷神洞，来到大上方的丹阳洞附近，这里航拍可见险峻的地势（图 67），有几处房舍和农田，更有高人在此修行。继续上行可到八仙洞以及"金龟戏玉蝉"的位置，而从丹阳洞左前方拔高 1 千米左右，能够到达华山北峰观景台向北可以望见的白云峰。此处已经到达绝境，只能原路返回。我曾经有幸到此一游，但过了丹阳洞，再没有胆量继续前行，华山之险无处不在，人应当学会知难而退。大上方属于非景区正规线路，尽管在驴友心中地位极高，但不建议普通游客前往。

图 66　大上方台阶（2022 年 7 月）

图 67　航拍大上方崖下建筑（2022 年 7 月）

　　在距离陈抟老祖雕像 4 千米左右，开始逐渐进入台阶路。沿着台阶拔高，经过毛女洞、云门、通仙观、青柯坪、九天宫之后，可见两条岔路，左侧青虎路较为好走,不经过千尺幢的险峻,右侧较为陡峭,必须经过千尺幢。我们选择了右上左下。在大雾弥漫的天气,千尺幢也没有想象中危险,难怪那么多人喜欢夜爬华山,除了可以看华山日出外,夜爬还能避免恐高。过了千尺幢,四五十分钟左右到达苍龙岭,此地向北通往北峰。华山的东西南北中五座山峰,只有北峰与其他四峰隔着苍龙岭(图68),显得比较遥远,其他四峰在北峰对面,可以按照顺时针中峰—东峰—南峰—西峰的顺序进行四峰环形穿越。如果准备从西峰索道下,可以先走北峰;如果要从北峰下,那就先走苍龙岭南侧的四峰。

图 68　航拍苍龙岭(2022 年 7 月)

我第一次登华山时,没有做好规划,错过了许多风景。那次沿着苍龙岭来到南天门,准备欣赏一下长空栈道,可惜长空栈道因为风大关闭,只能在旁边的摄影棚欣赏了长空栈道飞檐走壁的特效。在此打卡之后,此行没有再往南峰和西峰走,原路返回。不过,在后来的几次华山之行中,逐渐将华山美景一一欣赏,甚至在华山南峰,也因为能识别出对面的三公三凤而感到与众不同(图69)。因为华山属于知名景区,大家比较熟悉,华山的具体攻略和美景就不在这里一一赘述。

图 69　对望三公三凤（2022 年 7 月）

### 3.2.12　仙峪

仙峪在华山峪西侧，是较早规划到华山景区的峪道，搜索华阴市仙峪即可找到。仙峪较长，沿着仙峪河道进山，在仙峪口村右转进西岔沟，到西岔沟顶就是华阳草甸，穿过华阳草甸下山即到罗敷峪。如果不经过华阳草甸，沿着仙峪河道直行到梁顶就是黄河洛河的一道分水岭，不过，这些线路无论正穿还是反穿，都是一日大强线。我曾经几次进仙峪而不得，第一次因为没买票，需要购买华山门票才能进入仙峪。第二次因为新冠疫情的原因，禁止进入仙峪景区。第三次则是因为河水泛滥，仙峪栈道损毁，闭园修整。第四次终于如愿以偿，沿着仙峪栈道（图 70）一路奔跑两千米左右，到达仙峪景区的终点观景台，即岭上石窟所在的位置（图 71），这里可以俯瞰整个仙峪峡谷，欣赏奇特的华山地质。

图 70　仙峪栈道（2022 年 7 月）

图 71　岭上石窟（2022 年 7 月）

仙峪作为华山景区的一部分，主要有河谷栈道景观。不过，峪道深处并未开发，两千米之后的仙峪栈道损坏比较严重，沿途河道不宜行走。仙峪中还有一处风景令人期待，那就是白雀寺石窟。白雀寺石窟在西峰索道的中间位置，也在距离仙峪河道不远的西侧崖壁上，海拔 1300 米左右，比河道高出 300 米，这里也是从仙峪向西穿越到西峰索道下站或爹罗沟的必经之路。崖壁上的三眼石窟在西峰索道经过仙峪峡谷时清晰可见，目前白雀寺正在修缮，等完工之后，或将新增一道靓丽的人文自然景观。

### 3.2.13　黄峪、台峪

#### 3.2.13.1　峪道概况

黄峪和台峪在仙峪西侧，这两个峪道较短，也没有被景区管辖。在台峪口村东侧有村路穿过铁路涵洞，过涵洞后可见一条连接两条峪口的东西向公路。在公路东侧尽头，沿着小土路行进几十米可到黄峪入口，而公路西侧尽头即是台峪登山口。台峪登山口有一个亭子，靠近瓮峪旅游公路，但从翁峪无法自驾到达台峪登山口，因为登山口在瓮峪公路上方硬化的高台上，这里可停十几辆小车。台峪长度不足 3 千米，水源不足，只有季节性溪流。不过，峪不在短，有山则名，台峪因为好汉山而蜚声渭南驴友圈，是渭南市周边驴友休闲玩耍频率较高的地方。

据说好汉山原名叫作灵秀山，宋朝时，朝廷黑暗，民不聊生，此地来了郑氏三兄弟，分别叫志好、志汉和志山，三兄弟以此山为根据地锄强扶弱，为百姓做了不少好事，当地百姓便以三兄弟名字的尾字连接起来命名此处山峰。好汉山现有庙宇遗迹只剩三面砖墙，传闻这里在公元 1593 年建有祖师庙，1973 年被毁。在祖师庙遗址两侧有几口天井，常年有水，如今已经是杂草枯枝遍布，苔藓悄然而生。从登山口到好汉山山顶不到 3 千米，但需要从海拔 500 米的山麓拔高到 1120 米左右，大约走 1 千米就要拔高 300 米，坡度较大，能登顶的的确是好汉。

#### 3.2.13.2　秦岭百十峰之好汉山

概况：好汉山起点海拔 500 米左右，顶峰海拔 1120 米左右，单程大约 2.5 千米。距离虽短，直拔较多，线路难度中等，风景较好。

好汉山是一个让驴友比较兴奋的名字，每个人都有做个好汉的愿望，人们因为一句"不到长城非好汉"而对长城念念不忘，也因为好汉山的名字，从此心中多了一个念想。好汉山在西安驴友圈并不知名，但在华阴驴友的心中，好汉山就像他们的后花园。好汉山从瓮峪或台峪都比较方便登顶，因为从没有来过台峪，我便约了西安驴友以及渭南驴友准备从台峪登顶好汉山。在台峪登山口（图 72）停车后，山西永济、陕西华阴以及西安的驴友一行 66 人开始登山。沿着沟道行走，可见沟内零星分布着断断续续的水流。前行大概 500 米，不再沿沟道走，开始右转上梁。此处到垭口的拔高不容小觑，大部队开始拉开距离。到垭口分岔处，左转直接前往好汉山方向。路上还有两处观景台，第一处风景寥寥，第二处有一座小石庙，绕行过去，发现后方别有洞天，其中有一块大石头，如同狼头，姑且称其为狼头石（图 73）。从这儿拍照，有狼骑士的感觉。由此北望，台峪村方向也是一览无余。

图 72　台峪登山口（2021 年 3 月）

图 73　狼头石（2021 年 3 月）

好汉山距离不长，在距离起点 2.5 千米左右，即登顶好汉山。这里有残破的庙宇，也有新修的台阶，旧时风光与现代气息融汇在一起，不变的是好汉们的英雄气概。因山顶大雾，从好汉山顶无法看到南方的太华索道，但却能清晰地看到东侧的华山绝壁。好汉山的山头分为南北二峰，中间有台阶相连（图 74），犹如不容分离的手足兄弟，肩并肩对抗着自然的沧桑巨变。

图 74　好汉山南坡（2021 年 3 月）

　　此次同行的驴友体能较好，很快在山顶会师。我们简单吃了午饭，待到大部队登上山顶时，已开始准备南行环形穿越。前行走了一段台阶路，翻过一个小山包，看到分岔路，一条沿着梁直行穿黄峪，一条右转下山到瓮峪。我们沿着梁走，在距离起点 3.5千米处到达海拔 1180 米的观景台，此处对华山和好汉山的拍摄视角都不错（图 75），也可以看到黄峪沟内沿着沟道修建的几处梯田错落有致，蔚为壮观（图 76）。

图 75　回望好汉山（2021 年 3 月）

图 76　观景平台俯瞰黄峪（2021 年 3 月）

　　在观景台右侧有路可以沿着小梁切到黄峪内废弃的房屋附近，然而，道路陡峭，我们选择了沿着山梁继续向南绕行下到黄峪沟梯田上方。前方道路相对好走，在距离起点4.3 千米处，有一个缓坡可以直接下到黄峪沟内。这里相对比较原始，在下撤途中还邂逅了一头百斤左右的野猪。下到沟底后，沿着沟道行走三四千米出山，一路没有岔路，只有下撤点有一处无人居住的农家，其他再无人类活动的痕迹。黄峪沟内生态较好，偶见溪流，水质清澈。我们西安驴友与华阴驴友告别，一个小时顺利到达黄峪出口（图77），结束好汉山穿越黄峪的行程。

图 77　黄峪出口（2021 年 3 月）

### 3.2.14 瓮峪

瓮峪是华山西峰索道的进出口，几年前私家车可以自由出入，自从修了管护站，游客不得不乘坐华山景区的摆渡车才能进入瓮峪内部，到达华山西峰索道的入口。瓮峪是一条较深的峪，更是古道之一，可沿着峪道在斜岔口右转到西弯子，攀登到垭口，这里可见"群山领袖"标记，从此处下杨峪可到罗敷峪的付家村。瓮峪因靠近华山，同样也有丰富的人文遗迹，只不过一度被历史摧毁。自从瓮峪变成华山景区的一部分，瓮峪自身的涵养已经不太为人关注。瓮峪名称的由来，大概与峪道的轮廓有关，走在峪中，仿佛进入了一个瓮内，口小肚大，向外看去，只寻到狭窄的出口，或"巴掌大"的一片天幕。

从罗敷峪付家村穿瓮峪全程在 18 千米左右，我曾与西安知名户外队一起完成了穿越行程。时值初春，群山领袖垭口（图 78）北坡的雪还没有化完，大多数驴友都带着冰抓，以备路面湿滑。我们中途在群山领袖石刻所在的垭口休息，可以看到清代遗留下的石刻，见证了瓮峪古道的历史变迁。群山领秀东南依次是赛华山和华阳草甸，站在群山领秀垭口的巨石上，可眺望三公山、华山等群山。因此，说这里是群山领袖并不为过。

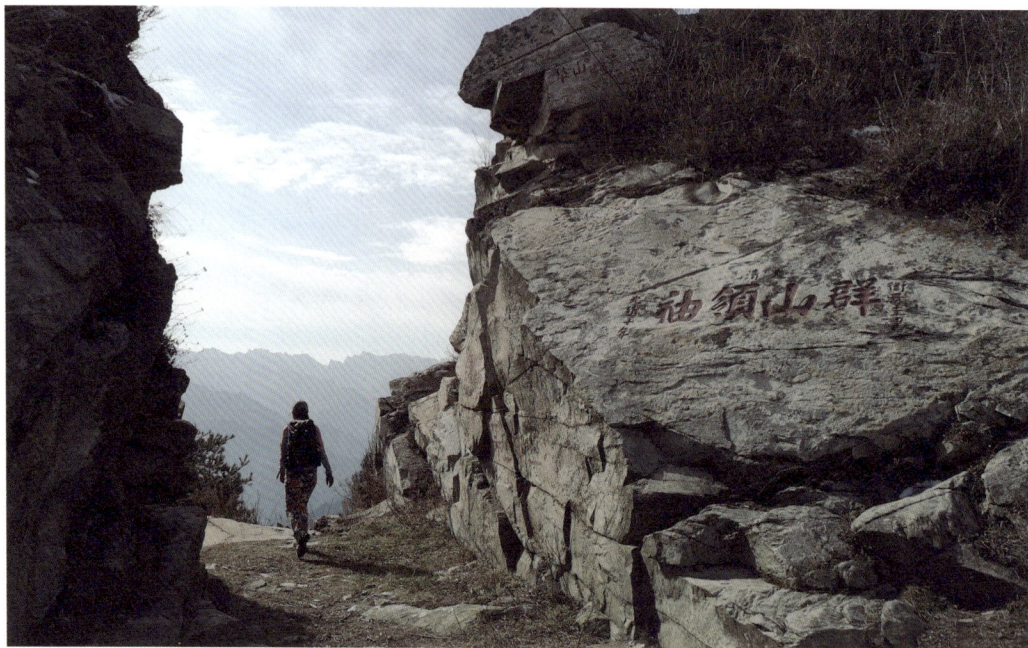

图 78　群山领袖垭口（2018 年 11 月）

沿着瓮峪古道进入瓮峪，能看到峪内少量的土房，也许是因为景区修建的原因，这里的村民基本上都已搬迁，再也看不到往日瓮峪古道的繁华景象。如今，华阴驴友仍然会通过不同方式进入瓮峪，有的从瓮峪登白雀寺穿仙峪，有的从西侧的桃峪穿瓮峪。

不过，进入瓮峪需要早早出发，而穿越桃峪的线路难度较大，需要向导带路，否则很容易迷路。

### 3.2.15　桃峪

桃峪在华阴市桃东村附近，从桃东村正北侧的铁路涵洞，或西侧的土路都可以开车到达桃峪口，也可从西侧的竹峪口过铁路涵洞，沿着铁路涵洞向东到桃东村附近。我们到达桃峪的时候，看到工人正在安装水利检测设施（图 79），原来是因为桃峪近期发生了滑坡事件，沿途有滑坡的痕迹。尽管当下是安全的，看到滑坡依然心有余悸。我们不敢停留太久，继续前行，看桃峪究竟有没有惊喜。距离峪口 2.5 千米左右，可见一块大石壁上挂着涓涓细流，尽管当时水量不大，也已经显现出雨季的壮观景象。因为瀑布所在的石壁就像展开双翅的雄鹰，我们将它命名为鹰翅瀑布（图 80）。在鹰翅瀑布旁有一水洞，水洞口有座人工小水坝，将水洞子蓄成了 20 厘米左右深浅的水池，水坝下方接了一根白色水管，水流从中源源不断地流淌着。我打着聚光灯向里看去，只见洞中有光，水不知从何处而来。因为没有携带涉水装备，不敢贸然进入，但水洞给我们留下了无限遐思。

图 79　桃峪监测点（2021 年 3 月）

图 80　鹰翅瀑布（2021 年 3 月）

尽管有轨迹显示，从鹰翅瀑布西侧可以绕到瀑布上方，并经过狮子口等地，穿越到瓮峪的北二门内侧 200 米的地方。然而，我仔细观察了一下，这段路需要手脚并用，存在一定的难度和风险，不是一般驴友可以考虑的。更何况桃峪的瀑布和水洞子已经给我们带来足够多的惊喜，所以兴尽而返，未有遗憾。

### 3.2.16　竹峪

竹峪是七十二峪中较为常见的名字，在长安有竹沟，在周至有竹峪，而峪口附近同样都有竹峪村。搜索华阴市竹峪村，在竹峪村文化广场对面有通往竹峪的公路，沿着公路经过铁路涵洞，左转通往桃峪口，右转则前往竹峪。据说竹峪是一个不错的休闲峪道，有山有水更有人文景观。在华阴老驴的记忆中，竹峪中有迷魂台以及通仙观的遗迹，据说是张果老修炼成仙的地方。如今该峪设有保护站，一般驴友无法进入。

### 3.2.17　就峪

就峪在竹峪西侧，峪道较短。搜索华阴市马跑泉村，就能找到该峪的入口，有机耕路（图81）延伸到就峪峪口附近（图82）。就峪的名字和西楼观所在的就峪相同，但远不及西楼观的就峪知名。我第一次来访，因堵车未曾进入就峪。第二次路过此地，专门去探访马刨泉，结果仍是无果而终。据说该峪口东侧有泉名为马刨泉，相传刘秀躲避王莽追杀，逃至此处，人困马乏，口渴不已，马儿在地上刨了几下，顿时山泉涌出，这就是马刨泉的由来。与刘秀"马刨得泉"相关的还有一处地方叫作马跑泉景区，在潼关的桐峪河下游，与旁边的秦王寨连在一起形成一个景区群。然而，刘秀的神马具体在哪儿刨坑，没人知道，景区的人文挖掘或附庸风雅，或为了经济利益，或只是表达当地人们的精神寄托。我实地探访发现，这里有马跑泉村，并没有为马刨泉的故事专门建庙修景，如今也看不到山泉遗迹。

图81　进山机耕路（2022年2月）

图82　就峪峪口附近（2022年2月）

### 3.2.18　罗敷峪

#### 3.2.18.1　峪道概况

罗敷峪在罗敷镇东南方向，242国道穿过罗敷峪，连通洛南。罗敷峪又称大敷峪或大夫峪，搜索华阴市大夫峪就能导航到该峪道。关于罗敷峪名称由来，以及罗敷峪是否与秦女罗敷有关，存在一定争议。不过，其名称与入口罗敷镇相对应，不仅方便识别，也让人们多了一些想象。罗敷峪是连接华阴市与洛南的重要交通要道，也是华阴市通往洛南最便捷的通道。历史上曾是华洛古道的一部分，许多到洛南的古道包括瓮峪古道，最终汇入到罗敷峪。在罗敷峪仍保留部分古道的石刻遗迹等。罗敷峪因为纵贯南北，沿途各个沟岔都有休闲戏水的好去处。这里风光秀美，除却知名的瓮峪古道、仙峪古道穿越线路，还有向西穿越柳峪、葱峪、方山峪、小敷峪的线路，以及知名山峰，诸如赛华山、华阳草甸、窟窿山、元宝山等。

### 3.2.18.2　秦岭百十峰之华阳草甸

概况：起点海拔 1500 米左右，草甸高度 2000 米左右，单程 3.5 千米，线路成熟，休闲，风光较好。

冬季爬山，最惬意的莫过于走在冰天雪地中，看满山银装素裹，吃火锅，打雪仗，玩滑板。导航到华阳草甸，沿着铁炉沟行驶到无法继续前行的地方停车，便可开始登山。山里的景象不同于市区，市区里的雪已经化完的时候，这里海拔 1500 米的村落依然处在冰天雪地中，屋顶和院里仍然堆着厚厚的积雪（图 83）。距离起点 1.3 千米左右有岔道口，右侧缓拔，左侧稍陡，我们选择了右上左下。右侧标记有滴水崖，夏季应当也是水流不断的地方，如果幸运的话，冬季应当可以看到冰瀑。沿着平缓的山路行走，越走雪越厚，望着白雪蓝天（图 84），仿佛置身于童话世界。

图 83　白雪覆盖下的村落（2020 年 12 月）

图 84　白雪蓝天景观（2020 年 12 月）

距离起点 2.5 千米左右，看到了滴水崖的冰瀑（图 85），远没有想象中壮观。秦岭有瀑布的地方冬季都有冰瀑，看过了越岭谷冰瀑、大坝沟冰瀑、黑山岔冰瀑、抱龙峪冰瀑、九龙潭冰瀑、流峪飞峡冰瀑等，对当前的小冰瀑并没有太多兴趣，只是匆匆打卡留念，向着山顶进发。行至 3 千米处，开始在开阔的草甸拔高。草甸上白雪皑皑，天气变幻莫测，忽而蓝天白云，忽而狂风大作，忽而云雾缥缈。我和驴友们用对讲机沟通，等后队到达后，开始一起拔高到草甸顶端（图 86）。

图 85　冰瀑（2020 年 12 月）

图 86　草甸拔高（2020 年 12 月）

　　距离起点 3.4 千米左右，我们一行全部登顶，顶上有一处打卡的网红树银装素裹，如梨花盛开，大家纷纷在此留影（图 87）。冬季登雪山，全程一尘不染，如入仙境，处处雪挂、雾凇、冰雕，令人流连忘返。不过，这次华阳草甸游玩的商业队较多，我们打卡后迅速给人让位置，寻找草甸合适的位置吃饭玩耍。

　　在华阳草甸北侧的梁上，我们找到了一个可以远观华山的地方（图 88）。我们迅速找出雨衣、绳子等装备，在树木旁边做了一个简易的避风港。一行人吃吃喝喝，好不快乐，之后的重头戏是开辟雪道，在冰天雪地中寻找儿时的乐趣。不知过了多久，带来的滑雪板经不住几次与石头的撞击破碎不堪，遂兴尽而返。

图 87　网红树打卡（2020 年 12 月）

图 88　远观华山（2020 年 12 月）

### 3.2.19　柳峪

柳峪在罗敷峪西侧，搜索华阴市的柳峪峪口，即可导航到该峪道入口（图 89）。柳峪道路较长，但驴友的脚印较少，这可能与柳峪之前的矿产开发有关。我在 2021 年春天前往的时候，有一个简易的检查站，车辆不让进，但行人可以进去看看。峪道内全是土路，前行 1 千米左右，沿途可见矿产开发的痕迹，不过，目前正在生态恢复中。

图 89　柳峪入口（2021 年 3 月）

### 3.2.20　葱峪、太峪

葱峪紧邻柳峪，搜索华阴市葱峪可以导航到葱峪土路的尽头。这个峪道虽然较长，但至今没有公路深入，有三米宽的土路延伸到峪道 1.5 千米处。峪道的矿产（图 90）开发在 2019 年已经全部停止，目前周边环境正在恢复中，沿途可见溪流（图 91）也变得更加清澈。

图 90　葱峪矿山（2020 年 12 月）

图 91　葱峪溪流（2020 年 12 月）

　　太峪的名称和潼关太峪名字相同，但不如潼关太峪知名。搜索华阴市太峪或太峪峪口可导航到该峪道，从地图上看，太峪内部无公路和机耕路，峪道也相比周边的几个峪道短，驴友鲜有涉足。

### 3.2.21　方山峪

　　方山峪较长，该峪的名字和峪口方山寺（图 92）有密切的联系，峪虽然先存在，却因寺庙而闻名。方山峪是古代通往洛南的要道之一，沿着方山峪可穿越到罗敷峪。在方山峪梁上据说有花果山大圣洞，洞内清泉常年不竭。然而，方山峪的机耕路较差，使得到达梁顶的徒步路程过长，因此，花果山大圣洞不是一般人所能看到的。在方山峪也曾开发矿产，从峪口进入几百米即可见采矿留下的满目疮痍，所幸一切都在恢复中，在峪口渐渐可以看到清澈见底的水流（图 93）。

图 92　方山寺（2020 年 12 月）

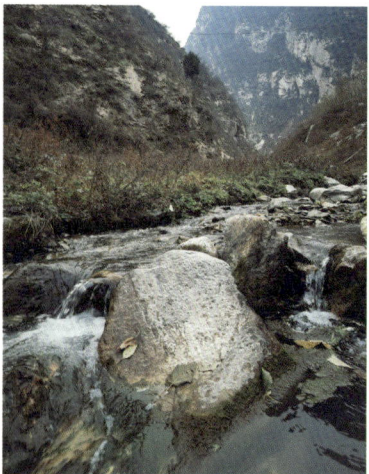

图 93　方山峪水流（2020 年 12 月）

方山峪峪口东侧有方山寺，从碑文得知，占地总面积约为一万六千平方米。方山寺原名灵觉寺，在汉朝时修建，宋代时被焚毁，明朝重新修建，在各个朝代都有修葺。现在所看到的方山寺大门、大雄宝殿等属于改革开放后由居士和信众共同出资筹建，目前还有些项目尚未完工。方山寺背靠大青山，前依方山河，是个修行的宝地，难怪从汉朝就被修行者相中。

## 3.3　渭南市华州区

### 3.3.1　沟峪

沟峪在华州区，搜索沟峪水库即可导航到沟峪峪口停车场附近。沟峪又名樱桃沟，峪道较长，峪中居民几乎家家种樱桃，房前屋后到处是樱桃树。现在村民已经搬迁，每到五月樱桃成熟的时候，大量游客前来品尝樱桃。沟峪路况较好，有许多成熟的穿越线路，譬如沟峪穿罗敷峪，沟峪穿方山峪等。沟峪口有沟峪水库（图 94），是个风光秀丽的地方，水库过后便是狭窄的小路，摩托车和农用三轮可以开到峪内两千米的农家，再往里就只能依靠双腿。

图 94　沟峪水库（2020 年 8 月）

　　沿着沟峪水库左侧道路行走1千米可见林场大门，上面挂着华州区沟峪林场的牌子，大门似乎没有关过。距离沟峪水库2千米处有一户农家，从这里便正式进入樱桃园。在距离起点2.5千米左右，左侧一条小沟中的樱桃树长势喜人，而且几乎没有坏的樱桃（图95）。火红的樱桃让驴友垂涎三尺，虽然这里的樱桃不如进口的车厘子那么大，但味道确实不错。我们一行美美地吃了半棵樱桃树的果子，继续前行探索。此行的主要目的虽然是吃樱桃，但对于驴友来说，徒步的快乐是美食不能相比的。我们沿着沟峪一直走到深处，沿途在黄土坡附近遇到一户牧羊人，依山建起了一座简陋的庭院（图96）。路过此处，大老远就能听到狗叫声。

图95　沟峪樱桃（2021年5月）

图96　沟峪人家（2021年5月）

　　在距离起点9千米左右，到达一处废弃的农家宅院（图97），这也是此行的终点，再往里走道路变得更加狭窄（图98）。于是，我们在此处休息，晒着太阳喝着茶，呼吸着沟峪深处的清新空气。此处前方不远处就是郭家沟，据说从那里左转可以到达罗敷峪的西沟村附近。不过，穿越一般需要两辆车对穿，或者包车接送。我们没有穿越的计划，就在沟道尽头度过清闲愉悦的一天。

### 3.3.2　白崖峪、暴雨沟

　　白崖峪的入口在华州区梁堡村，导航坐标为华州区白崖峪。白崖峪虽然距离短，但景观丰富，峪内有姑姑庵，庵后崖壁上有三官庙，三个石洞中分别供奉着天、地、水三官。这里的人文景观与西侧少华山玻璃栈道的龙头遥相呼应，是驴友心中的知名打卡地方。白崖峪西侧的沟道较短，称为暴雨沟，沟口有暴雨沟村。这里因靠近少华山森林公园，是驴友穿越少华山森林公园的重要入口。从暴雨沟攀爬到张家山可左切到白崖峪，沿着白崖峪路过三官庙在沟内右转上山可到少华山森林公园的蟠龙山，蟠

图 97 沟峪农家宅院合影（2021 年 5 月）

图 98 峪内小路（2021 年 5 月）

龙山也就是著名的潜龙寺和玻璃栈道所在的位置。

白崖峪入口海拔 550 米左右，前段的路况较差，因为矿山开发以及山体塌方的缘故，多处需要踩着棱角分明的大石头通过。不过，行走二三千米，路况渐好，沿着土路，顺着小溪流，缓慢拔高。在行至 5 千米处可见左侧有一座废宅，宅子旁挂满旗帜。从此处左转上山拔高 100 米，行走 1 千米左右，可以看到一座红色的庙宇，据当地砍竹子的老乡说，这座庙叫姑姑庵（图 99），上面还有三官庙（图 100）。果不其然，我们沿着庙堂北侧的小路上山，拔高二三十米之后，经过两层庙，最终上到三层庙。这里有几处土房依着天然石洞修建，虽不险峻，但令人称奇。除了三官庙，这里有一处石洞可见水瓢等工具，原来是一处天然泉水洞，也是庙宇的重要水源地。三官庙附近可以眺望对面蟠龙山上的龙首阁，是一处极好的观景点。

图 99 白崖峪姑姑庵（2020 年 4 月）

图 100 三官庙（2020 年 4 月）

### 3.3.3　迷糊峪

#### 3.3.3.1　峪道概况

迷糊峪原名猕猴峪或迷虎峪，据说曾经有猕猴活跃于此，也有传言是因为此地经常大雾，连老虎都会迷糊。这里是少华山森林公园的步行道，在园区未修通往蟠龙山的索道时，迷糊峪是登顶蟠龙山参观潜龙寺的主道路。在景区购买门票后，沿着景区大门东侧公路可通往迷糊峪入口。不过，目前游客几乎很少从迷糊峪进蟠龙山，因为这里全是台阶，需要从检票口龙吟轩拔高 1000 米，徒步约 5 千米才能到达潜龙寺。尽管山高路远，喜欢山谷清幽的游客仍会选择在此徒步。沿途可以看到一系列与迷糊峪有关的人文古迹，这些古迹多与刘秀有关，譬如龙王庙、马踏泉、潜龙寺等。

#### 3.3.3.2　秦岭百十峰之蟠龙山

概况：起点海拔 540 米左右，潜龙寺海拔 1540 米左右，徒步大约 5 千米，线路成熟，难度较大，山谷幽静，风景独特。

登顶蟠龙山有多条道路，从东边的暴雨沟或白崖峪都可以，而从迷糊峪登顶是距离较近的步行道。如果不愿意徒步，可以从少华山景区门口乘坐摆渡车到达索道入口，换乘索道直上潜龙寺。进入迷糊峪约 500 米，在东侧崖壁下方可见龙王洞（图 101）。据说龙王洞与刘秀有关，刘秀为躲避王莽追杀，一路向东，途经迷糊峪，此地龙王感受到刘秀的龙气，躲在洞中不出，便有了龙王洞。龙王洞下有大量的杵树，4 月份是杵绒最佳采摘时节。杵绒可以制作麦饭，味道极好，也是驴友经常采摘的山中野味。

图 101　龙王洞（2020 年 4 月）

　　沿途经过打子窝、蝴蝶谷、马踏泉、拜佛台等景点之后，距离潜龙寺越来越近。这里的景点多与刘秀相关，马跑泉在本书中多次出现，无论桐峪河流经的马趵泉，还是就峪旁边的马刨泉，以及迷糊峪中的马踏泉，名字皆源自同一个传说，体现了景区的价值以及当地百姓的美好精神寄托。在迷糊峪山谷开阔处仰望，可以看到一条巨龙盘在东侧山梁上（图102），这条巨龙就是少华山景区著名的玻璃栈道（图103）。

图 102　仰望玻璃栈道（2020 年 4 月）

图 103　玻璃栈道龙首阁（2020 年 4 月）

　　徒步三四个小时左右，可以到达潜龙广场，这里有卖各种小吃的。潜龙寺也是因刘秀而得名，潜龙即表达皇帝潜伏于此的意思。此处向左通往玻璃栈道，向右则通往索道。北侧的巨龙栈道的整体风貌只有远观或俯瞰才能看出，在网上有一些无人机拍摄的视频，展现了玻璃栈道的全貌。在这本书中，有几张远景图片可见其轮廓，分别是从迷糊峪谷底开阔处以及少华五峰上拍摄的。这个地方风景优美特色鲜明，值得驴友造访。

### 3.3.4　小敷峪

　　小敷峪即少华山森林公园所在的峪道，其西侧是少华峪，是登顶少华山必经之路。虽然少华山森林公园因为其西侧山梁上的少华五峰而得名，但从景区却没有直达少华山的成熟线路。以前的路早已荒芜，属于景区待开发的范围。小敷峪主要的景点是石板河、蟠龙山潜龙寺以及玻璃栈道，东侧的迷糊峪也在其中。

　　小敷峪入口即景区售票处海拔 512 米左右，乘坐景交车，沿途经过水库，行走 3 千米左右到达潜龙寺索道服务区。如果要去峪道深处，继续乘车行 9 千米到达摆渡车终点站石门服务区。向前走上百米，可见依山傍水的半山度假酒店，据说住店的私家车可以开到酒店停车场。继续前行 1.2 千米，沿途经过印第安帐篷区，进入正式的步行道，有铁墩子挡着车辆进入。步行区首先可见九龙相关的自然风景，包括九龙瀑布（图104）、九龙轩（图105）、九龙潭以及九龙关。

图 104　九龙瀑布（2021 年 7 月）

图 105　九龙轩（2021 年 7 月）

继续向里走，可以看到金蟾湖、聚仙湾等景点。湖光山色中，大自然的灵气尽显，据说八仙曾在此闲游，留下聚仙湾的美名。更令人惊奇的是，在距离步行道入口 2 千米左右处有一处悬崖，崖壁底下住着几户农家，这儿叫作天崖人家。距离步行道 4 千米到达石板河附近，这儿是步行道的终点，再往前有布条封锁，禁止穿越。据说小敷峪也是古代栈道之一，能够穿越到名为罗敷峪即大敷峪的峪道，从这两个峪的名字就可看出其中千丝万缕的联系。河道石壁上书写着"石板河"几个大字（图 106），这里清泉流淌，春意盎然，此情此景，令人陶醉。

我本以为石板河位置就是当天徒步的全部，返回时却意外邂逅了一处绝佳的景观，即天仙瀑布（图 107）。返回途中经过天崖人家 100 米左右，右侧有小桥通往天仙瀑布。我沿着河道，小心谨慎地前行几百米，突然豁然开朗，天仙容貌尽收眼底。天仙瀑布如同"酒香不怕巷子深"的世外桃源，只有不怕艰难险阻，经过九曲十八弯的攀爬之后的有缘人才能一睹芳容。

### 3.3.5　少华峪

#### 3.3.5.1　峪道概况

少华峪在华州区肖场村附近，肖场村东边的主路一直延伸到少华峪的登山口。少华峪登山口有一个地震观测站，其门前空地可以停车。少华峪是攀登少华五峰的最佳通道，也是驴友打卡的圣地。少华山之所以又称为少华五峰，是因为少华山在半月形的山脊上排开了五个显著的高点，这点和华山颇为相似。少华山至今仍有古代山寨的遗迹，尤其南峰的石槽灶台崖壁上，刻着"少华苍苍，渭水泱泱。君子之风，与之久长"，据说这是清代游人"到此一游"的题刻。该题刻目前在少华山森林公园的门口被制成

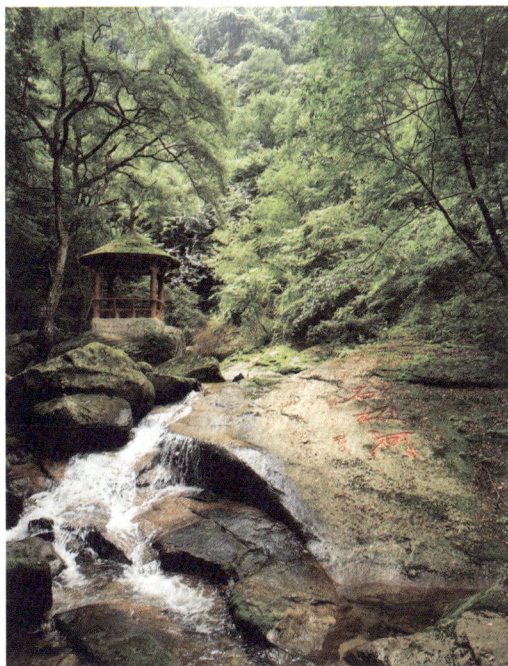

图 106　石板河（2021 年 7 月）

图 107　天仙瀑布（2021 年 7 月）

一道景观，四言古诗，朗朗上口，也算是打油诗中的精品，该诗与宋代范仲淹的原创诗"云山苍苍，江水泱泱。先生之风，山高水长"意义相近，都体现了对少华山的颂扬，借以传达作者的精神寄托。

### 3.3.5.2　秦岭百十峰之少华山

概况：起点海拔 560 米左右，最高点海拔 1664 米左右，单程约 5 千米，路程短，拔高大，更有险峻的陡坡需要借助绳索，不过风景绝佳。

从停车位置右侧沿着河道旁的小路进山，行进 1.2 千米左右的平路，遇见岔道口，走左侧沟进山。前行 200 米左右，在一个开阔的地方有一道石墙，中间留有狭窄的石门（图 108）。史料记载，唐初王伯当以及宋朝九纹龙史进曾在少华山占山为王，如果真是如此，这儿可以看作山寨的第一道防护墙。距离起点 2.2 千米左右，沿着台阶爬升，可见上方平台处有几间庙宇，其中一间庙宇的门楣上依稀可辨"圣母堂"三个大字（图 109）。据说此处曾居住着一位精通中医和占卜的道士，现在已经搬出了深山。

继续前行 100 米左右，有岔路口，左侧青冈岔登北峰，右侧登南峰和西峰。驴友一般选择左上右下，形成一个小环形穿越。这里也是剧烈拔高的开端，在经过一阵拔高并穿越小石海之后，来到一块崖壁下方。看似无路，实则崖壁左下方有一条小路，沿着小路绕过崖壁就能通往梁上。梁上视野开阔，可以东望潜龙寺附近的玻璃栈道（图 110）。

图 108　石门（2020 年 10 月）

图 109　圣母堂（2020 年 10 月）

图 110　东望蟠龙山玻璃栈道（2020 年 10 月）

　　梁上的路并非坦途，我们经历了频繁的陡坡下降，有些地方因为太过陡峭，只好将背包卸下，逐个下降。在距离起点 4.3 千米左右，即看到东峰处的巨石（图 111），这块巨石以及巨石旁的石门是少华山的经典标志，石门北侧有一处水槽，不知多少绿林好汉饮用过槽中的天水。东峰巨石南侧有一处平台，是全程最适合吃饭休息拍照的地方。玩耍两个小时左右，我们起身向南峰出发。南峰是全程最高点，在东峰南侧 600 米左右。这里残留着古寨的石墙，在石墙东侧有一石槽（图 112），据说是古代的坑头，看着还有烧火的痕迹。此处依稀可见两首清代游客的打油诗，其中一首就是前面介绍的清代游人所写的"少华苍苍，渭水泱泱"。另外一首据说是清代华州人雍鼎所写，全文如下："踏遍盘螺径，峰登少华巅。山根通百二，世界俯三千。石井穿层障，松涛卷暮烟。斌枺何处觅，搔首问青天。"

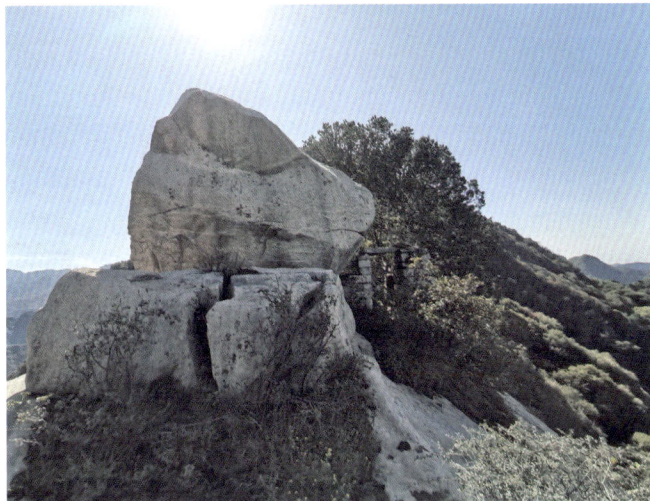

图 111　东峰巨石（2020 年 10 月）

图 112　石槽全景（2020 年 10 月）

从南峰下撤，沿途经过中峰的小庙，过了几道木桥，道路越发陡峭，更因为雨后道路湿滑，我们放弃了前往西峰的想法。在下撤到西峰垭口附近时，有一块大石壁，上面有驴友留下的绳子。倘若天气好，这个地方并无难度。不过，我们返回时已有水流浸润了石壁，而绳索过短，没办法直接到达底部，导致一行五人无不摔个屁股蹾。少华山之行给我们上了生动的一课，来渭南爬山，一定要带绳子。

### 3.3.6　潭峪、水峪

潭峪和水峪是华州区少华峪与太平峪中间的两条小峪道，导航到华州区的土改村，即可找到水峪的入口，水峪是一个短小的峪道，内部只有羊肠小道。而潭峪较长，峪口有小型水库。在西安市鄠邑区也有一个潭峪，以九华山而闻名于西安驴友圈，华州的潭峪相对于鄠邑区的潭峪称为东潭峪。近年来户外队开发了一条新线，那就是水峪东侧塔坪看红叶，然后从潭峪出。这条线路在层林尽染的秋季，确实是一条观赏红叶的好去处。

水峪口如今有新修的环山公路，非常宽阔，大巴车可以自由停放。我曾经在 2019 年 11 月份来这儿观赏红叶（图 113），走的就是水峪东梁穿潭峪的线路，全程大概 8 千米，拔高 600 米左右，总体比较休闲。只可惜当时红叶凋零，只能逮着残存的红叶和芒草拍照留念。在水峪东梁上可以欣赏少华五峰的轮廓，沿着水峪东侧山岭行走 3.5 千米，在一片芒草丛（图114）中可见下撤潭峪的入口，这里也在水峪的梁顶附近。

图113 塔坪红叶（2019年11月）

图114 芒草景观和少华山远景（2019年11月）

从水峪梁顶下撤潭峪的路极为陡峭，所幸有粗大的藤条可以抓握，这也是这条下山路最大的特色。下撤到潭峪谷底，可见涓涓细流从长满苔藓的石头上滑过，将驴友的疲惫瞬间冲散。潭峪的路走起来较为舒坦，沿途风景有石洞、溪流、瀑布（图115）和水库（图116）。潭峪峪道较长，据说沿着沟道行至峪内8千米左右的梁顶，沿东侧的山马沟可下撤到少华山森林公园。只不过这类小众线路尚无圈里的大神走通，也只能停留在规划层面。

图115 潭峪瀑布（2019年11月）

图116 潭峪水库（2019年11月）

### 3.3.7　太平峪

太平峪的名字在秦岭三百峪中出现过两次，长安区的太平峪比较知名，有太平峪森林公园景区，而华州的太平峪在驴友圈中知道的人不多。尽管如此，华州太平峪峪道较深，环境清幽，民风淳朴，也是个休闲的好去处。从太平峪入口向里 4 千米右侧可攀登太平峪西梁上的五龙山，据说上面有华州名将郭子仪第六子郭暧的墓穴，现仍存有遗迹。不过，近期从穿越五龙山的驴友口中得知，这条道路因为走的人少，几乎已经荒芜，上方也只剩下几片残砖断瓦。况且郭暧葬于五龙山顶据说是以讹传讹，郭暧墓以及郭子仪家族墓穴已经出土于长安区杜陵乡。因此，五龙山顶究竟为谁而建？五龙山向北下撤到海拔 900 米的山梁上，有几个石洞，这些石洞又缘何而修？至今仍是未解之谜。

沿着太平峪林场路，驱车 6 千米进入峪道深处，这里有一个林场站（图 117），里面住着几个护林人。听护林人说，沿着峪道前行到梁上，可以看到一些历史遗迹，主要与传闻中的绿林好汉有关，据说上方有唐初王伯当、宋朝九纹龙史进占山为王的营寨遗迹跑马场等。我曾经沿着土路（图 118）向里徒步 4 千米左右，拔高到 1800 米的位置，不过，依然看不到任何历史的遗迹，眼看天色渐晚，便迅速下撤，期待有机会再来探幽。

图 117　太平峪林场（2019 年 11 月）

图 118　太平峪土路（2019 年 11 月）

### 3.3.8 宾来沟、黑沟、水泉沟、吊纸沟

太平峪与石堤峪中间有多条小沟道,据说主要包括五道梁四道沟,而这五道梁就是传闻中的五条小龙,在最高处汇聚在一起,汇聚点就是历史悠久的五龙山,据说郭暧葬于五龙山顶,不过,仅仅是历史传闻而已,也可能是郭家防止祖坟被挖而散布的误导信息。五条龙下四条沟从东向西依次是宾来沟、黑沟、水泉沟、吊纸沟,这些沟道以及沟道两侧山梁都有路通往五龙山,道路都比较荒芜。其中五龙山的登山主路在井家村的吊纸沟附近,清代时期从县城通往五龙山经过三重天门,最后一处即在井家村西侧,目前尚有三天门遗迹(图119)。井家村有村内公路通往吊纸沟入口(图120),据说郭暧妻子升平公主上山祭奠,人们路过此处,往往在平整的地方烧些纸钱,所以最早此地被称为吊纸坪,新中国成立后村名改为井家沟,而沟名依然被称为吊纸沟。

图 119　三天门遗迹（2022 年 2 月）

图 120　吊纸沟（2022 年 2 月）

### 3.3.9 石堤峪

石堤峪是华州较大的峪道,可通往金堆镇,是华州通往洛南的重要古道之一,至今仍有大量遗迹。石堤峪曾经修筑战备公路,也是矿产资源丰富的地区,被接管之后,很少有驴友造访石堤峪。

### 3.3.10 泉沟、马峪

泉沟在石堤峪西侧,峪道较短,无公路通达峪口。

马峪在秦岭三百峪中有两个,一个在西安市鄠邑区,一个在渭南市华州区。华州区马峪的峪口外西侧有黄土台塬,大约3千米长,峪口外有马泉村(图121),峪内有小型水库。我原本以为华州马峪是个小峪道,没想到内部有较好的公路,一直延伸到

峪内深处。尽管峪内有采矿痕迹，但如今比较安静，马峪也在逐步恢复原有的生态。从峪口向内行驶 4 千米左右，公路逐渐变成土路。在距离峪口 5.5 千米左侧的四里沟，据说有天龙寺遗址，不过，我们沿着沟道行走数百米，并未发现任何遗迹，或许天龙寺在沟道更深处，可惜当时没有看到峪道内的村民，也无从打听天龙寺遗址。

图 121　马峪内部马泉村（2021 年 3 月）

### 3.3.11　车夫峪、小峪

车夫峪在马峪西侧，入口东侧有一个名叫薛山底的村子，沿着台塬上的公路，一路感受着华州区遍布山林的花椒香味，可自驾到达入口处的小型水库附近（图 122），水库下的公路边有错车位置，可供短暂停车。

小峪在车夫峪西侧，峪口是罗家村，有公路连接小峪和车夫峪。小峪的入口也有一座水库（图 123），规模比车夫峪水库大。我来的时候，看到几辆车停在距离水库几百米的简易停车场，而人员则徒步到达水库边垂钓休闲。这两个峪道都不长，但都具有一定的可玩性，两侧均有小路通往峪内深处，适合夏季纳凉戏水。

图 122　车夫峪水库（2022 年 2 月）

图 123　小峪水库（2022 年 2 月）

### 3.3.12　金堆峪

金堆峪的入口在峪口村，搜索华州区金堆峪能够导航到金堆峪的进山路上。金堆峪在峪口没有水库，其水流汇聚到距离峪口较远的小华山水库，水库附近有个小华山寺。我在 2020 年 8 月份去过一次金堆峪，沿着金堆峪狭窄的公路前行 1.4 千米有一个管护站可以停车，再往里就只有坑洼不平的土路，也不容易找到车辆调头的位置。这个短峪道比较安静，没有工业的喧嚣，只有静静流淌的河流和努力生长的植被（图 124）。

图 124　金堆峪景观（2020 年 8 月）

### 3.3.13　桥峪

桥峪是华州较长的峪道，搜索华州桥峪水库（图 125）可以导航到桥峪入口。桥峪的名称据说和李自成有关，李自成兵败后曾在此撤军，因桥峪水大，搭桥无数，因此留名桥峪。桥峪的历史地位很不一般，桥峪梁顶是个分水岭，翻过去可到达洛南县洛源镇，桥峪梁顶也是驴友心目中的打卡圣地草链岭。草链岭北坡的水经过桥峪河汇入渭河，是渭河的一级支流。草链岭南坡的水途经洛源镇汇入洛河，洛源名称的由来正是因为草链岭就是洛河源头。

早些年，户外队经常发布桥峪的穿越线路，北穿南或者南穿北，然而，近几年此类活动明显减少。这是因为桥峪水库得到保护，管护站在正常上班期间禁止游客开车驶入，这项措施导致穿越的成本提高。不过，即使自驾进山将车停在海拔 1260 米左右的三岔坪附近，仍然需要徒步 8 千米，拔高 1400 米左右，才能登顶草链岭主峰。鉴于北坡穿越的难度，驴友们一般选择从南坡登顶草链岭，本书也将草链岭穿越线路的介绍放在西侧的道沟峪中。

图 125　桥峪水库（2020 年 8 月）

### 3.3.14 里峪、处仁峪

#### 3.2.14.1 峪道概况

里峪在桥峪西侧，峪口有里峪口村。处仁峪在里峪西侧，峪口有处仁口村，峪内有季节性水流（图126）。这些地名都比较特殊，搜索相关地名，就能找到华州区的这两个短峪道。尽管峪道较短，却有公路通往峪口附近。里峪东侧的山梁上有一处蕴空禅院，山梁被称为蕴空山。从蕴空禅院东侧可下行到桥峪水库，在北侧山梁上俯瞰桥峪水库，也是一大景观。虽然蕴空山海拔不到1200米，但人文和自然景观并举，是个休闲观景的好地方。

图126　处仁峪溪流（2022年2月）

#### 3.2.14.2 秦岭百十峰之蕴空山

概况：起点海拔760米左右，蕴空禅院海拔1100米左右，单程2千米左右，线路休闲。

我在2020年8月到访过一次里峪，车停在公路尽头一户古朴的农家门口。老乡正在修缮房屋，他家的房屋有了年份，是传统的建筑（图127），至今保存较好。从停车处出发沿着小路左转上山，行至150米左右，可以看到蕴空禅院的下院（图128），有两个年轻的师傅正在忙活着。师傅听说我要到蕴空禅院去，说太远了，2千米呢。我笑了笑，谢过他的好意，因为这点路不算什么。

图 127 农家古宅（2020 年 8 月）

图 128 蕴空禅院下院（2020 年 8 月）

沿着小路继续行走，路边的草丛中有一些雨水尚未散尽，所幸道路因为枯叶覆盖，并无泥泞，在距离起点 1.5 千米左右看到一座小庙（图 129），此时距离上庙蕴空禅院还有 500 米左右。继续拔高后，忽然听到有人在读佛经，当我走近的时候，声音越来越小，可能修行者也听到了外面的响动，故意保持安静，或许修行者无法置身嘈杂境地而保持内心清净，境界还需要提升。抬头望去，已经到了蕴空禅院上院的大门前（图 130），红色的大门两侧书写着佛家美好的愿望："慈云兴法雨，愿度众生登彼岸；照五蕴皆空，行深般若观自在。"听村民讲，这里一直有修行者居住，有时住上面，有时住下面，偶尔去城区采购。我虽在门前，但并无进去参观的意向，既然佛门紧闭，自己也不愿意道一声"阿弥陀佛"，那就不打扰修行者的清静了。

从蕴空禅院北侧有小路通往梁顶，也可以下撤到桥峪。2021 年，有几位熟识的驴友从此穿越，完成里峪到桥峪的环形穿越，全程接近 10 千米左右。不过，我孤身一人到此，不敢贸然穿越，只在蕴空禅院打卡原路返回。

### 3.3.15 东涧峪、西涧峪

涧峪分为东西两岔，东侧称为东涧峪，西侧称为西涧峪。搜索东涧峪口可以导航到东涧峪入口附近，有公路通往峪内深处。西涧峪水流汇入峪口的涧峪水库，东涧峪

图 129　小庙（2020 年 8 月）

图 130　蕴空禅院上院大门（2020 年 8 月）

水流没有水库拦截，在涧峪水库下方与西涧峪水流汇聚成涧峪河，是渭河的一级支流。东西涧峪目前都有管护站，在管护站设立之前，东西涧峪环形穿越是华州的著名穿越线路。在西涧峪，过穿山瀑布，经燕岔口左转到海拔 1700 米左右的垭口位置，直下到达坐桥口瀑布，沿着碎石路走到东涧峪公路，形成十几千米的环形穿越。东西涧峪据说都能穿越到洛源，也是北坡登顶西草链岭的线路之一，不过，因为峪口管护站的修建，如今鲜有人走。

　　东涧峪虽然没有水库，但也建了管护站，增加了驴友游玩的成本。我曾有幸驱车进入峪道深处，得知峪内尚有一些住户，如果认识峪内的居民，打个电话也能通过，这或许就是走后门风气向大山的延伸。东涧峪的公路比较窄，尤其是进入峪内 4 千米之后，道路宽度仅能容下一辆小车，驱车行驶 7 千米左右，前方道路更加崎岖不平（图 131），小车无法通行，只能就近找个方便调头的地方停车。沿着机耕路向前徒步，在距离峪口 8 千米左右有一处瀑布，旁边的山坡上有几只山羊，此处的勃勃生机预示着农家就在不远处。果不其然，这里住着一位黄姓大哥，是山里的老居民，原来的房子因为搬迁而拆掉，不过，黄大哥觉得山外的生活成本太高，就重新回到了山里。黄大哥有辆摩托车，我赞助了一些油钱，他便载着我前往峪道深处的坐桥口瀑布（图 132）。坐在黄大哥的摩托车上，很快到达了目的地，发现坐桥口瀑布就是路边的一个小瀑布,瀑布下面是穿过机耕路的桥洞子。从坐桥口向西可以穿越到西涧峪,然而,道路看起来荒芜,估计许久没有驴友穿越了。

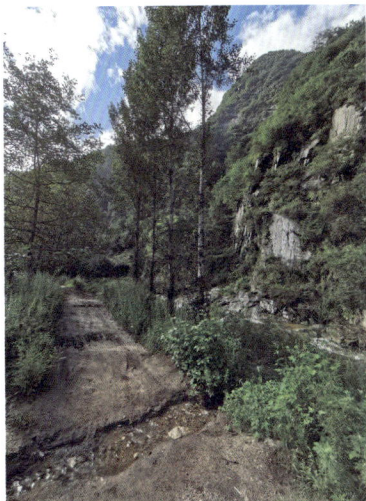

图 131　东涧峪峪内土路（2020 年 8 月）

图 132　坐桥口瀑布（2020 年 8 月）

东涧峪目前生态保护较好,处处是美丽的风景。如今车辆无法轻易到达峪道内部,在车辆无法到达的机耕路附近,奇特的石头,狭长的瀑布,乌色的石壁,茂盛的林木,奔腾的河流（图 133）,古朴的人家（图 134）,总有一些美好的情景令人流连忘返。

图 133　东涧峪河道（2020 年 8 月）

图 134　小桥人家（2020 年 8 月）

### 3.3.16　东牛峪

涧峪西侧有两个牛峪,东侧为东牛峪,西侧为西牛峪。导航搜索华州区牛峪峪口就能导航到东牛峪的入口。东牛峪通往峪内的公路较短,进入峪口几百米可见右侧山脚下有一座天主教堂（图 135）,在天主教堂南侧几十米就是公路的尽头。东牛峪是个相对比较原始的峪道，峪内草木茂盛，山林清幽。从教堂所在位置沿着机耕路进山 2.5 千米左右，可以看到左侧有一处巨大的瀑布，因崖壁乌黑被当地人称为乌崖瀑布（图 136）。只可惜因为露水较重，我们只能远观。

图 135　东牛峪教堂（2020 年 8 月）　　　　　图 136　乌崖瀑布（2020 年 8 月）

　　东牛峪深处遇到一户人家，家里只剩下老两口，住在乌崖瀑布所在沟的南侧，老两口靠山吃山，除了采摘山货，还在院子北侧种植了一些玉米，平日里干些农活，身体看起来十分硬朗。据说，东牛峪有穿越西牛峪龙耳山的线路，然而，该线路久无人走，杂草丛生，不建议从东牛峪登顶龙耳山。能在这东牛峪中欣赏乌崖瀑布，感受山林清幽，聆听山里故事，也是一种清闲自在。

### 3.3.17　含情沟、西牛峪

#### 3.3.17.1　峪道概况

　　西牛峪在东牛峪西侧，有小路将两个峪道的入口连接在一起。东西牛峪中间还有一条短沟，当地人称含情沟，沟口以及沟内住着几户人家。据村民说，可以从含情沟左侧山梁前往龙耳山，然而，该线路也只有年轻的村民采药时走过，现在路况不明。

　　含情沟西侧的西牛峪是一条风景优美的峪道，入口有一个小型水库，水库东侧有两条进山路，一条靠近下方水库，一条在左侧山梁上。当水库容量增大时，下方的道路经常被水淹没，只能沿着上方的山梁行走。西牛峪的最高峰是龙耳山，龙耳山颇具特色，远远望去，山顶像是传说中龙的两只尖尖的耳朵。龙耳山山顶现存铁瓦庙遗址，从少数驴友分享的图片来看，如今只剩下断瓦残垣。

### 3.3.18.2　秦岭百十峰之龙耳山

概况：起点海拔 860 米左右，龙耳山山顶海拔大约 1360 米，单程不到 3 千米，但路况较差，难度较大，线路风景一般。

我们一行人将车子停在西牛峪公路尽头，稍微舒展了一下筋骨，便开始登山。沿着小土路前行 200 米即到水库大坝上（图 137），在这里不仅可以欣赏到峪道深处的一只龙耳，还可以欣赏山体在水库中的倒影。

图 137　西牛峪水库（2021 年 2 月）

龙耳山最好的远景恐怕要在水库西侧山梁上才能拍到，或者在西牛峪西侧东西向的公路上，从那里向西南方向望去，方能看到两只龙耳（图 138）。沿着水库左侧土路徒步大约 1.2 千米，可见一处老宅，目前已无人居住，或许原居民已经搬迁了出去，相对于龙耳山经历的岁月，山中居民和房舍如烟花一般短暂。

在距离起点 2 千米左右，可见一处悬崖，尚有一些积雪残留。在距离悬崖 100 米左右的坡下，左侧有小路可以绕过悬崖。如果硬着头皮上，在悬崖右侧也有一条小路通往悬崖右侧的观景台。不过，直上的道路并不好走，也没有防护措施，有些地方需要借助双臂的力量将自己整个身体拉上去，并不适合一般人行走。我们费力通过这第一道障碍，在西侧观景台回望来时路，西牛峪的水库尽收眼底（图139）。

图138　龙耳山远景（2021年2月）

图139　观景台看水库（2021年2月）

从观景台沿着山梁向西侧行走，在接近龙耳山的地方，路迹越来越模糊。我在左侧探路无果，只得从右侧下探，发现有条土坡直通垭口。土坡较为陡峭，尽管沿途有抓扶的地方，依然需要小心谨慎。我们费尽九牛二虎之力，终于到达垭口的休息平台，龙耳山顶已经近在咫尺，所有人都将背包卸下，准备在此处吃饭休息。我试着登顶龙耳山，发现登顶的路十分艰辛，在努力向上攀爬两层楼高后，不敢再贸然向前一步，因为右侧贴近崖壁的道路如长空栈道般险峻，如若没有绳索保护，确实风险极大。我们一行决定就此止步，不再冒险登顶，为自己和他人的安全负责，有时候免不了有一些遗憾。不过，渭南的驴友已经多次登顶，在危险的崖壁附近，能够"八仙过海，各显神通"，着实令人佩服，我们这些胆小的驴友只能欣赏他们分享的照片。

### 3.3.18　核桃峪、安尧沟、黄鹿峪

西牛峪西侧到箭峪之间主要有三条小峪道，自东向西依次是核桃峪、安尧沟（又名鸡子沟）、黄鹿峪。在这几个峪道中，黄鹿峪稍长一些，公路可以直达峪口附近。我曾两次到访黄鹿峪，而另外两个峪道因无公路通达，没有实地考察。

黄鹿峪的峪口有一道铁门（图140），门口两侧的铁丝网处可容行人通过，进入峪内200米左右有座小型水库（图141），水量充沛。从黄鹿峪延伸出的河道流经多个村落，我们途经郭庄，发现郭庄村的广场以及沿河绿化做得非常好，已经成了村民休憩的后花园，这也是秦岭山水为百姓带来的福祉。

图 140　黄鹿峪大门（2021 年 2 月）

图 141　水库（2021 年 2 月）

## 3.4　渭南市临渭区

### 3.4.1　箭峪

箭峪在渭南市临渭区，入口有箭峪村，峪道较长，峪口有大型水库。箭峪岭（图142）是箭峪河的发源地，是驴友心中的神圣草甸之一，因为箭峪设有管护站，驴友多从南坡即道沟峪的青坪村登山，本书对箭峪岭的介绍也放在道沟峪的章节中。

图 142　箭峪岭垭口（2018 年 12 月）

### 3.4.2　黑张峪、寺峪

黑张峪和寺峪是箭峪西侧两条较短的峪道，但都有公路延伸到峪口，峪口分别有黑张口村和寺峪口村，这两个峪道都是较短的半截峪。黑张峪的入口有一段机耕路（图143），峪内有个小蓄水池（图144），不过，因为采矿原因，黑张峪山体破坏较严重，观赏价值不高。

图143　黑张峪机耕路（2022年2月）

图144　蓄水池（2022年2月）

### 3.4.3　夅峪、天留沟

夅（zhā）峪是渭南市临渭区一条较短的峪道，因峪口管制，驴友很难进入。夅峪西侧的无名沟属于天留山森林公园，所以姑且称这条无名沟为天留沟，沟口外有天留村以及渭南航天生态园。天留山森林公园是在天然沟道的基础上修建的景区，距离渭南市区不足20千米，堪称渭南市的后花园，主要风景包括人文景观以及飞流瀑布。

我在2020年8月去的时候，景区正在整修中。在一道门交了停车费，便可以将车子开到峪内1千米深处的天留山古城停车场。天留山景区沿着开阔的峡谷建设，古色古香的建筑物在雨中更多了一丝古韵。可能因为天气和景区封闭的原因，这里的小吃一条街无人营业，只零星地见到几个游客。走过恢宏的仿古建筑（图145），沿着雨水刚刚冲洗的山路台阶前行，越往里走，游人越少，越显得清静。

峪内深处的徒步道有两条，左右互通，在海拔大约1040米的瀑布前汇聚在一起，右侧经过名为汉王床的巨石，左侧经过周处降虎化石。在两路汇聚处的左侧还能沿台阶上行，走到瀑布上方，只不过要经过狭窄的梯子崖（图146）。梯子崖是在崖壁上削出的石梯，旁边有锁链可以攀扶，尽管如此，梯子崖的陡峭仍然吓倒一批胆怯的人。

过了梯子崖，道路逐渐荒芜，我们去的时候只看到一片塌方的石头，这里应当算是景区的尽头。尽管这儿名为天留山，但无法登到山顶，仿佛爬了个假山。不过，梯子崖行走的乐趣倒是全程最佳的体验，也不枉到此一游。

图 145　天留山仿古建筑（2020 年 8 月）

图 146　梯子崖（2020 年 8 月）

### 3.4.4　水峪、小峪

天留山西侧的地标中有水峪，其入口在任家山村附近。该峪道长度不足 800 米，无特别景观，更因为交通不便，鲜有驴友造访。

水峪西侧是小峪，临渭区的小峪在渭南市较为知名，峪口有小峪寺村，地图上可见小峪公路尽头标记为秀龙山，这也是与刘秀有关的峪道。刘秀躲避王莽追杀，向东穿过秦岭各个峪口，估计是秦岭最广泛的传说。小峪的秀龙山风景区是个开放景区，从小峪寺村出发，沿着左侧岔路进山，徒步不到两千米，即可到达位于东岔附近的饮马槽（图 147）。饮马槽也称为老君犁沟，东岔水流侵蚀出几米深的水槽，在饮马槽位置倾泻直下，成就了此地的美景。通过地图发现，从小峪可以直上二郎山。二郎山又叫玄象山，顶上据说有二郎山庙遗址。不过，如今小峪开始管制，驴友不能随便出入。

### 3.4.5　黄狗峪

黄狗峪又名广谷峪，是渭南知名峪道。黄狗峪的名称也与东汉光武帝刘秀有关，这黄狗不是普通狗，据说是哮天犬，哮天犬知晓刘秀遇险，在此搭救，此峪便命名为黄狗峪。后来黄狗峪改成读音相似的广谷峪，也是为了听起来能文雅一些。黄狗峪的河道称为沈河，下游汇聚了附近多个峪道的水流，在沈河水库形成了渭南的重要水源地。

图 147  小峪饮马槽（2022 年 7 月）

黄狗峪的水流发源于顶峰二郎山。因为黄狗峪管制，车辆无法进入，我也只是在峪口象山寺（图 148）附近打卡留念。

图 148  象山寺（2020 年 8 月）

### 3.4.6　磨峪、四峪

#### 3.4.6.1　峪道概况

磨峪在黄狗峪西侧正对着石鼓山隧道的地方，无公路通达。磨峪西侧的四峪是登顶石鼓山的最佳地点。磨峪和四峪都比较短，属于临渭区和蓝田县的交界峪道。石鼓山是此地最佳风景点，知名度较高，山脚下有石鼓山村。尽管石鼓山海拔不高，但山峰奇秀，因有五处高地，故有"小华山"的美誉。石鼓山也因刘秀的传说而知名，传闻刘秀逃难至此，用树枝为香，敬拜天地，说道："若他日能得天下，请将此石发出鼓声。"结果顿时鼓声大作，士气大振，在此处摆脱一劫。除了历史久远的传说，这里也有当代的革命故事发生。1946 年解放战争期间，老革命家汪锋、李先念大军曾经在石鼓山下的张村附近设置无线电台、开办印刷厂等，为解放事业做出了一定贡献。

#### 3.4.6.2　秦岭百十峰之石鼓山

概况：起点海拔 920 米左右，石鼓山海拔 1100 米左右，单程 1 千米，线路休闲，风景较好。

我们在四峪东侧的一个农家院停车，在当地村民指引下，来到四峪铁门东侧的一处登山口，穿过铁丝网，开始登山。据说，在四峪口（图 149）里面 200 米处也有一处登山点，可经过一处悬空桥，仿佛长空栈道一般，我们本想从左梁上然后从四峪下，奈何没找到正确的路，只能原路返回。

图 149　四峪口（2020 年 8 月）

沿着山梁上山，在看似无路的地方一直攀着石头前行。踩着奇形怪状的石头，如同攀岩一般。这凹凸不平的石头路是石鼓山的一大特色，脚下石头光秃秃，两旁却是青松仁立，仿佛在迎接帝王到来一般。距离起点600米左右即到西峰附近，这里也是石鼓所在的位置。一块竖立的大石鼓跃入眼帘，侧面来看，更像一匹奔驰的骏马（图150）。

继续前行几百米，有个相对开阔的平台，四周可见打桩的孔洞（图151），或许这里曾经修有庙宇，只不过现在已经荡然无存。再往前走可以到达最高处北峰，但是道路更加险峻。我们没有做好攻略，不敢贸然前往，只能期待下次深入探索石鼓山的东西南北中五峰。

图150　石鼓山石鼓（2020年8月）

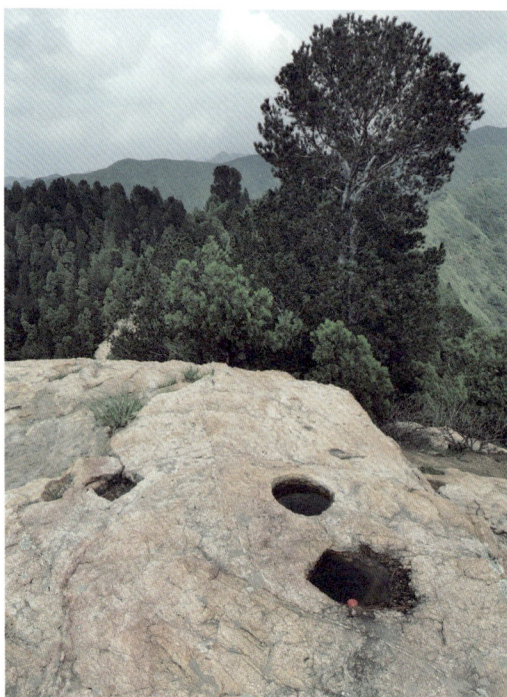

图151　石孔遗迹（2020年8月）

### 3.4.7 小峪、爹峪、北稠峪

在石鼓山和蓝田的清峪之间，还分布着几个短小的峪道，从东向西依次是小峪（图152）、爹峪（图153）和稠峪，有村村通公路将几个峪口连接在一起。小峪和爹峪与秦岭三百峪中的其他峪道都有重名，不过，这两个峪道较短，全长大约不超过2千米，分布在渭南临渭区阳郭镇，知名度较低。

图 152　小峪峪口（2022 年 2 月）

图 153　爹峪峪口（2022 年 2 月）

　　稠峪有两个，相对于清峪西侧的南稠峪，这里被称为北稠峪。地图上通常显示两个稠峪河，北稠峪河沿着关中环线向东北方向汇入沈河。而西侧的南稠峪河向西北流淌，出峪口不到 1 千米便汇入清水河。尽管地图上有这样两个河流的地标，其峪道只发源于浅山的半截梁。

## 3.5　西安市蓝田县

### 3.5.1　清峪、南稠峪

　　清峪属于西安市蓝田县，是蓝田东侧第一个峪道。搜索蓝田的清峪峪口即可导航到清峪峪口附近的公路。南稠峪是相对于北面的稠峪而得名，峪道较短，发源于浅山半截梁，是夹在清峪和峒峪中间的一个小峪道，峪口有一个村子名为闫河村。

　　清峪内部河谷宽阔，两岸绿草如茵，如人工种植的草甸。在河谷两侧，偶尔看到袅袅炊烟，在蓝天白云青山的映衬下，一片宁静祥和，难怪被人称为秦岭深处的香格里拉。从清峪口向里接近两千米处有两条路，左侧通往北峪，是登顶月圆山穿越玄象山的重要岔道。而右侧南向的道路是清峪的主路，车辆可以行驶到距离峪口大约 10 千米处的高升村，再往里则道路狭窄，车辆无法通行。从清峪口向里行驶 4 千米，可见开阔的河谷（图 154），此地的美景与别处不同，这里河谷宽广，溪流抚摸着光滑的鹅卵石，绿草掩映在碧水之间，连天空都格外地湛蓝。

图 154　清峪风光（2020 年 8 月）

　　行进到峪内 10 千米深处的高升村附近，河道逐渐收窄，溪流旁草丛茂密，与峪道中部的开阔谷地形成了鲜明的对比。这里非常适合休闲观光，也是遛娃戏水的好地方。从清峪可以沿着主河道穿越到灞源镇的青坪村，那里是从南坡登顶箭峪岭的主路。而距离清峪口 9 千米附近，右侧的代北岔是穿越天明山即将军帽的重要岔道，近年来有少量驴友从道沟峪登顶天明山，然后从代北岔下山进入清峪，不过，此类线路要规划好车辆安排，否则全程环形穿越的距离达到 30 千米以上。

### 3.5.2　峒峪

　　峒峪在西安市蓝田县玉山镇，峪口有峒峪村。如果说东边的清峪是秦岭的香格里拉，峒峪也毫不逊色，虽然没有清峪长，但峒峪的风光与清峪相差无几，这里也有宽阔的河谷，俊秀的山峰，碧绿的草地（图 155），也有近年来被驴友频繁打卡的高尖山。从峒峪西侧的小达那岔山梁上可以直上高尖山，不过，驴友大多数选择从刘家山沟登顶，沿途可以欣赏鞍梁草甸（刘家山草甸）的风光。鞍梁草甸虽然不大，知名度较低，但风光可以与流峪草甸媲美，在风吹草低中看着悠闲自得的牛羊，仿佛走进了古诗描述的意境。

图 155　岣峪风光（2020 年 8 月）

### 3.5.3　橡凹沟、刘家山沟

#### 3.5.3.1　峪道概况

橡凹沟位于岣峪西侧,因古时候橡树较多而得名。橡凹沟入口有个村子叫橡凹沟村,现已整体搬迁到岣峪村，成为岣峪村的一部分。橡凹沟有季节性水流，出山后汇入岣峪河。沟内无特别景观，驴友鲜有造访。

刘家山沟的入口在刘家山村，搜索位于蓝田县的刘家山村就能找到登山口。千万不要误以为沟比峪差一截，两字表达同样的意思，只是不同地域表达习惯不同而已。刘家山沟不是一条普通的小沟，这里水流不断，瀑布飞扬，草甸开阔，绝对是休闲徒步的好去处。不过，该沟道所连接的高尖山路况较差，不是一般驴友可以挑战的。

#### 3.5.3.2　秦岭百十峰之高尖山

概况：从刘家山沟过鞍梁草甸登高尖山，从岣峪的小达那岔东梁下，全程 15 千米左右。起点海拔约 800 米，高尖山海拔约 1720 米，线路难度中等，风景较好。

我们在刘家山村尽头的一个宽阔地方停车，这里有几户农家，民风淳朴，也无人索要停车费。农户热情地招待我们吃柿子，我们瞬间感受到村民的热情好客。沿着公路向里行走 1 千米，到达两侧长满芒草的机耕路。刘家山沟（图 156）很有特色，在海拔不到 900 米的两侧山梁皆是草甸（图 157），低矮的草甸使我们仿佛一口气就能奔上去，在草甸中偶尔看到白色的山羊点缀其中。

图 156　刘家山沟（2020 年 9 月）

图 157　低矮草甸（2020 年 9 月）

距离起点 1.4 千米和 2.8 千米左右的地方，各有一处瀑布（图 158）以及瀑布冲击形成的水潭。九月时节，触碰潭水已能感受秋日的凉气。沿途经过几个岔路，大多走右侧开阔的谷地，在距离起点 3.2 千米左右，有一段仿佛人工修建的石头路，过了这段石头路不远便可到达鞍梁草甸（图 159），草甸东边通往高尖山，西边通往一个小山尖，沿着西侧山梁可以下撤到道沟峪入口附近的穆家堰村。这里属于蓝田玉山，山里不知埋了多少玉石。我们正做着发财的美梦，就有一位驴友在草丛中发现一块翠绿的石头，对着阳光可见内部翠绿透明。驴友高兴地将其放进背包，如获至宝。

图 158　小瀑布（2020 年 9 月）

图 159　鞍梁草甸（2020 年 9 月）

草甸上风很大，牛群似乎也不太欢迎我们的到来，对着我们发出无法理解的声音。我们稍做停留，便开始向东边的山梁进发，沿着东侧山梁，在似乎无路的地方持续拔高探路，最终从草甸处行走 500 米左右登上主梁，在主梁上不断摸索，继续前行 1 千米左右，终于问鼎高尖山（图 160）。高尖山山顶虽然没有宽阔的平台，但视野较好，可以望见西南方向的箭峪岭。

图 160　高尖山山顶（2020 年 9 月）

下撤峒峪的路较长，我们试着寻找通往达那岔的山路，但始终没有找到。只得在梁上不断前行，最终下撤到小达那岔。这次穿越没有成熟的轨迹，我们可能是西安驴友圈第一次走通并记录了该线路的一群探索者。值得庆幸的是，整个穿越过程没有遇到险情。而且，在穿越的路上，品尝了山茱萸、黄山楂等野果。下山的路上，路过峒峪河，河谷光滑的石壁，潺潺流动的溪水，至今依然令人印象深刻。

### 3.5.4　道沟峪

#### 3.5.4.1　峪道概况

道沟峪入口在蓝田县九间房镇，又叫倒回峪，峪中有座桥叫作万军回桥，也与刘秀的传闻有关，倒回峪或许是让千军万马倒回的峪道。道沟峪较长，有沪陕高速通过，沿途经过灞源镇，灞源镇取意灞河的源头，道沟峪正是灞河的重要水源头之一。因为峪道较深，沿途沟岔多有休闲戏水的好去处，登山线路也格外丰富。从峪口的穆家堰村附近，可以沿着东边的山梁登鞍梁草甸和高尖山。再往里，从峪道西侧的了子河村可登将军帽，并从黑石河或南古庄沟下山。除此之外，从道沟峪登顶箭峪岭和草链岭则是毋庸置疑的经典线路。箭峪岭是箭峪的梁顶，也是箭峪河的源头，而草链岭是桥峪的梁顶，不仅是北坡桥峪河源头，更是南坡洛河的重要源头。

### 3.5.4.2 秦岭百十峰之箭峪岭

概况：起点道沟峪青坪村海拔 1300 米左右，箭峪岭海拔约 2449 米，单程近 9 千米，线路成熟，拔高大，难度中等偏上，风景较好。

2018 年的冬天，我跟随西安某户外队第一次前往箭峪岭。我们一行三十多人乘坐大巴车从灞源镇下高速路，沿着通往洛源镇的公路来到青坪村附近（图 161）。青坪村是箭峪岭的最佳登山口，大部分人选择原路返回线路，也有一部分人从东边的小东沟或周子沟下山形成环形穿越。前行 500 米有灞源革命纪念馆，老一辈革命家李先念等人曾在此留下光辉的足迹。在纪念馆附近有一处老宅，看起来颇有年代感，外围的墙壁上写着"记住乡愁"（图 162），不知唤起了多少人的家乡记忆。

图 161 青坪村（2018 年 12 月）

图 162 记住乡愁（2018 年 12 月）

徒步 1.7 千米左右，村路走完，开始正式登山路。在距离起点 2 千米左右，陆续可以看到一些标志牌，记录着灞水在蓝田留下的历史故事。箭峪岭的登山路相对成熟，而且多半是松软的土路，所以，走起来并不费力，尤其是前 5 千米，仅仅拔高 300 米左右。不过，从 1600 米拔高到 2200 米到垭口小庙，坡度陡峭，尽管这段路只有 2.5 千米的距离，但走起来并不容易。我和领队走在最前面，大约用了 3 个小时才到达垭口小庙（图 163）。

　　垭口小庙附近是南北穿越的必经点，向北可以穿越箭峪，因为路途较远以及峪口管制的原因，已经很少有人再走箭峪岭南北穿越的线路。前队未作停留，继续拔高最后 200 米到达箭峪岭最高点（图 164）。顶上可见北坡尚未融化的积雪（图 165），以及巨大的高压电线塔（图 166）。不得不佩服国家和人民的力量，将电线塔架设到任何需要的地方，无论多高多远。

图 163　垭口小庙（2018 年 12 月）

图 164　箭峪岭最高点（2018 年 12 月）

图 165　箭峪岭北坡积雪（2018 年 12 月）

图 166　箭峪岭电线塔（2018 年 12 月）

　　山顶风大，穿着冲锋衣以及加绒衣的驴友们仍然感觉到浑身凉飕飕。我们不敢久留，体会了"山高我为峰"的成就感之后，拍了几张照片，便迅速下撤到垭口吃饭休息。这次爬山还意外邂逅了一位邻居，城市生活的节奏让邻居之间很难相识，而户外俱乐部的相逢或许也是旅行追寻的意义之一。

### 3.5.4.3　秦岭百十峰之草链岭

概况：起点洛源镇洛河源农庄（已被拆除），海拔大约 1600 米，梁顶海拔 2646 米左右，单程大约 7.5 千米，线路成熟，风景劲爆，难度中等。

在桥峪修建保护站之后，从桥峪进出的驴友越来越少，如今最佳线路是从南坡的洛河源攀登。登山起点处当时有一个洛水源农庄，是一家较大的农家旅店，旁边平台开阔，也适合露营停车。我们穿过洛河源农庄门楼，仿佛步入景区一般，起初的道路是整齐而又形状不规则的石头路面（图 167），路宽两米左右，两旁是一人多高的灌木丛，抬头望去可见远山巍峨挺拔，山峰时而在云中若隐若现。我们如同踏着祥云，不一会儿就到了距离起点 700 米的水路旱路分岔处。左侧水路水流不断，有些地方需要攀爬木梯（图 168），而右侧旱路的路况最好，我们选择了水路上旱路下。

图 167　起点路况（2018 年 4 月）

图 168　水路木梯（2018 年 4 月）

在这处处瀑布溪流的水路上，随便找个水边石块上拍照，都可以令人仿佛融入山林之间，分不清我在看风景，还是风景本身就是自己。前行 2.6 千米左右，有一处名为"佛缘"的广场，是个不错的营地。体力较差的游客，可将此处作为目标，此时距离起点仅仅拔高不到 400 米。在距离起点 3.3 千米处，向右有一条宽阔的道路可以切到右侧的旱路上，如果要走大环线，还是沿着左侧直行。水路不是一直有瀑布水流，海拔越高，水量越少，到了箭竹林的地方，只能看到零星的小水源。穿越箭竹林，在距离起点 4 千米处可见石海（图 169）。石海也是高海拔的奇观，大多是山崩遗留的痕迹。这里的石海从海拔 2275 米开始，到 2475 米左右结束，整整垂直拔高 200 米左右。对于普通路面拔高 200 米也较为辛苦，更何况要在石头上翻上翻下，这段路堪称全程最虐。不过，如果不想走这段路，也可以在看到石海的地方向右侧横切，走到没有石头的旱路上。

图 169　草链岭石海（2018 年 4 月）

　　东草链岭中间的垭口向北可通往桥峪，垭口两侧有东西两个高地，西侧高地海拔 2550 米左右，东侧高地是东秦岭最高点，海拔 2646 米左右。我们此行走了个环形穿越，沿着石海到达西顶。从西顶向西望去，可以清晰地看到通往西草链岭的梁上小路。不过，东西草链岭环形穿越难度巨大，不是一般人可以挑战的。此时山下春暖花开，然而草链岭因为海拔较高，仍是百草枯黄（图 170），在 6 月底才能看到百草丰茂的场景。

图 170　草链岭草甸（2018 年 4 月）

从西顶沿着大梁向东行走约 1.5 千米，即到达东草链岭最高处。这里有高高树立的树干作为顶上的标志，我与几位驴友一同将旁边吹倒的树干扛起立在最高处，近些年来，从驴友打卡的照片来看，那根树木依然在那里作为草链岭的标志。从顶上返回时，垭口处已经聚集了多只户外队。一群来自天南海北的游客，素未谋面，在这东秦岭最高处，沐浴着春光，有说有笑，共同领略大秦岭的美妙。

### 3.5.5　流峪

#### 3.5.5.1　峪道概况

流峪又称留谷，是蓝武道的组成部分。流峪的入口在西安市蓝田县九间房镇，九间房镇是多条河流交汇的地方。自西向东，清峪、峒峪、道沟峪和流峪的水流共同汇聚在九间房镇，成就了灞河的波澜壮阔。河流汇聚的地方往往是祖先赖以生存的宝地，在九间房镇的公王岭有著名的蓝田猿人遗址，其位置在 101 省道与 107 省道（环山路）交汇处。穿过流峪的 101 省道两侧各有两条国道，分别穿过蓝峪和道沟峪，都能通往洛南，因此为流峪分担了不少车流，让流峪能够远离喧嚣，更添一份宁静之美。流峪内知名风景较多，譬如，歪咀岩（又名三凤山）的桃花，流峪飞峡的瀑布，流峪寺村的草甸，木家台山的流峪河源头，等等。前三个线路较为成熟，是休闲观景、愉悦身心的好去处。

#### 3.5.5.2　秦岭百十峰之歪咀岩

概况：起点柿园子村海拔 900 米左右，歪咀岩最高处海拔 1520 米左右，单程约 2.5 千米，线路休闲，难度较低。

春暖花开的 3 月份，去哪里赏桃花？对于西安驴友而言，最不陌生的当属王莽的万亩桃园。不过，若想看满山的野桃花，莫过于流峪歪咀岩。我们在阳光明媚的 3 月底，来到了流峪柿园子村，将车停在登山口的一处农家。沿着河谷向里走，距离起点 1.4 千米左右，就可以看到谷内以及山坡上的桃花（图 171）。不过，这个季节人比花多，单是西安就有三四个户外队发团欣赏桃花。如果要避免喧嚣，只能等到非周末的时间。

前面 1.8 千米的路程都在谷里行走（图 172），拔高不大。在 1.8 千米之后，开始左转直上歪咀岩顶峰，这段路有一个小小的练驴坡，长度在 100 米左右，之后的道路坡度不大，皆是之字形盘旋，降低了攀登的难度。

徒步 2.2 千米左右，看到一处水窖，预示着距离顶庙已经不远。行走 2.5 千米左右之后到顶，此处有开阔的平地，平地旁边分布着 L 型的两栋庙宇，左边庙宇旁有石碑，上面刷着红色的"三凤山——仙境圣地"字样（图 173）。这里就是歪咀岩顶，也是被称为三凤山的地方。在三凤山南侧几十米，是这个山脉的最高处，不过，那里不够开阔，只有一间极小的茅棚。从顶上有多条下山线路，我们选择从北边流峪印象农家乐下山，全程接近 8 千米。

图 171　歪咀岩桃花谷（2020 年 3 月）

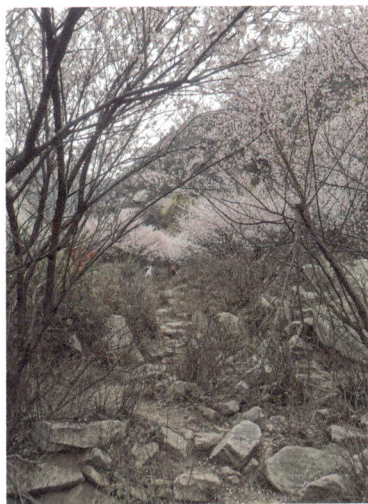

图 172　谷内路况（2020 年 3 月）

图 173　三凤山庙（2020 年 3 月）

### 3.5.5.3 秦岭百十峰之流峪飞峡

概况：起点流峪飞峡停车场，海拔1180米左右，最高处流峪飞峡源头之一海拔1700米左右，环形穿越线路全程大约5千米，风光较好，难度中等。

在冬天雪后初晴的某天，我们一行四人前往流峪飞峡看冰瀑（图174）。在流峪飞峡停车场停车之后，买了门票进入景区。流峪飞峡的冰瀑已经自然初成，在巨大的冰柱下面，冷意袭来令人瑟瑟发抖。过了两处冰瀑，来到云梯附近，尽管云梯可以绕过去，然而我们都选择了攀爬云梯的线路。在寒冷的冬季，铁质的云梯（图175）极其寒凉，背着厚厚的行囊从云梯中穿过，向下俯瞰令人瑟瑟发抖。

图174　冰瀑（2020年12月）

图175　流峪飞峡云梯（2020年3月）

行进600米左右，来到通天瀑布处。此时已经看不到瀑布的风景，只能见到冰柱，并听到冰柱下涌动的暗流。我们沿着溪流旁的林间小路，很快到达六间房（图176）岔路口。从六间房东侧出发，沿着小路行走，距离起点1千米左右来到梁上。梁上有个小垭口（图177），翻过去下山可以寻访古寨遗迹。不过，我们选择了沿着梁向上拔高，尽管此时海拔不到1500米，但积雪已经覆盖了整个山梁，行进的速度也慢了下来。

沿着梁缓慢行走，在距离起点2.4千米左右，到达北部的一个顶点。然而，顶部过于狭窄，不便于停留，我们继续前行探路。再向南行走200米左右，到达南北大梁上的一个开阔的平台，此处可以东看流峪草甸，西望石虎峰，是一处拍照留念的好地方（图178）。

山上实在太冷，我们以较快的速度下山。不过，下山的路有些陡峭，幸亏带了绳子，才不至于在结冰的石头上滑倒（图179）。此时的道路被积雪覆盖，还好能够通过轨迹顺利下降到流峪飞峡所在的河道，并在溪流两岸左右寻迹，遇到一处废宅，正式返回人间。过了废宅之后，找了一个平坦开阔的地方享受美味的火锅。火锅的热量瞬间让大伙能量满满，忘却了所有的疲惫。

图 176　六间房（2020 年 12 月）

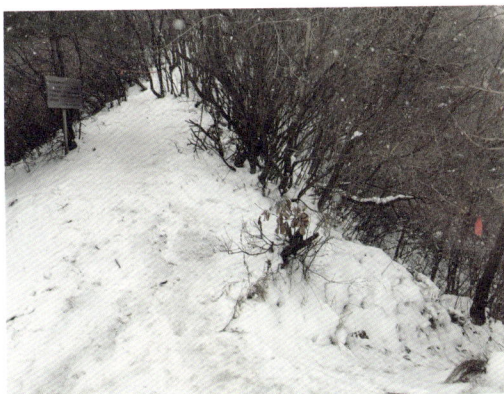

图 177　梁上垭口（2020 年 12 月）

图 178　梁上平台合影（2020 年 12 月）

图 179　放绳下降（2020 年 12 月）

### 3.5.5.4　秦岭百十峰之流峪草甸

概况：起点李家坪村磨扇沟入口海拔大约 1260 米，流峪草甸海拔 1760 米左右，环形穿越全程约 8 千米，线路休闲，难度较小。

在李家坪村的磨扇沟入口可以停车，也可以将车开进磨扇沟内部 1 千米（图 180），里面尚有山民居住。沿着磨扇沟向里行走两千米，几乎没有拔高。不过，在距离起点 2.2 千米左右有一个窝棚，窝棚北侧是拔高的开始。这里有村民自建的收费点（图 181），一对老夫妻在此等候，告诉我们，这条路是他们维护的。我们呵呵笑了，出于善念，一行五人给了他们一些零钱，便开始左转上山。

图180 磨扇沟路况（2020年8月）

图181 茅棚收费处（2020年8月）

老山民确实没有说谎，登山的道路在其镰刀的砍伐下，确实更加好走。我们沿着沟道上梁，时而穿过小溪，时而钻过密林，在距离起点3.2千米左右，即可以看到广阔的草甸（图182和图183）。流峪草甸虽然开阔，但能够找到一个没有牛粪的地方着实不易。这里是天然的牧场，自然少不了牛粪和苍蝇，我们在顶上拍照之后，便向北坡找到一个有树荫的地方，正式开始了休闲火锅吊床模式。

图182 流峪草甸（2020年8月）

图183 草甸南坡（2020年8月）

我们走的是O型穿越，向北从流峪寺村（图184）下撤完成环形穿越。下山的路非常休闲，步行1.5千米左右就能走到流峪寺村的机耕路上。近年来，流峪寺村频繁出现在自媒体中，最重要的原因就是车能开到村子里，向上走几步就能到草甸，几乎没有拔高，吸引了大量不爱爬山又想登高望远的游客前来打卡。不过，通往流峪寺村的公路非常狭窄，需要谨慎驾驶。

图 184 流峪寺村风光（2020 年 8 月）

在流峪草甸，可以西望流峪飞峡最高处，以及若隐若现的石虎峰等。流峪草甸因为攀登难度较低，风景较好，正在逐步走进大众的视野。在草甸翠绿的夏季，这里游人如织，农家乐生意火爆。携带家人、朋友、同事在星空下烧烤休闲，足以忘却一切烦扰，体验神仙般的逍遥自在。

### 3.5.6 石沟峪

石沟峪的入口在蓝田县山胡村，向峪道深处行走 300 米左右，有一大铁门，据说门内有养殖场，大门常年关闭。不过，我去的时候恰巧大门敞开，于是开车通过泥泞的土路，前行大概 600 米，看到三间庙宇，上面写着"慈恩寺"几个字（图 185）。在慈恩寺的后面就是养殖场，听着有猛犬狂吠，加上路况较差，我们没有继续探索。据说石沟峪梁顶叫做石虎峰，海拔 2000 多米。在山胡村遇到的村民说，其年轻的时候曾经走过石虎峰，在上面采过药。不过，现在许多年没有人走，道路已经荒废。

图 185　石沟峪慈恩寺（2020 年 8 月）

### 3.5.7　福朝峪

福朝峪的入口在蓝田县口子村东侧，峪口正北方有桐花沟村，桐花沟村东侧有著名的蓝田猿人遗址。福朝峪的名称据说与一位古代高官有关，此地祥云纳福，朝阳送暖，高官便命名为福朝峪。通往福朝峪的路况较好，而且在海拔 860 米的口子村北侧新修了观景台（图 186）和停车场，站在观景台可俯瞰南北两侧的山村风光，确实是一处休闲的宝地。

福朝峪无公路延伸到峪道深处，从峪口向里只能沿着溪流旁的小路行走（图 187），这些小路尽管狭窄，但基本清晰，据说峪内有几处奇特的石头，有如同将军一般的石顶石，在峪内 4 千米处更有一处方石，方方正正若石桌一般，令人称奇。经过我们实地探查，发现里面有不止一块奇特的石头，在距离起点 3.7 千米左右，可见一对石顶石，如同难舍难分的情侣一般屹立在山谷中（图 188）。在距离起点 5 千米左右，有一处冬暖夏凉的山洞，当地人称土匪洞，也叫天河洞（图 189），不过，这里的水流不足，只能在天河洞下方 50 米处看到涓涓细流。我们一行抱着西瓜，来到天河洞附近休闲，有幸见到了诸多自然奇观。

图 186　观景台（2022 年 2 月）

图 187　福朝峪河道（2022 年 2 月）

图 188　情侣石（2022 年 5 月）

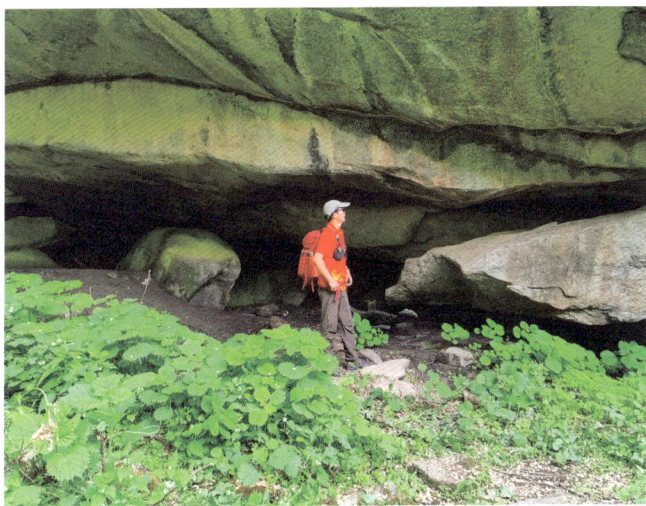

图 189　天河洞（2022 年 5 月）

### 3.5.8　毛家沟

毛家沟在福朝峪西侧，沟道虽短，但地图上有此地名，沿着下杨寨村向山中行驶，公路尽头即是毛家沟入口（图 190）。毛家沟进山的公路有两条，西侧是新修的公路，由一个民宿项目公司投资兴建，主要用来开发扶贫旅游项目（图 191）。目前沟口的农家都已搬迁到山下，留下的房屋由旅游集团投资维护，现已焕然一新，或许能够在近几年投入使用。毛家沟风光原始，水源丰沛，再加上正南方向有王顺山，或许未来能成为一个知名的乡村旅游目的地。

图190　毛家沟入口（2022年2月）

图191　毛家沟入口民宿（2022年2月）

### 3.5.9　赛峪

赛峪位于蓝田县普化镇，赛峪河发源于王顺山所在的山脉，其南段顶部属于王顺山风景区。王顺山又名玉山，因蓝田盛产名玉，唐代李商隐的诗中就有"沧海月明珠有泪，蓝田日暖玉生烟"的名句。王顺山风景区较大，驴友将其西北部的山峰称为终杆梁玉皇顶，以区别于王顺山主峰。从赛峪沿着赛峪河可以直上玉皇顶，不过，后面的道路荒芜，攀登玉皇顶的驴友大多选择从蓝峪东侧的斜峪沟出发，即标记为玉山蓝河风景区的地方，那里属于免费风景区，且路况较好。

赛峪峪口有一个小型水库，赛峪的公路仅修到水库大坝位置（图192），车可以停在大坝两边。从水库（图193）西侧下到沟里有清晰的进山道路，清澈的水流从高山上连绵不断地涌出，走在溪边的林荫路上，炎热的夏季也能感到阵阵清凉。

图192　赛峪大坝西侧（2020年7月）

图193　赛峪水库（2020年7月）

　　沿着河岸边的林荫路前行 500 米左右，即可越过赛峪水库，到达水库的上游，这里有一个大的豁口。如果把水库看作一个大水袋，这儿就是被扎紧的水袋口位置。在距离水库不到 1 千米处可以看到平坦光滑的巨石铺在溪流中央，水流从石面上轻轻滑过，像巨大的水床摇曳在青山之间（图 194）。

图 194　赛峪水床（2020 年 7 月）

　　行走 1.2 千米左右，可以看到一处无人居住的废宅。在距离起点 1.8 千米处河道分为两岔，右边路况较差，而左边是赛峪的主路。不过，我们没有计划也没有胆量从此处攀登玉皇顶，遂原路返回，以考察附近其他峪道。

### 3.5.10　管草峪、贾白峪

　　管草峪和贾白峪是赛峪和大峪中间的两条小沟道，都在蓝田县西李家沟村附近。管草峪的入口在西李家沟村东南的李家梁，贾白峪入口在西李家沟村南侧的滩子村，沿着西李家沟的进山公路，可到达沟口附近的管护站（图 195），再往里则只能徒步。两条峪道均不超过两千米，游人罕至。管草峪入口有小型水库，贾白峪水流较少，一米宽的河沟在冬季常常无水。两条峪道都没有矿产开采，均具有良好的原生态风光。

图 195  贾白峪管护站（2022 年 2 月）

### 3.5.11  大峪、小峪

大峪和小峪在秦岭三百峪版图中都出现多次，这里所呈现的大小峪在蓝田县，我们称之为蓝田大峪和蓝田小峪。蓝田大峪的入口在蓝田县宝兴寺村南的大峪口附近，和蓝田小峪几乎交汇在一起，入口都在大峪口附近。大峪的公路延伸到峪口附近，峪口有农户承包的大片农家院落（图 196），每个院落有多间砖瓦房，里面有客厅、单间和大通铺，每个小院中都是绿草如茵，可烧烤可戏水，是一个休闲好去处，只不过目前鲜有人知。

沿着大峪沟道可以直上王顺山，不过，走的人很少，道路荒芜。峪口的老板说，里面有个寨子石墙，属于文物保护地，很少有人到达。我和驴友来了兴致，然而，第一次造访并未走到寨子石墙，后来从地图上发现，只要再前行 20 米就能到达目的地。第二次造访时，我循着地图上类似大坝的位置走去，比上次仅仅多走了几十米便成功到达寨子石墙（图 197）。大峪口寨子石墙建于清代，东西长约 120 米，南北宽近 4 米，高 4 至 6 米，东西以山脊为界，或是古代大峪村寨的第一个门户。此次打卡成功，感慨颇多，有些事情，稍微多做点功课，多往前走两步就成了，爬山和生活都是如此。

图 196　大峪农家院（2020 年 7 月）

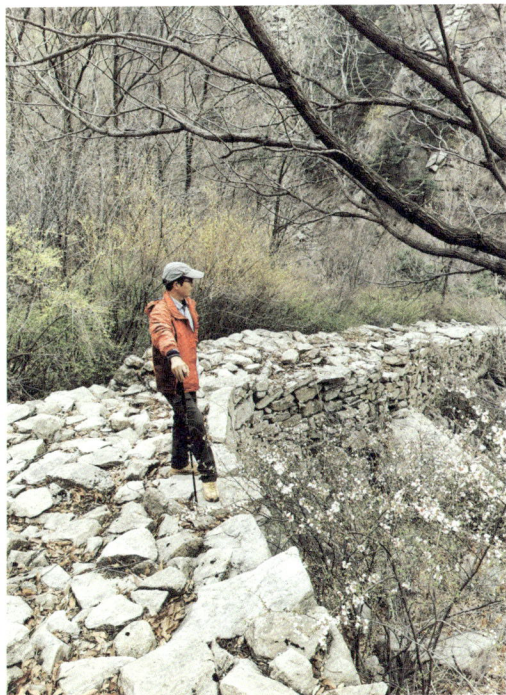

图 197　寨子石墙（2021 年 3 月）

### 3.5.12　香咀峪

香咀峪（图 198）在蓝田小峪的西侧，入口在蓝田县水泉东南的宋家山村，沿着崎岖狭窄的宋家山路可到达香咀峪入口附近。香咀峪的峪名十分出色，带"香"的峪有宝鸡的茴香峪、香山沟等，但后者是远近闻名的"香"，分别有鸡峰山和香引山。香咀峪因峪道较短，也无知名人文自然景观，驴友很少到访。香咀峪西侧是黄龙沟（图 199），也是较短的峪道，沟口都有农家，山坡上种植着大量的花椒树。

图 198　香咀峪（2022 年 2 月）

图 199　西侧黄龙沟（2022 年 2 月）

### 3.5.13　蓝峪

#### 3.5.13.1　峪道概况

蓝峪又名蓝桥峪、悟真峪等，蓝桥峪的名称来自"尾生抱柱"的故事。尾生与一女子约定桥下相会，女子迟迟不来，桥下水涨，但尾生抱柱不愿离开，最终魂断蓝桥。悟真峪的名称来自悟真寺，峪口有悟真寺，峪因寺而得名。蓝峪有 312 国道穿过，可以直通洛南。在古代，蓝峪是著名军事要道蓝武道的一部分，其中北部横向切到辋峪口的路段是著名的蓝关道的一部分，如今修建了平整的公路，是自驾以及骑行爱好者较为喜欢的观景线路。

蓝峪中景区丰富，峪口有水陆庵和下悟真寺，从水陆庵向东沿小路行至蝉坡马家，右转过河行驶到小路尽头即是上悟真寺入口。以往沿着蓝峪河的小路可通往上悟真寺的东门，奈何 2021 年的大水将河道西侧的小路摧毁，连上悟真寺东门附近的桥都被冲得了无踪迹，估计从东门登上悟真寺将成为历史。从峪口沿着国道往里走，在 10 千米以内分别经过观音潭、莲花山森林公园、蓝关古道出入口、玉山蓝河风景区以及王顺山风景区等。这些景区风光优美，是蓝田的重要名片，而且基本免费，深得驴友喜爱。

#### 3.5.13.2　秦岭百十峰之悟真山

概况：悟真寺中的亭子叫悟真亭，亭因寺而得名，山也如此，其最高处暂且称之为悟真山。悟真山起点悟真寺北门海拔 620 米左右，最高点海拔 1260 米，单程距离 4.5 千米左右。如果只到上悟真古寺，则较为休闲，上悟真寺海拔仅 820 米，单程 2.5 千米。

　　起点处有土堆将通往国道的路封堵，只得将车停在沪霍线边上，过马路即是悟真寺的北门。一般情况下，人们将水陆庵对面的悟真寺叫作下悟真寺，而山上的这个历史更为悠久的悟真寺叫作上悟真寺。悟真寺当时是免费景区，大门形同虚设（图 200），其左右两侧都能入山，尤其大门西侧可驱车进入内部停车场。

图 200　悟真寺大门（2021 年 10 月）

　　进入大门直行十几米，东侧有一片竹林，穿过几十米的竹林就步入了正式的台阶路。这些台阶路的前端几百米几乎贴着沪霍线向东延伸，直到距离起点 900 米左右才开始正式向上拔高，垂直海拔升高 50 米左右可看到一处佛塔，即景区标记幡杆的位置。佛塔附近视野初步开阔，可望见山下的蓝峪河。距离起点 1.1 千米左右，右侧石壁上可见"蓝关栈道"四个字（图 201），这里的石壁上满是栈道的痕迹，粗壮的木头嵌套在石壁中的铁皮下，而靠近悬崖一侧的石头上布满整齐的石孔（图 202）。这里的栈道见证的唐代风流人物数不胜数，但凡有点文化的，谁没来这里爬过悟真山呢？

图 201　蓝关栈道（2021 年 10 月）

图 202　栈道遗迹（2021 年 10 月）

　　继续前行百十米，一处绝佳的风景亭跃入眼帘，这里就是悟真亭（图 203），是游人歇脚拍照的重要地方。此处视野开阔，其下有一块巨石，站在上面，可耳听滔滔水声，眼观玉山一脉。更何况悟真亭前有苏氏龛，白居易在《游悟真寺》中就提到"一息幡竿下，再休石龛边。龛间长丈余，门户无扃关"。这苏氏龛不知承载了多少游人的梦想，此情此景，难免让人忆古思今，慨叹人生短暂，何须计较功名利禄个人得失。

　　过了悟真亭有一段平坦的道路，在距离起点 1.8 千米左右有一处岔路，右侧通往橡林湾和古佛灯。不过，不建议驴友前往橡林湾附近，这段台阶路只有数百米，中间台阶多处被水冲断，景区似乎要将此路修到上悟真寺南坡的梁上，然而该工程并未完工，台阶尽头无路可走。沿着主路行走，在距离起点 2 千米左右到达多宝塔，多宝塔后面有塔林（图 204）以及善导大师修行的山洞。善导大师又名光明大师，据说说法时周身现光明，而以其名号命名的寺庙在全球不知有多少座。

图 203　悟真亭（2021 年 10 月）

图 204　塔林（2021 年 10 月）

参访塔林和善导洞之后，必须原路返回到主路上才能继续前往静心亭。静心亭坐落在从东门登悟真寺的主路上，附近有西崖瀑布。静心亭的名字也时刻提醒游客进入悟真寺首先要静心，但凡能静心，就或许如同悟真寺的对联所云"有缘入得大乘门"。静心亭向上几十米即是上悟真寺（图205），如果目标到此，线路较为休闲。

图 205　上悟真寺（2021 年 10 月）

然而，驴友爬山的目标在于登顶。于是，我们沿着静心亭南边的道路走去，从景区地图上看，这条路通往望佛崖。沿途除了最初有一段被水冲坏的台阶路，后面的台阶路都较为完整。在距离起点2.8千米左右，终于到达台阶路的最南边，即望佛崖的位置（图206）。此处有一个观景台，坐落在紧贴蓝峪河的崖壁上，从这里可见蓝峪河以及沪霍线优美的弧度。从望佛崖下撤到一条岔路口向北行走，距离起点3.5千米左右即来到一处垭口，左侧是上山的台阶，而正前方可看到下方的圣水源以及悟真寺的大殿。我们从左侧开始登山，走完几十米的台阶便步入泥土路。在距离起点4.2千米左右，我们一行五人终于到达白居易在《游悟真寺》中所提到的定心石（图207）。定心石南边有开阔的地方可供休息吃饭。

图 206　望佛崖（2021 年 10 月）

图 207　定心石（2021 年 10 月）

此处并非悟真山最高处，最高处在定心石南侧大概 300 米的位置。因为距离较近，我一个人前往探索，一路在梁上小跑，大概 15 分钟到达山顶。遗憾的是顶上无特别景观，山顶虽然开阔，但没有任何标志性自然或人文景观。从山顶向南望去，可见南边的莲花山比悟真顶高出许多，不得不概叹"山外有山，人外有人"，也许，这也是此行悟真的一部分。

### 3.5.13.3　秦岭百十峰之莲花山

概况：起点莲花山森林公园检票处海拔大约 960 米，最高点莲花山顶海拔大约 1600 米，景区有成熟线路，然而登顶莲花山有 1 千米野路，难度较大。

莲花山虽然在蓝峪西侧，但莲花山森林公园的景区入口在蓝峪东侧（图 208），需要将车停在景区入口附近的停车场，过检票站，然后穿过一座横跨在蓝峪国道上的大桥，才能到达对面登山口。

第一次探索莲花山时恰逢雨后初晴，游人较少。莲花山的师傅热情地招待我们，并告知我们爬山的线路以及注意事项。景区的前半段路有较多的台阶，为了雨天登山的安全，我们从祖先盘向上攀登，拔高 100 米左右，路上坡度渐缓。在距离起点 600 米左右看到一处岔道口，右侧沿着虎溪可见瀑布（图 209），左侧走坡上土路，我们选择了左上右下。一路经过虎头石、三笑桥等自然人文景点，在距离起点 1.6 千米左右到达化感寺（图 210）。迎面而来的是一块木牌，上面刻着王维的《游化感寺》，为化感寺增添了不少人文气息。

图 208　蓝峪东侧的莲花山森林公园景区入口（2020 年 8 月）

图 209　虎溪瀑布（2020 年 8 月）

图 210　化感寺（2020 年 8 月）

化感寺有不老泉（图211），我们捧起泉水就喝，希望这天然的泉水能让身体更好，这也是百姓的朴素愿望吧。化感寺在热闹的时候，游人很多，有成熟的客房，能够满足几十人乃至上百人的饮食起居（图212）。

图211　不老泉（2020年8月）

图212　化感寺客房（2020年8月）

从化感寺西侧沿着小路行走500米左右即到莲花山所在的南北大梁上，我们在梁上看到大量神仙粉叶，这是做神仙粉的重要原料，据说揉搓出来的汁液可以冻成凉粉状，只不过我一次都没成功过。在梁上踩着露水，行走在羊肠小道上，在距离起点2.6千米左右遇见一块大石壁挡住了去路（图213）。因为刚下过雨，石头比较湿滑，我们没带绳索，导致第一次探路莲花山未能登顶。

第二次探路莲花山是在2021年1月，我们从徐家山沟成功穿越到莲花山所在的大梁，当时的石壁上布满积雪，不过，我们有备而来，西湖哥率先上去放下绳索，使得我们一行五人安然翻过大石壁，到达了念念不忘的莲花山顶。莲花山顶没有任何人文景观，不过，这里视野开阔，可以东望玉山诸峰，西南俯瞰蓝关古道（图214）。

### 3.5.13.4　秦岭百十峰之玉山—玉皇坪

概况：起点玉山蓝河风景区入口（图215）海拔大约1240米，最高处玉皇坪玉皇顶海拔2200米左右，单程不到4.5千米，拔高较大，难度中等，风景较好。

玉山蓝河风景区管理得不错，停车场规范，扫码缴费比较方便。这里目前免费，同时还在兴建蓝桥遗址以及蓝桥抱柱湖、尾生抱柱文化区等景点，未来潜力较大。我们来的时候属于淡季，没有太多游客。沿着石头路前行几百米，便能看到开阔的山体风光(图216)。这边的玉山因盛产美玉而得名,据说秦始皇的大印用的就是这里的玉石。玉山整体就像一块散发着耀眼光芒的宝石,远远望去光芒四射,又有华山的挺拔与傲岸。

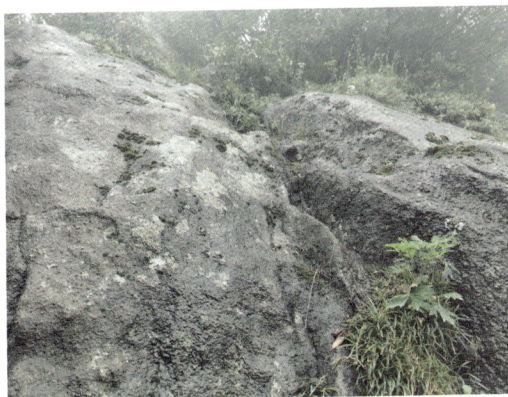

图 213　莲花山北侧石壁(2020 年 8 月)

图 214　从莲花山顶俯瞰蓝关古道(2021 年 1 月)

图 215　玉山蓝河风景区入口(2020 年 9 月)

图 216　远观玉山(2020 年 9 月)

沿着小路行走 1.2 千米左右,有一处开阔的平台,平台的左侧是在原始洞穴基础上修建的玉皇洞(图217)。玉皇洞大门紧闭,从门缝中向里窥探,看不出究竟洞有多深。过了玉皇洞,渐渐步入原始森林,整齐的台阶逐渐消失,保留的是原生态的小土路。上行 2 千米左右从斜峪沟拔到梁上,沿着梁持续拔高,在距离起点 2.5 千米海拔 1800 米左右的地方有一个观景台(图218)。此处观景台视野较好,可以仰望巍峨的玉山北段。

图 217　俯瞰玉皇洞（2020 年 9 月）

图 218　观景台（2020 年 9 月）

　　前行 3 千米左右即拔高到海拔 2 千米左右，这里有个岔道口，左侧通往一处红旗飘飘的观景台（图 219），右侧通往最高点玉皇坪。走得慢的驴友不愿继续拔高，选择左侧的观景台作为此行的终点。我们前队继续前行，在距离起点 3.4 千米左右，有一处景区标志牌，介绍玉皇坪的故事，据说玉皇大帝曾在此修炼。标志牌附近有岔路，右侧沿着梁攀爬，比较陡峭，左侧沿着沟道横切，路况稍微好一些。我们前队选择右上左下，在距离起点 4.2 千米左右终于来到玉皇坪的顶端玉皇顶（图 220）。顶上较为陡峭，没有看到任何人文景观，只留下巨大的石头笑傲苍穹。

图 219　仰望第二个观景台（2020 年 9 月）

图 220　玉皇顶（2020 年 9 月）

十几人的大部队最终只有我们前队三个人登上玉皇顶。下山的道路相对比较成熟，很快汇聚到来时的岔道口。这条线路登顶缺少意义，如果不是执着于"山高我为峰"的理念，完全可以在下面的观景台休闲原路返回，至少节省 200 米拔高。

### 3.5.13.5　秦岭百十峰之王顺山

概况：起点王顺山停车场海拔 1080 米左右，目标最高点王顺山千年杜鹃所在位置海拔 2 140 米左右，其东侧的东峰海拔 2239 米左右，只是无成熟道路通达，属于未开发区。到千年杜鹃的线路单程 6.5 千米左右，风景较好，难度中等。

山里下过小雨，道路往往泥泞，周末闲不住的驴友往往选择有台阶或者碎石路的地方爬山，王顺山也因此被纳入了雨后休闲的备选线路。王顺山景区入口有大型停车场，从停车场可乘坐摆渡车到达有台阶的登山口（图 221），然而，驴友们通常选择徒步，这段摆渡车行驶的距离只有 2.5 千米。王顺山作为天下第一孝山，以孝子王顺为名，沿途都是宣传孝道的人文景观。除此之外，王顺山的第二个招牌则是随处可见的瀑布溪流以及水潭。

经过第一处水潭玉女潭（图 222）之后，前行几百米可看到左侧有路通往左侧崖壁上的玉女洞（图 223）。再往前走，映入眼帘的是"天下第一孝山"的字样。从距离起点 3 千米到 3.5 千米之间，属于孝子王顺的地盘，这里有孝子祠以及望亲石等。在望亲石之后有分岔路，左侧经过松岩瀑布，土路较多，右侧有索道，也有徒步的台阶路，沿途可以经过飞天瀑布（图 224），我们选择右上左下的徒步线路。在距离起点 4.2 千米时，可见飞天瀑布从天而降。

图 221　登山口（2018 年 4 月）

图 222　玉女潭（2018 年 4 月）

图 223　玉女洞（2018 年 4 月）

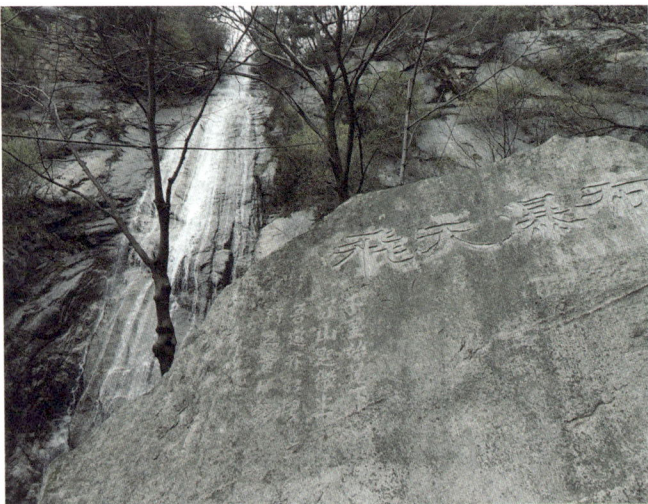

图 224　飞天瀑布（2018 年 4 月）

穿过飞天瀑布之后，陆续经过龙云瀑布以及小石门，然后通过之字形攀爬到达海拔约 1760 米的观景台（图 225）。观景台前方几十米就是索道终点，这里有观景的平台和休息的长亭，我曾经与驴友在此地吃火锅，当时可以望见对面山峰上残留的积雪（图 226），与热腾腾的火锅形成了鲜明的对比。

图 225　观景台（2018 年 4 月）

图 226　山峰残雪（2018 年 4 月）

在南北向的山梁上行走几十米，距离起点 5 千米左右，来到索道上站。索道旁有木头栏杆围绕的铁梯，这是通往王顺山千年杜鹃的必经之路。向前 200 米左右有分岔路，左侧通往西峰，右侧通往千年杜鹃和东峰，我选择了右上左下。继续前行 1 千米有岔道口，左侧是通往西峰的下山路，右侧前行几十米即到达将军椅所在位置。大自然鬼斧神工，在秦岭深山留下了千奇百怪的摆件，在人们的想象中被赋予了特殊的含义，将军椅就是此类奇观，既然来了，一定要坐上去寄托一下美好的愿望（图 227）。过了将军椅，奔跑在高山草甸和松树林间，在距离起点 6.5 千米左右，终于见到千年杜鹃（图 228）。王顺山的杜鹃不是矮杜鹃，而是乔木类的杜鹃树，树干高大，经历千年沧桑，已经成为王顺山祈福的圣地。

图 227　将军椅（2018 年 11 月）

图 228　千年杜鹃（2018 年 11 月）

告别杜鹃树，回到将军石附近，开始从西峰方向下山。西峰的道路比较陡峭，有许多地方的铁梯或台阶坡度较陡，如临万丈深渊，而西峰本身三面悬崖，站在上面，常常有云雾飘过，如腾云驾雾一般，令人惊心动魄。原路返回到索道附近，下山的路有很多选择，可以花 50 块钱坐索道下到望亲石附近，也可以原路返回，或者走后山经过松岩瀑布的土路。驴友喜欢走土路，因为土路较为柔软，能有效地减震，不至于对膝盖冲击力太大。这条线路总体较为成熟，安全隐患较少，也是户外团建经常选择的线路之一。

### 3.5.14　拐沟

在蓝峪和辋峪中间，由蓝关古道横切出一个三角地带，该地带北侧沟壑纵横，从东向西分别分布着东沟、拐沟、徐家山沟、大车沟、赵家沟、沙沟、刘家沟等。这些沟道中不乏充满趣味性的地方，譬如拐沟，该沟道在入口处突然拐了方向，由南北向变成东北向，因此而得名拐沟（图 229）。拐沟下方正对着韩沟水库（图 230），但韩沟和拐沟并无关联，韩沟只是一个浅山的半截沟，韩沟水库附近即是沟道尽头，不过，从韩沟水库有公路通往拐沟入口的吊桥观景台。拐沟依靠着美丽乡村徐家山村，正在逐步推进沟道入口的公路建设，是潜在的休闲观景的好去处。尽管拐沟内部曾有矿场，但目前正在环境恢复中，在拐沟东侧山梁上有穿越莲花山的线路，使得拐沟近几年逐渐走入驴友的视野。

图 229　俯瞰拐沟（2022 年 2 月）

图 230　韩沟水库（2022 年 2 月）

### 3.5.15　徐家山沟

徐家山沟在拐沟西侧，长度不如拐沟，两沟道入口有公路通达，相距不过 200 米。徐家山沟被当地人称为崀沟，因正对着徐家山村，称为徐家山沟更具有辨别度。徐家山沟有一条知名的穿越线路，即徐家山沟穿越蓝关古道，入口可见蓝关古道标志牌（图 231），从徐家山沟沿着沟道上西梁，前行 4 千米即可到达最高点，即莲花山和虎吼山中间的崀山顶。从崀山和莲花山中间的垭口位置向南下行不到 3 千米即可到达蓝关古道上（图 232）。

图 231　徐家山沟入口（2022 年 2 月）

图 232　蓝关古道（2020 年 8 月）

### 3.5.16　大车沟

#### 3.5.16.1　峪道概况

大车沟在徐家山沟西侧，沟道较短，沟内有水流，沟口尚有人家居住。通往沟口的公路东侧有陕西电子信息职业技术学院，沟口西侧有地震监测台以及此地知名的虎吼山道院（图 233）。据路旁的碑文记载，进山的公路正是为虎吼山道院而修建。此地主要的登山线路是虎吼山，又名虎头山，该山因从东侧观望如虎头一般而得名。虎吼山的登山起点在虎吼山道院旁，即沿着大车沟西侧的山梁上山。据闻，先有虎吼山，而后有虎吼山道院的名称，虎吼山道院虽无碑文记载来历，但传闻在唐代已有此道观。

#### 3.5.16.2　秦岭百十峰之虎吼山

概况：起点虎吼沟西侧的虎吼山道院海拔大约 700 米，虎吼山顶峰大约高 1360 米，拔高较少，单程不到 3.5 千米，线路休闲，风景较好。

虎吼山所在的沟道是一条较短的沟道，其入口处有虎吼山道院。从虎吼山道院后面的山梁上山，前行 400 米有一个小土地庙，而行进 700 米左右可见较大的庙宇上圣宫（图 234），这里视野较为开阔。

图 233　虎吼山道院（2022 年 2 月）

图 234　上圣宫（2021 年 1 月）

整条线路几乎没有岔路，皆是在梁上朝南行走。在接近虎吼山的时候，路较为陡峭，在冬季不带冰抓危险系数较高。即使没有雨雪的冬季，北坡也容易产生暗冰，所以冬季攀爬一定要带上冰抓。

虎吼山顶有一块巨石非常适合合影（图235），从虎吼山东侧更能隐约观察到虎头的形状（图236），在虎吼山顶也可以清晰地望到蓝关古道（图237），而从蓝关古道登虎吼山是最为便捷的线路。在蓝关古道毛石湾附近向西北600米左右，有散落的石头上写着"虎吼山登山口"（图238），这里最接近刘家沟登虎吼山的垭口，从这里登山拔高不到200米，单程1.5千米左右，十分休闲。

图235　虎吼山合影（2021年1月）

图236　西望虎头（2021年1月）

图237　蓝关古道蓝峪出口（2020年8月）

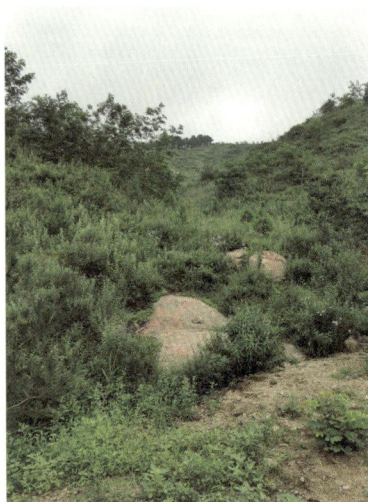

图238　登山口（2020年8月）

### 3.5.17　刘家沟

在虎吼山道院西侧有多条小沟道，诸如赵家沟、沙沟、刘家沟、王村沟等，这些沟道极短，大多数无特别的自然人文景观，也鲜有驴友到访。然而，其中的刘家沟却被驴友所熟知。刘家沟的入口（图 239）有个村子叫坡底村，此地是虎吼山环形穿越的重要组成部分。驴友一般从虎吼山道院向南攀登虎吼山，然后从刘家沟东侧的山梁下山，再从坡底村横穿到虎吼山道院附近的停车位置，形成约 13 千米的虎吼山环形穿越。

图 239　刘家沟东侧登山口（2022 年 2 月）

### 3.5.18　辋峪

#### 3.5.18.1　峪道概况

辋峪的入口在辋川镇，辋峪因王维等大唐诗人而知名，峪内有丰富的人文自然景观，譬如竹篑寺文峰塔、辋川溶洞、王维苑、葛牌古镇、战地医院遗址等。辋峪路况较好，有福银高速穿过，若想走走停停地欣赏风景，也可以沿着与高速公路并行的峪内公路行走。有许多驴友走福银高速前往秦王山，秦王山上有历史悠久的秦王庙，据说前秦时期即有此庙，这里也是驴友登高望远的好地方。不过，这里主要记录秦岭北麓山峰，而秦王山在水系上属于秦岭南麓，本书未作介绍。辋峪除了有通往商洛市的主干道外，两条主要的支流分别是经过红门寺的西采峪和经过葛牌镇的东采峪，西采峪的红门寺据说玉石较多，而东采峪因葛牌古镇而知名。此外，东采峪文公岭战斗遗址附近一般作为辋峪河的正源，东西采峪的水流在李家河水库交汇，该水库是灞河沿线居民的重要水源。

### 3.5.18.2　秦岭百十峰之照壁山辋川溶洞

概况：起点照壁山辋川溶洞停车场海拔 800 米左右，最高点凌云洞位于照壁山涯壁上，海拔约 900 米，单程距离不足 1 千米，线路简单，风景较好。

辋川溶洞属于免费景区，只需要缴纳 10 元停车费即可。辋川溶洞包括东侧的锡水洞和西侧的凌云洞。东侧锡水洞因为近期维修而关闭，只能欣赏西侧的凌云洞。从停车场向上走，首先看到王维雕像（图 240），王维是辋峪的代表人物，这里自然也不能少。从此处向前走几步有三岔路，直行是未开发的山谷区域，拔高 200 米可走到蓝关古道。谷道的右侧是锡水洞方向（图 241），左侧标记的是凌云洞方向（图 242）。

沿着凌云洞的台阶行走 300 米，有一处亭子称为望月亭（图 243），只不过年久失修，已经失去了往日的风采。这里是免费景区，景区设施难免保养频率较低，致使设施老化严重。这里原本有滑梯以及连通东西两侧山脉的索道，只不过看起来已经多年未启用。

沿着台阶行走 500 米即到凌云洞洞口（图 244），洞口有现代化的红铁门，看起来与山洞不太协调，如果是类似电视剧《西游记》中的石头门则更合适。入了洞门，可见流光溢彩，红光、蓝光、绿光、白光，这些光线投射在石壁上，给人时而清冷时而温暖的感觉，营造出一个充满神秘色彩的神仙洞府（图 245）。凌云洞比锡水洞要长，全长 500 米左右，洞内有数不尽的钟乳石，更有考古发现的数万年前的祖宗遗骸，说明在数万年之前，该洞穴就已经被老祖宗所利用，成为遮风避雨的地方。

图 240　王维雕像（2021 年 12 月）

图 241　对面锡水洞（2021 年 12 月）

图 242　凌云洞台阶（2021 年 12 月）

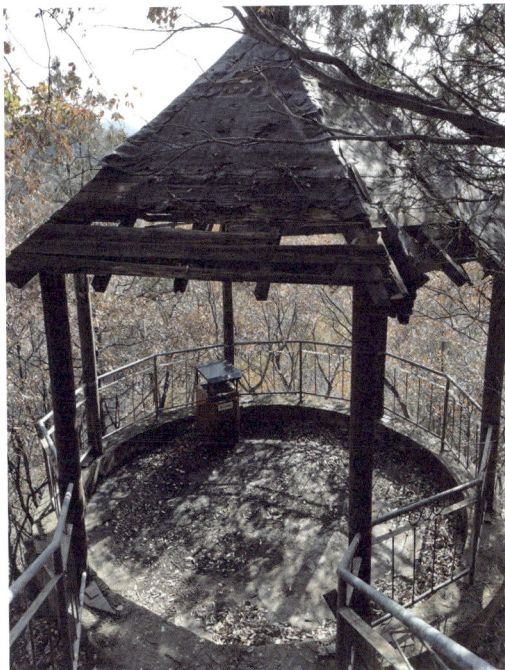
图 243　望月亭（2021 年 12 月）

图 244　凌云洞（2021 年 12 月）

图 245　洞内景观（2021 年 12 月）

在洞内直行一段时间，忽然需要下降数十米，在底层有宽广的隧道相互联通。没有人能说明白，这里究竟有多少路，这里最深的地方在哪里。除了开放区域，还有一些地方用铁门封锁着，唤起了游客的无尽想象，不知这些洞穴深处，是否有路与外界的江河湖海相连。见识了辋川溶洞，对秦岭的印象会更加的不同，秦岭不仅有高山，更有扑朔迷离的洞穴，这些地方也是古代隐士追寻的福地，尽管历经千年，仍有太多谜底悬而未解，不得不慨叹我们对于秦岭的了解是如此微不足道。

### 3.5.18.3　秦岭百十峰之蜡烛山、战地医院

概况：起点海拔1500米，最高点战地医院遗址1660米左右，单程1千米，线路休闲。

蜡烛山和战地医院的标记出现在葛牌沟内部4千米，即海拔1320米的位置，从标志牌左转有狭窄的公路可通往战地医院登山口，沿途路过蜡烛山登山口，不过蜡烛山传说中的蜡烛不知所踪，登山路也基本荒废。我们沿着狭窄的公路直接来到战地医院登山口，该线路是红色革命之旅，随行的有几个孩子，小的不过五岁。孩子都很兴奋，尽管昨晚在葛牌山庄玩闹到很晚，此时看起来依然精气神十足。大家都准备沿着革命者的足迹登上山顶，在十一国庆这样的特殊节日缅怀先烈。

该线路路程较短，沿途几乎没有岔路，只有前面几百米稍微有些陡峭，后面的路几乎在梁上走平路。孩子们在路上一刻也不闲着，在妈妈们的带领下，沿途观察着秦岭动植物，偶尔捡起一个松球，窥探一下里面潜藏的松子。不过，因为很多人对松子过敏，食用会导致味觉失灵，所以孩子们也不敢贸然品尝松子的味道，只是把捡拾松子当作一个游戏。经过45分钟的攀爬后，慢腾腾的妈妈们终于带着宝宝们登顶了。顶上可见一处开阔的营地，东西两侧各有一个门楼（图246），门楼上的五星红旗正在迎风飘扬，山顶还有一个木制的瞭望台（图247）。尽管最早的木质屋子已经损毁，当前的一枝一木依然能够让人忆起革命先烈所经历的艰难险阻。

图246　战地医院门楼（2021年10月）

图247　瞭望台（2021年10月）

我喊了一声上课，孩子们迅速安静下来，伫立在一间草房前，认真地听我讲战地医院的故事。当我大声读战地医院的简介时，孩子们默默地伫立，仿佛在幼儿园唱国歌时一般庄严（图248）。能够在孩子们心中播撒爱国情怀，是教育的重要目标之一。作为一名教育者，我也默默地践行着把红色教育播撒在生活中的使命。

革命教育结束后，家长们带着孩子们愉快地在山顶野餐。从山顶向东 5 千米可以下撤到葛牌古镇的登山口，全程路迹清晰，几乎一直在梁上下降。不过，因为所有车辆都停在了西侧登山口，我们全部原路返回，结束了这次休闲的红色之旅。

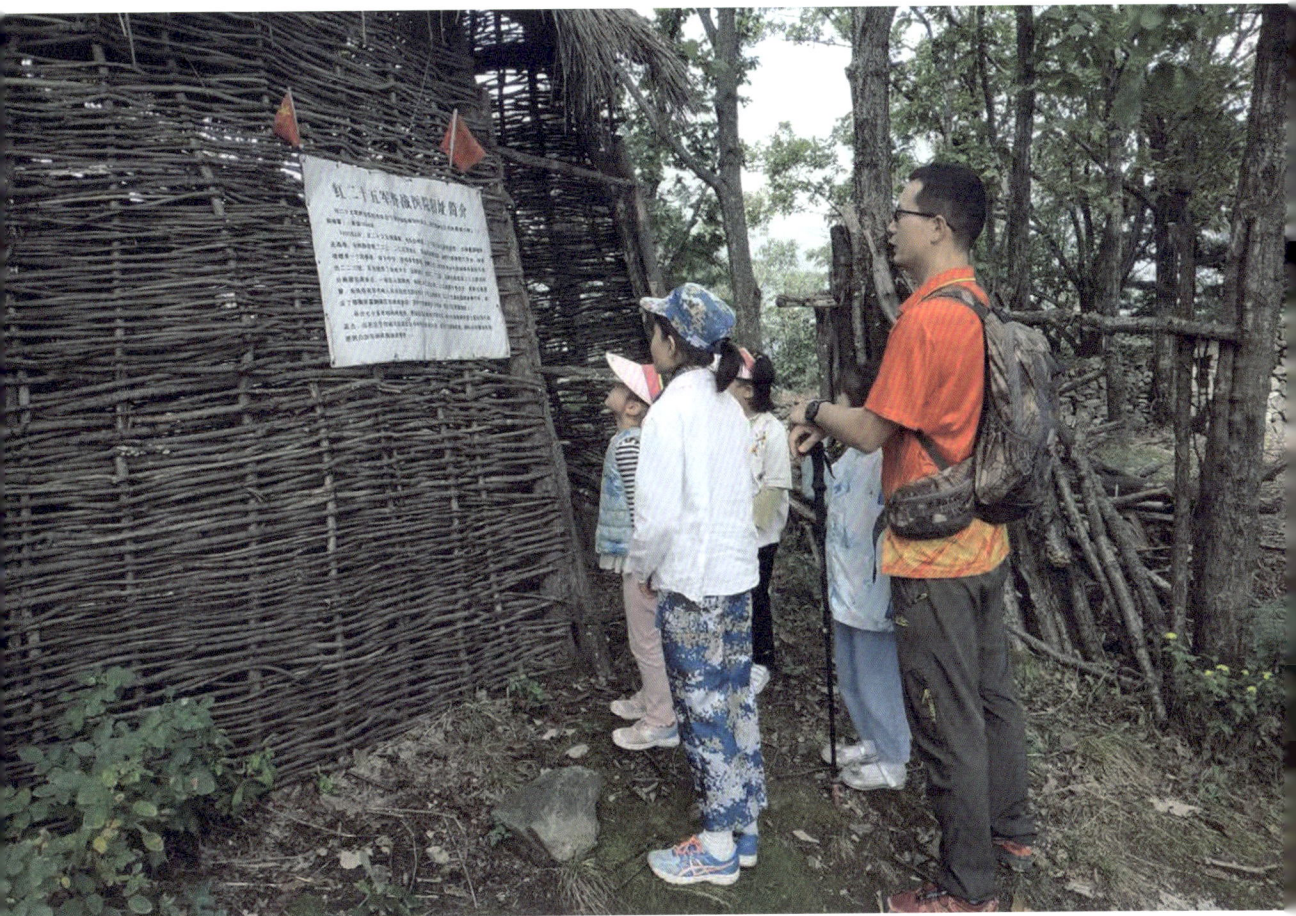

图 248　孩子们聆听战地医院简介（2021 年 10 月）

### 3.5.18.4　秦岭百十峰之白云山

概况：起点蓝田县辛家庄附近海拔 1360 米，最高点白云寺 1660 米，单程 1.5 千米左右，线路休闲，风景一般。

白云山是我在卫星地图上一点点搜索的结果，看着山顶有建筑，估计是个庙宇。在一次辋峪自由行的时候路过此地，于是顺道看一看我在地图上标记的位置。此地入口辛家庄又被当地人称为米岱河，从葛牌镇高速口下了高速之后，沿着辋峪进山 6 千米左右，可见西侧进山小路，此路通往辛家庄，但道路极其狭窄（图 249），错车相对困难，所幸我们是在冬季来，几乎没有车辆出入。

图 249　白云山登山入口（2020 年 11 月）

　　我们从登山口的一处农家通过，沿着小路开始向上攀爬，路面上残留着一些积雪，不过并不泥泞。走了 500 米左右，可以看到山沟中还有几户农家，我们过去烤了烤火，听农家讲述了白云山昔日的辉煌，以及如今的颓废，现在几乎没有游客知道这个地方。从农家土房后侧的小路上梁，在梁上有一条相对清晰的道路，尽管越往上积雪越厚，但仍然可以判断出主路的痕迹。在梁上行走 600 米左右，来到梁顶，穿过一片竹林，便看到破败的白云寺庙宇，残存的石碑上依稀可见"白云寺"字样（图 250）。

　　此地鲜有驴友到访，也比较幽静，山下村子里仅仅住了三五户人家，也许随着村民的搬迁，若干年后这个地方会慢慢地被历史遗忘，而残存的白云寺也失去了它的功能，将化作历史的尘埃。

图 250　白云寺（2020 年 11 月）

### 3.5.19　陶峪、岱峪

#### 3.5.19.1　峪道概况

陶峪的入口在蓝田县阳科台附近，环山路上有陶峪河村。这条峪道一直被忽略，不仅因为知名度较低，更因为与两侧的岱峪和辋峪不在同一个纬度。从岱峪口到辋峪口中间的山脉似乎是秦岭的额外赠送，峪口朝向也从正北切换成西北方向。陶峪就在突出的一截山脉或台塬上，其源头位于游风岭北侧 400 米的山头上，海拔 980 米左右，是一个似乎未入山就已经到头的峪道。不过，陶峪有小型水库（图 251），水质清澈，如同小家碧玉一般。

图 251　陶峪水库（2022 年 2 月）

岱峪在陶峪西侧，入口有岱峪水库，导航岱峪峪口就能找到岱峪入口。岱峪河发源于紫云山北麓，尽管从岱峪尽头可以登顶紫云山，然而这条路走的人不多，大多数驴友选择从汤峪登紫云山。这里除了紫云山，还有风雨山、云台山等知名景点，这三座山峰的顶部都有神庙，是村民登山祈福的重要场所。

### 3.5.19.2　秦岭百十峰之风雨山

概况：起点台沟村附近，海拔 1060 米左右，风雨山上的风雨庙所在位置海拔1640 米左右，单程不到 2.5 千米，线路休闲，风景较好。

岱峪有成熟的公路通往峪内深处，沿着岱峪公路向里 5 千米东侧，有条沟道通往台沟村，而攀登风雨山的起点正是台沟村。沿着台沟村方向行驶到公路尽头，在一家朴实的农家停车，这里的老哥不愿意收停车费，我拿出饮料与他一起分享，感谢他的善意。这条线路比较成熟，我独自一路小跑，准备快上快下。沿着村尽头的小路前行大约 500 米，可以看到开阔的平地，以及东侧山脚下最后一户农家宅院（图 252）。这条线路的最初 1 千米走起来非常舒坦，道路宽广，绿草如茵。然而，越往里走道路越狭窄，在距离起点 1.2 千米之后，便成了羊肠小道。小路两侧草木较深，五月份已经有越过膝盖的高度，沿途可见大量牛蒡，是一种凉性的中药材。在距离起点 1.4 千米左右，可以看到石壁上有"二龙洞"几个字，这里有一处浅浅的洞穴。行至 2.2 千米左右有黑虎洞（图 253），此处已经接近登顶的垭口。这一路龙虎相伴，或许这个地方曾经被猛兽困扰，这也是在山顶修庙的主要原因吧。

图 252　最后一户农家（2020 年 5 月）

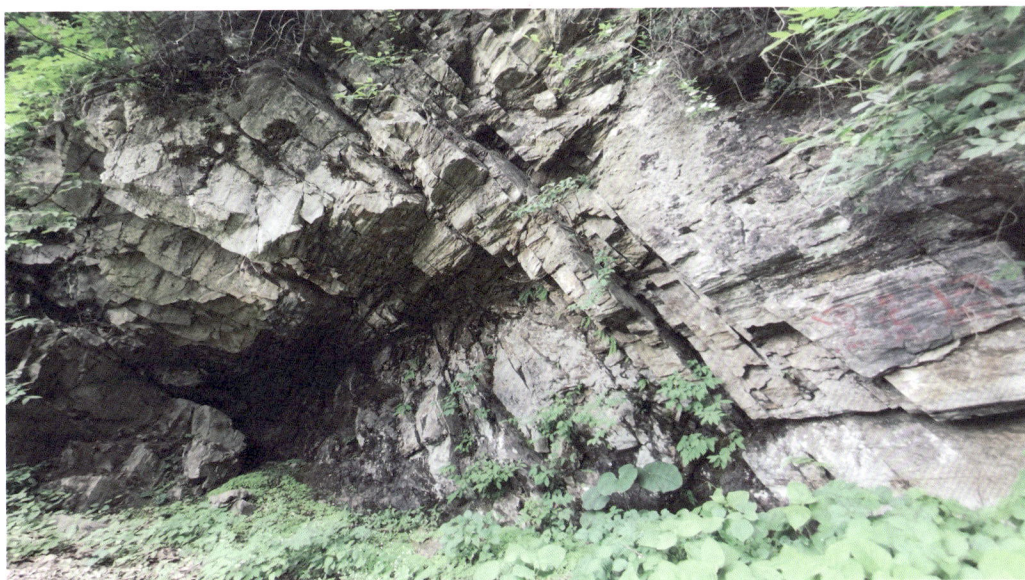

图 253　黑虎洞（2020 年 5 月）

　　过了黑虎洞上方的垭口，右侧到达风雨庙，左侧通往风雨山的最高处，也是下撤到辋峪中西采峪红门寺附近的通道。从垭口向右侧沿着山路盘旋而上，拔高不到100米，便来到风雨山上的风雨庙（图254）。风雨庙山顶平台开阔，庙宇简陋但又不简单，着实令人惊叹。从顶上可以遥望岱峪水库（图255），岱峪水库如同明珠一样镶嵌在青山之中，不愧为岱峪山水画中的点睛之笔。

图 254　风雨庙（2020 年 5 月）

图 255　遥望岱峪水库（2020 年 5 月）

　　风雨庙内有佛家壁画，据记载壁画中是无量祖师与无生老母，里面还有观音的塑像。更令人惊奇的是，穿过庙堂可以沿着木梯下到负一层，负一层有庙堂后门，从后门出去仿佛进入了一个清幽素雅的小院（图256）。这里只能从庙堂中下来，似乎别无他路，因此显得较为神秘。这里有块巨石上打凿了圆圆的石孔，据说叫作捞钱盆（图257），是许愿祈福所用，不过也有收集雨水的功能。在此处可以遥望云台山，俯瞰岱峪风光，确实是难得的神仙道场。一个人走山往往速度较快，上下风雨庙只用了一个半小时，所幸风景没有错过。这条线路适合遛娃，既能锻炼身体，又能欣赏不错的风景。

图 256　风雨庙背面（2020 年 5 月）

图 257　捞钱盆（2020 年 5 月）

### 3.5.20　大河沟、柳林沟

岱峪西侧较长的峪道有牛心峪，而岱峪和牛心峪之间夹着几条小沟道，自东向西分别有大河沟和柳林沟等。大河峪的入口在土岭子附近，入口有一段机耕路（图258），沟内有季节性溪流，属于未开发的原始峪道（图259）。目前山路已经修到大河峪的峪口，从岱峪内的坪峪沟也有公路通达土岭子附近。

柳林沟是大河峪西侧的一条小沟，无成熟徒步线路，进山的羊肠小道上杂草丛生，现在连当地村民都很少来此。

图 258　大河峪入口道路（2020 年 5 月）

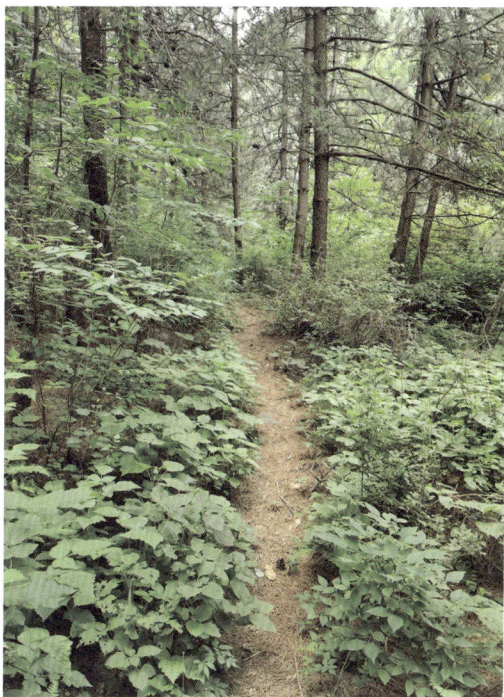

图 259　大河峪深处（2020 年 5 月）

### 3.5.21　牛心峪

牛心峪是柳林沟西侧一条较深的峪道，可以直达云台山，不过，至今还没听说驴友中有人走过这条线路。牛心峪的名字并不独特，在渭南也有一个牛心峪，两者的名称都体现了劳动人民的想象，这里的山峰远远看去也如渭南牛心峪的牛心峰一般。牛心峪外的牛心峪村距离牛心峪的入口（图260）较远，中间还隔着上湖村。沿着入山的公路行驶到公路尽头，有一处开阔的地方可以停车。牛心峪的峪道较长且水流不断，前行100米有一水池，一根水管将上方的水流截留到水池中，水质清澈见底。前行500米左右，路迹依然清晰，并能看到远处的山峰如牛心般凸起（图261）。再往里走，荒草弥漫，虽有道路，但步履维艰。

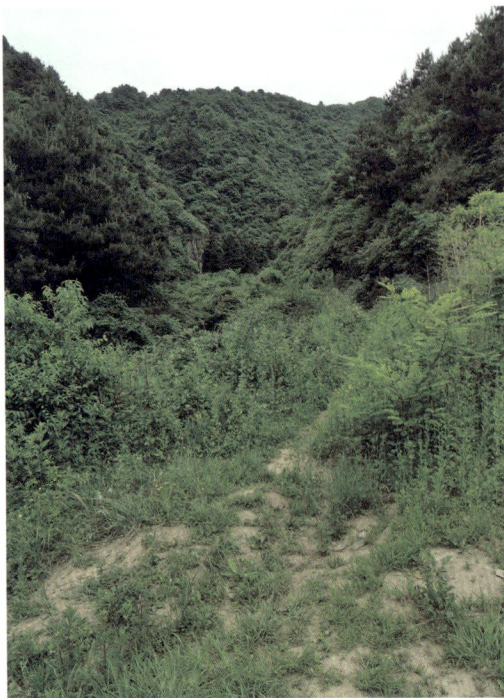

图 260 牛心峪入口（2020 年 5 月）

图 261 牛心峪山峰（2020 年 5 月）

### 3.5.22 大洋峪

#### 3.5.22.1 峪道概况

大洋峪在蓝田县焦岱镇大洋峪村，其河道主要发源于云台山（又名月牙山）。大洋峪是登顶云台山的重要线路，然而线路较长，拔高较大，远远超出了从岱峪西沟或汤峪东沟登顶云台山的线路长度和难度。尽管两侧的登顶线路更为休闲，本书还是选择在大洋峪章节中呈现云台山，以更好地展现大洋峪的风貌。大洋峪主要分两岔，西侧为边脑沟，东侧是大洋峪的主干道，沿途经过三座神庙，行进 5.5 千米左右，即可登顶云台山，上有三教堂等道观遗址。

#### 3.5.22.2 秦岭百十峰之云台山

概况：起点海拔 1000 米左右，最高点云台山主峰海拔 2224 米左右，单程 5.5 千米，线路距离不长，拔高较大，难度中等。

在大洋峪入口处有铁栏杆阻挡车辆进入，只能在铁栏杆外停车，如果没有铁栏杆，可以继续向里行驶 2 千米，到达海拔 1300 米的位置。沿着公路行走 2 千米到达公路尽头，开始转换到土路上。沿途遇到几处瀑布（图 262），12 月份的浅山还不算冷，瀑布没有变成冰柱，依然神采飞扬。在距离起点 2 千米和 4.5 千米之间，要经过三处废弃房屋，驴友按照顺序称之为一道庙、二道庙和三道庙。其中前面两个仅剩断壁残垣，而最后的三道庙（图263）保存较好，坐落在向上拔高的缓冲地带，海拔1860米左右。三道庙距离云台山山顶还有一个小时的路程，前面的雪越来越厚，几位体质较弱的驴友实在走不动，纷纷选择在三道庙休息煮饺子。

图262　瀑布（2019年12月）

图263　三道庙（2019年12月）

　　我们前队几个人扣上冰抓，继续向上拔高。从三道庙向上有几处异常陡峭，所幸并没有太大的难度，之字形拔高也让攀登降低了难度。尽管此时积雪过膝，但沿途没有岔路，更有前人踩出的脚印，不用我们反复核对线路，因此节省了大量时间。在距离起点5.5千米左右到达垭口，左侧到东台，右侧到西台。东台较为宽阔（图264），也是云台山最高点，上有云台山的标记石碑，从西台望去如同山神一般伫立在山巅（图265），而从东台俯瞰西台（图266），可见群山作为背景，大气磅礴。如果从东侧下撤到海拔1800米的三岔路位置，可见两侧道路分别通往岱峪和汤峪。据说云台山山顶有一条直接西向穿到汤峪板沟的路，不过近十年来就连板沟的山民都未曾走过，道路早就荒废。

　　云台山攀登的线路可长可短，可艰难也可休闲。我曾多次造访云台山，与家人同事前来通常选择休闲的汤峪或岱峪线路，与强驴一起则选择充满挑战的大洋峪线路，更有几次孤身一人在板沟以及牛心峪等地窥探云台山，然而，独自一人时往往浅尝辄止。人生不过也是一场登山旅行，搭档决定了你攀登的高度，如果你已经小有成就，也许你应当感谢那些与你一起并肩作战的人。

图 264　东台平台（2019 年 10 月）

图 265　望东台（2019 年 10 月）

图 266　云台山西台（2019 年 10 月）

### 3.5.23  小洋峪

小洋峪与大洋峪出口汇聚在一起,从焦岱镇公路进入,或从汤峪龙泉寺北的山路向东行驶即可横穿到小洋峪入口。从大洋峪与小洋峪汇聚点向里 2.5 千米即到小洋峪公路尽头,这里有一排废弃厂房(图 267),可能是采矿留下的痕迹。小洋峪主要分两岔,其东侧较短的三道沟通往大洋峪,而小洋峪顶在峪内海拔 1540 米左右的半截梁上。近年来,有驴友从大洋峪西梁穿越到小洋峪顶,然后沿着小洋峪西梁下撤到汤峪的老凹沟,据说是一个不错的观赏红叶的休闲线路。小洋峪目前没有采矿作业,河道的溪流(图 268)也逐渐恢复了往日的清澈。

图 267  小洋峪废弃厂房(2021 年 12 月)

图 268  河道(2021 年 12 月)

### 3.5.24  东汤峪

#### 3.5.24.1  峪道概况

汤峪入口在蓝田县汤峪镇,东边是小洋峪,西边临近峛峪以及库峪。汤峪和西侧库峪一样是浐河的主要水源,因峪道更长水量更大,一般被认为是浐河的正源。汤峪的名称与温泉有关,该名字在秦岭三百峪中出现两次,相对于宝鸡眉县太白山的西汤峪,蓝田的汤峪被称为东汤峪。这里的温泉温度高于骊山温泉,据说杨贵妃最早在此泡温泉,后来才修建了骊山温泉行宫。如今在汤峪口有碧水湾、温泉疗养院等,是周边山民温泉沐浴的重要场所。汤峪峪道较长,公路一直延伸到 16 千米深处的水井沟附近,沿途农家林立,几乎家家经营农家乐。近些年来,汤峪农家乐越来越规范,外观整齐划一,收费实惠统一,周边居民多在夏季入汤峪戏水休闲,或一日返回,或小住几日,不仅增加了山民的收入,更让城里人找到了回归自然的乐趣。

汤峪的登山线路有多条。从峪口龙泉寺或东峰山古庙正门可登顶海拔 960 米左右的东峰山，从峪口水库的上源可向西经过关上村，过西峰山穿越到峙峪，从距离龙泉寺 12 千米的东沟可登顶云台山，从距离峪口 15 千米的刘家沟可攀登紫云山，在距离入口 16 千米处的水井沟附近可向里探访月亮石以及翻越汤峪梁顶达柞水。我曾与驴友来到汤峪梁上垭口，见到过往的村民，村民住在梁南柞水，而上一辈的亲戚住在梁北蓝田县，逢年过节都要翻越山梁走亲戚。在通往汤峪梁的主干道上有一分岔路，东南方向通往月亮石，我们曾经奔着月亮石的美名一探究竟。在岔道口左转前行大概 600 米即可以看到一块突兀的巨石立在河谷中央，在巨石上面有一块小平台，这块巨石就是传说中的月亮石，如果你有幸见到，或许会赞叹命名者丰富的想象力。

### 3.5.24.2 秦岭百十峰之东峰山

概况：起点汤峪龙泉寺对面停车场海拔 730 米左右，终点东峰山山顶海拔 960 米，单程 1.5 千米左右，线路简单。

龙泉寺对面有开阔的停车场，在龙泉寺开放的时候，可以从龙泉寺走小路上山。东峰山的正门在距离龙泉寺 200 米左右的汤峪主路上，这里有一处铁门（图 269），很少关闭。过了铁门登上几个台阶即到东峰山朝天门（图 270），这也是东峰山的知名标志。

图 269　入口铁门（2021 年 12 月）

图 270　东峰山朝天门（2021 年 12 月）

从朝天门到东峰山古庙有整齐的台阶路，向上行走大约 300 米，便可到达古庙。东峰山古庙据说建于秦初，后来经过扩建，有庙宇几十间。如今仿照古时候的规模重新修建，上有重达数千千克的铁钟（图 271）坐落在庙门口，以供游人祈福。

　　进入古庙，发现庙内有三进三出的数个庭院（图 272），从前殿穿过有中殿，穿过中殿还有隐蔽的后殿。这些庙堂依山而建，仍有不断扩建的迹象。我到达的时候看到了帮工的老汉正在忙碌，还看到一位虔诚的老妇在庙里还愿，给人祥和安宁的感觉。我原想登到山顶看风光，并寻找传说中的老君殿。只不过庙后当时尚未修好向上的台阶，雨水也让小土路十分泥泞，实在不适合继续拔高。于是，我选择在东峰山古庙眺望汤峪水库，并和庙中老者闲聊一会儿，便结束了此次东峰山之行。

图 271　东峰山大钟（2021 年 12 月）

图 272　东峰山古庙（2021 年 12 月）

### 3.5.24.3　秦岭百十峰之紫云山

　　概况：起点汤峪刘家沟机耕路尽头，海拔大约 1320 米，紫云山铁瓦观海拔大约 2200 米，单程大约 4 千米，线路久无人走，难度较大。

　　在刘家沟稍微开阔并能调头的地方停车，沿着机耕路（图 273）前行大概 800 米，海拔 1400 米左右，机耕路消失，取而代之的是蔓草丛生的羊肠小道（图 274）。因出发较早，草丛上的露水尚未散去，领队只好"以身试水"，减少后队登山的阻力。

　　行至 1 千米左右遇见分岔路，两侧都有溪流，左侧可见一处瀑布。此时，需要左转过河走到左侧沟道。沟道内水流湍急，需要沿着沟道左侧行走，时而穿过一人多高的艾草丛（图 275）。在距离起点 2 千米左右，海拔接近 1700 米，方才看不到河道踪迹。此后是持续向上拔高的野路（图 276），右侧可见高高的山梁，光滑巍峨而不可逾越。在山梁绝壁下，沿着雨后湿滑的道路盘旋而上，持续拔高到 2040 米左右，方才将这段练驴坡走完。

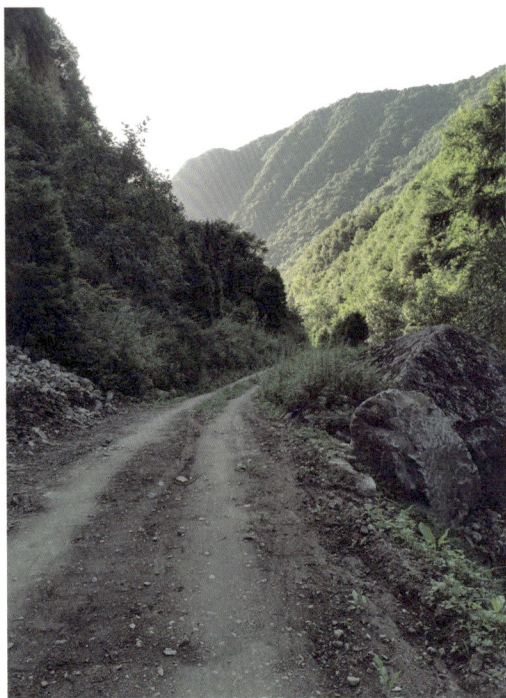

图 273　机耕路（2020 年 7 月）

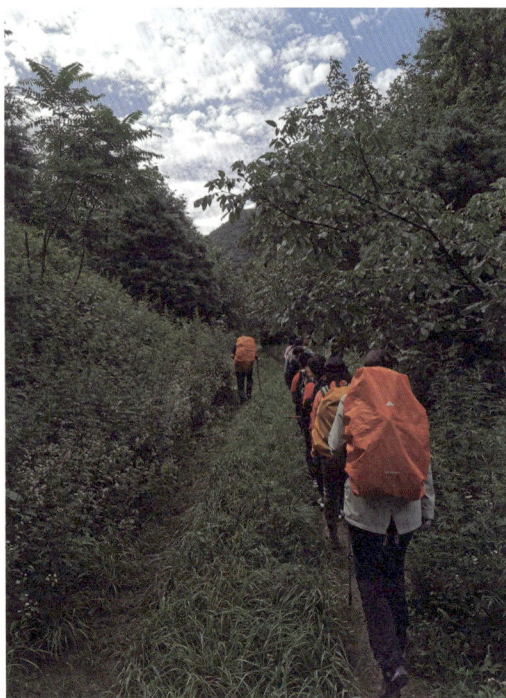

图 274　入山小路（2020 年 7 月）

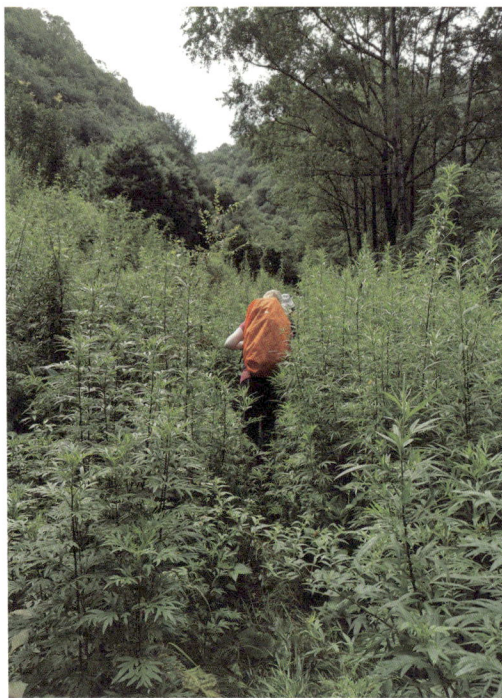

图 275　艾草丛（2020 年 7 月）

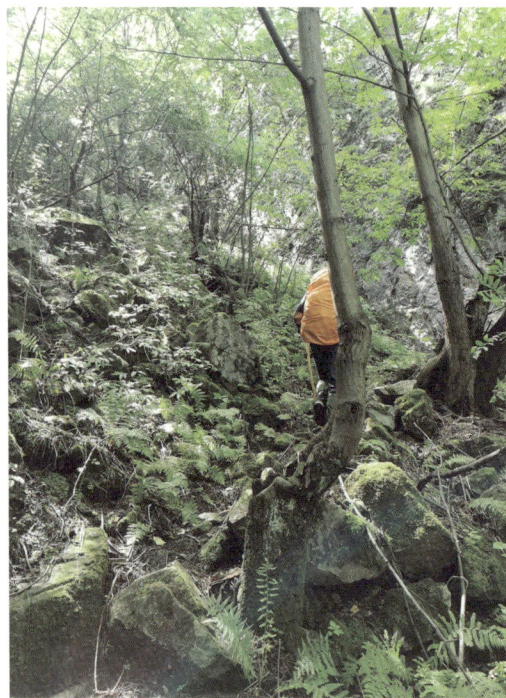

图 276　野路拔高（2020 年 7 月）

距离起点 3.6 千米时，视野逐渐开阔，已然能够望见紫云山西北方的山峰。然而，在接近海拔 2120 米的垭口位置时，仍有一段野路需要开拓。虽然这段路只有不到 200 米，但难度不亚于在下方河道旁的草丛中穿梭。过了垭口，梁上的路较为平坦，铁瓦观（图 277）的轮廓在丛林中逐渐显现。没想到，在如此险峻的紫云山山顶，居然保留着如此气派的几间道家庙宇，庙顶风光卓绝（图 278）。这里叫作铁观山，尽管山顶的铁观常遭雷击，如今铁瓦被普通的砖瓦所替代，但这一砖一瓦体现着人类战胜自然的勇气和力量。

图 277　山顶庙宇铁瓦观（2020 年 7 月）

图 278　庙顶风光（2020 年 7 月）

虽然从紫云山可以下撤到岱峪的老人沟，但走的人极少，无论从哪里上下，紫云山都不是休闲线路。上山容易下山难，这次攀登费事费力，下山的时间更长。因为低估了攀登紫云山的难度，我们带着多名儿童登山，费了九牛二虎之力，好在最终安全下山。这次也让我们长了记性，对待未知线路时，一定要做足功课，更要有敬畏的心态，你永远不知道大自然为你准备了哪些"福利"。

### 3.5.25　峙峪

峙峪是汤峪和库峪中间的一条小峪道，位于西安市蓝田县汤峪镇，峙峪西侧的库峪则位于西安市长安区，因此，峙峪的山梁可看作长安区和蓝田县的分界。峙峪的入口在汤峪镇峙峪村，分为上峙峪村和下峙峪村。从上峙峪村沿着通往峪内的公路行驶大概 3.6 千米，可看到著名的佛山寺（图 279）。该寺属于新修寺院，1995 年住持释证石法师与其弟子释悟海从山西五台山来到此地的山洞，潜心修习净土宗，不畏条件艰苦，被称为苦行僧。十年之后，在信众的帮助下逐渐修建了三圣殿、大雄宝殿、钟鼓楼、六方观音亭等，目前已成为蓝田县知名的净土道场。

图 279　峙峪佛山寺（2019 年 10 月）

## 3.6　西安市长安区

### 3.6.1　库峪

#### 3.6.1.1　峪道概况

库峪是西安市长安区最东端的峪口，又称苦峪或库谷。库峪河流经环山路，是浐河的重要支流，如今在库峪河与环山路交叉口修建了"三河一山"的重要驿站，也是观光休闲以及骑行的宝地。库峪内路况较好，过了管护站，可以前行 16 千米到达公路尽头，沿着公路尽头的羊肠小路徒步 5 千米，可以拔高到库峪草甸，也是库峪梁顶所在的位置。库峪中的西木斯沟尽头，有一处山峰名为佛爷掌，是驴友近年来新探的线路，据说从顶上航拍山峰如同佛掌一般。库峪最经典的线路莫过于太兴山，太兴山的最高处有重达数百千克的铁庙，而通往此地的道路异常险峻，不仅需要铁索直降，更需要沿着狭窄的山梁攀登，古人如何将这巨大的铁庙运到最高处，至今仍是一个谜。

攀登太兴山的道路有多条，在太兴山非法售票处拆除之前，驴友多走环形穿越，从南寺沟（图 280）上，割漆岔下，或者反向穿越，全程在 15 千米左右。因为太兴山负有盛名，两边沟道吸引了大量隐士和僧侣在附近结草为庵，其中北侧的南寺沟有著名的摩诃慈恩寺。不过，如今售票的门楼已被拆除，驴友多从景区正门进入，车辆可以开到白衣洞下方的停车场附近，使得登顶太兴山的线路压缩到不足 4 千米。太兴山不仅有好山，更有好水，我走过几次才发现在白衣洞正前方的沟岔中有一处飞天瀑布（图 281），似乎是从南天门上方飞流直下，蔚为壮观。

图 280　南寺沟风景（2018 年 4 月）

图 281　瀑布（2021 年 3 月）

### 3.6.1.2　秦岭百十峰之太兴山

概况：起点太兴山景区公路尽头停车场海拔 1340 米左右，最高处铁庙附近海拔 2340 米左右，单程距离不到 4 千米，难度一般。

我们到达停车场的时间是 7 点 40 分左右，驴友都知道，自从峪口管制，许多峪口只能在 8 点前开车进去，工作人员一旦开始上班，就只能搭乘摆渡车或村民的私家车进出，十分不便。不过，2023 年库峪进出开启私家车预约模式，确实方便了驴友。从太兴山停车场向上拔高不到 300 米就到了南寺沟垭口（图 282），也是白衣洞所在位置。白衣洞有位师傅正在做九转芝麻丸，看我颇有兴趣，热心地讲解制作方法。从垭口处右转上山前行大概 500 米即到南天门（图 283），南天门的上方有一排天宫，其中最深处是王母宫。

距离起点 1.2 千米左右可见兴隆宫，而 2.1 千米处有一户农家，农家之后的一处庙宇是天梯的开始，此时海拔 1980 米左右。这里台阶较长，许多驴友在这里吃饭休息，等着缓过来一鼓作气走到台阶上的无极楼。我仔细数了数，这些台阶大概 432 级（图 284），而且没有弯道，确实是一个登天梯。

图 282　南寺沟垭口（2021 年 3 月）

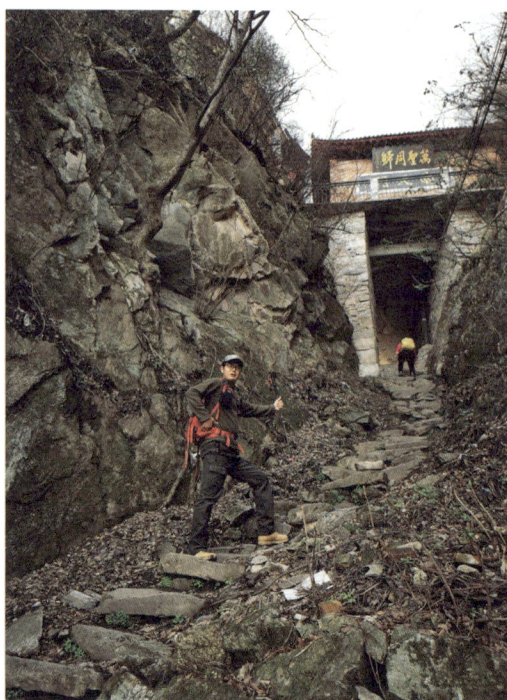

图 283　南天门（2021 年 3 月）

图 284　漫长的台阶路（2021 年 3 月）

　　过了无极楼，仍有几处水源，是修行的师傅在山崖间开辟的蓄水池，小心地保留了雨水和崖壁上的细流。距离起点 2.8 千米即到达割漆岔垭口，也是安养宫所在位置，这里海拔 2060 米左右，向南可下撤割漆岔，向右可登顶太兴山铁庙。此处风光卓绝，南侧垭口可望见巍峨的群山（图 285），北侧可俯瞰紧贴崖壁的三圣宫（图 286）。

图 285　垭口景观（2018 年 4 月）

图 286　三圣宫（2021 年 3 月）

　　向上行 150 米，到了一个宽阔的平台，此处是菩萨殿，有修行的师傅在此居住，人来人往，师傅目不斜视，只顾劈柴，也许这也是修行的一种境界，只关注当下。我们在菩萨殿外的石桌旁，拿出一些素食填了填肚子，便继续赶路。在距离起点 3.1 千米左右，此时海拔接近 2180 米，可见"终南第一峰"的标志（图 287），据说库峪是终南山最东侧峪道，因而太兴山被称为终南第一峰。沿着台阶前行不到 200 米便到达岱顶，向西望去，一排排庙宇整齐地排列在太兴山之巅（图 288），令人惊叹不已。

图 287　终南第一峰（2021 年 3 月）

图 288　岱顶遥望（2021 年 3 月）

从岱顶前往铁庙，要经历几处险峻，分别是跨陡坡、攀锁链、爬高岩以及站危台。尤其是攀锁链（图 289），从顶上向下望去，长度十米有余，臂力不够的人顿时肾上腺素飙升，单枪匹马者更是不敢贸然以身试险，曾几何时，这铁链不知难倒了多少英雄好汉。不过，更有驴友如闲庭信步，猴一样在崖壁间跳跃速降，不得不令人叹服。所幸，我们一行都算是有丰富经验的老驴，经历种种险阻之后安然到达铁庙（图 290）。站在巍峨的铁庙下方的石台上，寒风袭来令人两股战战，生怕一阵风将我们卷下万丈深渊。

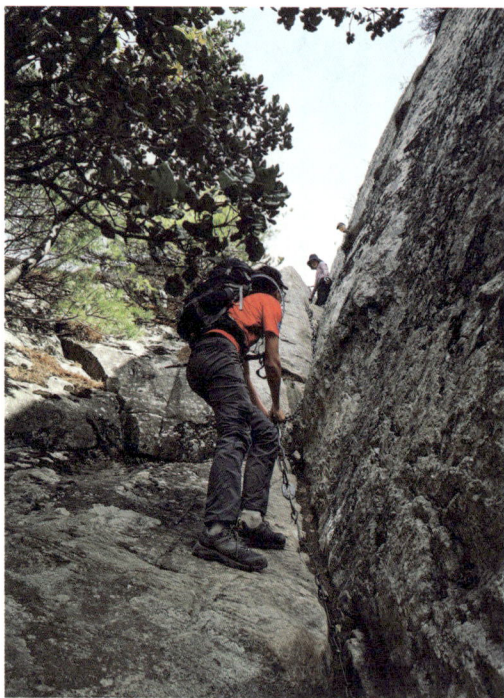

图 289　铁索下降（2021 年 3 月）

图 290　铁庙合影（2021 年 3 月）

此次记录的景区线路较为休闲，因为步履较快，返回到停车场不过下午两点。我们在返回时发现白衣洞南侧竟有一处高大的瀑布，这也算是此行的意外惊喜。因为时间尚早，我们驱车来到距离库峪保护站约 16 千米的摆渡车终点，沿着河道休闲徒步约 1 个小时，才意犹未尽地结束库峪之行。

### 3.6.2　虎峪

虎峪在库峪东侧，又称为虎峪沟，一般从进入库峪的主路右转过虎峪村，即到达虎峪的入口。虎峪的名称在秦岭三百峪中出现多次，周至有虎峪和小虎峪，那里道观林立，名声较大。长安区的虎峪知名度较小，较少有驴友涉足。虎峪口有废弃的农宅，村民多搬迁到山下的虎峪村，留下的废宅偶有老人居住，有的成了圈养牲口的场所。槐花盛开的时候这里最为热闹，许多驴友前来采摘槐花。在峪口废弃的宅院中可以烧烤（图 291），进入峪内 50 米左右有水源（图 292），水质甘甜可口，终年不绝。沿着虎峪前行不到两千米上左侧梁，沿着梁前行不到 3 千米即到虎峪顶，从虎峪顶向西可以下撤到扯袍峪的法因寺，向东可穿越到库峪西侧的葫芦坡，从觉明禅寺附近出山。不过，穿越虎峪顶的道路较为险峻，缺少人文景观，如果喜欢自然风光，仅在峪内休闲即可。

图 291  烧烤营地（2020 年 4 月）

图 292  水源地（2020 年 4 月）

### 3.6.3 扯袍峪

#### 3.6.3.1 峪道概况

扯袍峪在西安市长安区虎峪西侧，大峪东侧，其名称据说和帝王有关，也不知是扯了李世民的袍子还是刘秀的袍子。峪内有扯袍峪村，有大量村民居住。扯袍峪峪道虽短，但知名度较高，也有丰富的人文和自然景观。从扯抱峪的峪口可沿着公路行驶 3 千米到达峪道深处，也是徒步的起点位置。扯袍峪内有人头山，山顶上有一石头，不知有几百还是几千吨，远观如人头一般。人头山是一处休闲徒步线路，多有户外队发布人头山的休闲活动，譬如山顶吃火锅或者包饺子等。也有驴友不走寻常路，而是从大峪的播鼓石或鲜峪口登顶人头山，不过路况较差，有一定难度。

#### 3.6.3.2 秦岭百十峰之人头山

概况：起点公路尽头停车位置海拔大约 1160 米，人头山最高处海拔大约 1779 米，单程 3.2 千米，线路休闲。

我们到达停车位置还不到 8 点钟，也没有看到别的车辆，这在高峰期是很难想象的。停车位置即是登山土路的开始，前行大约 1 千米，可见金光寺字样。在距离起点 1.3 千米处有法因寺（图293），以及法印法师的舍利塔（图294）。

图293　法因寺（2019年8月）

图294　舍利塔（2019年8月）

　　行进2千米左右，可见一块弯弯的山石突出到狭窄的山路上，如同俏皮的海豚，姑且称此地为海豚石（图295），这里海拔1600米，距离山顶大概40分钟的路程。继续前行，在海拔1680米左右，沿着沟道直上较为难走，驴友一般走右侧大路。在距离起点2.6千米处，可见修行者居住的三间房屋，房屋由石头和泥土砌成，门口堆积着柴火，房顶也用防雨塑料做了简单的处理，像是一直有人居住。此地上方十几米位置，有天然的石盆（图296）和水源。石盆在路边的一块巨石上，而水源在更上方的一处石板下的凹坑中，四处的水流不断汇聚于此，是附近修行者的重要水源地之一。

图295　海豚石（2019年8月）

图296　石盆（2019年8月）

　　距离起点2.9千米左右即到达此行最高点，最高点不是人头山山顶，而是可以眺望人头山的修行者居住的平台。这里有几间住房，几个在此修行的年轻人衣着古朴，不太愿意进行无意义的社交，也不知他们何年何月缘何来到此处开启隐士的生活。在隐居者居住地的西侧有个宽阔的平台，是观赏人头山的绝佳位置，我们到来时恰逢云海出现，使得西侧的人头山和玉祖庙如同浮现在仙境中（图 297）。

图 297　人头山和玉祖庙（2019 年 8 月）

从最高点前往人头山，需要下降十几米，通过平台左前方的小路绕过断崖，先经过玉祖庙，然后再前行 200 米左右即可到达人头山。不过，人头山只有远景看起来比较震撼，真的走在人头下，也只能感叹"不识此山真面目，只缘身在此山中"。

### 3.6.4　大峪

#### 3.6.4.1　峪道概况

大峪又名大义谷，是古时通往商洛市柞水县营盘镇的义谷道，至今在梁顶附近仍有少量古道遗迹。搜索西安市大峪水库即可找到大峪的入口位置，大峪内住户较多，在峪口管制前有大量农家乐，峪口管制后导致农家乐生意惨淡，正在慢慢地消失。大峪峪道较深，可以自驾行驶到距离峪口十几千米处的西仰子位置，沿着峪道向里继续徒步约 7 千米可以到达大峪梁顶草甸。通往大峪梁顶有两条路，分别是东甘花溪和西甘花溪，驴友多选择东上西下画出一个心形图。

大峪内有丰富的路网，由外向里分布着大量穿越线路。过了大峪水库，在五里庙附近可以向西穿越到白道峪垭口，也就是被称为嘉午台分水岭的位置。往峪道深处走，在狮子茅棚（图298）所在沟岔，是登顶嘉午台的知名线路，也因为狮子茅棚曾居住过虚云大师而声名远扬。再往里走，有擂鼓石或鲜峪口可登顶东侧的人头山。过了鲜峪口有西翠花沟道，可沿着西翠花过垭口登寨子顶，或向北登天宝山，或下撤到莲花洞沟形成环形穿越。莲花洞沟的莲花洞据说是净土宗十三代祖师印光大师出家的地方，佛道圈子的人应当不会陌生。再往里走，还可以从西沟登顶北草坡草甸，据驴友描述，线路非常虐，但风景较好。

多年前我第一次到访大峪，认识了牛哥等人，就是从狮子茅棚登顶嘉午台，然后从五里庙下撤，形成环形穿越。那个时候，秦岭整治政策已经出台，当时的狮子茅棚还有一处下院，甚至包括五里庙附近的莲花山庄，如今都已不复存在。不过，峪口修了保护站之后，想要穿越大峪或欣赏大峪内部的风光，一般需要乘坐摆渡车，导致便利性较低。

图298　狮子茅棚（2017年10月）

### 3.6.4.2 秦岭百十峰之寨子顶—莲花洞

概况：寨子顶在大峪西翠花西向穿越小峪小寨沟中间的垭口附近，海拔1900米左右。驴友多从西翠花登寨子顶，然后下撤到莲花洞沟，线路较长。这里只介绍莲花洞沟口到莲花洞以及老龙洞的风光，单程2.6千米左右，拔高600米左右。

车可以停在西翠花停车场，从西翠花入口的停车场沿着大峪公路向里行走1千米即到达莲花洞沟口，沿途经过弥勒殿、三圣寺等人文景观。在莲花洞沟口可见一座小庙（图 299），这里是登山的起点，海拔 1200 米左右。前行 500 米左右，可以看到右侧石台上刻着"南佛寺"三个大字。果然，沿着整齐的台阶前行不到 100 米即见到一处崭新的宏伟寺庙（图 300），外围是红色铁门以及红色的木地板，看起来颇为喜庆，只不过大门紧闭，无缘进入参观。

图 299　沟口小庙（2019 年 8 月）

图 300　南佛寺（2019 年 8 月）

我们攀登时，空气中弥漫着丝滑的小雨滴，遂将雨衣披上（图 301），继续前行。在接近莲花寺的位置有几栋砖瓦房，似乎也供着佛像，只不过没有看到守庙人。从房子上坡回望，可见一片红瓦镶嵌在绿树之间（图 302），左手边更有险峻的崖壁奇观，此处若有水源则会是一处不错的宝地。

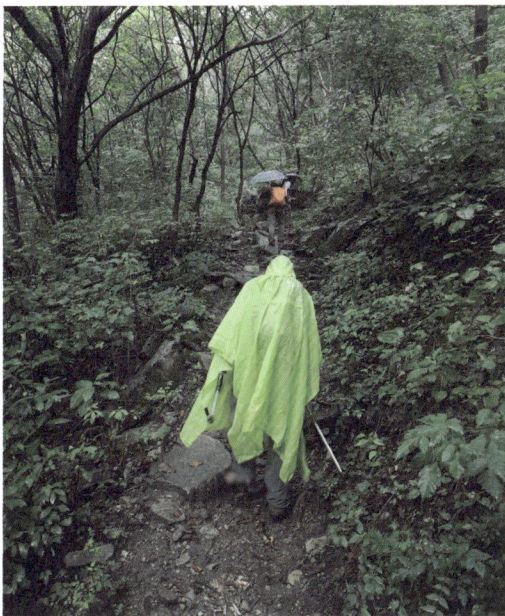

图 301　雨中前行（2019 年 8 月）

图 302　几间佛堂（2019 年 8 月）

在距离莲花洞沟入口 1.8 千米处，海拔 1640 米，即到达莲花寺。莲花寺门口的石碑上写着"印光大师"四个字，不过这里并不是莲花洞所在，到莲花洞还需前行 300 米左右。我们到达时发现，莲花洞外的庙宇已被焚毁（图 303），不知是何人所为，据说立案调查也没有得到可用的线索，庙门以及墙壁上写着对焚毁庙宇者的咒骂。无论纵火者还是咒骂者，大概都是有着某种心结，如果印光大师在此，或许只是呵呵一笑了之。我们从庭院穿过，进入莲花洞瞻仰倒立的莲花石钟乳（图 304），这倒立的莲花确实是大自然的鬼斧神工，也难怪这里成为修行者的风水宝地。

图 303　莲花洞外（2019 年 8 月）

图 304　莲花石钟乳（2019 年 8 月）

莲花洞后还有惊喜，就是深不见底的老龙洞。我们从莲花洞所在庙宇附近上行几百米，便到了一处垭口小庙位置，其下就是莲花老洞寺。在莲花老洞寺上方有路上行，前行不到 50 米，可见一排整齐的菩萨庙。在接近 1800 米的高度，这些新修的庙宇如此气派确实令人惊叹。从菩萨庙继续前行 150 米左右到达老龙洞，老龙洞外有一旗帜高高挂起，洞口有一小庙，立在崖壁旁边（图 305）。我们一行鱼贯而入，发现洞内有铁制的梯子可以下行三四米，然而洞内绝壁湿滑，纵然有铁棍支撑（图 306），即使在防护绳的保护下，也没有驴友敢往前多走一步。我们都比较胆小，大家在洞内拍照之后，便迅速出来，生怕惊扰了老龙王。

图 305　老龙洞洞口（2019 年 8 月）

图 306　老龙洞内部（2019 年 8 月）

### 3.6.5　白道峪

#### 3.6.5.1　峪道概况

白道峪在大峪西侧，峪口外有白道峪村，峪口有东禅观音寺。白道峪的名字可能和白色的石头有关，相似的峪名有秦岭野生动物园西侧的白石峪，以及渭南的白崖峪等。白道峪因有"小华山"美名的嘉午台而知名，嘉午台历来是佛家修行的宝地，顶上庙宇林立，破山石附近有一处稀有的喇嘛洞，二天门处的广仁寺更是秦岭山中少见的藏传佛教寺院。

嘉午台风光卓绝，梁顶如一条巨龙南望，龙头处登高望远，可见西南侧的雪瓦山更是独立苍穹极为险峻。登顶嘉午台有多条线路，大峪五里庙以及狮子茅棚的线路较为知名，小峪十里庙的线路也非常成熟，而白道峪登顶嘉午台较为休闲，也是驴友最喜欢的线路之一。白道峪近年来将西侧的机耕路有所修缮，越野车甚至可以开到二天门附近，从二天门登顶嘉午台不到 2.5 千米，更让攀登嘉午台以及雪瓦山变成一个休闲活动。

#### 3.6.5.2　秦岭百十峰之嘉午台—雪瓦山

概况：起点东禅观音寺附近，海拔 760 米左右，嘉午台和雪瓦山海拔都在 1800 米左右，单程 5 千米，线路休闲，风景较好。

从东观音禅寺前行 100 米左右，在公路尽头有一块空地可供停车，此处有根石柱上写着"嘉午台"三个字。沿着河道前行大概 750 米，与右侧小石头沟进来的机耕路（图 307）汇聚在一起。我们纷纷走上机耕路，脚下顿时舒服了许多。目前机耕路已经修缮得不错，如果想要难度更低一些，完全可以避开河道（图 308）。

图 307　机耕路（2021 年 4 月）

图 308　白道峪河道（2018 年 5 月）

距离起点 2.1 千米左右即到二天门广仁寺位置，这也是目前越野车能开到的位置。广仁寺的庙门通常紧闭，游客无事也不登三宝殿。广仁寺靠近背后的凉水泉，以及因泉而生的圣泉禅寺（图 309），两者的距离不过 200 米左右，只不过凉水泉仅有遗迹，或被石盘掩蔽，未能有幸品上一口。

图 309　圣泉禅寺（2021 年 4 月）

行进 3 千米即是分水岭凉皮站（图 310），一对老夫妇在此卖凉皮饮料多年，许多驴友都在这儿吃过凉皮。此地海拔 1400 米左右，是个四通八达的道路交汇点，农家房子后面有小路可下撤至大峪的五里庙，而西侧 100 米处的岔道口可下撤到小峪的十里庙。这里作为交通枢纽也成就了凉皮站的生意，不过，能将食物运到这个地方，赚的也是辛苦钱。向上拔高 100 多米，即到山神庙位置，这个位置也是从右侧小峪穿越过来的汇合点之一。在距离起点 3.6 千米左右可见一座舍利塔（图 311），驴友们喜欢绕塔转几圈，祈福佑平安。

图 310　分水岭凉皮站（2021 年 4 月）

图 311　嘉午台舍利塔（2018 年 5 月）

继续拔高几十米便接近梁顶，此时遇到的景点也越来越多。沿途有破山石、风洞、回心石、兴庆寺等。在距离起点 4.5 千米左右即到达龙脊位置，这里也是嘉午台最有名的拍照地方。沿着龙脊前行 50 米可见右侧分岔路上标记着雪瓦山方向。前往龙头之前，可以先走雪瓦山，或者从龙头下撤后沿龙头南侧的小路右转也能到达雪瓦山。

从岔道口前行 500 米左右，经过一段下降后横切到垭口，然后沿着盘旋的小路，抓扶着两侧的铁栏杆，直拔到雪瓦山附近。到了顶上，令人顿生"柳暗花明又一村"的感觉。远观雪瓦山仅仅看到一截突兀的石柱，不曾想其顶部如此开阔，更有残缺的庙宇遗迹，以及石顶石下方修行者居住的茅棚。我们沿着铁链攀爬到顶，雪瓦山山顶是瞻仰嘉午台这条巨龙最佳的地方，巨龙的轮廓在此处一览无余（图 312）。雪瓦山山顶有一处印刻，看起来像小型的门窗（图313），该标记激发了驴友的想象力，纷纷猜测其意义。有的说，这或许是天国之门，在那里念段咒语可以穿越到另外一个世界。呵呵，可惜我们不知道咒语是什么。

图312　嘉午台轮廓（2021年4月）

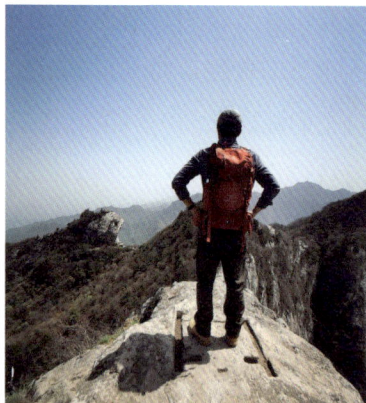

图313　雪瓦山山顶（2021年4月）

去过嘉午台多次，或夏季或秋季，或遇到云海奇观，或顶着狂风。不同时节有不同的美，嘉午台遮着面纱在等待着发现美的眼睛。有许多摄影爱好者带着长枪短炮，端坐在嘉午台的龙脊附近，就在等她揭开神秘的面纱的那一刻，拍出最绚丽的嘉午台风貌。

### 3.6.6　小石头沟、大石头沟

大石头沟尚未收录在已知秦岭峪道介绍中，然而，大石头沟的确是一条不错的登顶嘉午台的峪道。大石头沟在白道峪西侧，搜索该地名并导航就可到目的地。大石头沟和白道峪中间夹着一条短沟，其入口在通往二天门的机耕路中间，暂为其命名为小石头沟，虽然有路直拔到小峪穿嘉午台的路上，但走的人极少。

大石头沟也鲜有人走，我和几名驴友曾在四月份探路大石头沟。结果意外发现这条路十分成熟，只是总里程比白道峪登顶嘉午台多了两千米。大石头沟入口有一个小型水库（图314），经常看到有人在水库边钓鱼。

水库北侧有宽阔的空地可供停车，从水库东侧可沿小路进入大石头沟内部。前行几百米可见一块大石壁，直拔上去穿过大石壁就来到左侧绕过石壁的小路上。沿着大石头沟的小路走到梁顶，然后沿梁顶向东拔高可以到达嘉午台分水岭（图315）或山神庙位置。沿途道路清晰，几乎没有岔路。更因为走的人比较少，梁上草药遍地，令驴友惊叹不已。

### 3.6.7　小峪

小峪又称小义谷，古时候通往柞水营盘的锡谷道指的就是贯穿小峪的古道。小峪的名称或许来自与大峪的对比，不过，小峪一点都不小，是直达秦岭主梁的一条较长

图 314　大石头沟水库（2020 年 5 月）

图 315　俯瞰嘉午台分水岭（2021 年 4 月）

的峪道。小峪的入口在长安区二里村南，峪口有小峪水库。峪内公路较窄，我曾驱车自驾到小峪尽头，只见尽头公路窄得令人不想再来第二次。不过，小峪因为有丰富的穿越线路，也是驴友喜欢的峪道之一。

常见的穿越线路如下：在距离峪口较近的观音堂位置可以向西穿越到羊峪，不过，有一段路不太好走，最好带绳子；再往里，从十里庙附近可以向东穿越到嘉午台；也有驴友从更里侧的十里庄附近向东直拔到雪瓦山；再往里，从寨沟口向东可以穿越到大峪并途经寨子顶；而更里侧的探岔口（图 316）或松华岭是向西穿越翠华山景区的知名线路。如果沿着小峪走向主梁草甸（图 317），可以向南下撤到营盘镇陈兴村，更可以向西穿越秦楚古道。

小峪中还有一条神级穿越线路，名为十八槽上终南山，我的几名驴友朋友首次将这条线路走通，并留下轨迹，不过当初走得十分艰难，足足走到了第二天凌晨三点多。这条路后来也有不少人走，但很少能够当天原路返回，因此不做推荐。在驴友群中，有一些人总想挑战高难度的线路，甚至不惜以身犯险，实在是不可取。

图 316　探岔口穿越（2018 年 3 月）

图 317　小峪草甸雾中留影（2018 年 8 月）

### 3.6.8　羊峪

#### 3.6.8.1　峪道概况

羊峪的入口附近有羊峪口西村，经过羊峪口西村的煤渣路可以驱车到达海拔720米的天池隧道下，再往里则无法驾车前行。这里的隧道名为天池隧道，是因为其西侧有土门峪天池寺。过了隧道，路况虽然差，但依然是机耕路，越野车还可以往里走。从天池隧道天桥附近向里几百米，东侧有路经过中午台穿越到小峪。距离天池隧道高架桥800米的地方有一处开阔的平台，可能是修建西康铁路留下的工地，这里尚有一处应急隧道出口。隧道口处有一个蓄水池，水流不断地从水池上的管道流出，就像一个天然的淋浴。

羊峪内部的道路比较成熟，内部较为原始，是个不错的休闲观景峪道。过了隧道的应急出口再往里走，道路与河道重叠在一起。距离起点3.5千米左右有一处小型瀑布，而距离起点5.2千米左右有一个天然石洞，是个遮风挡雨的好地方。行进6.5千米左右可见一座山峰如鳄鱼一般仰天吐纳（图318）。在海拔1500米左右，从沟内转移到梁上行走，在几乎无路的地方向着垭口进发，经过8.3千米左右可到达海拔1880米左右的羊峪梁顶（图319）。尽管可以从羊峪拔高到羊峪梁顶然后下撤到小峪的探岔口，但路况极差。如果只为欣赏羊峪风光，沿着羊峪行进三五千米足矣。

图318　鳄鱼峰（2018年3月）

图319　羊峪梁顶（2018年3月）

#### 3.6.8.2　秦岭百十峰之中午台

概况：起点天池隧道南侧海拔730米左右，中午台海拔1300米左右，单程不到1.5千米，线路休闲，风景较好。

从停车位置向峪道深处行走300米左右可见左侧有个岔路，沿着岔路所在沟道的羊肠小道前行。道路虽然狭窄，但基本清晰可见，沿途1.2千米以内皆有水源，沿着小河道持续拔高，在海拔1000米左右时，山路渐渐变得陡峭（图320），在海拔1100米的地方可见一处崖壁下的山洞（图321）。

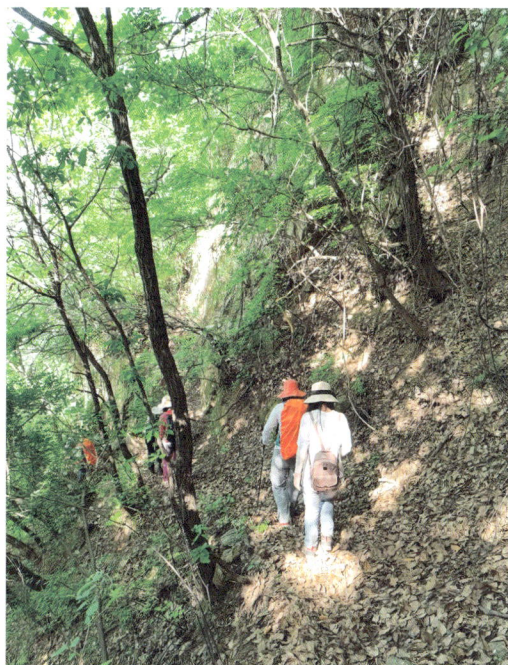

图 320　山路（2022 年 4 月）

图 321　山洞（2022 年 4 月）

　　距离起点 1.5 千米左右，绕过残破的房屋，沿着台阶向上行走，迎面而来的正是最高处的中午台上的中午庙（图 322）。庙前有宽阔的庭院，只可惜这里年久失修，似乎很多年都没有住人，院落里杂草丛生，一片荒芜破败景象。不过，这里的视野较为开阔，东侧的嘉午台清晰可见，也不知中午台和嘉午台是否有渊源。

图 322　中午台上的中午庙（2022 年 4 月）

尽管我们走了环形线路，也有驴友从中午台穿越到小峪，然而，道路异常艰险，有些地方需要绳索，不建议驴友们走这些线路。如果只是为了欣赏山顶的风光，到中午台原路返回即可。

### 3.6.9 竹沟、土门峪

竹沟在羊峪西侧，是个较短的沟道，沟口有竹沟口村，村子北边有花果山生态农业观光园。我曾自驾路过此地，得知确有名为竹沟的沟道，不过，此地没有特别的景观，驴友鲜有知晓。

土门峪较为知名，峪口有土门峪村。土门峪近年来知名度较高，与二龙塔及其附近的桃花有关。每年 3 月份桃花盛开的时候，驴友纷纷挤进土门峪，导致峪内停车十分紧张，许多晚来的驴友只得将车子远远地停在土门峪村子北侧。不过，这些人流是季节性人流，在大部分时间，土门峪的游客寥寥无几，甚至可以把车开到二龙塔（图323）附近。根据二龙塔的碑文记载，二龙塔是唐代佛塔，原有九层，曾经被村民拆了几层建养殖场，如今只剩下六层。二龙塔塔下有地宫，不过地宫早就被严重损毁。从二龙塔向南徒步不到两千米，即可到达著名的天池寺（图324）。天池寺是隋唐时期的知名寺院，鼎盛时期居住上万人，如今也有几十间庙宇，寺院内的万人锅更是天池寺曾风光过的重要佐证。

图 323　二龙塔（2021 年 2 月）

图 324　天池寺（2018 年 3 月）

### 3.6.10 蛟峪

蛟峪在土门峪西侧，其峪口有崔家河村以及蛟峪山村，峪口外有一个小型水库叫蛟峪山水库。在蛟峪山水库处有分岔路，右侧经过蛟峪山村通往蛟峪深处，而西侧狭窄的公路通往天池寺。蛟峪的景点包括东侧山梁上的天池寺，以及蛟峪内的二郎山风景区。尽管此地有二郎山景区的地标，但驴友们只知道有个二郎洞，对于二郎山的山顶在哪里，至今仍不得而知。一般认为，蛟峪顶在翠华山滑雪场东侧的梁上，海拔 1960 米左右，翻过梁顶可以下撤到一个垭口，该垭口是从小峪探岔口穿越翠华山的必经之地。

蛟峪有收费点，如果遇到售票的，交个停车费就可以将车辆开进距离检票处 1 千米的峪内深处。也有驴友选择到天池寺游玩，或自驾或徒步（图 325），从天池寺向南过扁担梁（图 326），前行几百米或几千米，皆有路下撤到蛟峪河道，形成一个环形穿越。这里野果较多，更有几片茂盛的香椿林，扁担梁上还有槐花林，是驴友春季采摘踏青的重要线路。

图 325　蛟峪到天池寺徒步小路（2020 年 5 月）

图 326　扁担梁（2020 年 4 月）

二郎山景区内有二郎洞和菩萨洞，两洞都修有小庙，在距离检票处五六百米的东侧石壁上，沿着整齐的台阶即可到达二郎洞（图 327）。此外，在距离检票处 2 千米的峪内深处，有一处瀑布颇有趣味，被称为 piapia 瀑布（图 328），因为瀑布水量不大，经常听到水流分散撞击石壁的 piapia 声响。

图 327　二郎洞（2022 年 10 月）

图 328　piapia 瀑布（2022 年 10 月）

### 3.6.11 太乙峪

#### 3.6.11.1 峪道概况

传说太乙峪是太乙真人修炼的地方，也是翠华山所在的峪道。太乙峪的河流发源于终南山，在翠华山景区内主要分为两岔，东侧为天池景区，西侧为九天瀑布景区。翠华山的天池是一处奇特的堰塞湖景观，湖中可以划船，岸边可以吊床休闲等，在夏夜中更有璀璨绚丽的灯光秀，令人流连忘返。天池附近有较多景点，有风洞、冰洞以及各种奇石分布在景区的徒步道上，是休闲健身观景的好去处。天池东侧崖壁上有金华圣母殿，因为台阶较多，许多游客望而却步，不过，这里有依山而建的庙宇，远远看去，仿佛镶嵌在崖壁中心。沿着天池向峪内行走，经过翠华山滑雪场之后步入原始风景区。再经过甘湫池、翠华山草甸，最终徒步 8 千米左右可到达终南山草甸，即秦楚古道风景区所在的位置。

翠华山景区西侧的九天瀑布风景区，也叫翳芳渡风景区，推荐的徒步终点在九天瀑布附近（图 329），据说这里是秦岭北坡最高的瀑布之一。九天瀑布确实气派，仿佛一条玉带从天而降，从九天瀑布流出的水最终汇聚在翠华山入口处的碧山湖附近，而流域内的翳芳渡风景区是个风光卓绝的徒步区。因为森林保护较好，沿途可能见到大型野生动物，譬如野猪等，需要游客结伴而行。在翳芳渡风景区的起点位置有一处地质博物馆，里面陈列了大量矿石（图 330），是孩子们学习矿物知识，了解秦岭文化的重要地方。

图 329　九天瀑布（2021 年 4 月）

图 330　方解石（2021 年 4 月）

#### 3.6.11.2 秦岭百十峰之翠华峰

概况：起点翠华山天池海拔 1170 米左右，翠华峰海拔大约 1420 米，单程 1.5 千米，线路休闲。

登顶翠华山可以选择天池旁的翠崖丹谷线路，或者从碧山湖东侧的龙脊上直接攀爬，这里介绍的是天池西侧的休闲线路。天池西侧有三条路通往山崩主景区内部，而最南边的线路是天池西侧通往翠华峰的最近线路。向里走100多米，可见崖壁上有"玄关"二字。过了玄关有风洞和冰洞标志处，奇石林立，洞穴神秘莫测，堪称翠华山奇景汇聚地。沿着小路前行几百米便进入台阶区，沿着台阶持续拔高，最先到达的是接善台（图331），这里是祈福的地方。从接善台右转，经历几处险要的地方，然后通过狭窄的铁索桥，即可以看到石顶石的奇观。这石顶石从上往下俯瞰确有太乙真人的风姿（图332），难怪该峪道被称为太乙峪，原来真人真的在此留下了痕迹。

图 331　接善台（2020 年 5 月）

图 332　太乙石（2022 年 8 月）

从接善台向上徒步400米即可到达翠华峰的最高处（图333），这里有一个小平台，四周有围挡阻隔，围挡以及中间的枯树上面挂满了祈福的红丝带。在翠华峰顶，向西可清晰地看到南五台的几处庙宇巍然挺立，向东可遥望翠华山东梁绵延起伏，向下可俯瞰天池如翠绿色的宝石一般镶嵌在群山的怀抱中（图334）。

图 333　翠华峰顶（2020 年 5 月）

图 334　俯瞰天池（2020 年 5 月）

翠华峰虽然不高，但在山崩景观的最高处鹤立鸡群，既能观山又能望水，四周都是自然与人文景观，越发令人喜爱。不过，来翠华山游玩的游客大多数听说过翠华山天池、滑雪场等，但很少有人听说翠华峰，实在是一大憾事。

### 3.6.11.3 秦岭百十峰之终南山

概况：起点翠华山景区滑雪场尽头海拔 1450 米左右，终南山最高点 2604 米左右，单程 7.5 千米，难度中等，风景较好。

登顶终南山最休闲的线路是从南侧的秦楚古道景区进入，徒步不到 3 千米即可登顶。不过，去秦楚古道需要走高速穿过石砭峪，自驾距离较长，因此本书把终南山放在太乙峪中进行介绍。当时车辆仍然能到达翳芳湲风景区的地质公园博物馆，如果走翳芳湲景区过九天瀑布登顶终南山，线路虽然更长，但风景更佳。也可以将车开到滑雪场附近，从这里前往终南山，路程较短。滑雪场尽头的道路分为两条，东边的线路土路多一些，西边台阶多一些。两条路在甘湫池北侧几十米的地方汇合，我和驴友选择了西上东下。前行 600 米左右有一处石门（图 335），个子高的人要低头才能通过。沿着台阶持续拔高到海拔 1600 米时，视野逐渐开阔，向西北方向可见南五台的风光（图 336）。

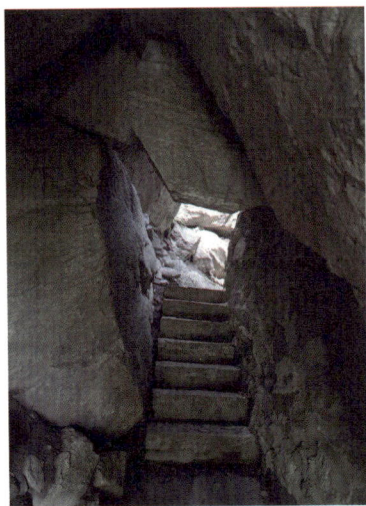

图 335 石门（2019 年 5 月）

图 336 遥望南五台（2019 年 5 月）

在台阶路和土路交汇的观景点附近可见几处破败的房屋，以前有农家在此居住。这里有几百米的平路，也是地标甘湫池的位置所在（图 337）。甘湫池虽然是个大池子，然而在非雨季的时候几乎看不到池中有水的场景。

甘湫池的路况较好且路迹清晰，除了甘湫池附近有向东穿越小峪的线路，再没有明显的岔路。沿途除了石头台阶，越往上走土路越多。在距离起点 4.5 千米左右可见一处开阔的平台，如临草甸一般，不过，此时海拔仅 2300 米，距离登顶还有一段距离。

图 337　甘湫池（2019 年 5 月）

这段路上水源不断，清澈的溪流在海拔 2100 米的地方依然可见，因此，露营驴友多在 2000 米以上的位置取水。距离起点 5.5 千米左右即进入草甸风景区，第一处草甸是翠华山草甸（图 338），五月份草还没有泛绿，但开阔的草甸让人心情愉悦。从翠华山草甸前行不到百米，左转进入终南山大梁，沿着大梁继续前行大约 800 米，便进入秦楚古道风景区。

　　这里可以清晰地看到南草北木（图 339），秦岭作为南北分水岭的作用在此处一

图 338　翠华山草甸（2019 年 5 月）

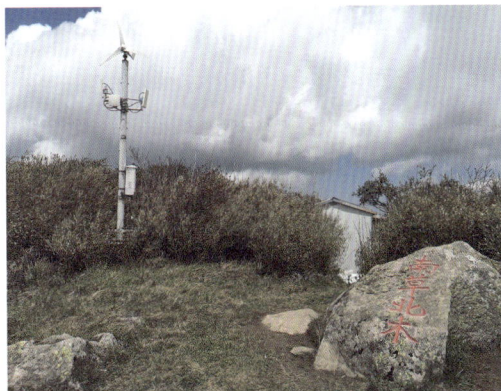

图 339　南草北木（2019 年 5 月）

目了然。继续前行几百米，在距离起点 7.5 千米左右，到达驴友唯一认可的被称为终南山的地方（图 340）。在终南山大石头东侧 100 米还有一处黄河长江分水岭的地标，也是打卡拍照的网红地。终南山草甸风景优美（图 341），手机信号覆盖，如若在这里露营，夜晚可眺望长安万家灯火，确实是人生一大快事。

图 340　终南山（2018 年 8 月）

图 341　终南山草甸（2018 年 8 月）

终南山草甸风光卓绝，南坡秦楚古道风景区的修建，更使得体力较差的游客也有机会欣赏她的风姿。秦楚古道风景区是个充满历史故事的地方，譬如，起点耍钱场据说是当年古道上赌钱的地方，赵匡胤当皇帝前，顺着古道南下路过此地，留下了耍钱的故事。今日的古道已经没有了往日的烟火味，更没有赌钱的人在此戏耍，留下的是景区景交车繁忙地摆渡游客的景象。

### 3.6.12　西岔

#### 3.6.12.1　峪道概况

西岔是太乙峪西侧的峪道，因其在翠华山和南五台中间，而又不属于景区的一部分，故而沟内茅棚林立，经常可见当代隐士的踪迹。目前西岔设立了保护站，携带身份证登记才能进山。西岔有经典的穿越线路，向西可以穿越石砭峪以及南五台景区，向东可以穿越翠华山终南山等地，沿着西岔沟主沟道直行可到马梁顶。

#### 3.6.12.2　秦岭百十峰之马梁顶

概况：起点西岔管护站停车场海拔 860 米左右，马梁顶海拔 1620 米左右，单程 5 千米左右，难度一般。

西岔管护站旁有免费停车场，停车后可以乘坐摆渡车，也可以徒步进山，摆渡车运行的距离大概 1 千米。从摆渡车终点出发，一路可看到新修的石阶、栏杆、小桥，这里有常年不竭的水流，夏季多有遛娃的游客在此戏水。距离停车场 1.5 千米左右有岔道口，左侧是西岔的主沟道，有隐士在沟口居住，路边巨石上刻着"阿弥陀佛"四个大字（图342）。沟里的路虽然近一些，但路况较差，驴友多从右侧登南五台的主路上马梁。前行约1.8千米，路过一处茅棚，门口写着"清静之地，请勿打扰""清修之地，非请勿入"等字样。修行者不喜欢无意义社交，你不是居士，也不会给人家供养，更有不怀好意的人去窥探别人的生活，用别人的隐私赚取自己的流量，这些都不是修行者愿意看到的事情。所以，游客务必做到尊重他人，做到"无事不登三宝殿"。在距离起点2.3千米左右，可见右侧的庙宇大门紧闭，门前石壁上刻着"百神洞"字样（图343）。

图342　刻字的巨石（2021年7月）

图343　百神洞（2021年7月）

在距离起点3千米左右到达垭口，右侧通往南五台，而左侧通往马梁（图344）。我们在朦胧的小雨中前行，沿途经过几处茅棚（图345），从海拔1400米左右的位置拔高200米即到马梁顶。不过，这段路并不顺畅，在行进4.5千米接近梁顶的位置有一处岔路，路迹不清，事后我们才知道左侧的路况较好，而我们选择了右侧直拔，实在追悔莫及。

图344　通往马梁的小路（2021年7月）

图345　马梁茅棚（2021年7月）

在距离起点 4.8 千米左右终于登顶（图 346），顶上一览众山小，若非雨雾缭绕，在马梁顶可以看到南五台的几座庙宇。我们在顶上打卡后，迅速来到大石壁下用餐，这块石壁是个天然的屋檐，起到了遮风挡雨的作用。大石壁旁有一处茅棚（图 347），已经破败不堪，估计修行者也只是偶尔来此参悟人生。

图 346　马梁顶（2021 年 7 月）

图 347　茅棚（2021 年 7 月）

尽管我们选择从太乙峪西梁上下撤，走了一个环形穿越，然而仍然建议缺乏经验的驴友走原路返回线路。太乙峪西梁的前段道路清晰，但在海拔 1500 米左右要选择左侧绕行，否则很难从梁上的崖壁处通过。下降到海拔 1200 米左右时，可见五彩经幡挂满垭口平台，从此处向左下撤可到西岔沟主沟岔道口，也可以沿着西梁下降到海拔 1170 米的岔道口，左转即可下山到达西岔公路。

### 3.6.13　富裕沟、康峪

西岔西侧有富裕沟，入口在长安区星光村附近。该沟道长度不足 1 千米，也无公路通达，内部较为原始，鲜有驴友到访。不过，从富裕沟西侧的康峪以及东侧的西岔攀登到富裕沟的梁顶，即可沿着南北大梁穿越到南五台的舍身台。因此，虽然很少有驴友到访富裕沟，但许多人都曾脚踏富裕沟的梁顶。

康峪的入口在沙窝村，有公路延伸到峪内的管护站大门。康峪是一条有山有水的休闲峪道（图 348），驱车可以到达峪内 1 千米深处，再往里有一段机耕路，越野车可以继续前行 600 米到达管护站所在的位置（图 349）。康峪东侧的梁上，即富峪沟发源地的半截梁，是通往南五台舍身台的重要线路，有附近居民和驴友走过这条线路，难度中等。据说康峪被开发商承包，不过，最终没有大兴土木。公路尽头有一住户，正是承包商的工人，在此守护着这座山头。如今各个峪道保护力度加大，康峪未来开发的概率极低，这也是秦岭莫大的幸事。

图 348 康峪溪流（2020 年 5 月）

图 349 康峪管护站（2020 年 5 月）

### 3.6.14 东胡庆沟、西胡庆沟、化龙沟

康峪西侧是胡庆沟，分为东西两条沟，长度相当，都有公路通往峪口。驾车在南五台镇东侧右转进山。过了包茂高速公路的涵洞，还可以行驶几百米。不过，向上的道路较窄，游客通常将车停在稍微开阔的树林边，或者公路的尽头。东胡庆沟是我经常游玩的去处，带孩子撑起帐篷和吊床，在树林中随随便便玩耍便是一天。小孩子们喜欢野餐，大人们喜欢在山里摘槐花和香椿、挖野菜等，这里都能一一满足。如果想往里走走，前行 800 米左右有一处弥勒殿（图 350），有道长在此修行。再往里经过西康线涵洞，道路越来越窄，杂草丛生，并不适合遛娃休闲。

图 350 东胡庆沟弥勒殿（2021 年 5 月）

西侧的西胡庆沟尚有人家居住，农家在峪口有一果园，苹果、香梨、黄杏应有尽有。而峪内的机耕路也可以通往西康线的涵洞，估计都是为了当年的西康铁路建设。西胡庆沟和东胡庆沟在沟口有小路连接，只需穿过西胡庆沟的河道就可以到达对面。

化龙沟是西胡庆沟西侧的小沟道，峪道极短，也无公路直达峪口。从西胡庆沟的公路向西下坡道小路即到化龙沟内，沟内无成熟线路，沟口在高架桥下常常存有积水，偶见有人在此抓鱼，未见其他特别的风光。

### 3.6.15　白蛇峪、塔寺沟

#### 3.6.15.1　峪道概况

白蛇峪尽管是南五台所在的沟道，但西安驴友很少说起白蛇峪，只要提到南五台就代表了这里的全部。白蛇峪的出口即是南五台景区的入口，不过，驴友徒步白蛇峪的较少，因为景区的公路在距离入口500米左右右转上梁，驴友通常乘坐摆渡车或者沿着公路徒步，以致忽略了白蛇峪的风光。从景区进入南五台，无非是为了登顶观赏风光。南五台从西南向东北依次有观音台、文殊台、清凉台、灵应台以及残败的舍身台五处高台，也有驴友将最西侧的兜率台作为五台之一，但不是官方说法。南五台风光卓绝，尤其是在云雾天气下，能看到南五台的云海绝对是一大幸事。不仅如此，在雪后登顶南五台，可见满山银装素裹，白雪皑皑，庙堂上香烟缭绕，如同仙境一般。

塔寺沟在白蛇峪西侧，又名五台沟，近年来塔寺沟被景区改造为南五台的徒步线路，这里比走景区公路节约五里路。塔寺沟入口有弥陀古寺，近年来也得到翻新扩建，尽管这里没有南五台的景区大门，但一直有村民值守，在上班时间从这里上山，须携带门票或者现场购买门票。从塔寺沟上去在即将切到景区公路时，可见千年唐槐，向西走上几百米，即到达圣寿寺，寺中有保存完好的圣寿寺塔，据说大雁塔就是仿照此塔而建，而塔寺沟的名称也源于圣寿寺塔。沿着圣寿寺塔向西拔高到西侧梁上，即到送灯台，上面有几间庙宇，目前有修行者居住。

#### 3.6.15.2　秦岭百十峰之南五台

概况：起点南五台小车停车场海拔1350米，南五台最高点观音台海拔1688米左右，单程徒步不到两千米，线路简单，风景极好。

从景区入南五台，几年前还可以自驾上山，如今只能乘坐摆渡车。从景区门口到摆渡车终点大概9.5千米，也有驴友全程徒步，一天的时间绰绰有余。停车场距离顶上海拔不到300米，跑得快的驴友1个小时就能到顶上转一圈。停车场位置有台阶路可以上山，向上没多远有分岔路，左侧是通往安仙宫附近即曾经的小车停车场的台阶路，右侧是景区通常不建议走的土路。驴友对于土路颇有偏爱，天气好的情况下，土路走起来更为舒坦。沿着土路前行 200 米有一处开阔的平台，这里原有农家乐，有位赵师傅在此经营多年。不过，秦岭违建整治之后，这里被夷为平地。从此处向上拔到垭口，左侧是景区主路，右侧通往兜率台（图 351）。兜率台住着几位女师傅，平时很少与外界联系，门口挂着一个牌子，"游客止步，谢绝参观"。沿着兜率台的小路下山可到西林禅院，也是一处隐士住所，依着山崖修建，不算宏伟，但也开阔整洁。从西林禅院向上有较长的台阶（图 352），这儿也是一般游客从西岔或熊沟穿越到景区的重要路口，常有工作人员在此查票。

图 351　兜率台合影（2019 年 5 月）

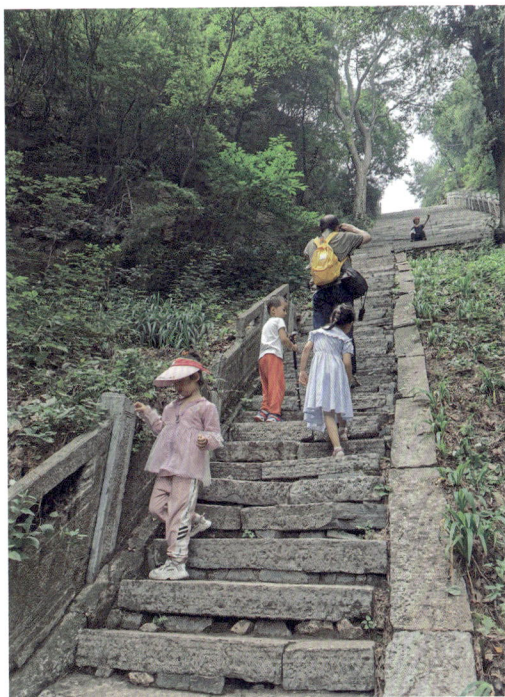

图 352　南五台南侧台阶（2020 年 7 月）

　　从兜率台兜了一圈又回到垭口，沿着垭口北侧的主路可通往最高处观音台。观音台即是圆光寺所在的位置，上有气势恢宏的庙宇，在顶庙北侧有观景台，可以遥望东侧的翠华山景区。向东北望去，可以一览无余地看到另外几座高台，其中以灵应台最为突显，尽管灵应台位置不高，但鬼斧神工的亭台楼阁设计，让其显得特立独行于群山之巅，从灵应台也能清晰地向南望到其他三台的风光（图 353）。在通往灵应台的路上，分别路过文殊台以及残留的清凉台，各位菩萨各司其职，满足了不同游客的需求。在灵应台下，左侧有小路可以到达舍身台，但道路危险，有禁止通行的标志。

图 353　从灵应台向南望（2018 年 7 月）

如果要走环形穿越，可以从灵应台与清凉台中间的台阶路下山，很快就能下到清心阁的位置，此处是一个休息站，也是一个三岔口，从观音台与文殊台中间的台阶路也可以过四天门下撤到清心阁。从清心阁下降 200 米左右到达紫竹林，此地据说是护国兴教寺出资修建，在兴教寺关于常明主持的介绍中有所提及。再前行即是安仙宫，至此，全程休闲游结束。

### 3.6.16　东尧沟、西尧沟

#### 3.6.16.1　峪道概况

东尧沟又名东沟，当地人以村子为中心，将东西两侧沟道随意称为东沟和西沟。因沟口有东尧村暂且命名为东尧沟，这样更具有辨识性，东尧沟西侧还有一条短沟道，入口在西尧村，且称为西沟或西尧沟，两沟内偶见季节性水流。两沟都在石砭峪和塔寺沟之间，因地处终南山灵秀之地，沟道中常有神仙道场。其中，东尧村登送灯台的线路，因路况成熟，线路休闲，风景尚佳，逐渐走入驴友的视野。

#### 3.6.16.2　秦岭百十峰之送灯台

概况：起点东尧村进山路机耕路尽头海拔 650 米左右，送灯台海拔 1200 米左右，单程 2.2 千米，线路休闲。

东尧村正南面对着东尧沟，沟道西侧尚有残留的窑洞遗址。在车辆行驶尽头有一处废旧的观赏亭，似乎有人在此开发山林，后因属于违建而被拆除，只剩下残留的亭子，以及整齐的景观小道。此地较为开阔，可以停车数十辆（图 354）。此时正值一月份，百草枯黄，这个季节也是探路的好时光，山上的小路没了蔓草的覆盖，清晰地暴露在驴友的视线中。过了入口附近的土地庙 50 米左右，东尧沟左侧有一处简易的板房，房前有上梁的山路（图 355），该山路从对面的山头俯瞰，显得更加清晰明朗。

图 354　停车位置（2021 年 1 月）

图 355　上梁山路（2021 年 1 月）

在距离起点 600 米左右正式拔到梁上，上方道路清晰，沿途没有岔路。距离起点 1.2 千米左右，方才真正登上了南北大梁的垭口，这里也是一处三岔路口。沿着大梁向北可以下撤到塔寺沟入口处的弥陀寺附近（图 356），而向南则是通往送灯台的主路（图 357）。

图 356　塔寺沟弥陀寺（2021 年 1 月）

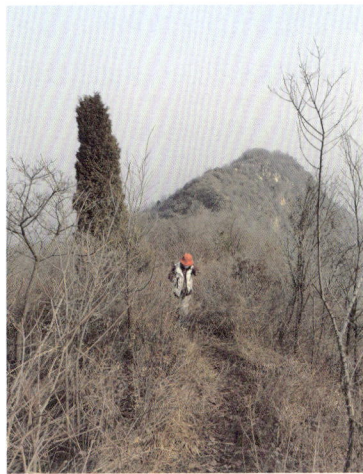

图 357　送灯台路况（2021 年 1 月）

梁上几乎没有开阔的休息平台，所以，我们也没在梁上长时间逗留，向着目标一直不停地赶路。在距离起点 1.8 千米左右，此时海拔 1100 米，这里有几块干净的大石头裸露在地面上，算是梁上唯一的休息平台。在此处可以稍做调整，然后一鼓作气，最后拔高 100 米左右，实际徒步约 400 米，即到达送灯台所在位置（图 358）。

图 358  送灯台（2021 年 1 月）

送灯台所在位置是一块突兀的山顶，向南行走儿十米左转可下撤到塔寺沟的圣寿寺，而从此处向西下撤，可以从东尧沟西侧的山梁下山，形成 O 型环形穿越。我们在庭院用大锅煮了两锅面，五六个人吃饱喝足，然后从东尧沟西岭迅速下山。不过，环形穿越路况不好，这里不做叙述，一般游客原路返回即可。

### 3.6.17　石砭峪

#### 3.6.17.1　峪道概况

石砭峪原名石鳖峪，是西安市民较为熟悉的峪道，沿着长安路进山，最先到达的峪道就包括石砭峪。在长安八峪修建管护站之前，车辆可以随意进入石砭峪，自驾到峪道十几千米深处的老龙桥村等。石砭峪地处终南山福地，峪道较深，四通八达，名山好水应有尽有，因而吸引了数量众多的修行者在石砭峪寻找福地。不过，如今峪口管制，非峪内村民车辆不能进入，只好乘坐摆渡车，或者由峪内村民接送，导致石砭峪登山的便利性不如从前。尽管如此，仍有不少驴友通过各种途径到达石砭峪深处寻找古庙钟声。

石砭峪的游玩线路众多。在石砭峪村右侧有松坪山北极宫庙，此处也可向西穿越到天子峪滑翔伞基地。在石砭峪水库上游的青沟和熊沟附近，有穿越南五台的知名线路。再向里 1 千米东侧的大瓢沟，有大小瓢沟穿越并寻访古观音洞的知名线路。而在青岔附近向西可穿越谢家岭，甚至横穿到沣峪内的喂子坪附近。再向里，从老龙桥附近向西可到达天池寺，此处有一大片芒草在秋冬季节形成一道靓丽的风景（图 359）。而在冉家坪的左臂沟附近，拔高到 1800 米的位置有知名的梅花洞。过了冉家坪，车辆可以行驶到铁门处，距离铁门 1 千米左右有塔庙名为印心宗祖师塔。一直沿着峪道徒步到石砭峪梁顶，可到达牛背梁风景区。尽管我走过其中的大多数线路，然而鉴于书籍的篇幅和侧重点，这里只介绍山峰草甸的徒步线路，而沟道内的访古探洞赏瀑等没有纳入本书详细介绍的范围。

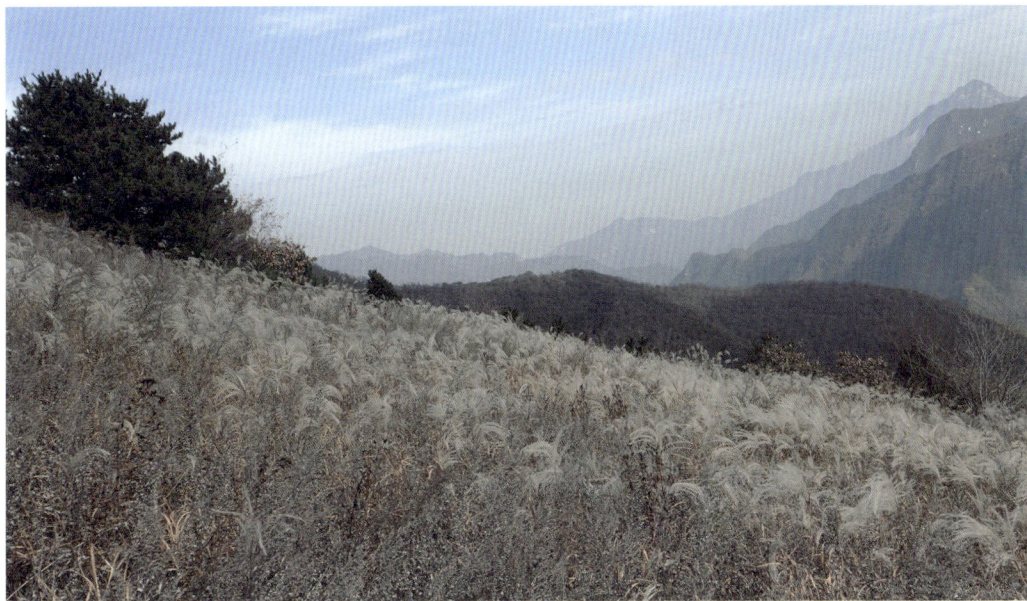

图 359　天池寺附近芒草景观（2017 年 11 月）

### 3.6.17.2　秦岭百十峰之松坪山

概况：起点石砭峪口村公路尽头海拔 600 米左右，松坪山北极宫庙海拔 820 米，单程距离 2 千米，线路休闲。

松坪山的路况较好，一路都是开阔的机耕路（图 360），越野车甚至可以自驾到北极宫庙。我骑着自行车上去，中间无法骑行的时候只得扛着，一直扛到了天子峪滑翔伞基地，把人累得气喘吁吁。不过，如果只到松坪山，线路十分休闲。在石砭峪村中心有 Y 字形道路，左侧通往石砭峪管护站，右侧通往松坪山。沿着通往松坪山的机耕路前行 600 米有一处废旧的房舍,房檐下横着一个牌子,上面写着"老君观音洞"(图 361)。这段机耕路缺少树荫,距离又远,如果不是推着自行车,完全可以走之字形道路中间直拔的小路。

图 360 松坪山机耕路(2021 年 8 月)

图 361 老君观音洞(2021 年 8 月)

距离起点 1.6 千米左右,在开阔的弯道处可以向西望见滑翔伞基地所在的平台(图 362)。天子峪滑翔伞基地是一处自驾休闲的好去处,有驴友开着摩托或越野车直接到顶,撑起天幕,架起烧烤架,摆好餐桌,优哉游哉地度过一天。经常可以看到漂亮姑娘和帅气小伙,从此处乘着滑翔伞在天子峪的上空翱翔,自由得像鸟儿一样(图 363)。不过,天子峪平台不知为何近日在周边打下了铁桩,越野的驴友恐怕再也无法将车辆开到山顶。

图 362 西望天子峪滑翔伞平台(2021 年 8 月)

图 363 滑翔伞(2019 年 3 月)

沿着机耕路徒步两千米左右，即到达松坪山的北极宫庙（图364）。因为疫情防控的原因，无缘进入参观，只能在外面打卡拍照。从史料记载得知，北极宫建于明朝初期，庙内供奉了真武祖师，不过，现在看到的神像是在20世纪80年代由当地信徒重塑的。

图 364　北极宫庙（2021年8月）

从北极宫庙穿越到天子峪滑翔伞附近只需要1千米左右，道路也基本清晰，只是在西侧山沟尽头有个向右横切的岔道口容易走错，从岔道口横切到西侧梁上即可望见天子峪村。即便如此，驴友们仍需要按照轨迹行走，否则即使在浅山，也可能迷失方向。

### 3.6.17.3　秦岭百十峰之牛背梁

概况：起点距离石砭峪铁门500米处的农家停车场，海拔1280米，终点牛背梁顶海拔2802米左右，单程距离9千米，难度较大。

2018年5月，适逢周六天气晴朗，许多户外队发布牛背梁登山活动，我们驴友一行也不想错过欣赏高山杜鹃的最佳时期，于是决定凑凑热闹。为了避免拥堵，大家选择早点出发，有的露营山里，有的五点多从市区出发，基本赶在户外队到达之前便开始登山。从停车点徒步五分钟即可走到铁门处（图365），这时铁门处已经停了一辆小车。我们从铁门缝隙中穿过，开始了几千米的平路徒步。距离铁门1千米左右，可见左前方山顶上有一尖尖的小塔，此塔名为印心宗祖师塔（图366），至于祖师何许人也，我两次到访此地都浅尝辄止，未曾得知答案。

图365  石砭峪铁门（2018年3月）

图366  印心宗祖师塔（2018年5月）

寻访祖师塔的路在十道河方向，并不通往牛背梁。此塔下方有一处中等规模的寺院，侧门上写着"禅关"二字，我们来过几次都未曾叨扰。对于驴友而言，行走是自己的修行，不打扰不破坏也是驴友的原则。沿着石砭峪行走，路上有多处瀑布（图367）。在距离起点3千米左右，机耕路结束便开始羊肠小道之旅，不过，道路始终较为清晰，平缓地拔高一直到通风井位置，巨大的通风管道伫立在山间，下方既有高速公路又有铁路，仿佛是秦岭巨人奔腾不息的大动脉。

沿着盘旋的山路拔高，路上有几个泉眼，可以作为应急水源地。在距离起点6.5千米左右，即从海拔1800米上升到了海拔2300米左右，正式进入箭竹林的地盘，尽管箭竹林只有五六百米长，但给人的感觉是绵绵不尽，我们只好将帽子头巾裹紧，防止箭竹刮伤自己。过了箭竹林有一处突兀的岩石（图368），这里是拍照的好地方。在距离起点7.8千米左右终于来到了石砭峪梁顶垭口，此处向西可到牛背梁顶，向东直行不到1千米右转即到牛背梁主景区，如果沿着大梁一直向东行，可以下撤到秦楚古道

图367  石砭峪瀑布（2018年5月）

图368  突兀的岩石（2018年5月）

风景区的黑窑沟附近。从石砭峪梁顶垭口到 2802 最高点还有 1.2 千米，我们前队鼓足干劲，终于在 12 点之前登顶（图 369）。此时，昨晚露营山下的狼行天下和黄河两位驴友已经烧好了茶水，等待我们的到来。

图 369　牛背梁顶（2018 年 5 月）

　　牛背梁线路虽然拔高较大距离较长，但顶上风光妩媚，确实不虚此行。牛背梁上的高山杜鹃开得正盛（图 370），以其最优美的姿态犒赏千辛万苦为她而来的游客（图 371）。站在巍峨的牛背上，瞬间感受到秦岭横跨千里的气魄，以及秦岭雄壮如牛的背负力量。

图 370　高山杜鹃（2018 年 5 月）

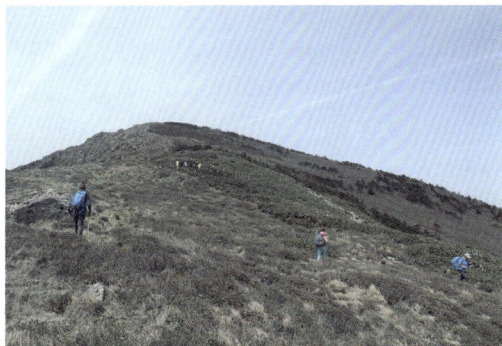

图 371　满山赏花人（2018 年 5 月）

尽管自驾石砭峪已成为历史，五六个小时才能到达 2802 高地，然而，困难险阻都无法让驴友放弃。每年高山杜鹃盛开的季节，驴友们总会克服千难万险，不错过和牛背梁高山杜鹃的约会。坚定的信念，执着的追求，势不可挡的勇气，或许这就是驴友精神。

### 3.6.18 天子峪

#### 3.6.18.1 峪道概况

天子峪的名字据说和唐高宗李治有关，李治生于这个峪道，因而该峪道得名为天子峪。天子峪是距离西安较近的峪道之一，长安路向南走到尽头，过了环山路在西水寨村右转可到百塔寺附近，百塔寺中有一棵千年银杏树，据说年份早于李世民种植在古观音禅寺的银杏树，也是秋季观赏满院飘洒银杏叶的重要旅游地。

天子峪属于浅山，峪道顶部海拔不过 1500 米，然而，天子峪深处有人家，峪内交通四通八达。天子峪的穿越线路分为东天子峪和西天子峪，即峪内的两条分岔，不过驴友所称的东西天子峪一般指东梁和西梁。东梁可到滑翔伞基地（图 372），或沿着大梁穿越到梁顶或石砭峪内部。西梁经过至相寺、吴家岭，经过飞来石即到达唐王寨附近。而在东西岭之间的天子峪主沟道即天子峪西侧支流，已有公路修到海拔 1100 米的地方，公路尽头步入原始森林步道，可通往海拔 1500 米的天子峪梁顶垭口。

图 372 天子峪东梁滑翔伞基地（2021 年 12 月）

天子峪虽然距离西安市区较近，但内部公路较窄，许多地方需要小心错车，甚至只能倒回寻找错车位置，因此，人多的时候最好将车辆停在外围较为开阔的地方。天子峪水流丰富，峪内也有几家成熟的农家乐。对我而言，天子峪的板栗、水晶柿子以及盛开的白鹃梅都是我的念想。天子峪的主要登山打卡点还包括天子峪滑翔伞基地以及唐王寨。这里的唐王寨据说和李世民有关，唐王李世民曾在此屯兵。现在唐王寨残留几间庙宇，已经坍塌了一间。

### 3.6.18.2 秦岭百十峰之唐王寨

概况：从百塔寺向里 2 千米有一处农家乐可以停车，此地海拔 680 米左右，唐王寨海拔 1500 米左右，单程距离 7 千米，难度一般。

从农家乐出发，沿着公路向前几百米即可看到沟道对面的莲池寺（图 373）。从莲池寺也可以沿沟道上山，是通往至相寺的近路，不过，我选择了反穿线路。沿着公路徒步 1.3 千米左右可见一处岔路，右侧沿着之字形公路可到达至相寺，左侧沟道是天子峪的主沟，是绕过至相寺通往峪道内部的捷径。在沟道入口附近可见五彩经幡，而极乐庵（图 374）就在沟道附近。

图 373 莲池寺（2018 年 4 月）

图 374 极乐庵（2018 年 4 月）

过了极乐庵沿着沟道前行 1.7 千米，即距离起点 3 千米左右，又重新走上了公路。该公路从至相寺方向向左延伸过来。沿着公路行走到尽头即进入原始森林区，距离起点 6 千米左右即到达海拔 1500 米的天子峪梁顶垭口。垭口左侧通往东天子峪，也可以通往石砭峪的北四岔和谢家岭，向右通往唐王寨。尽管通往唐王寨几乎没有拔高，但路程也接近 1 千米。唐王寨并非全程最高点，最高点在唐王寨东侧约 150 米的位置（图 375），此处也是一个三岔路口，向北通往天子峪西岭。三岔路口北侧 50 米左右可见飞来石，是驴友近年来的打卡圣地，胆子大的甚至可以借助臂力攀爬到石头顶。

图 375　远看唐王寨（2018 年 4 月）

　　距离起点 7 千米左右终于来到唐王寨（图 376），在寨中遇到了两位年轻的修行者，热情地送来自种的黄瓜，知其不易，我也忙拿出自己的食物与其分享。尽管唐王寨历史悠久，且具有较高知名度，但因为年久失修，房舍损毁严重（图 377），不知未来在某位年轻道长的潜心经营下，是否会逐步恢复往日的荣光。

图 376　唐王寨（2018 年 4 月）　　　　图 377　唐王寨损毁的房舍（2018 年 4 月）

从唐王寨向南下降 200 米，可以到达抱龙峪的后沟中，沿着后沟行走不到两千米即可到达抱龙峪公路，因此，抱龙峪可能是登顶唐王寨最休闲的入口，体力稍差的驴友可以选择从抱龙峪出发。不过，西岭风光无限好，尤其是 4 月份白鹃梅盛开的时候，沿着飞来石北侧的道路顺着大梁行走，一路可欣赏灿烂的白娟梅盛景（图 378）。

图 378　西岭白娟梅盛开（2018 年 4 月）

经过 4 千米左右下撤到吴家岭附近，余下的路较为清晰，可以走距离较长的公路，也可以走直达至相寺的山路。过了至相寺之后，沿着左侧的河沟也是一条下山的近路，沿途路过莲池寺，相对于之字形公路可以节约 2 千米左右。

### 3.6.19　牛尾沟

牛尾沟在天子峪西侧，入口处在百塔寺村西侧，宽阔的牛尾沟中有进山的羊肠小道，沟道两侧有机耕路，目前有未知项目在沟口两侧施工。牛尾沟有季节性水流，有时候冬季也能见到冰雪融化的小溪流（图 379）。牛尾沟和天子峪的入口有小路相互连通，可从牛尾沟横切到天子峪西岭的入口，即地震观测台所在的位置。沿着牛尾沟以及左侧的山梁上有通往至相寺的山路，若不想走公路，走牛尾沟左侧山梁拔高 300 米到达至相寺，也是一个不错的选择。

图 379　牛尾沟冰雪融化（2022 年 1 月）

### 3.6.20　抱龙峪

抱龙峪在天子峪和牛尾沟西侧，长安区何子路的尽头穿过环山路可前往抱龙峪。抱龙峪的名称和唐高宗李治有关，据说李治诞生于天子峪，而后从抱龙峪抱出，故而此地得名为抱龙峪。抱龙峪峪道虽然不深，但登山线路较多，沿着峪道直行到梁上向东可穿越到天子峪和石砭峪，向西可穿越到子午峪。其实，石砭峪与沣峪中间的峪道几乎全部通连，都属于子午古道的一部分。

抱龙峪的公路延伸到峪内 4 千米左右，从峪口向里走，在后沟附近是登顶东侧唐王寨的最近线路。从此处向峪道深处前行 500 米便是公路尽头，沿着小土路前行 1 千米左右即可到达著名的抱龙峪瀑布（图 380）。瀑布从崖壁上奔腾而下，瀑布后方有紧贴崖壁的入山小路，使得崖壁向里退让三分形成了一个天然的壁檐，壁檐下住着几位神仙，被抱龙峪瀑布的灵气日夜滋养着。抱龙峪瀑布四季水流不断，冬季在寒风的吹拂下，瀑布中蕴藏的冰柱从崖下悄然拔起，与崖上的冰柱默默地对接，是一处不错的冰瀑奇观。

图 380 抱龙峪冰瀑（2018 年 1 月）

### 3.6.21 什家沟

#### 3.6.21.1 峪道概况

什家沟的入口在西安市子午东村，东西两侧分别是抱龙峪和竹沟。什家沟向上沿着右侧山梁行走不到 1 千米即是天顶山，上有无量殿，是附近居民遛弯的好地方。从无量殿西侧可下撤到竹沟，向南沿着山梁徒步不到两千米即可到达园灯台，又名宇宙观，是小五台到五道梁中间的重要休息点。

#### 3.6.21.2 秦岭百十峰之天顶山

概况：起点什家沟公路尽头停车场海拔 640 米左右，目标位置天顶山海拔 880 米左右，线路简单。

停车处是一片长满杂草的空地，旁边有一棵大杏树，这里便是什家沟入口。什家沟入口有一处修行者居住的地方，门楣上写着"慈航普渡"四个字（图 381）。房子看起来新修不久，也可能是村民腾出的老宅，租给或者送给了修行者，在秦岭浅山有许多这样的地方。沿着山路向上行走，一路都是整洁的土路，或许是因为走的人多了，路上连杂草都不敢露头（图 382）。

图 381 慈航普渡（2021 年 6 月）

图 382 登山小路（2021 年 6 月）

　　什家沟沟道较短，沟里有季节性水流。沿着什家沟右侧的登山路徒步 400 米左右，即到一处山梁上，这里偶尔视野开阔，可俯瞰子午镇密密麻麻的房舍。天顶山属于浅山，人间烟火味十足，村子里的锣鼓声都能听得一清二楚。向上行走 1 千米，仅仅用 20 多分钟便到达了无量殿（图 383）。这里有位年轻的道士在此修行，他的师傅云游四方，后来我们相识，知道那位道兄是位有学问的修行者。听闻道士介绍，近年来水源问题解决了，无量殿下面接了水管，将远处的山泉引到了无量殿，生活更加便捷，也就有了更多的时间思考生活以外的事情。

图 383 无量殿（2021 年 6 月）

　　此处既有庙宇，又有天顶山地标，又距离西安如此之近，却是我徒步多年才偶然发现的地方。天顶山在驴友圈并不知名，其入口的什家沟、竹沟等也未列入传统的七十二峪中，所以，这里一直被忽略。然而，此处四通八达，穿越线路可长可短，将来或许会成为一条知名的休闲线路。

### 3.6.22　竹沟

　　竹沟在台沟东侧，从子午大道直行过环山路，在空间飞行器实验中心北侧左转，向东南方向依次经过台沟和竹沟。竹沟附近没有农家，属于未开发的小沟道，峪道内部只有羊肠小路，沟内偶见季节性水流。竹峪尽头有停车的空地，沿着左侧小路上梁可到达天顶山。沿着竹沟（图 384）向里走，只能徒步几百米，便再无清晰的道路。除了登山徒步，竹沟也是看杏花的好去处，沟口有大量的杏园，在杏花盛开的季节，风景较好。

图 384　竹沟口（2021 年 6 月）

### 3.6.23　台沟

　　台沟入口有台沟口村，此处有登顶小五台的成熟线路，沿途农家乐林立，是驴友经常游玩的地方。从台沟口村向上拔高 300 米左右即到小五台，上方有五座高台，各修有庙宇，一直有修行者居住。这里是西安市民经常到访的地方，因为距离市区最近，线路最为成熟，也较为休闲，无论是商业团还是遛娃团，都常常来此。台沟沟道较短，村民在入口处铺设了一些石头路（图385），以方便游客登山。这条线路中有一棵千年娑罗树和一颗树身上长出"猴头"的树（图386），是该线路的两大特色。

图385　台沟路况（2016年11月）

图386　猴头树（2022年9月）

### 3.6.24　子午峪

#### 3.6.24.1　峪道概况

子午峪的名称与方位有关，古人以"子"为正北，以"午"为正南，而子午峪正对着西安古城的中心位置，因此而得名。子午峪是西安驴友最常游玩的峪道，不仅因为距离近，更因为知名度高。子午大道贯穿南北，其南向的尽头穿过环山路就是子午峪。子午峪中有著名的金仙观，金仙观后山有号称道家第一神坛的玄都坛。此外，峪口的小五台闻名遐迩，从子午峪主路、台沟、竹沟、什家沟等，都可到达小五台。小五台是老少皆宜的登山锻炼线路，如果体力好，还可沿着五道梁到达更远的尖山附近。

子午峪到梁顶的距离大概6千米，虽然不长，但常年有水，水源头在土地梁、尖山和翠北山附近。沿着峪道行进到子午峪梁顶，向东可到尖山，向西可达翠北山，向南下坡可通往喂子坪以及石峡沟。子午峪是子午古道的一部分，而子午古道作为春秋时期就已经开辟的道路，在长安区分为三条主要支路，即石砭峪、子午峪以及沣峪，三个峪道内部的山路在浅山附近交织在一起，形成了四通八达的路网，也因此丰富了驴友的穿越线路。子午古道千年以来最令人传颂的是为杨贵妃运送荔枝的故事，因此，该古道是荔枝道的一部分。

### 3.6.24.2　秦岭百十峰之小五台、尖山、翠北山、玄都坛

概况：起点子午峪入口海拔 580 米，小五台海拔 980 米左右，玄都坛海拔 820 米，尖山海拔 1564 米左右，翠北山海拔 1460 米。登顶小五台单程 1.6 千米，登顶玄都坛单程 2.5 千米，而登顶翠北山和尖山单程都在 7 千米左右。

子午峪入口有数量众多的免费停车位，停车较为方便。自从长安峪道管制后，进出子午峪需要携带身份证，不过，因为子午峪的进山口较多，驴友也不以为意，从各个地方进山的都有。我们一般从子午峪入口东侧的小路（图 387）直接攀爬小五台（图 388），沿着上山的小路前行 800 米有一处磨盘，此处也是岔路口，左侧通往小五台，右侧通往一处农家。沿着左侧道路继续前行距离起点 1.4 千米左右，有一处小土地庙，也是休息的平台。在距离起点 1.6 千米左右，到达小五台中间垭口。

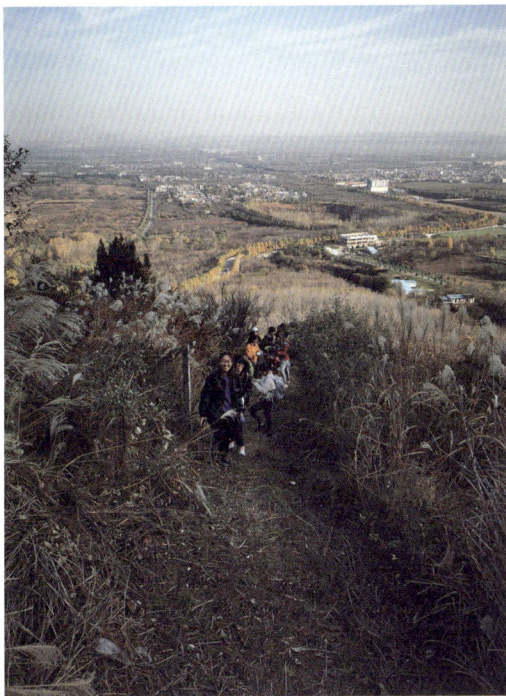

图 387　上山的小路（2020 年 11 月）

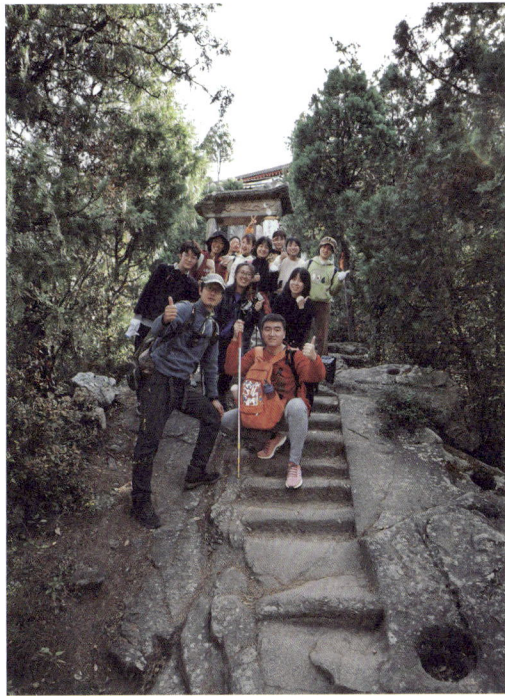

图 388　带学生登顶小五台（2020 年 11 月）

从小五台往东南方向继续前行，一路可见许多芒草丛，在秋冬季节是打卡的重要地方（图 389）。在距离起点 3.2 千米左右到达园灯台（图 390）附近，也就是以前的宇宙观，只不过宇宙观的牌子已被拆除，这里是驴友中途吃饭歇脚的地方。此处也是一个三岔路口，向南通往五道梁，向东则通往天顶山或抱龙峪方向。

图389　芒草丛（2020年11月）

图390　园灯台（2022年11月）

　　沿着五道梁向南行走，距离起点约6.5千米可到登顶尖山的垭口，前行通往尖山，右转则下撤到土地梁附近。在翻越五道梁的过程中，分别会路过通往左臂峪的路口以及下撤到抱龙峪的岔口，皆有路标清晰地指明方向。在尖山垭口向南徒步约500米即可到达尖山山顶，登顶的路并不平坦，有些地方需要借助绳索，或手脚并用。尖山山顶上有块铁质标牌标记此地海拔为1564米（图391），这里较为开阔，且有一块巨大的标志性石头，在顶上可望见石峡沟村落，是一处居高望远的好地方。

图391　尖山山顶（2021年7月）

从尖山下撤到小土地梁 1.5 千米左右，小土地梁是一处开阔的平台，也是子午峪的梁顶位置。从此向南可下撤到石峡沟村，向北进入子午峪主路。许多驴友在小土地梁西侧的平台上绑上吊床，泡一壶茶，悠闲地发呆。从小土地梁向西拔高 1.5 千米可到达翠北山，翠北山上有个信号发射塔（图 392），是附近知名的地标。我曾经在白雪皑皑的冬季，从石峡沟穿越黄峪寺村，然后休闲登顶翠北山，见识了浅山的冰雪世界（图 393）。

图 392　信号发射塔（2018 年 3 月）

图 393　翠北山雪景（2018 年 12 月）

沿着小土地梁向北下撤到子午峪，4 千米左右即到金仙观。金仙观后山上的玄都坛曾经一直被驴友忽视，驴友们来来往往穿越子午峪，却不曾意料到金仙观后山暗藏玄机。金仙观玄都坛之所以有名，不仅因为它包含厚重的历史，也因为其侧面如老子雕像，使它增添了一份神秘感。从金仙观西侧的竹林中，沿着山路行走 400 米左右即可到达玄都坛。沿途既有令人胆战心惊的崖壁小路，也有恐高者不敢踏足的高空铁皮台阶（图 394）。尽管险峻，但其顶上开阔平坦，风光卓绝，绝对不枉到此一游（图 395）。

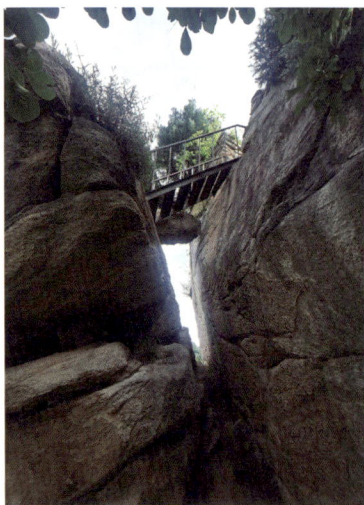

图 394　登顶铁梯（2021 年 6 月）

图 395　玄都坛顶部（2021 年 6 月）

　　从金仙观沿着公路徒步 2 千米左右即可出山，以前私家车能够开到金仙观停车场，参访金仙观几乎不需要徒步，如今峪口管制，只能乘坐摆渡车或徒步两千米才能完成金仙观之旅。虽然每年都会来访子午峪多次，但每次都有不同的体验。最早来访时这里还有子午庵的爱心妈妈，如今不知去向，人生的聚散离合都是一场缘分，对未来充满憧憬或许正因为许多美好"可期而不可遇，可遇而不可求"。

### 3.6.25　鸭池峪、小峪

　　鸭池峪在子午峪西侧，秦岭野生动物园的背后，从动物园西侧沿着动物园围墙可以自驾到登山口。鸭池峪虽短，但峪内有水流，峪内道路四通八达，有多个茅棚庙宇分散在峪口浅山。鸭池峪入口有一处水坝，车辆可以停在水坝附近。再向里有几百米的机耕路，之后变成羊肠小道，只能徒步前行。在大坝的西侧山梁上，靠近峪道出口有金寺庵和天星观，在峪口有小路沿着台阶可上西侧山梁。从峪口向里 500 米是玄清观福德庙，距离峪口 1 千米左右有一处茅棚，曾经叫作上品茅棚，内有西方三圣殿，如今是否更改名讳，就不得而知了。鸭池峪中有许多修行者，我在 2018 年来访时，见到了一位翩翩少年，一袭白衫，仙风道骨，令人想到了古代侠客。

　　距离起点 2 千米左右有一处四岔路口，也是一处休息的平台。左后方是子午峪西侧的硬梁，沿着硬梁可下撤到子午峪入口的左氏桥附近。左前方即果峪沟方向，是通往子午峪金仙观的道路。右前方沿着梁前行 800 米有岔路，右转可下撤到白石峪，左侧前行可到二杆子以及翠北山。这些线路中的前面两个都较为休闲，适合体力一般的驴友。

　　小峪是鸭池峪西侧的一条小沟道，其峪道长度和鸭池峪不相上下，发源于相同的半截梁附近，沿着峪道往里走，不到 2 千米即可上行到鸭池峪西梁。不过，该峪道知名度较低，也鲜有驴友造访。尽管有小路通往峪道深处，但峪内无特别风景，只有在入口东侧山梁上有金寺庵（图 396）和天星观（图 397），其最佳登山点在鸭池峪入口。进入鸭池峪不足 50 米可见右侧有金寺庵的牌坊，沿着山路拔高 80 米左右即到金寺庵附近。沿金寺庵向南行走百米，可到达天星观，这里拔高和距离都不多，可绕行鸭池峪，完成较为休闲的环形穿越。

图 396　金寺庵（2022 年 3 月）

图 397　天星观（2022 年 3 月）

### 3.6.26　白石峪

　　白石峪在鸭池峪和黄峪中间，入口在秦岭野生动物园西侧，入口处有较为开阔的简易停车场。白石峪的名称和峪内的大白石相关，据说大白石在洗心茅棚所在的位置，古时候没有高楼大厦遮挡，传言在西安市区能看到峪内大白石闪闪发光。如今大白石只剩一段，再加上高楼大厦的阻挡，再也无法从西安市区看到秦岭的大白石。白石峪虽然不长，但是前往黄峪寺村的重要穿越线路，沿线也有一些人文景观。在峪口西侧有一座寺名为福林禅寺，向峪内行走约 800 米，左侧大白石瀑布上建有洗心茅棚（图 398），水流从院子里流出。难怪叫作洗心茅棚，或许有借此水洗涤心灵的意思。洗心茅棚上有黑龙潭，据说曾有黑龙在此守候，而穿过洗心茅棚的水流就是从黑龙潭涌出。

图 398　洗心茅棚（2018 年 3 月）

白石峪有一处瀑布，也是自然景观中的佼佼者。白石峪瀑布距离入口 1.5 千米，瀑布下有长长的石壁可供拍照攀爬。沿着白石峪主路行走约 3.5 千米，即到达孤独塬位置，此处沟内的道路荒芜，而右侧坡上有清晰的道路通往黄峪寺村。沿着孤独塬方向的主路前行不到 2 千米，即可到达黄峪寺村，也是翠微宫曾经所在的位置。据说李世民终老于翠微宫，此后翠微宫逐渐颓废，此地也不再作为皇家园林。不过，黄峪寺村至今在驴友圈中仍然享有极高的知名度，因为这里是驴友们捡拾板栗的核心地带。每年国庆节前后，捡板栗的驴友或徒步或从沣峪自驾到黄峪寺村，体力好且手速快的，一个上午便能捡拾一麻袋，然后优哉游哉地下山。

### 3.6.27　黄峪

黄峪又名皇峪或黄峪沟，以黄峪命名的地方在秦岭中不下三条，渭南好汉山旁有一个，宝鸡炎帝的诞生地濛峪旁有一个。据说黄峪尽头的黄峪寺村曾有翠微宫，是李世民的皇家别墅，也是其终老的地方。黄峪的入口东侧有黄峪口，西侧有上王村，上王村在驴友圈中名气很大。来黄峪游玩的驴友，经常在上王村农家乐用餐，这里家家户户开农家乐，当年人均 18 块钱能够吃好吃饱。从上王村东南方向的公路可到密严寺，这里也是驴友经常停车的位置。从密严寺沿着河道或者河道东侧的机耕路上行，1 千米左右即到黄峪水库（图 399），水库库容不大，但常年有水。

沿着水库右侧的羊肠小道进山，走过河道中无数光滑的大石头，沿着河岸边铺满板栗叶的山路，经过约 6.5 千米即可到达黄峪寺村。黄峪寺村尽管整体搬迁，但由于黄峪寺村板栗的吸引（图 400），每年到访的驴友众多，有些农家悄悄地回去经营农家乐，恢复了部分烟火气。

图 399　黄峪水库大坝（2018 年 2 月）

图 400　板栗（2019 年 9 月）

### 3.6.28　青华沟

#### 3.6.28.1　峪道概况

青华沟在黄峪和沣峪中间，也是青华山卧佛寺景区所在的位置。青华沟是个短沟，从沟口到梁顶不过 3 千米，然而，这一路庙宇林立，已经晋升为成熟的风景区。青华山又名清华山，再加上山顶有座名为卧佛寺的寺庙（又被戏称为 offer 寺），对于望子成龙的家长以及求学求 offer 的年轻人，都有一定的吸引力。

#### 3.6.28.2　秦岭百十峰之青华山

概况：起点青华山景区停车场海拔 600 米左右，最高点卧佛寺海拔 1200 米左右，青华山的最高点在卧佛寺南边 100 米的敬德寨附近，但最佳的风景在卧佛寺。该线路单程 3 千米左右，难度一般。

青华山有机耕路可以自驾到达卧佛寺附近，然而，景区不允许自驾，只能徒步上山。在景区的入口即头天门所在的位置，有多座宏伟的庙宇。我在 2020 年前往的时候，景区收费依然不是很正规，只有停车场出口的管理员负责售卖门票。如果沿着右侧公路向上走，路程会多出 2 千米左右，驴友一般选择左侧的直拔线路。前行 200 米可见空中走廊（图 401），长长的空中天桥大概有 1212 个台阶，实际徒步 600 米左右。沿途经过观音禅寺和二天门，在空中走廊结束的地方即是右侧公路汇合点，公路的右侧是感恩寺（图 402），左侧则是三天门。

图 401　空中走廊（2020 年 1 月）

图 402　感恩寺（2020 年 1 月）

从三天门向上 400 米，即距离起点 1.2 千米左右可见魁星楼（图 403），魁星也就是状元星，青华山有心打造成祈求学业和工作顺利的场所。从魁星楼向前 200 米即是四天门，每个天门都有庙宇，但我来时是在冬季，路上并无游客，也没有见到守庙人，估计是天冷生活不便的缘故。

图 403　魁星楼（2020 年 1 月）

距离起点 2.2 千米处有一大片建筑群，称为慈航宫。在距离起点 2.9 千米处有一个农家乐，该农家乐处在三岔路口，其西侧通往沣峪的净业寺，并可穿越到沣峪口的丰德寺，形成驴友口中知名的三寺连穿。从这里向上十几米即到达卧佛寺入口，交了香火钱便可进去瞻仰卧佛奇观。尽管卧佛寺庙门不大，但航拍可见一排庙宇依山而建（图 404），背后便是悬崖峭壁。这里不仅有石刻卧佛令人叹为观止，更有最高点的无量殿视野开阔，空灵与神秀集于一身。近年来，泉水入庙的工程给卧佛寺带来了极大的便利，山上的生活相对方便一些，有位守庙的大叔常年住山。

图 404　航拍卧佛寺（2022 年 9 月）

从卧佛寺向南 2 千米可到达黄峪寺村，这段路几乎没有拔高，一直走在海拔 1200 米左右的大梁上，这条线路较为休闲，也是驴友欣赏白娟梅的好地方。驴友们也有从黄峪寺村方向前往卧佛寺的，如果自驾到黄峪寺村，那么，到达卧佛寺几乎不需要拔高，是老少皆宜的休闲线路。

### 3.6.29　沣峪

#### 3.6.29.1　峪道概况

沣峪知名度较高，西沣路尽头即是沣峪入口。国道 210 从沣峪穿过，沿途经过分水岭下到宁陕县广货街镇，是一条古往今来的战略要道。沣峪水资源丰富，沣峪河主要发源于分水岭两侧的高大山脉，既是古时八水绕长安的一部分，也是现代"三河一山"的西侧河道,沿沣峪河所修绿道已经全部贯通,正逐步成为西安市民徒步和骑行的理想线路。沣峪峪道较长,从入口丰德寺向里35千米左右才能到达分水岭,而到分水岭南侧广货街镇的距离足足有一个马拉松的长度,也因此孕育了知名的秦岭马拉松项目。

沣峪几十千米的峪道内,沟壑纵横,村落遍布,沿途知名山峰、寺庙、瀑布、山谷数不胜数。从峪口向里登山观景的知名线路依次有三寺连穿,蒿沟自驾黄峪寺村,石峡沟穿子午峪,九龙潭休闲戏水访埝青寺,黑沟攀登九鼎万华山,东观音山观日出,大坝沟小坝沟环形穿越,西佛沟登凤凰咀,蛤蟆沟上光头山,分水岭登高山草甸,越岭谷观瀑布,等等。在分水岭附近,沿着光头山一路向西,可经过鹿角梁、跑马梁、兵马营、冰晶顶等秦岭知名高山草甸。体力较好的从分水岭一日往返鹿角梁,甚至有些户外达人一日"光鹿跑兵冰"全程40千米以上,我也曾走过一日大寺,全程在42千米左右。不过,长途跋涉而不看景,违背了登山的目的,对身体或有一定的伤害,这里并不提倡。

### 3.6.29.2　秦岭百十峰之东观音山

概况:起点观坪寺村运动场海拔1100米左右,最高点东观音山观音寺海拔1800米左右,单程距离接近3千米,线路难度一般。

导航到观坪寺村,沿着沣峪主道路西侧的村路进入村子,在登山口停车,或停在下方开阔的广场附近。公路尽头右侧有法华寺(图405),是这里的知名佛寺。在登山口有两条登山路,左侧较窄,向上不到200米即与右侧较宽的主路汇合。沿着主路向上,距离起点300米可见东方茅棚,再向前200米有一山门(图406),门上的对联令人印象深刻:"入山门门是无锁明月常来,登宝地地若有尘清风自扫。"高素质的驴友进山门如同明月受人欢迎,到访之后不留下一丝尘埃,甚至还能将他人遗留的尘埃一并带离清静之地。

图405　法华寺(2020年6月)

图406　山门(2020年6月)

　　过了山门几十米便是莲花洞，此地景观众多，南边还有三圣寺、大雄宝殿等庙宇。这里视野极好，端坐院中，恰好将观音山的轮廓尽收眼底（图 407）。距离起点 1.4 千米左右，是东景池所在地，据说观音山西侧有西景池，以池命名，似乎和水源地有关。在距离起点 2 千米左右可见岔路口，左侧通往南雅古寺（图 408），右侧直接登顶观音山，我和另外一名驴友选择了左上右下。

图 407　莲花洞附近景观（2020 年 6 月）

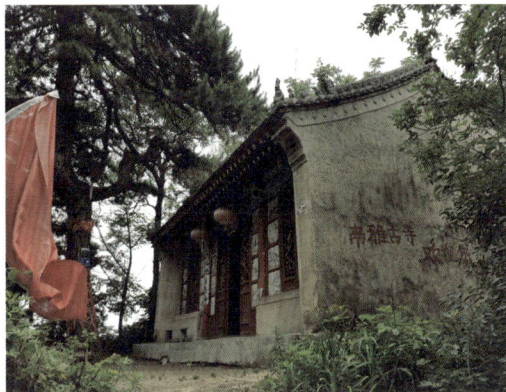

图 408　南雅古寺附近（2020 年 6 月）

　　过了南雅古寺，可以沿着梁向北到观音寺，也可以向西下降 300 米到达西景寺附近。西景寺有圆照法师纪念堂，从院子旁的小路可登顶观音山。在南雅古寺和西景寺都有修行者居住，游客每次来到此处，总能喝上师傅准备好的茶水。如果下山时间较为紧张，还可以在寺中借宿一宿，自己生火做饭，观看第二天的东观音山（图 409）日出。从西景寺上行可到观音寺，观音寺的一排庙宇依山而建，随着山势拔高，后方庙台逐渐增高，直到最后形成一处高高的观景平台。尽管登顶时有些雾气，但雾气会被风吹散，露出远山的轮廓以及西侧山腰的感悟寺等佛寺。从西景寺有山路可以下降到感悟寺，还可以从感悟寺沿着山梁走到北侧 2 千米的埝青寺，然后下降到东侧沣峪喂子坪村，或西侧祥峪森林公园内部停车场北侧几十米，两侧都是驴友经常穿越的线路。

　　东观音山西侧的感悟寺属于九龙潭风景区的一部分，我曾从九龙潭攀登感悟寺，也曾在冬季完成喂子坪—埝青寺—感悟寺—九龙潭风景区的环形穿越。九龙潭风景区是欣赏瀑布和冬季冰瀑的重要地方，尽管环形穿越出来可能会被要求补票，但能够欣赏积雪覆盖的山庙景观以及龙潭冰瀑的盛景，也不虚此行。

图 409　航拍东观音山（2022 年 9 月）

### 3.6.29.3　秦岭百十峰之万华山

概况：起点黑沟登山口海拔 900 米左右，最高点万华山朝阳峰海拔 1920 米左右，单程距离 4.5 千米左右，线路难度中等。

九鼎万华山因明朝万历皇帝生母李娘娘曾在此修行而得名，万历皇帝为其母亲在黑沟修建王母宫，在山顶修建了圣母殿，赐名万花山，因有华山雄姿，又名九鼎万华山。我比较喜欢后者，至少可以和太平峪的万花山（玩花山）以及潭峪的九华山有效地区分开。黑沟入口（图 410）有狭小的停车场，也有农家制作的指路牌。沿着沟道林荫路行走约 1.8 千米即到圣母宫，圣母宫有一排庙宇分布在沟道东侧，最外侧的叫作无量殿。这里常常碰到一枝独秀的云南大百合（图 411），在其他峪道中并不常见。

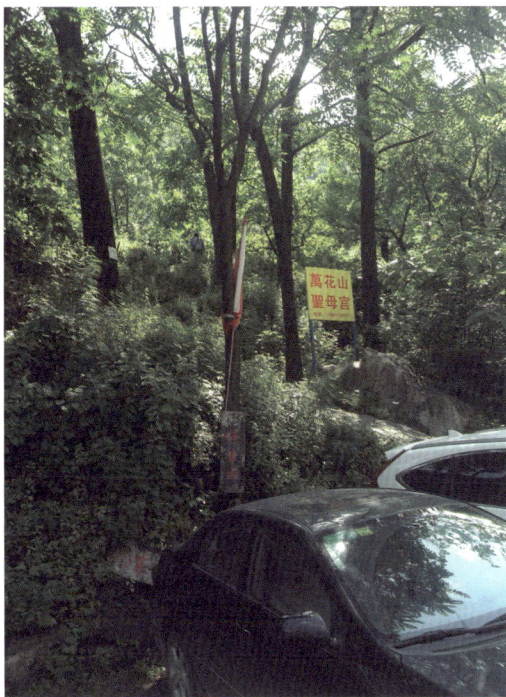

图 410 黑沟入口（2017 年 6 月）

图 411 云南大百合（2017 年 6 月）

　　距离起点 3 千米左右有一棵大树，因年份久远而被封为神树，树木四周挂满了红丝带。经过 4 千米的徒步即到达海拔 1900 米左右的百神顶，百神顶附近平台开阔，有几处庙宇依次向北排开，最北边的望子崖是一处观景崖壁，地势极为险峻，能够清晰地望见黑沟的轮廓（图 412）。百神顶已经接近全程最高处，向前不到 100 米，经过鳄鱼登天（图 413），然后攀爬一段木梯即可到达九莲顶。

图 412 北望黑沟（2017 年 6 月）

图 413 鳄鱼登天（2017 年 6 月）

九莲顶也就是朝阳峰所在的位置，上面有铁链围在四周（图414），驴友纷纷在此拍照留念（图415）。上方的巨石较为开阔，四周的铁链提升了驴友的安全感，登顶之后顿觉凉风习习，飘飘欲仙。传说中，李娘娘在此修炼成仙，从南边的通天门飘然位列仙班，令修行者燃起无尽的念想。

图414　朝阳峰顶（2017年6月）

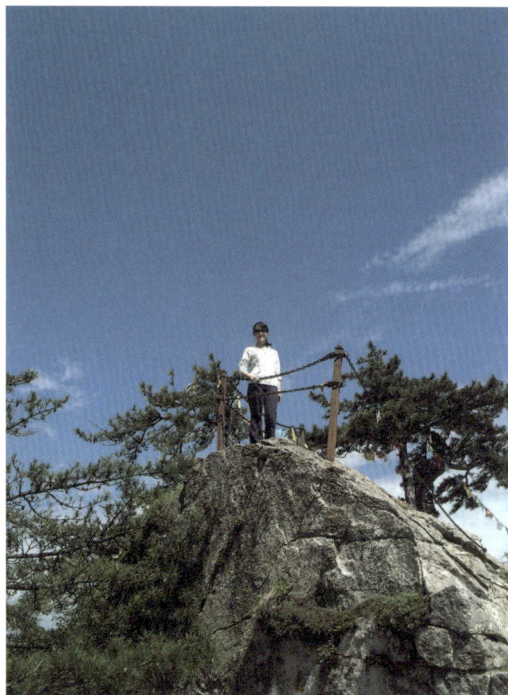

图415　朝阳峰留影（2017年6月）

从九莲顶向南行走可以下撤到景区的正门即北石槽。按照景区的规划，这一路可以走到南天门，在南天门处有岔路通往西侧的玉皇顶、西佛顶附近，因时间关系，我们并未前往西顶。沿着碎石路下撤，景区地图上显示会经过黑虎关、黑虎泉以及木平台等，然而一路上都没有遇到这些景观，或许地图显示的风景只在规划中，毕竟这是个无人管理的免费景区。从顶上下行3千米左右即到北石槽公路，沿着公路不到1千米即可走到沣峪主路，不过距离黑沟登山口还有4千米左右的公路，全程环形穿越在13千米以上。

### 3.6.29.4　秦岭百十峰之朝天场—高山草甸

概况：起点分水岭停车场海拔2020米左右，朝天场海拔约2640米，高山草甸海拔2420米左右，全程环形穿越大约9.5千米，线路难度一般。

如果只到高山草甸，驴友一般走东坪沟，徒步3千米即可登顶，如果从分水岭出发，或从北侧东佛沟出发环形穿越则多出2千米左右。我们在沣峪解除管制后前来登山，从分水岭停车场南侧的亭子附近上山，没多远便进入箭竹林（图416）。箭竹上的积雪已被狂风卷落，积雪覆盖在箭竹林间的小路上，时而看到箭竹林以及路边石壁上挂满了冰溜子，一派冰天雪地的场景。尽管大家戴着厚厚的手套、防滑的冰抓、防雪进入鞋子的雪套，穿着厚厚的冲锋衣（图417），但依然感受到寒风凛冽，不停地瑟瑟发抖。

图 416　箭竹林（2019 年 11 月）

图 417　雪地留影（2019 年 11 月）

沿着梁直行2.8千米即到发射塔附近，发射塔距离梁顶不足200米，我们迅速登顶。在全程最高点，也是最寒冷的地方，灌木丛上可见皑皑的积雪，到处是银装素裹。风起的时候，能够听到雪粒翻滚碰撞着灌木发出的沙沙声。此时接近12点，我们找到一处稍微避风的地方开始吃午餐。尽管吃午餐的位置没有风，但冰天雪地里没有一丝暖意，双手端着暖茶仍然禁不住颤抖。此地确实不宜久留，我们胡乱塞了点食物便迅速前往高山草甸（图418）。当年的高山草甸依然有那棵风姿绰约的网红树（图419），她的树杈还没有被人压断。

从高山草甸沿着东坪沟3千米即可出山。东坪沟积雪较厚，路上很适合滑行，驴友们纷纷体验了一把儿时的乐趣。从东坪沟出口向南到分水岭取车，大概有1千米距离。虽是爬雪山，但总体的拔高和距离都不太长，总体较为休闲。然而，近年来，分水岭保护加大，这里已经不是能够随便穿越的地方。

图 418　草甸景观（2019 年 11 月）

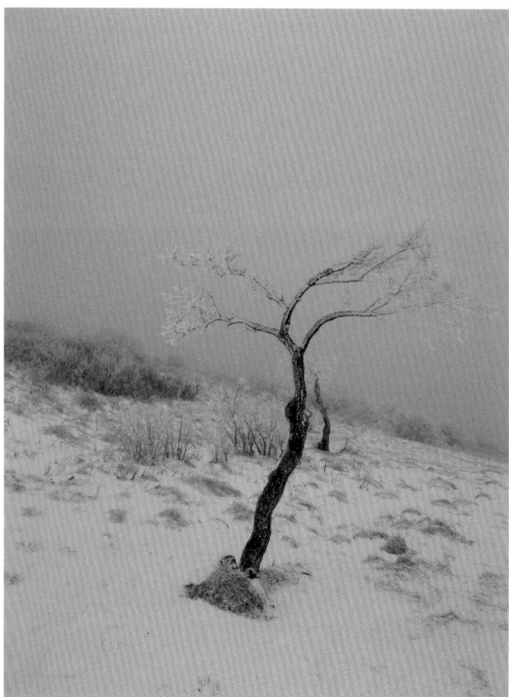

图 419　网红树（2019 年 11 月）

### 3.6.29.5　秦岭百十峰之光头山—鹿角梁

**概况：** 起点分水岭海拔 2020 米，光头山海拔 2887 米左右，鹿角梁海拔 2700 米左右。分水岭登顶光头山单程 8 千米左右，而向西到达鹿角梁单程在 13 千米左右。登顶光头山难度一般，鹿角梁难度较大。近年来，该线路已被禁止，商团不敢走，驴友也很难再欣赏这里的绝美风景。

一日光头山—鹿角梁原路返回，需要早些出发，一是因为线路较长耗时较多，二是因为分水岭停车位有限，晚了停车极为不便。在分水岭停车后，从停车场北侧的一处豁口上去，拔高十几米到达通往光头山的机耕路。十几年前，这里允许自驾上去，类似于宝鸡的庙王山，后来因为一场事故，不再允许自驾，驴友只能徒步上去。沿着机耕路可以走到光头山以及通往大寺和鹿角梁的垭口，然而，天气好的时候，驴友通常走捷径，从之字形机耕路中间的山路直拔上去，全程可以节约两三千米。在距离起点 2.5 千米左右，左侧向越岭谷尽头望去可见一处巨大的瀑布，这就是越岭谷瀑布，冬季可见壮观的冰瀑奇观（图 420）。此时向前望去，可见一座突兀的石峰直插云霄，此峰名为王锁崖（图 421），也是途中的知名景观。前行 4 千米左右，有一处检查站，驴友多从检查站下方的山路直拔上去。

图 420　越岭谷冰瀑（2021 年 1 月）

图 421　王锁崖（2019 年 6 月）

　　经过几次直拔，前行 6 千米左右即到三岔路口，右侧沿着机耕路或山梁直拔 2 千米即到达光头山山顶（图 422）。光头山山顶有人居住，最高点有陕西电视台调频发射台尚在使用，驴友多聚集在西侧废旧的房屋附近休息吃饭，其西侧有网红石，可以拍出攀岩的感觉。沿着通往鹿角梁的机耕路前行 4 千米左右到达鹿角梁的登山口，也是正式的拔高起点。在机耕路上有两条通往石门垭口，第一条路过从漫沟登鹿角梁经过的小草甸，线路较长，第二条则是我们选择的里侧的近路，不经过小草甸。前行约 750 米即距离起点 10 千米左右，到达垭口，从这里可以清晰地窥见鹿角女神的倩影（图 423）。

图 422　光头山（2019 年 6 月）

图 423　石门看鹿角（2019 年 6 月）

　　越过垭口，沿着箭竹林中的小路前行 2 千米左右即到鹿角梁（图 424）中间的草甸。我们的露营点在下方水源地附近，眼看天降大雨，我们急忙前往营地扎营。尽管慌乱中扎起了帐篷，也仍然被鹿角女神的欢迎雨吓了一跳。分水岭附近的天气不是气象台所能预测的，这里的风雨变幻莫测，即使在夏季登山，在这个海拔高度，也应当准备一些防寒保暖的衣服。

鹿角梁的美，从早到晚无时不在，我们在山顶经历了风雨，更见到了彩虹，欣赏了落日余晖（图425），目睹了彩霞满天。似乎所有的努力都是为了这一番美景，心中的烦扰荡然无存，替代的是大自然的妙不可言。

图 424　鹿角梁（2019 年 6 月）　　　图 425　鹿角梁落日余晖（2019 年 6 月）

### 3.6.29.6　秦岭百十峰之跑马梁—兵马营

概况：起点牛圈沟农家停车场海拔 1360 米左右，跑马梁和兵马营海拔都在 2700 米左右，从牛圈沟到跑马梁单程 9 千米，跑马梁垭口到兵马营距离 2 千米，都属于一日中强度线路。

在秦岭分水岭所在的大梁上，分布着大量的草甸，尤其以光头山以西到冰晶顶之间最为密集，与之能够匹敌的估计只有西光头山、草垭子、天华山到东梁一线。不过，因为分水岭距离西安市区较近，交通更为方便，深得西安驴友的喜爱。牛圈沟有一条较深的机耕路，据说曾经也是南北交通要道，强悍的越野车可以开到梁上垭口，翻过垭口就是高冠峪的沟道，可通往秦岭深山的香格里拉即大寺村落。从垭口向右 7 千米可到鹿角梁，向西 4 千米可到跑马梁。不过，该机耕路年久失修，经常河水弥漫（图426），巨石挡道，即使能开车过去，也鲜有驴友舍得折腾车辆。我们将车停在实在不能前行的路边，便背起背包，开始一日跑马梁徒步。前行约 2.5 千米，左侧有一明显小路（图427），也是登山的捷径，只不过走的人不多，接近梁顶的路比较隐蔽，需要熟悉路况的人带路才行。

图 426 道路积水（2018 年 8 月）

图 427 岔路口（2018 年 8 月）

　　沿着左侧河道小路顺河道上行，小路时有时无。尽管这段路只有 2 千米，拔高却达到 500 米左右，是全程中较为难走的一段，一般需要徒步两个小时左右。一旦拔到海拔 2300 米的大梁上，即刻便能看到西北方向的跑马梁主峰。梁上前行 300 米左右有一处断崖（图 428），尽管远观令人生畏，但不难通过。主梁上一路向西缓缓拔高，徒步 2 千米左右即可到达跑马梁草甸。一路箭竹林密布，向南望去可见怪石嶙峋。此地是羚牛的聚集地，我们一路吆喝，提前向羚牛问好，以免冲撞了羚牛的威严。成年羚牛重达几百斤，在高山草甸健步如飞，绝对是秦岭的霸主，这几年偶有驴友被羚牛攻击的新闻，我们都不敢大意。

图 428 途中断崖（2018 年 8 月）

　　距离起点 9 千米左右到达草甸垭口，在草甸垭口向西可望见兵马营的东峰，向北可望见长达 500 米左右的跑马梁草甸（图 429）。此处名为跑马梁，果真名副其实，在这上面跑马绝对没有问题。兴奋的驴友一路小跑奔赴顶端，在顶端打卡之后，就开始收割漫山遍野的野葱。跑马梁的野葱遍地都是，开满了黄花，味道极好，凡是吃过的都赞不绝口。

　　从跑马梁前往兵马营尽管只有两千米，但很少有人一日穿越。但凡去过兵马营的驴友多半选择重装露营，兵马营露营点北侧有很好的水源，是一处露营圣地。我曾经和一群驴友走三日"冰马跑"（冰晶顶—兵马营—跑马梁）的重装线路，欣赏了兵马营的日落和日出（图 430）。走山这么多年，兵马跑是最惬意的露营线路，没有太多拔高，风景却美得令人流连忘返。

图 429　跑马梁草甸（2019 年 6 月）

图 430　兵马营（2019 年 6 月）

### 3.6.30　牛头沟、石脑沟、溏沟

　　牛头沟在沣峪西侧，入口在鹿鸣园西侧围墙边，沿着牛头沟向里行进 600 米左右有一个小型水库（图 431）。从水库两侧的小路（图 432）沿着沟道进山，最终汇聚在东侧山梁上，沿着梁直行可到达天台山附近，天台山又名尖顶山，是附近最高的山峰。

　　石脑沟在牛头沟西侧，从牛头沟水库向里几十米，可见西侧有路可通往石脑沟。石脑沟公路尽头属于保护区，谢绝游客入内。

　　溏沟是石脑沟西侧的小沟道，无交通直达，游览意义不大。然而，其西侧梁下就是知名的古观音禅寺，寺中的千年银杏树是西安市的网红景观，每年在 11 月份吸引大批游客前来打卡。

图 431　牛头沟水库（2020 年 6 月）

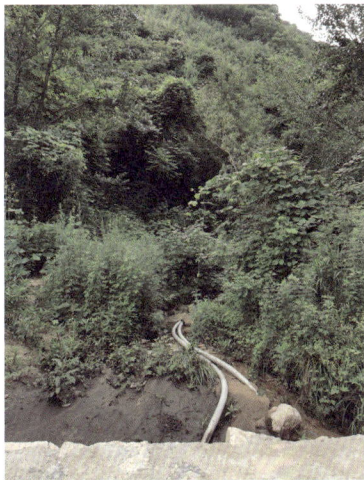

图 432　水库右侧路（2020 年 6 月）

### 3.6.31　月亮沟

#### 3.6.31.1　峪道概况

月亮沟的名字十分动听，就像汤峪的月亮石一般。月亮沟的入口在古观音禅寺西南 300 米的位置。因靠近古观音禅寺，月亮沟中也不乏庙宇，在月亮沟入山 1 千米以内分别有石佛寺和弥勒台。月亮沟内尚有人家居住，这里与西侧的竹祥沟以及塔盘沟组成了知名的休闲穿越线路，全程都不到 8 千米，拔高只有三四百米，路况较好。尤其是月亮沟穿越塔盘沟的线路，途经的东西向山路中，有大片高大的竹林，是拍照和赏景的网红地。在月亮沟右转通往塔盘沟的三岔路口，如果继续向南拔高，行进 500 米左右即可到达天台山，天台山又名尖顶山，是附近的制高点，上有天台庙遗址。从天台山可以向南穿越到祥峪的清水岔，也可以向东南方向经摩天岭下降到沣峪的田家沟出口。

#### 3.6.31.2　秦岭百十峰之天台山

概况：起点月亮沟入口海拔 500 米左右，最高点天台山海拔 1240 米左右，单程距离 3.4 千米左右，线路休闲。

月亮沟入口处有几处农家停车场，停车费 5 元，有老人在此守护。如果有现金一定要给老人现金，扫码支付的钱不一定落进老人的口袋。这条线路相对休闲，我在下午四点左右来到此处，预计两个小时从月亮沟登天顶山，然后从竹祥沟穿出。虽说是月亮沟穿越，但前半程要走在月亮沟右侧的山梁上。从停车位置沿着月亮沟右侧山梁前行 500 米，经过附近村民的祖坟所在地，即来到第一处寺庙群，东边寺庙叫石佛寺，西边的叫清风寺（图 433）。清风寺的名字起得应景，在月亮沟中，有明月，自然有清风，都是佛家洒脱之物。沿着山梁拔高到 1 千米左右，即到达弥勒台所在的位置，上面有弥勒圣寺（图434）。该寺庙建在附近最高处，远观山顶如弥勒佛一般，近观顶上庙宇多间，气势恢宏。

图433　清风寺（2021年11月）

图434　弥勒圣寺（2021年11月）

　　从弥勒台向南下降几十米，到达一处垭口平台。此地是个三岔路口（图435），可以从梁上走，也可以左转下降几十米到达月亮沟沟底。初入沟道，便能听到潺潺流水声，即使冬季也是流水不断，这里也是弥勒台的水源地。驴友一般都选择从左侧的月亮沟前行，毕竟有山有水才是好去处。沿着沟道前行距离起点1.8千米左右，此时需要在一处小水池附近右转，沿着右侧的河道徒步300米，拔高70米左右，即可到达梁上。沿着山梁前行几十米便是竹林，竹林深处有人家，在东西长达1千米的竹林沿线确实分布着几户人家。竹林中有岔路，右侧下山即从竹祥沟穿出。在距离起点2.5千米左右出了竹林便看到山坡下的农家（图436），远远听到几声狗叫，却没有看到有人出来，也许村民去山里采摘，或者去山下采购。农家院落正南方有几处水源，农户修了水窖，将山沟中的涓涓细流汇聚在一起，以解决水源问题。

图435　三岔路口（2021年11月）

图436　北望山中农家（2021年11月）

沿着农家南侧的小路前行，很快到达通往塔盘沟和天台山的三岔路口，此地海拔1040 米左右，从此处直拔登顶天台山的路已经完全被板栗叶覆盖。我循着轨迹，沿着山梁不断拔高，向上垂直拔高 200 米左右，距离起点 3.4 千米即到达天台山山顶。天台山山顶有一处天台庙遗址（图 437），只剩下断瓦残垣，也不晓得此庙在历史上是否真的建成过。

天台山山顶四通八达，向东北可穿到牛头沟以及牛头沟东侧山梁，向东可穿越到摩天岭农家，并从田家沟下撤到沣峪。向南直行二三百米可到达南望石（图 438），继续沿山梁行走几百米可右转下撤到祥峪的清水岔。我曾从清水岔登天台山，路程虽短，却有一段路十分陡峭，而且南望石不易攀登，体力弱的需要托举拉拽才能上去，不建议弱驴从祥峪清水岔登顶天台山。

图 437　天台庙遗址（2021 年 11 月）

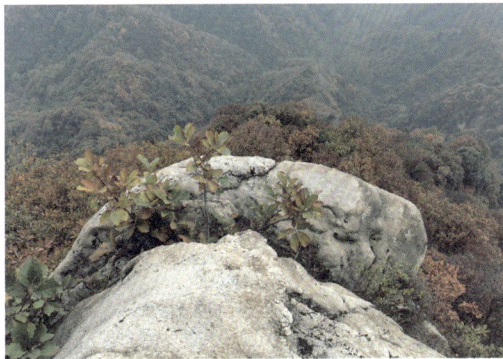

图 438　南望石（2021 年 11 月）

### 3.6.32　竹祥沟、塔盘沟

竹祥沟在月亮沟西侧，从月亮沟停车，沿着简易的公路向西 400 米左右可见左侧的进山路口即是竹祥沟入口。竹祥沟内水流不断，即使冬季也不例外，从入口向里 1千米有一处小型瀑布（图 439），是沟内值得称道的自然景观之一。

塔盘沟在竹祥沟西侧，距离竹祥沟入口 300 米左右，入口处有塔盘沟水库。沿着塔盘沟进山几千米即可到塔盘沟农家所在的竹林深处（图 440），这里是秦岭竹林风光较好的地方之一，也是遛娃休闲的好去处。

### 3.6.33　刘家沟、古家沟

刘家沟和古家沟都在塔盘沟西侧，两个沟道都比塔盘沟略短，而且极其隐蔽，几乎很少有驴友涉足这里。尽管这两个沟道靠近西侧的祥峪，但外地人很难找到这两个沟道的入口（图 441）。我们驴友中有几位恰好在沟道旁的村子里长大，如今村子早就拆迁变成了现在的国岭别墅区。尽管如此，别墅区靠近山坡的刘家沟沟口风景依旧（图 442），就连村子里的杏树也依然保存完好。我们在驴友的带领下，有幸到此一游，摘得大黄杏若干。不过，这两个沟道较短，也没有特别的景观，只适合偶尔来此找找山货。

图 439　竹祥沟瀑布（2021 年 11 月）

图 440　塔盘沟竹林雪景（2018 年 12 月）

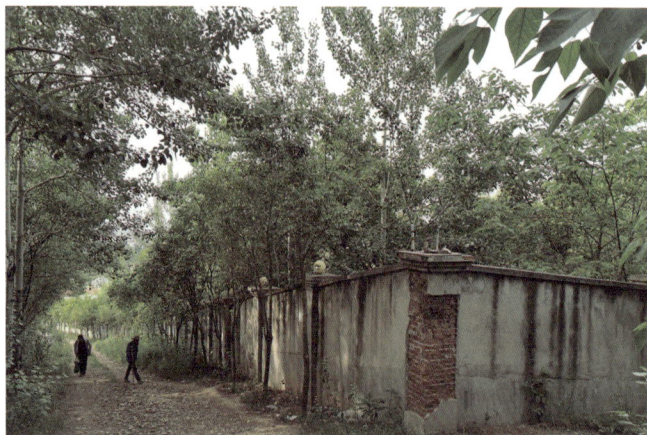

图 441　刘家沟、古家沟东侧入口（2020 年 5 月）

图 442　刘家沟沟口（2020 年 5 月）

### 3.6.34　祥峪

#### 3.6.34.1　峪道概况

祥峪入口有祥峪村，入口西侧山梁上有圭峰寺。峪内有祥峪森林公园，其最高处名为卧虎峰，顶上有一个巨石平台，远看如虎头一般。驴友进入祥峪一般不去森林公园，而是去附近的沟道，譬如清水岔登天台山，工草沟环形穿越采摘猕猴桃，或工草沟穿越高冠峪等。也有驴友来到祥峪是因为从东侧沣峪登东观音山，途经感恩寺，最后下撤到祥峪景区。我对祥峪的最初印象是峪口有一家凉皮店，在驴友圈中口碑极好。

#### 3.6.34.2　秦岭百十峰之卧虎峰

概况：起点祥峪森林公园最里侧的停车场海拔 1000 米，卧虎峰最高点附近海拔 1800 米左右，单程 5 千米，线路难度一般。

祥峪森林公园最外侧有一座极为气派的大门（图 443），是公园的地标，也是曾

经的售票处，现在的售票处距离这个大门约 1.8 千米。从售票处购票后驱车前行 1 千米
即到大悲寺，再前行 700 米到达景区最里侧的停车场，也是登山徒步道路的开始。前
面的步行道全是公路，延伸到景区内侧 2 千米左右。一路上可见瀑布、深潭、奇石若干，
景区标记的打卡点众多，印象深刻的有祥谷三叠瀑布以及雷击石（图 444）等。公路徒
步结束时，已经拔高了 300 米左右。

图 443　祥峪森林公园最外侧大门（2019 年 10 月）

图 444　雷击石（2019 年 10 月）

　　距离起点 2.7 千米左右有一处陡峭的台阶（图 445），在此处遇到几位辟谷的学员，
据说祥峪内专门有人组织辟谷，这些学员来自全国各地，无不信奉辟谷的神奇疗效。
辟谷与间歇性限制饮食颇为相似，只不过一次间歇的时间较长，加上祥峪良好的环境，
确实有治愈心身的作用。在距离起点 3.4 千米左右有一处休息点（图 446），这里有个
小型食品店，是中途的重要补给点。

图 445　台阶（2019 年 10 月）

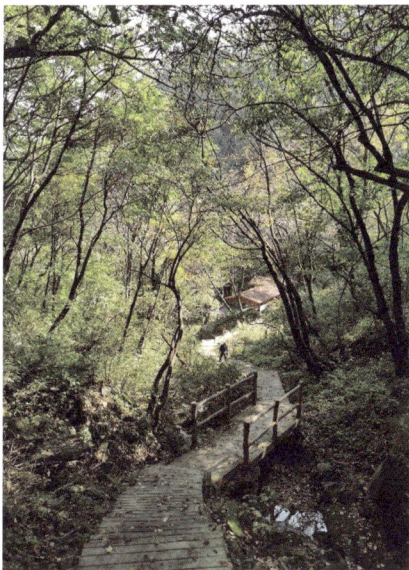

图 446　中途休息点（2019 年 10 月）

沿着山路之字形拔高，在梁上走一段时间，最后从最高点下降十几米，即可看到远处卧虎峰的红旗飘扬（图447）。于是，我加快脚步迅速抢占山头，成为景区当天第一个登顶的驴友。此次景区休闲拔高800米，徒步两个半小时左右。

图447　卧虎峰和飘扬的红旗（2019年10月）

在卧虎峰用餐后，从西侧陡峭的台阶下山，只有3千米左右的山路即可汇聚到祥谷三叠瀑布的位置。尽管景区工作人员说这条路不太好走，但对于驴友而言，路况已经很不错。这3千米下山路没有特别的景观，只有一些自然风景包括苍穹石和石门等。一路马不停蹄，30分钟左右下撤到景区公路上，结束了半天的卧虎峰之旅。

### 3.6.35　高冠峪

高冠峪因峪内山脉远看如高高的帽子而得名，其入口有两个，高冠河东西两侧分别属于长安区和鄠邑区。高冠峪是个收费景区，知名的景点有高冠瀑布，不过，见多了秦岭的大瀑布，这里的瀑布便少了一些吸引力。高冠峪中修有公路，延伸到景区内部2千米左右。在内部1千米左右有一处五观殿，算是全程中为数不多的人文景观之一。此外，在高冠峪东侧山梁上有个圭峰寺（图448），也是景区规划的景点之一，是欣赏圭峰夜月的绝佳位置（图449）。高冠峪景区中经常可以看到游客在河道中戏水，有的在路边农家乐烧烤，有的在高冠水库中进行皮划艇训练。景区以不同的项目吸引了不同的人群，使得高冠峪成为一处休闲避暑的好地方。

图 448  圭峰寺（2022 年 4 月）

图 449  远看圭峰山（2022 年 8 月）

　　高冠峪为驴友所熟知，还因为该峪是通往大寺的重要入口，沿着高冠峪向里行走 20 千米即到秦岭香格里拉大寺村落。村子中有网红接待处石头农家乐（图 450），虽然没有珍馐佳肴，但十几块钱的面条可以吃饱。每年夏秋假期，大寺成了商业团的必发线路，村落一夜之间突增几百甚至上千人。不过，驴友们不会从高冠峪登山，因为这里路途遥远拔高过大。大多数人从分水岭出发，沿着机耕路慢悠悠地行走 20 千米即可到达大寺，尽管路途和高冠峪线路相差无几，但拔高相对较小。大寺穿越一般是两天的行程，也有体力好的驴友一日速穿，全程 42 千米，相当于走了一个山地马拉松。

图 450  大寺石头接待站（2020 年 6 月）

　　我曾经走过一日大寺，4点钟从家中出发，5点钟来到高冠停车场放车。约了网约车在6点左右将我们送到分水岭。因为要一日速穿，吃的喝的尽量少带，包里不过两三斤的物品。一路沿着机耕路缓慢奔跑，11点左右到达石头家，休息一个钟头，便迅速下山。一路不急不慢，晚上6点之前来到高冠停车场。高冠峪中水流较大，深潭无数，每个水潭都别有风姿，令人禁不住驻足观望。走过大寺，自然过了成驴桥，驴友中有句话："只有走过成驴桥，才算是真正的驴友"，大寺的成驴桥也因此而知名。然而，2021年的一场暴雨将成驴桥完全冲垮，导致大寺穿越变得更加困难。不过，即便自然灾害无情，只要人要过河，桥还会被架起来，这是中国人骨子里人定胜天的精神，千百年来，始终如斯。

## 3.7　西安市鄠邑区

### 3.7.1　牛心沟、土地峪、紫房峪

　　牛心沟、土地峪和紫房峪依次从东向西分布在高冠峪和紫阁峪中间，是西安市鄠邑区最东侧的三个短峪道，这三个沟道唯有最西侧的紫房峪长度有3千米左右，其他两个沟道都不足1千米。牛心沟和土地峪的入口距离老环山路400米左右，有驴友从牛心沟入口附近上梁，翻过山梁进入高冠瀑布附近。除了穿越高冠瀑布，这些沟道中无特别观景线路。牛心沟的入口有一排废弃的别墅，紫房峪的入口在秦岭脚下的一家高尔夫俱乐部内，这些沟道因为入口有建筑物阻挡，鲜有驴友到访。

　　在废弃的别墅区和高尔夫俱乐部中间有一条进山的小路（图451），沿着围墙可徒步到土地峪。这条路走的人较少，不过，每逢纪念先祖的时节，当地村民会来到土地峪附近为先祖送些金银财宝。沿着土地峪山脚的小路（图452），可绕过高尔夫俱乐

图451　进山小路（2022年2月）　　　　图452　土地峪入口的小路（2022年2月）

部，横向到达东侧的牛心沟以及西侧的紫房峪。不过这里没有特别的景观，或许只有横向穿越高冠峪以及紫阁峪对驴友才有一些吸引力。

### 3.7.2　紫阁峪

#### 3.7.2.1　峪道概况

紫阁峪是鄠邑区的知名峪道，多个版本七十二峪书籍中都有记载。紫阁峪的入口在环山路杜家庄附近，进山途中首先经过紫阁峪入口东侧的大圆寺。从大圆寺进入峪内 1.5 千米左右到达紫阁峪景区停车场，不过，此地没有开发，依然是自由开放的状态。尽管从此处向里还有 1.8 千米左右的机耕路，但驴友一般将车辆停在此处。因为此地也是紫阁峪左右分岔路的汇合点，所以停在此地最适合环形穿越。

紫阁峪留下了许多诗篇，最知名的要数李白的"紫阁连终南，青冥天倪色"的佳句，因该峪最高峰如同紫色阁楼屹立于天穹，紫阁峪的名称也因此而来。李白笔下的紫阁峰巍峨雄壮，高不可攀，历史上登顶的文人墨客寥寥无几。除了紫阁峰，这里还有一处人文景观敬德塔（图 453），据说玄奘法师的衣冠在唐代由护国兴教寺迁到敬德塔，致使敬德塔名声大噪。此外，这里据说还有神秘的张良洞，因张良在此修行而得名，然而，驴友至今未曾到达，也未曾寻得张良洞的位置。

#### 3.7.2.2　秦岭百十峰之紫阁峰

概况：起点紫阁峪村停车场（图 454）海拔 700 米左右，最高点紫阁峰东侧紫金岩海拔 2 150 米左右，单程距离约 8.5 千米，难度较大。

从停车场沿着机耕路前行 1.8 千米左右，可见右侧山腰的敬德塔。在敬德塔北侧 200 米左右有一处农家，从该农家附近向西可穿越到西侧的神水峪，神水穿紫阁也是户

图 453　敬德塔（2019 年 3 月）

图 454　紫阁峪村停车场（2019 年 3 月）

外队经常发布的猕猴桃采摘线路。在敬德塔附近有两条进山路，一条沿着左侧山梁先上后下，一条沿着河道直行，两条路交会在前方四五百米处。

　　在距离起点 2.7 千米左右有一处瀑布（图 455），瀑布下有深潭，是驴友拍照打卡的网红地。进山的路在瀑布的东边，需要从瀑布上方的独木桥通过。在瀑布前方 100米有一处岔路，左侧上梁属于探索张良洞的线路，有驴友在该路尽头接近紫阁峰的位置装上了近 20 米长的铁链子，以供攀爬绝壁。不过，该线路异常险峻，也是安全隐患所在地。这几年紫阁峪意外事件频发，不建议驴友们冒险探路。

　　沿着河道前行 4.5 千米左右，可见左侧有一瀑布飞流直下。从此处瀑布前行 100 米左右即接近海拔 1300 米的位置，有一岔路口，右侧通往万花山云际寺。在距离起点5.5 千米左右，即到达瓮城瀑布（图 456），许多驴友到此知难而退，因为前方路迹不清。我曾两次造访，只有第二次才找到继续攀爬的入口。从瓮城瀑布东北侧的沟道中绕过瀑布，然后一路向右横切后左转，在找到通往东侧沟道的主路后沿着沟道行进 2 千米即到达登顶的垭口。这一路十分艰险，而且有大型野生动物出没。我们到达垭口附近时，就与一头一百多千克重的野猪擦肩而过。

图 455　紫阁峰瀑布（2019 年 3 月）

图 456　瓮城瀑布（2019 年 3 月）

　　距离起点 8 千米左右到达海拔 2060 米的垭口，从此处到达前方紫金岩不过几百米。在山梁开阔处，天气好的时候可以西看云际寺，东望光头山。有些驴友为勇夺第一，未作停留便直奔紫金岩（图 457）。紫金岩的位置距离起点 8.8 千米，其西侧有小路到达传统意义上的紫阁峰，不过紫金岩才是最高点。从紫金岩北侧下山，在海拔 1800 米的平台处有座佛塔，上面写着"圭峰宗密定慧禅师"（图 458），圭峰宗密和定慧禅师说的是一个人，即华严宗五祖，因长期居于圭峰山，又名圭峰宗密。

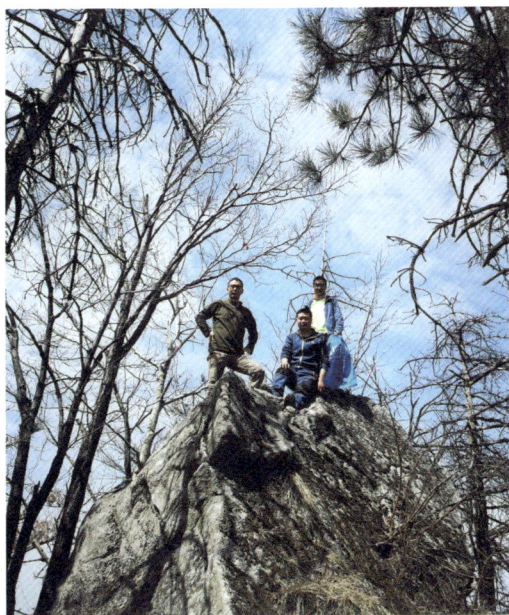

图 457　紫金岩留影（2019 年 3 月）

图 458　圭峰宗密定慧禅师（2019 年 3 月）

　　沿着山梁下山的总路程大约 7 千米，没有太多人文景观，在距离起点 14 千米时，可见几户人家，其中一处门楣上写着"广福茅棚"四个字，想必是一位修行者在此居住。从修行者居住的平台可以清晰地仰望紫阁峰的轮廓（图 459），不得不说修行者慧眼识宝地。从此处下山的路较为开阔，可能是常年有人行走的缘故，沿着山路行走 1.5 千米即到达停车场，结束了一天的紫阁峰攀登。

图 459　远看紫阁峰（2019 年 3 月）

### 3.7.3　神水峪

神水峪入口在鄠邑区杜家庄西侧，从老环山线沿着村道向里行驶不到 1 千米即到达神水峪公路尽头。神水峪中鲜有人文景观，属于未开发区。峪道的梁顶几乎和紫阁峪的敬德塔在同一纬度，总长度不过 3 千米。穿越到紫阁峪敬德塔附近是神水峪的主要线路，如果走环形穿越，车辆停在神水峪入口，返回时从大圆寺西侧横切到神水峪停车位置，全程在 9 千米左右。

神水峪的峪口有水潭一个，似乎用来养殖。沿着峪道右侧的山路向里行走，春天里随处可见紫色豌豆花（图 460），比人工栽培的花朵还要惊艳。向里 1 千米左右有分岔路，直行是沟内的小路，而左侧是通往神水峪东侧山梁的大路。沿着之字形山路上山，经过一处农家院即可直拔到梁上。在梁上向南行走约 1.5 千米，左转即可下撤到紫阁峪内敬德塔北侧 200 米左右的农家附近。这条神水峪穿紫阁峪的线路是经典的采摘线路，也是观景线路，从神水峪东岭上观看，西侧的圭峰山蔚为壮观，风景如画（图 461）。

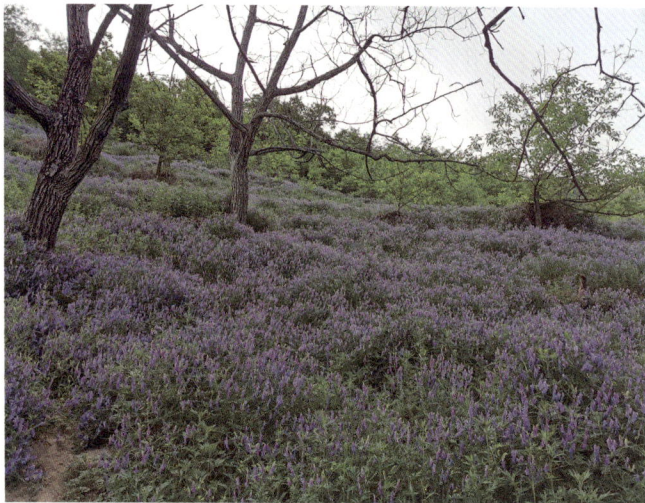

图 460　紫色豌豆花（2020 年 5 月）

图 461　西望圭峰山（2020 年 5 月）

### 3.7.4　太平峪

#### 3.7.4.1　峪道概况

太平峪入口正对着西太公路，峪口有鄠邑区太平口村。太平峪在盛唐时期是皇家的重要园林之一，现有太平峪森林公园景区，在紫荆花盛开的时候，公园里往往人满为患。太平峪森林公园里还有众多瀑布，尤其以景区尽头的彩虹瀑布（图 462）最为知名，在阳光折射下，瀑布激起的水雾中投射出彩虹的身影，令游客惊叹不已。从景区大门到彩虹瀑布单程 8 千米，拔高 1100 米，因此，需要有志气与力量的人才能欣赏到彩虹瀑布的美景。

图 462 彩虹瀑布（2018 年 9 月）

太平峪中还有一处万花山景区，在太平峪入山 2 千米左右可见东侧一排石头城堡，这里便是万花山景区的入口。万花山顶上的橡山以及万花山云际寺都是此地的知名景点，驴友多从老碗沟登顶橡山和云际寺，鲜有从景区进入。太平峪除了两处收费景点，其他免费的风景区对驴友而言更有吸引力，其中的知名线路包括太平峪穿越圭峰山，三桥峪登顶王屋咀，西寺沟穿越黄龙寺，西寺沟穿越玛瑙山，以及太平峪公园售票口北侧 100 米处的二道沟徒步情侣溪，等等。这些地方吸引了大量商团，是西安市民重要的徒步休闲区。太平峪人文自然景观俱佳，从昔日皇家园林变成如今百姓的游乐园，确实是一大幸事。

### 3.7.4.2 秦岭百十峰之圭峰山

起点：太平口村向里 5 千米的圭峰山登山口海拔 640 米左右，圭峰山最高点海拔大约 1500 米，单程 3.6 千米左右，线路休闲。

在登山口大桥两侧有不少停车位，停车之后可以过桥右转上山，或者从停车场北侧农家乐后院沿着小木桥直接过河（图463）到登山口。一路几乎都在梁上拔高，在红叶绚烂的季节，能够欣赏到满山飘红的秋景（图464），难怪人们将圭峰山红叶作为西安观赏红叶的首选线路。

图463　沿小木桥过河（2018年10月）

图464　圭峰山红叶（2018年10月）

沿着山梁行走，在距离起点2.5千米的曹家岭农家处出现岔道口。从岔道口向南1千米右转可下撤到黄柏峪，只不过黄柏峪常年采矿，破坏严重，驴友很少前往，不过，那边的路况非常好，应该是登顶圭峰山最轻松的线路。沿着农家院向北行走，路过良田数亩，前行400米可见一个三岔路，左侧可下撤到乌桑峪，并经过知名的天生桥。相对于太平峪线路，乌桑峪登顶圭峰山有些费力，一路垂直拔高较多。

从曹家岭农家到圭峰山山顶不过1千多米的山路，半个小时即可到达，沿途可远观圭峰山的轮廓（图465）。在接近山顶时有一块巨石，上面写着"焦将碾子"字样（图466）。过了焦将碾子，翻上石壁就是西天门，西天门背后是圭峰山顶部的双层庙，上方写着天皇殿，下方写着无量殿。据说该庙建于北朝时期，屡遭雷击，现在的庙是近年来焦将村村民集资修建。圭峰山因为远看如圭臬而得名，又名尖山，知名度较高，高冠峪旁的圭峰寺，以及长居于圭峰山附近的华严宗五祖圭峰宗密，都以圭峰为名。圭峰山虽然远看尖如圭臬，其实顶上的平台不小，容纳几十人丝毫没问题。

圭峰山的线路比较休闲，登山不过两小时。如果要继续探索，还可以到圭峰山崖壁下的药王洞看一看。药王洞就在圭峰山崖壁下，从西天门下去几米可见右侧小路，沿小路行走几十米右转即可达后山药王洞（图467）。此地比较隐蔽，驴友慕名圭峰山，很少走到这个地方，我从鸽勃峪探穿圭峰山的时候才有缘走到药王洞。不过，普通游客万不可尝试鸽勃峪穿越圭峰山的线路，该线路极不成熟，有些地方要像野兽一样匍匐爬行。

图 465　航拍圭峰山（2022 年 8 月）

图 466　焦将碾子（2019 年 5 月）

图 467　药王洞（2019 年 5 月）

### 3.7.4.3 秦岭百十峰之万花山

概况：起点老碗沟口海拔940米，最高点万花山云际寺海拔1800米左右，单程距离约4.5千米，线路难度一般。

起点处是一个三沟汇聚的地方，从左向右依次是老碗沟、蚰蜒沟以及三桥峪，前面两条沟都可以登顶万花山。驴友一般选择蚰蜒沟的线路，这条路相对更加成熟，起初是石砖铺就的道路（图468），几百米之后便是深得驴友喜爱的小土路。距离起点700米左右有一处画匠洞，据说曾有画匠藏身于此。而距离起点1.2千米可见几处瀑布，更有铁索栏杆（图469）环绕瀑布深潭，是个拍照的好地方。

图468　入口小路（2017年11月）

图469　铁索栏杆（2017年11月）

距离起点3千米左右即到达海拔1560米的垭口位置，这里是个三岔路口，左侧前往老碗沟以及万花山景区，右侧通往云际寺，沿着右侧的路向上行走600米到达橡山寺（图470）。橡山寺是一处古庙，或许和北周时期修建的云际寺一样历史悠久，其北侧有一处开阔的平台，可远观紫阁峪西梁的风光。前行过龙脊岭，在距离起点4千米左右有一处神仙庙，神仙在此指路，接下来要攀登全程令人印象最为深刻的仙人路（图471）。沿着铁链一路向上攀爬，路上可见明朝留下的铁质碑文，脚下步步升高，如同仙人脚踏祥云，逐渐将周边山峰甩在脚下。

图470　橡山寺（2017年11月）

图471　仙人路（2017年11月）

过了仙人路，前行 100 米即到云际寺（图 472）。当时寺中有位四川来的师傅正在晾晒中药，我们闲聊几句，便各忙各的。云际寺建于北周，寺中包含数十间庙宇，在唐代因帝王到访而名声大噪，香火旺盛。今天的云际寺虽有修行者，但驴友们频繁来此登山，早已经不是清静之地。不过，能够身处繁华而心不乱，或许更有助于修为的提升。

图 472　俯瞰云际寺（2017 年 11 月）

### 3.7.4.4　秦岭百十峰之朝阳洞—王屋咀

概况：起点三桥峪公路尽头海拔 1040 米左右，朝阳洞海拔 2300 米，王屋咀海拔 2600 米左右，朝阳洞单程距离 6 千米，王屋咀单程距离 8.5 千米左右，难度都较大。

第一次到访朝阳洞比较休闲，也不知道此处还有王屋咀。时隔两年，在王屋咀已经成为知名户外线路时，我们驴友群也策划了登顶王屋咀的一日线路。我们早早地将车停在三桥峪的尽头，这里有一户农家可供停车（图 473）。农家里侧有个大水池，山泉从中流过，水池中活跃着金鳟鱼（图 474）。

图 473　停车场（2020 年 4 月）

图 474　金鳟鱼（2018 年 6 月）

　　前面 4 千米的山路坡度较缓，两旁郁郁葱葱，花草遍地（图 475），走起来非常舒服。在距离起点 4 千米时有个三岔路口（图 476），左侧前往观音坡也是驴友常说的练驴坡，极为陡峭。右侧沿着瀑布左侧可以直拔到达朝阳洞，只不过走的人较少，路况不如从观音坡方向前往朝阳洞。从观音坡拔高上去，距离起点 4.5 千米可见丛林高处有一座突兀的山峰，那里便是朝阳洞所在的朝阳峰。前行 5.3 千米有一处瓦庙，此地海拔 2120 米左右，算是一处垭口，垭口的瓦庙是途中为数不多的人类足迹之一。

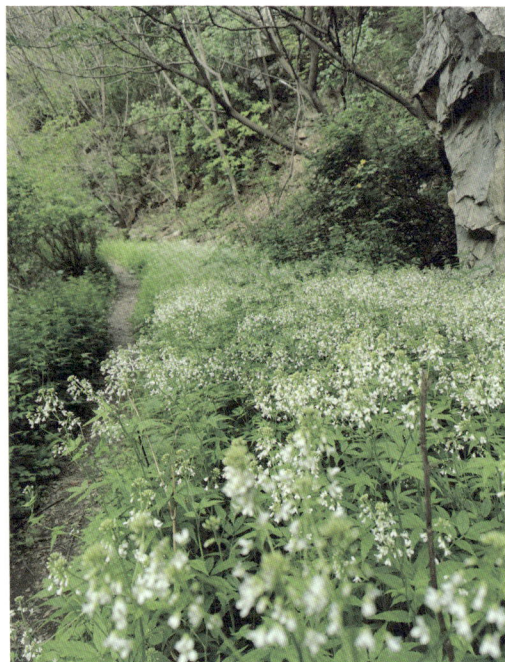

图 475　山路野花（2020 年 4 月）

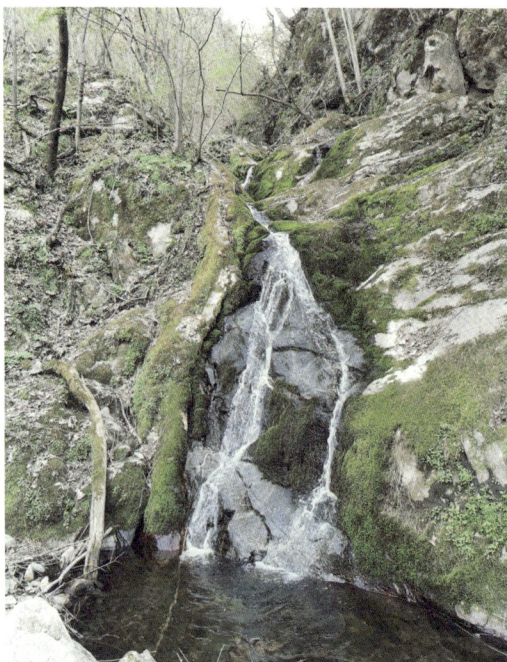

图 476　三岔路口瀑布（2020 年 4 月）

在距离起点 6.2 千米时到达朝阳洞（图 477）。朝阳洞是一处一居室的大洞，面朝南方。除了主洞之外，崖壁上还有一处小洞，是修行者的一处卧室。朝阳洞前方平台开阔，修行者在此种植了一些蔬菜，或许能够自给自足。主洞中堆积了一些柴火，还有几张简易的木板床，不过洞内因常年生火石壁已经乌黑。我们在洞口拍照之后，便登顶朝阳峰。顶峰视野开阔，近年来有修行者放置了一个彩色宝塔（图 478），更让此处成为拍照宝地。

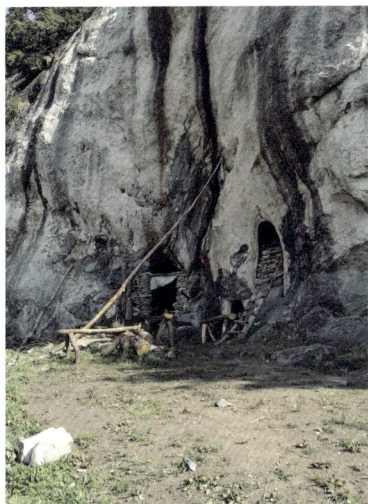

图 477　朝阳洞（2020 年 4 月）

图 478　朝阳峰顶彩色宝塔（2018 年 6 月）

欣赏了朝阳峰的风景之后，沿着朝阳洞右前方一路向南奔赴王屋咀。前行 500 米左右有一处岔道口，左侧通往大寺，右侧才是王屋咀的正途。在此地万万不能走错，这里被称为迷魂岭，一旦走错很容易迷失在茫茫山林中。距离朝阳洞 1 千米左右进入箭竹林，这段箭竹林长度达到 800 米，出了箭竹林便到达王屋咀脚下，向上攀爬几百米即可登顶。顶上风光卓绝，用长焦相机可以清晰地看到太平峪森林公园中的彩虹瀑布，以及光头山上的发射塔。尽管山顶风力强劲，王屋咀顶峰上的茅棚（图 479）别具特色，依然稳稳地屹立在山巅。在王屋咀下方的练功场，有一对哑铃，或许是修行者定制，单只重达几十斤，常人想要一次举起来着实有些费力。

此地风光较好，人文景观独特，不过，想要一日往返确实需要较好的体能。体能好的登顶王屋咀需要三四个小时，而体力一般的需要 6 个小时左右，所以，筹划攀登王屋咀的驴友多在 6 点左右就来到三桥峪登山口。此外，这条路上还有一个特色是荨麻遍地，登山时一定要注意防护，否则一旦摸着荨麻，几秒钟后就会鼓起大片的包块，需要尽快用风油精等清热解毒的药物处理。

图 479　王屋咀茅棚（2020 年 4 月）

### 3.7.5　三岔沟、四岔沟、鸽勃台峪、鸽勃峪

三岔沟和四岔沟等沟道在太平峪西侧的圭峰山脚下，依次从东向西排开。这几个沟道较短，基本不超过 3 千米。三岔沟和四岔沟缺少人文景观，走的人很少，然而果树较多，原先沟口有个叫乌东村的村子，现在人去村空，只剩下无人看管的果园若干。近年来，这几个沟口附近修建了国家版本馆西安分馆，因此，来往这些沟道的游人越来越少。

鸽勃台峪相对于西侧的鸽勃峪略长，两沟道入口都在环山路乌东村西侧，相距不过 50 米。鸽勃台峪入口处曾有人家，以及一个篮球场，现在不知是否还在。尽管两个峪道都不太知名，却有一些人文自然景观。两峪中间有个兴圣寺（图 480），在距离兴圣寺 400 米的鸽勃台峪中有一处土地庙（图 481），土地庙前方几十米有一个小型瀑布。

图 480　俯瞰兴圣寺（2018 年 6 月）

图 481　土地庙（2018 年 6 月）

鸽勃台峪在圭峰山正北方，本是穿越圭峰山最近的线路，只是该线路走的人少，长年累月的雨水冲刷，致使路况极差。而且，这条路也有几处凶险，需要经过几处陡峭的瀑布崖壁才能到达右侧山脊，并与右侧鸽勃峪攀登到梁上的线路汇聚在一起。站在鸽勃台峪和鸽勃峪尽头的南梁上回头望去，可见鸽勃峪西侧山梁如展翅飞起的鸽子一般（图 482），难怪此处的峪名中带着一个"鸽"字。无论走鸽勃台峪还是鸽勃峪穿越，都要走一段看似无路的野路，因此必须有轨迹或者有领队，否则该线路不宜尝试。

图 482　鸽勃峪西岭（2019 年 5 月）

### 3.7.6　乌桑峪

乌桑峪在鸽勃峪西侧，其入口和鸽勃峪相同，都在国家版本馆西安分馆西侧的进山小路附近。乌桑峪知名度较高，因为这里是圭峰山下撤的常用线路，许多驴友多从太平峪登圭峰山，然后从乌桑峪出山。夏季的时候，在这条线路上不仅可以摘到野果子，还可以领略乌桑峪独特的天生桥奇观（图 483）。在圭峰山下撤乌桑峪路途中大概500 米的位置，一座巨大的石桥横跨在两山之间，桥上桥下绿草如茵，令人称奇。甚至有人爬到天生桥上打卡拍照，近距离感受大自然的鬼斧神工。不过，这等冒险的事情还是尽量不要参与，2022 年就有驴友从桥上滑下，险些要了性命。户外出行，一定要确保安全，量力而行。

图 483　航拍天生桥（2022 年 8 月）

### 3.7.7　黄柏峪

黄柏峪因峪内多黄柏树而得名，入口在鄠邑区草堂四路对面，入口附近西侧有一座小型水塘名为新阳山塘（图 484）。黄柏峪的溪水汇聚成一条小河流，称为泥河。黄柏峪的进山公路在黄柏峪河道东侧 800 米附近，尽管有入山公路，但只对进山采矿的车辆开放，驴友很难自驾进山。由于山内曾经采矿挖掘的原因，驴友近些年进出黄柏峪的活动较少。偶有从圭峰山下撤到黄柏峪，或从化羊峪沿大西沟下撤到黄柏峪。也有专门从乌桑峪口横切到黄柏峪，然后从黄柏峪穿越到东侧的圭峰山或者西侧的化羊峪的活动。黄柏峪深山的采矿场在峪内五六千米的位置，是秦岭北麓最大的伤疤之一（图 485）。不过，近年来采矿活动已被叫停，或许若干年后还能够看到黄柏峪矿场郁郁葱葱的风貌。

图 484 新阳山塘（2022 年 2 月）

图 485 黄柏峪矿场（2018 年 2 月）

### 3.7.8 牛岔沟

牛岔沟在黄柏峪西侧，发源于黄柏峪和化羊峪中间的半截梁上，长度不足 2 千米。牛岔沟有小路通往内部（图 486），沟内有季节性水流，沟内无人家，但梁上有人家。其入口西侧有一山塘名曰新阳，附近种植大量果树，常见有农民在此劳作。牛岔沟入口有隧道横洞（图 487），如今洞口封闭，只能见到一个残缺的豁口可容一人通过。

图 486 牛岔沟（2022 年 2 月）

图 487 横洞（2022 年 2 月）

### 3.7.9 化羊峪

化羊峪因点石化羊的传说而知名，峪口有化丰村以及以化羊古庙为主导的建筑群。该峪长度约 5 千米，顶端梁上与黄柏峪梁顶交汇。化羊峪中水流丰富，有多个瀑布，尤其是进山不远处，在海拔 620 米左右的位置有一处瀑布冲击出的水潭（图 488），夏季常有孩童在里面游泳戏水。沿着沟道左侧的小路走到无路可走，即到达化羊峪尽头，从沟内翻上梁顶，可看到如月球表面般一望无际的采矿场，这里就是黄柏峪采矿场。据了解，自 2019 年起，这里的矿场关闭，目前正在恢复原有的生态。不过，破坏容易恢复难，没有十年树木，破坏的山体是很难恢复如初的。

在化羊古庙围墙尽头有分岔路，左侧通往化羊峪内部，右侧沟道可以拔高 230 米左右到达烧柴峪的牛首山。化羊峪进山的道路可长可短，最初的 2 千米如果沿着山路直拔比走之字形道路缩短 1 千米左右。化羊峪中除了优美的自然景观，最令游客愉悦的是峪口附近的佛道建筑群。据介绍，现存的东岳圣殿（图 489）是少数保留下来的元代建筑。除此之外，化羊峪西侧到烧柴峪之间还分布着石门寺、福慧寺以及金峰寺等。尤其是夹在两个峪口中间的金峰寺（图 490），据说是唐代天文学家僧一行著书立说的地方，寺庙后山上拔高 40 米可见一行的观星台遗址。这里丰富的人文自然景观吸引了大量游客。

图 488　水潭（2022 年 8 月）

图 489　东岳圣殿（2018 年 2 月）

图 490　航拍金峰寺（2022 年 12 月）

### 3.7.10　烧柴峪

#### 3.7.10.1　峪道概况

烧柴峪在化羊峪西侧，是一个较短的峪道，入口处有福慧寺，以及石门寺的牌坊。这里是鄠邑区的知名休闲峪道，鄠邑区的驴友来此遛弯者众多。从石门寺牌坊向里800 米即可到达知名的石门寺，这里也叫紫竹林，竹子遍地，水源广布，是一处修行的宝地。距离起点石门牌坊 1.5 千米左右的山腰有一处广场，附近居民拔高 200 多米在此休闲，甚至有老年歌舞爱好者在此蹦蹦跳跳，十分热闹。距离起点 4 千米左右的牛首山顶峰，是此处的最高点，也是驴友从西侧将军山穿越到烧柴峪的必经之地。山顶视野开阔，黄柏峪和金龙峡尽收眼底。

#### 3.7.10.2　秦岭百十峰之牛首山

概况：起点石门寺牌坊海拔 520 米左右，最高点牛首山顶峰海拔大约 1320 米，单程距离不到 4 千米，线路简单。

烧柴峪进山的入口有个石门寺牌坊（图 491），在因新冠疫情管制期间，管控点通常设置在这个位置，游客无法驱车进入，只能将车辆停在附近的停车场。在石门寺牌坊东侧有个寺庙叫福慧寺（图 492），原名福慧庵，据介绍由任惠法师建于 1949 年。

图 491　石门寺牌坊（2020 年 5 月）

图 492　福慧寺（2020 年 5 月）

距离起点 800 米左右的石门寺（图 493）历史悠久，根据石门寺墙上的介绍得知，石门寺原名紫竹林，建于唐代，历代有高僧在此居住，甚至留下"终南山中参禅荣，紫竹林中观自在"的佳句。现在所看到的石门寺是 1988 年重修的庙宇，因寺庙旁的石门沟水源丰富，默默地滋养着紫竹林，因此有了石门寺的别名。石门寺现存几处佛塔（图 494），都是近些年僧众为感念其恩师所修建的宝塔。

图 493　石门寺（2020 年 5 月）

图 494　佛塔（2020 年 5 月）

距离起点 1.5 千米的山腰有几处广场（图 495），这里适合吊床休闲，游客较多，除了附近居民，也有一些山中疗养的退休人员。在广场东侧有山路可穿越到化羊古庙附近，休闲遛弯的游客也可从此处下山。如果继续前行，则逐步进入原始森林景区。这里有宽阔的松树林，地上铺满了松针，偶尔还能发现开阔的休息平台和石凳。

沿着牛首岭的小路直拔 1.5 千米左右即可到达牛首岭顶峰，也就是牛首山或牛头山所在位置（图 496）。尽管登顶的路程不长，但拔高 400 米，并不休闲。所幸路况较

图 495　山腰广场（2020 年 5 月）

图 496　牛首山（2020 年 5 月）

好，比西侧将军山穿越牛首山的线路好了千万倍。牛首山山顶有一个小平台，上面竖着一根铁棍，估计是穿旗子用的。尽管从牛首山可以向南下撤到曲峪景区，或向北下撤到将军山风景区，然而，路况都不如东侧的牛首岭原路返回线路。所以弱驴莫要穿越，原路返回即可。

### 3.7.11　曲峪

#### 3.7.11.1　峪道概况

曲峪又名金龙峡，该峪道九曲十八弯，故名曲峪，而金龙峡的名称来自金龙的传说以及峪口的金龙庙。曲峪如今开发成了金龙峡风景区，是以龙文化著称的地方。曲峪入口有将军山古镇，是一处集餐饮住宿民俗文化为一体的休闲去处，近年来不知因何故停业。从将军山古镇或古镇东侧院墙外的道路拔高 200 米可到将军山观景台。

金龙峡内部有小型水库，是水上玩耍的好地方。峪内深处有瀑布若干以及深潭无数，峪内水流冲刷下的石壁极有特色，许多石壁上的白色横纹如张牙舞爪的巨龙。进入金龙峡正门 100 米左侧有金龙庙（图 497），也是后来新建的庙宇，里面除了供奉一些神仙，还供奉着韩愈、杨四将军等。金龙峡以龙文化著称，自然有望子成龙之意，在其亭台水榭之间，有清华桥等景观，是游人寄托希望的重要打卡点。

图 497　金龙庙（2020 年 3 月）

　　金龙峡内也有一些穿越线路，从景区大门向里 6.5 千米左右进入万亩竹海，这里也是未开发区域。在竹海前方有岔路口，沿着曲峪沟道直行可通往玛瑙山以及郭家山方向，在竹海处右转上梁可以通往钟灵山松嘴庙。从松嘴庙垭口向西可穿越到潭峪，沿着松嘴庙所在山梁向北可穿越到红岭凹和父子沟所在的垭口，东西方向分别下撤到金龙峡和潭峪。此地附近的红岭凹有大量香椿树，使得这里也成了驴友摘香椿的秘密基地之一。

### 3.7.11.2　秦岭百十峰之将军山

　　概况：起点方家凹村东侧公路海拔 520 米左右，将军山海拔 750 米左右，单程距离 1.2 千米，线路简单。

　　将军山古镇封闭，使得我们不得不另寻登山线路，沿着环山路绕到方家凹村东侧的公路上，向里几百米找了个地方停车才开始徒步。前行 100 米可见右侧有一处杏园，名叫"百年老杏园"（图 498），即使没进杏园，从外面就能看到满园的大黄杏，令人垂涎三尺。沿着公路行走不到 200 米便是土路，土路紧贴着将军山古镇东侧的围墙，在距离起点 500 米左右与将军山古镇的登山路汇聚在一起，驴友可沿台阶攀爬（图 499）。

图 498　百年老杏园（2020 年 5 月）

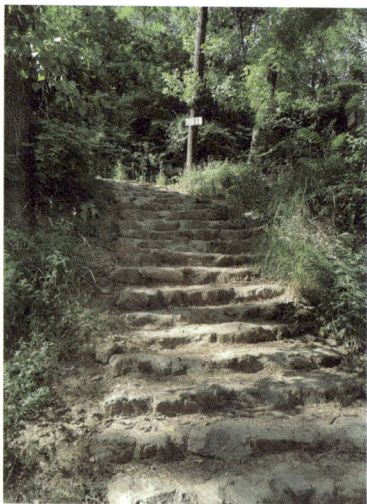

图 499　台阶路（2020 年 5 月）

　　距离起点 800 米处有石凳可供休息。沿着山梁继续行走 400 米，即到将军山垭口。左侧几十米即是将军山（图 500），右侧 100 米左右有一处小庙，如果沿着右侧山路披荆斩棘，行走 3.5 千米左右可到达牛首山顶峰。

图 500 俯瞰将军山（2020 年 5 月）

远远望去，将军山如巍峨的将军一般守望着秦岭北麓的村落。将军山的山顶是一处不错的观景台，周边修了围栏。从此处北望，鄠邑区一览无余。如果露营在此，晚上可以欣赏秦岭北麓的万家灯火，确实是一处休闲观景的好地方。

### 3.7.12 潭峪

#### 3.7.12.1 峪道概况

潭峪在曲峪西侧，入口处有个名叫潭峪口的村子。潭峪河四季水流充沛，发源于郭家山附近的山梁上。潭峪内有著名的九华山风景区，山顶庙宇林立，且绝大部分登山道路是机耕路，只有最后拔高 60 米需要沿着羊肠小道之字形攀升。因为九华山徒步线路极好，深得驴友喜爱，也是驴友在特殊天气下爬山的备选线路之一。在通往九华山的路上有清晰的道路通往东侧山梁上的钟灵山松嘴庙。从九华山山顶向西可以穿越到竹峪或皂峪，沿途猕猴桃很多，也是驴友采摘的重要线路。潭峪内虽有机耕路通往九华山附近，但路况并不适合普通小汽车，只有三轮车或者越野车能够到达距离山顶几百米的位置。驴友一般将车停在峪内距离出口 500 米的停车场，不过，近年来峪口安装了铁门，以后攀登九华山需要多走几千米。

### 3.7.12.2　秦岭百十峰之九华山、钟灵山

**起点：** 潭峪峪口内 500 米左右的停车位置海拔 700 米左右，钟灵山海拔 1560 米左右，九华山海拔 1766 米左右，到钟灵山单程 6.5 千米，到九华山单程 8 千米左右，两条线路难度一般。

从潭峪入口向里沿着机耕路行走 500 米左右，左侧有一处开阔的停车场，右侧就是潭峪河道中的一块平地。我在 2019 年之前来过多次，那个时候，车辆随便出入潭峪。从停车位置沿着机耕路前行约 4.5 千米，左手边可见一块大石头上写着"钟灵山松嘴庙"六个大字（图 501）。此处海拔 1140 米左右，从这里左转上山，拔高 400 米，徒步 2 千米左右即可到达松嘴庙（图 502）。松嘴庙具体何年修建不详，不过，这里地势开阔，又有钟灵山作为依托，值得驴友到此一游。登顶钟灵山的小路路况较好，坡度不大。然而，钟灵山的风景和九华山相差较大，多数驴友来潭峪的首要目的地就是九华山。

图 501　钟灵山路标（2019 年 6 月）　　　　图 502　钟灵山松嘴庙（2020 年 3 月）

如果不去钟灵山，沿着机耕路继续前行，在距离停车位置 5.5 千米处到达第一个之字形路段的尽头，也是一处休息的宽阔平台。继续前行，沿途皆是之字形道路，据说总共有十八弯。在距离起点 7.2 千米左右终于走到机耕路尽头，此时海拔 1620 米左右，距离顶上不过 60 米的垂直距离。向上拔高 15 分钟左右来到九华山山顶的平台。九华山上庙宇较多，其中西侧有三位元帅庙，中间是主庙，东侧拾级而上可以到达这些庙宇的最高处，在顶上俯瞰九华山，常常可见云雾缭绕（图 503）。

许多游客到访九华山只在东峰顶停歇，没有深入游览。其实，九华山最高点的北侧有小路可以到达两个神秘的地方：一个是弥勒洞（图 504），一个是烈士洞（图 505）。弥勒洞好找，而烈士洞比较隐蔽，且需要通过狭窄的崖壁才能到达，需要一定的平衡感和胆量。

图 503  九华山云海（2019 年 6 月）

图 504  弥勒洞（2020 年 4 月）

图 505  烈士洞（2020 年 4 月）

九华山在驴友的心目中，不仅山美，山上的人更美。九华山上的仙姑热情好客，驴友到访，总能喝上仙姑沏的热茶，听仙姑品茶论道，偶尔欣赏到仙姑的才艺展示，其白衣飘飘在高山之巅习武的身影，已经成为许多驴友心中九华山风景的一部分。

### 3.7.13 豹峪

豹峪在潭峪西侧，峪道较短，其入口在九龙山墓园内。从环山路经过漫天的葡萄藤（图 506）来到九龙山公墓东门，穿过九龙山公墓，沿着公墓东边的道路走到尽头，便是豹峪峪口。豹峪峪道短小，没有特别的景观，再加上有公墓在附近，所以很少有驴友来此游玩。峪道内有浅浅的水流，也有羊肠小道（图 507），不过，如今已是荒草丛生，无法顺利通过。

图 506  鄠邑区葡萄园（2020 年 5 月）

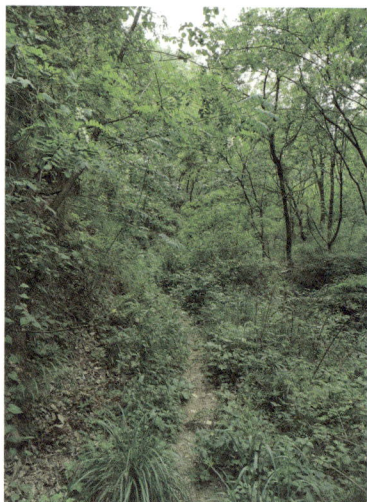

图 507  豹峪小路（2020 年 5 月）

### 3.7.14 竹峪

竹峪在鄠邑区豹峪的西侧，峪道比豹峪略长。竹峪的名字在秦岭三百峪中出现多次，渭南市和周至县均有竹峪。鄠邑区的竹峪相对比较落寞，峪道内没有特别的风光，峪口处又有公墓，削弱了驴友由此进山的兴致。不过，竹峪西侧有阿姑泉牡丹园景区，是个以牡丹为主题的景点，这里不仅有千年不绝的圣泉，更有从全国各地引入的名贵牡丹，牡丹盛开的时节，吸引了不少游客。

竹峪中尽管无太多景致，然而，从竹峪穿越九华山的线路却很知名。从竹峪口九龙山公墓西停车场（图 508）出发，沿着台阶上山，前行 500 米即到达登山口的小土路。距离起点 1.8 千米左右有一小型瀑布（图 509），当行至 2.8 千米时，即到达竹峪梁上海拔 1120 米的垭口，从垭口向东南方向沿着山脊行走 3 千米左右即可到达九华山。尽管竹峪登九华山的路程不长，但相对于潭峪的机耕路，走起来较为费力，因此，除了来竹峪采摘猕猴桃的驴友，大部分驴友都选择从潭峪登顶九华山。

图 508　公墓停车场（2017 年 10 月）

图 509　竹峪小瀑布（2017 年 10 月）

### 3.7.15　皂峪

皂峪在竹峪西侧，入口东侧是栗园坡村。皂峪内水流丰富，最终注入涝河。皂峪长度与潭峪接近，几乎可以沿着沟道走到太平峪管坪村穿越涝峪的主梁上，不过，这条路水量较大，很少有人走通。皂峪内的人文景观主要包括距离入口 1.5 千米左右的菩萨洞，菩萨洞是一处天然洞穴，洞口修建了菩萨庙，有两位师傅在此守护。车辆可以沿着机耕路开到菩萨洞的位置，再往峪内行驶路况较差，非越野车无法继续前行。从菩萨洞沿着通往九华山的沟道前行 2.5 千米左右，即到终灵山。尽管这个地方叫山，其实只是山腰的一个平台，平台上有终灵山庙（图 510），这里也是皂峪穿越九华山的重

图 510　终灵山庙（2022 年 4 月）

要休息点。终灵山庙西南方向住着一户人家在此养蜂，据说这里曾有村落，不过，几十年过去，大山早已换了容貌，原来的农田也消失不见，只留下千年不枯的山泉依然在孜孜不倦地为大地输送着营养。

皂峪中有不少天然洞穴，自古有修行者居住，一般驴友很难找到。在菩萨洞明脱师傅的指引下，我们一起来到了菩萨洞（图 511）后山上的莲花洞（图 512）。这里有两层洞穴甚是奇特，有位年轻的师傅在此住山，自己动手解决水源以及基本的生存保障问题，除了菩萨洞的师傅每月带来一些干粮，与外界再无交集。如今已过去多年，想必那位师傅已经下山了，毕竟脱离凡尘的苦修并非开悟的唯一途经，也不是开悟的必经之路。

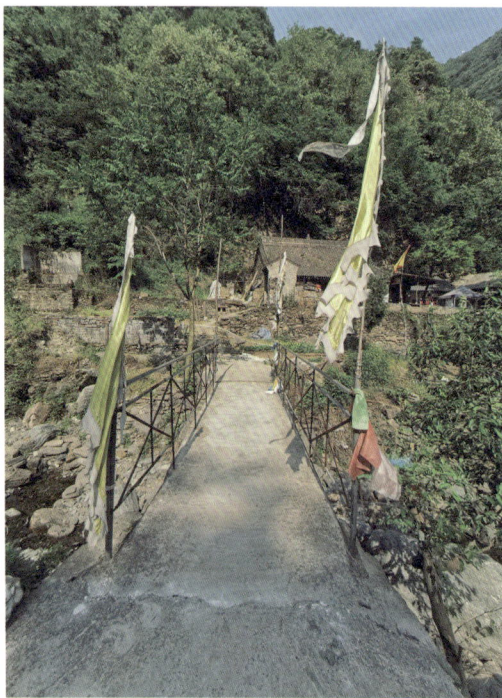

图 511　菩萨洞（2020 年 5 月）

图 512　莲花洞（2020 年 5 月）

### 3.7.16　蔡峪沟

蔡峪沟在皂峪西侧，入口东侧有站马村，沿机耕路（图 513）可到达沟口。蔡峪沟长度不足 1 千米，河谷较窄，冬季偶见小溪流（图 514），或来自冰雪融水。蔡峪沟内无特别的景观，西侧有羊肠小道通往峪内深处，其梁顶即是莲花洞所在的崖壁，然而，无驴友知晓是否能够从蔡峪沟到达莲花洞。

图 513　入沟机耕路（2022 年 2 月）

图 514　蔡峪沟小溪流（2022 年 2 月）

### 3.7.17　直峪

直峪在蔡峪沟西侧，峪口外靠近环山路有直峪口村，据说直峪的名称来源于耿直的唐国公李渊。李渊在直峪口西侧 500 米的角峪沟出口的大悲寺（图 515）顿悟，为苍生请命，犯颜直谏，导致龙颜大怒，惹祸上身。后人为纪念李渊，称大悲寺东侧的峪道为直峪。不过，从峪道自然状况来看，直峪可能与曲峪相对应，曲峪因为九曲十八弯而得名，而直峪则因为峪道笔直无弯曲而得名。

直峪尽管峪道笔直，但长达 4 千米，且无公路通达，故峪内鲜有人家，是一块保存完好的原始森林区。峪道入口处有东西向公路，向西 500 米即可直达大悲寺脚下。峪口处有停车场，有一位养蜂人常年在此养蜂。峪内槐树遍地，每年四五月份槐花盛开时节，这里四处槐花飘香，也是养蜂人收割槐花蜜的季节（图 516）。峪内有羊肠小道，时而穿梭在槐树林中，时而蜿蜒在潺潺溪流旁。不过，在前行 1 千米左右时，荒草丛生，走起来十分困难。虽然沿着貌似无路的羊肠小道可到达梁顶，甚至可以翻越山梁穿越栗峪以及涝峪等，不过，道路并不清晰，难度极高。

图 515　大悲寺（2020 年 5 月）

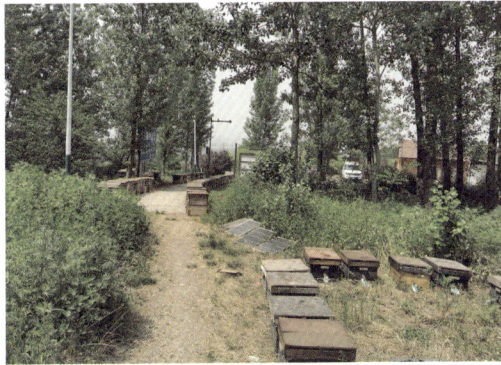

图 516　直峪口蜂箱（2020 年 5 月）

### 3.7.18　栗峪

　　栗峪是直峪西侧较长的峪道，从峪道到梁上大概 9 千米，栗峪峪口靠近环山路的地方有栗峪口村。栗峪的名称与峪内板栗树众多有关，也有传闻与李渊相关，栗峪实则为李峪，为纪念李渊而得名。该峪附近的直峪、大悲寺以及黑虎咀南侧的犁辕坪等都有与李渊相关的历史故事。因为峪内曾经有矿场，栗峪一直不为驴友所熟知。近年来，矿场关闭，又因为某平台播放的矿洞（图 517）视频，所以栗峪一度爆红。以往车辆能开到距离峪口 2 千米左右的动物保护管理站，现如今峪口新修了一道铁门，将车辆挡在了门外。徒步进山，在到达管护站之后继续前行 1.5 千米即到矿洞附近。这里的矿洞大概有十几个，分布在峪道西侧的山坡上，矿洞内部相连，别有洞天。其中北侧最大的矿洞里有半个足球场大小的水潭，水潭的水似乎来自石壁渗透，偶有水滴落下，碧波荡漾，回声不绝。不过，栗峪矿洞仅仅火了几个月，为防止不测事件，已经加强保护，禁止入内探洞。

图 517　栗峪矿洞（2020 年 11 月）

栗峪内的机耕路只延伸到矿洞附近,再往里走多是羊肠小道,不过,峪内道路成熟,从峪口前行 9 千米便可到达梁顶。从梁顶向右可穿越到黑虎咀下的农家,沿着山路下撤 5 千米左右即到达涝峪的犁辕坪出口。登顶黑虎咀的线路因为从涝峪更为休闲,本书将在涝峪部分详细介绍。栗峪中尽管曾经有矿场,但在管护站北侧仍有一处人文景观,叫作玉皇庙(图 518)。这座庙恰好处在峪道之字形转弯处的动物保护管理站附近(图 519),登顶可对峪道南北一览无余。

图 518 玉皇庙(2020 年 5 月）

图 519 动物保护管理站（2020 年 5 月）

### 3.7.19 蚂蚁沟

蚂蚁沟是一条较短的沟峪,在栗峪和涝峪中间,出口处有个叫土门的村子。在环山路与石涝路交叉口沿着石涝路东边的村道直行 600 米即可到达蚂蚁沟沟口。蚂蚁沟沟内无公路,仅有一条土路通往峪内西侧山梁上几百米处的农家。蚂蚁沟沟内无特别景观,然而沟口有党员政治生活馆,是学习党史以及了解红军过境鄠邑区的重要资源。据记载,蚂蚁沟沟口的土门村也有一定的历史,其名称来源于明清年间,据说这里曾有一个土门,是进出涝峪的山口门户。1982 年,沟口的陈家坡以及赵家坡群众集资在蚂蚁沟东侧 300 米左右的浅山修建了净居寺,寺内有大殿五间,供善男信女开展宗教活动。因此,这些人文自然资源对发展乡村旅游有一定的优势,如今蚂蚁沟沟口(图 520)在原来的废宅上翻新了几个农家院,或许是为了促进乡村旅游的发展。

图 520　蚂蚁沟沟口（2020 年 2 月）

### 3.7.20　涝峪

#### 3.7.20.1　峪道概况

涝峪在鄠邑区，峪道较长，水流丰富。涝峪河是长安八水中最西侧河流，发源于涝峪深处，其中冰晶顶和东梁都是涝峪河的重要水源头。涝峪水量充沛，在涝峪河流经鄠邑区的地方修建了涝陂湖，是鄠邑区的知名景区。涝峪中既有穿越涝峪的狭窄公路，也有宽阔的京昆高速公路。

涝峪中知名线路较多，朱雀森林公园的最高点冰晶顶一直是驴友心目中的网红地。冰晶顶最高处有秦岭之巅的标志，站在山巅，俯瞰秦岭诸峰，最能令驴友体会"山高人为峰"的成就感。除却知名景区，涝峪内的知名野山较多，包括犁辕坪的黑虎咀、纸坊村西侧的凤凰山、西流水的大坪梁、秦岭服务区西侧的东梁、天华山，以及天华山更西侧的西光头山，还有近些年驴友成功探索的草垛子草甸。这些山峰连同大大小小的沟岔穿越，如黑山岔赏冰瀑（图 521 和图 522）、大小山岔环形穿越、东流水穿太平峪等，构成了驴友乐此不疲的游玩线路。

图 521　黑山岔冰瀑（2019 年 11 月）

图 522　黑山岔冰瀑游客（2019 年 11 月）

### 3.7.20.2　秦岭百十峰之黑虎咀

概况：起点犁辕坪入口海拔 660 米左右，黑虎咀海拔 1873 米左右，单程距离大约 5.5 千米，难度一般。

犁辕坪入口有简易的停车场，越野车可以继续向里行驶，甚至开到内侧 2 千米左右的农家附近。我们在入口停车后沿着机耕路行走，中途沿着小路直拔，相对于完全走机耕路节约了 1 千米左右。在距离起点 2 千米左右有大量农家废宅（图 523），只有少量宅院依然有人居住。距离起点 3.6 千米即到龙窝附近（图 524），据说这是真龙天子曾经居住的地方，这里的真龙指的正是唐高祖李渊。

图 523　废弃农家（2020 年 11 月）

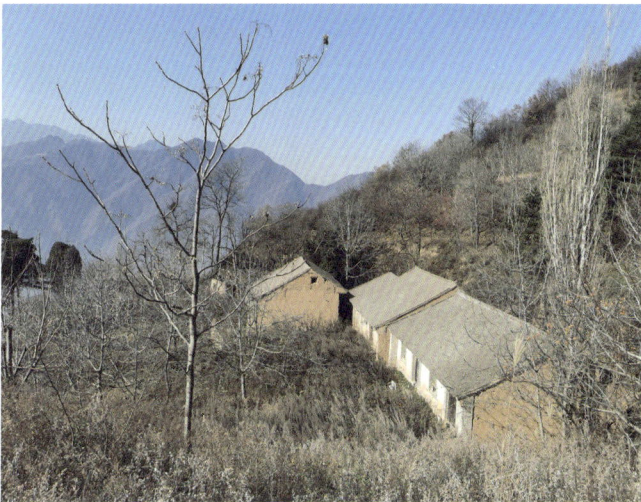

图 524　俯瞰龙窝附近（2020 年 11 月）

　　尽管该线路全程拔高大约 1100 米，然而，整个登山过程如履平地，可能是因为坡度较为平缓的缘故（图 525）。在距离起点 4.7 千米左右有一处农家尚有人住，农家旁边有一处水源，这是附近为数不多的水源之一。从此处向东通往栗峪垭口，也可以向北行至黑虎咀脚下的最后一处农家院（图 526）。

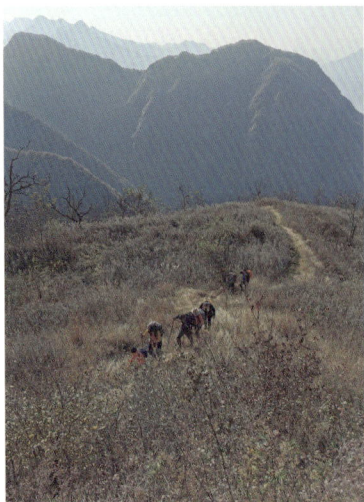

图 525　平缓拔高（2020 年 11 月）

图 526　黑虎咀最后一处农家院（2020 年 11 月）

　　最后的农家院海拔 1730 米左右，向上攀登 100 米左右即可到达黑虎咀。不过，登顶的路并不明朗，沿着废宅西侧的小路行走几分钟，路迹渐无，此时需要直接向山梁硬切。经过 20 分钟左右到达黑虎咀，可见黑虎咀上有一块方石界碑（图 527），字迹

图 527　黑虎咀方石界碑（2020 年 11 月）

不清。从顶上看犁辕坪的秋色，起伏的山坡涂满秋天的枯黄，在远山深色的背景下格外醒目。犁辕坪是一个一年四季皆可休闲玩耍的线路，身体素质好的可登顶黑虎咀，体力差的在山下一望无际的春风或秋色中体验一下秦岭的风情，也别有一番乐趣。

### 3.7.20.3　秦岭百十峰之凤凰山

概况：起点涝峪内纸坊村登山口海拔 700 米左右，凤凰山下农家院海拔 1700 米，凤凰山北侧的太白庙海拔 1800 米左右，到达太白庙单程 5 千米，难度一般。

凤凰山登山口有几户人家，其门前广场可以停车。停车场上方有几百米的机耕路，驴友一般沿着台阶直拔到主路上。前行 1.5 千米左右可见一崖壁上有一扇铁门，铁门旁边是红砖垒砌的墙面，不知是人工挖掘的矿洞，还是曾经有人居住的天然洞穴。前行 3 千米左右，看到一户蜂农正在收拾房顶，看样子是在为房屋做防水工作。我们登山时正在下连阴雨，这边的土房子不知有多少被摧毁。蜂农热情地打招呼，因为上山时已经是下午 4 点，我们不敢在此地停留太久，从蜂农住宅附近右转向山顶攀登。在距离起点 4 千米左右，终于到达凤凰山脚下的最后一户人家（图 528）。这里住着一对朴实的兄妹，从四川搬到秦岭，一住就是十多年。两位热情好客，拿出山里自种的毛豆、苹果与我们分享。有驴友后来专门再访凤凰山，为两位山民带来一些口粮，以回馈他们的善意。

图 528　凤凰山下农家院落（2020 年 10 月）

在农家院后方有一处开阔的农田（图 529），春天里百花盛开，这里也会种植一些适宜的庄稼，一片绿色与农家生活相得益彰，使得这里成为凤凰山美景的一部分。我们到达的时候恰逢云海出现，凤凰山缥缈在云雾中，令人心驰神往。不过，因为时间关系，我们没有前往凤凰山北侧的太白庙，据说从那里向西经过一户农家，然后可以下撤到桑家沟，从桑家沟出甘峪，全程 15 千米左右。

图 529　凤凰山脚下的农田（2020 年 10 月）

### 3.7.20.4　秦岭百十峰之大坪梁

概况：起点西流水入口，距离涝峪口大约 17 千米，此地海拔 1000 米左右，大坪梁海拔 2700 米左右，单程距离约 10 千米，线路难度较大。

西流水的入口（图 530）可停几辆小车，我与三名驴友早早到达这里，以免后面某户外队走在前面影响登山进度。登山时还不到 7 点钟，山里露水较大，不得不披上雨披（图 531），以免露水打湿衣服。西流水的路况十分不好，不仅水流较多，而且部分路迹不明，需要在河道中或者河道两侧来回找路。沿着河道以及河道旁的小路前行，前段路一直在河谷中，视野不够开阔，路上需要无数次摸着石头过河，所幸有许多赏心悦目的小瀑布。除此之外，一路经过几处人类活动留下的痕迹，包括窝棚以及废弃的柴油机。

图 530　西流水的入口（2020 年 7 月）

图 531　披着雨披登山（2020 年 7 月）

　　在距离起点 7 千米左右可见多个磨盘似的东西，不知是不是用来开采金矿的装备（图 532）。看到这些磨盘，我们猜测这里距离矿洞不远。在距离起点 8 千米左右，海拔 2340 米的地方，可见一处矿洞（图 533），据说是金矿。不过，现在处于停采的状态，我们试着往里走了几米，看到矿洞崖壁上挂着水滴不停地往下落，听着滴答滴答的声响，抬眼望去，矿洞深不见底，无人敢继续向前行走。

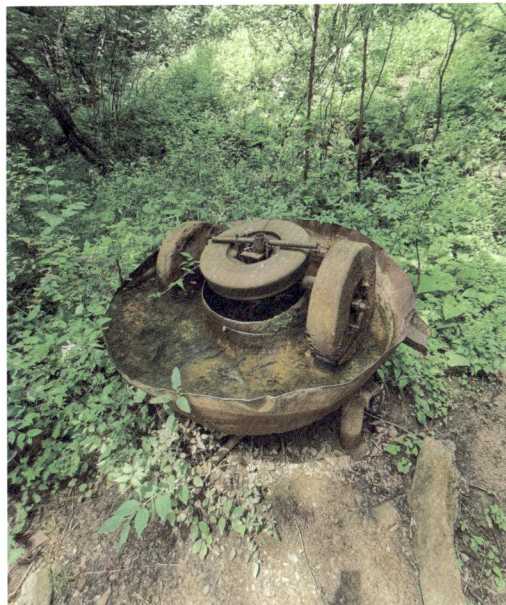

图 532　采矿工具（2020 年 7 月）

图 533　废弃的矿洞（2020 年 7 月）

过了矿洞右转拔高到海拔 2420 米的垭口，此时视野逐渐开阔，从此处向西南方向翻过一座山梁即可到达大坪梁草甸下方的一处小草甸。沿着小草甸前行，在距离起点 9 千米左右可望见大坪梁东峰，这里是草甸最集中的区域，视野开阔，风景如画（图 534）。

图 534　大坪梁草甸（2020 年 7 月）

在距离起点 9.5 千米左右到达大坪梁东峰，东峰的高度和大坪梁最高点西峰相差不过十几米，不过，这里已经是最佳观景点。从西峰即大坪梁最高顶向北沿着大梁行走 5 千米可到达首阳山，大坪梁穿越首阳山的线路相对艰难，全程 25 千米左右，是知名的一日强线。我们一行未做任何准备，不敢走这条一日强线，在山顶吃喝完毕便原路返回。

### 3.7.20.5　秦岭百十峰之冰晶顶

概况：起点营盘沟最后一户农家乐，海拔 1540 米左右，最高点冰晶顶海拔 3015 米。单程距离约 6.5 千米，线路难度较大。

冰晶顶是朱雀森林公园最高点，从景区乘坐索道较为休闲。不过，驴友们多从南坡的营盘沟登顶（图 535）。该穿越线路路况较好，前段路沿着水量不多的河道前行，后段路在高海拔地区穿过箭竹林和石海奇观。在距离起点 5.2 千米左右曾经有一个木屋，现已被焚毁，此地海拔 2620 米左右。距离起点 6.5 千米左右，到达冰晶顶"秦岭之巅"标志所在地（图 536）。从冰晶顶下行 1 千米，下降 300 米左右到达云海附近，这是景区推荐的观赏地，在天气不好的情况下，往往有工作人员在此处拦截登顶的游客。

图 535　冰晶顶南坡风光（2019 年 6 月）

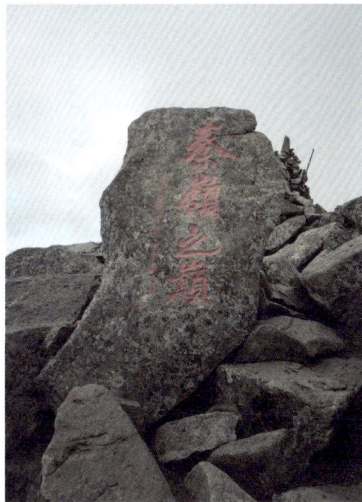

图 536　秦岭之巅（2019 年 6 月）

　　从景区登冰晶顶的线路相对比较休闲，如果乘坐缆车，可以到达海拔 2300 米的缆车尽头，因此比西侧野路攀登的拔高减少了 800 米左右。沿着台阶路到达冰晶顶垭口草甸（图 537），这里游人如织，也是大多数游客登山的终点位置。此地在秦岭龙脊上，也是一处分水岭垭口，傍晚在工作人员下班后，往往成为露营穿越驴友的栖息地。

图 537　冰晶顶垭口草甸（2019 年 6 月）

从垭口向东沿着山梁行走 6 千米左右可到兵马营，再向前 2 千米到达跑马梁。该线近可下撤到牛圈沟，远可穿越鹿角梁以及光头山，然后下撤到大寺或分水岭。这一带目前已经成为秦岭最热门的穿越线路，其风景不亚于鳌太穿越，但其难度和风险要远远低于鳌太。一般驴友可做 2—3 天的穿越规划，也有大神级别的驴友把这条线路跑成了一日线。近年来，一日"光鹿跑兵冰"在小范围驴友圈中流行开来，该线路长达 40 多千米，从光头山一日穿越到冰晶顶或者反向一日穿越，线路实在太虐，普通驴友就不要考虑了。

### 3.7.20.6　秦岭百十峰之东梁—天华山

概况：起点秦岭服务区海拔 1400 米，东梁海拔 2964 米左右，天华山海拔 2860 米左右，东梁单程约 10 千米，从东梁到天华山额外需要 10 千米。一日东梁难度较大，而一日东梁到天华山难度更大。

一日东梁的线路有的从秦岭服务区上，也有驴友从南侧的狗爬梁、苗圃或付家河等地登山。我在 2018 年走东梁时，与驴友组成了东梁—天华山一日对穿线路。几位露营的驴友将车停在天华山下，我们一日穿越的驴友当晚到达天华山开车返回秦岭服务区。秦岭服务区是登顶东梁的最佳入口，沿着秦岭服务区后侧的机耕路前行 1 千米左右，便进入山中小路，一路沿着沟道可见水流不断（图 538）。

图 538　东梁登山路（2019 年 6 月）

距离起点 6.8 千米左右是一处三岔路口，此地海拔接近 2200 米，左侧前往南梁，并与付家河线路交汇，右侧通往二梁（图 539）。我们选择了从三岔路向右行进，在距离起点 8.5 千米左右到达海拔 2560 米的二梁垭口。二梁下几百米处有丰富的水源，因此也是露营的好地方。从二梁往上需要拔高 400 米，徒步却只有 1.5 千米，这里和牛背梁最后那段拔高有些相似。在这个高海拔地区有大片草甸，草甸中间还夹杂着大片的松树林，偶尔可以遮挡太阳，不至于在夏季中过于暴晒。下午 1 点左右，我们一日穿越的驴友全部登顶，尽情地欣赏东梁的风光，并与婆姨树亲密合照（图 540）。

图 539　二梁（2019 年 6 月）

图 540　东梁婆姨树（2019 年 6 月）

从东梁穿越天华山的路况较好，一直走在高山大梁上，不过，也需要翻越一个又一个小山头，在无数岔路面前一次又一次地核对轨迹。从东梁向西梁下撤 1.6 千米左右，是一处岔道口，此时海拔 2780 米，左侧下撤到狗爬梁，右侧是通往天华山的主路。距离起点 12.6 千米左右进入西梁草甸，这里的景色和东梁不相上下，也是美得令人窒息。在距离起点 16 千米左右遇到了对穿的驴友（图 541），拿到他们的备用钥匙后，便继续前行。

距离起点 19 千米左右到达天华山附近（图 542），我们一鼓作气冲刺到顶，在顶上邂逅了一头悬崖边吃草的羚牛，着实把我们吓了一跳。尽管一路吆喝，没曾想还是碰到了羚牛。天华山东梁一带是羚牛的主要栖息地，遇到羚牛也十分正常。如果你不去打扰，一般不会有太大的危险。从天华山山顶向南 500 米右转下山，1.5 千米左右即可下撤到林场路，驴友的车在此已经等候多时。我们下山时已经下午 6 点半左右，开车到秦岭服务区差不多两个小时，完美结束了一日穿越。

图 541　驴友合影（2019 年 6 月）

图 542　天华山（2019 年 6 月）

### 3.7.21　羊虎沟

　　羊虎沟在涝峪西侧，其名称来自五代时李存孝打虎的传说。沿着涝峪口村向西通往圣母山的山路行驶 1.5 千米即可到达五凤村附近，五凤村南侧的公路弯道处即是羊虎沟入口（图 543）。羊虎沟长度不足 2 千米，入口有一块慈善桥纪念碑，碑上写着"沟上顶庙"四个字。羊虎沟周边有圣母山、清凉山、五泉岭、疙瘩山、望仙坪，这些景点构成了这一带靓丽的风景线。其中清凉山距离羊虎沟最近，清凉山上如今重修了多处庙宇（图 544）、壁画以及雕塑，是集人文和自然风景于一体的免费休闲景点。从羊虎沟北侧五凤村向北 300 米有新修的台阶直达清凉山，相对于清凉山正北方的富村窑村登山口，可以节约几百米的路程。不过，富村窑村新修了前往清凉山三清殿的公路，从北坡自驾上山也是一个好的选择。

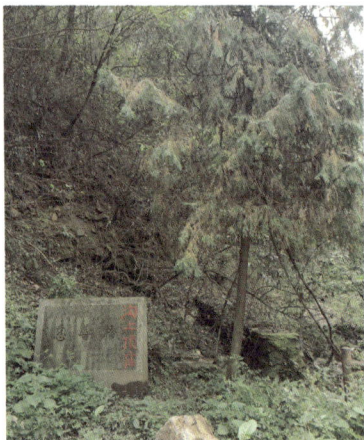

图 543　羊虎沟入口（2020 年 9 月）

图 544　清凉山三清殿（2022 年 2 月）

### 3.7.22　石镜峪

#### 3.7.22.1　峪道概况

　　石镜峪在涝峪西侧，峪口有五泉村。据说峪内曾有一巨石，光亮如镜，晴天能倒映渭河两岸，故有石镜峪的名称。五泉村北侧靠近环山路附近有石龙寺，又名千佛寺，据说始于大唐，后被毁坏，现在所见的宏伟的石龙寺建筑群是在 2001 年后重建的。沿着五泉村村道有之字形公路通往深山，这里有周至县知名的天主教堂，据说 20 世纪初便建于圣母山上。在圣母山西侧，沿着整齐的石板路可到达一处小山包，名曰佛圪垯。此外，石镜峪深山中与五泉村村名对应的有一处五泉岭，又名五泉山，山下有一处庙宇，更有五口常年不绝的泉坑，是周边居民登山游玩的重要目的地。

### 3.7.22.2　秦岭百十峰之圣母山、佛圪垯、五泉岭

概况：起点圣母山天主教堂海拔 760 米左右，佛圪垯海拔 860 米左右，距离天主教堂 1.5 千米左右。五泉岭海拔 1540 米左右，距离圣母山不足 4 千米。圣母山可以自驾到达，佛疙瘩也可以开到庙下，只有五泉岭需要徒步 3 千米，难度一般。

车辆可以停在五泉岭的入口位置（图 545），从这里可以望见北侧的圣母山天主教堂（图 546），沿着公路向北徒步 700 米即可到达。在停车位置附近有一处三岔路口，从三岔路口向西南沿着主路前行 500 米左右即可到达佛圪垯。近年来，这里的山路修建得越来越好，沿着山上一米多宽的步行道也可前行到望仙坪附近，从望仙坪可下撤到甘峪入口。

图 545　五泉岭入口（2020 年 9 月）

图 546　航拍天主教堂（2022 年 9 月）

佛圪垯又名石疙瘩（图 547），是一个小山包，上方有佛疙瘩庙（图 548）。登佛圪垯的线路较多，在石镜峪西侧的马峪也有一条成熟的登山路，从马峪中的老槐树庙向上攀登不到 1.5 千米即可到达佛圪垯下方石板铺就的步行道。沿着步行道向西十几米有小路可通往佛圪垯顶上的小庙。

图 547　远望佛疙瘩（2019 年 12 月）

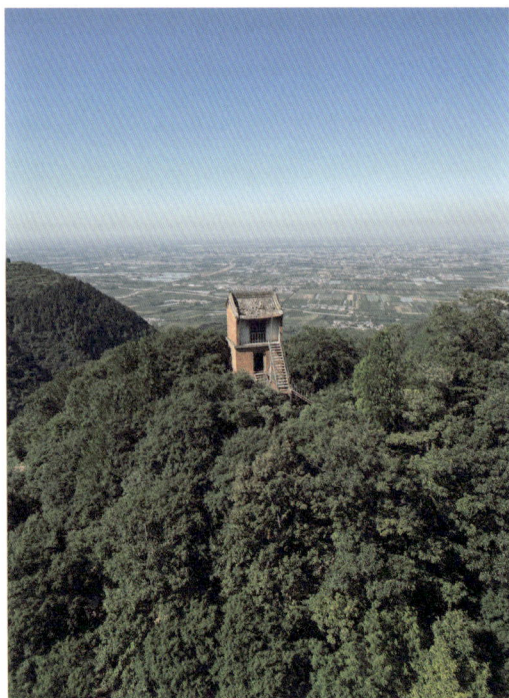

图 548　航拍佛疙瘩庙（2022 年 9 月）

　　登顶五泉岭一般走东进西出的环线，东边的线路路况较好，西边的线路尤其是五泉岭最高点附近道路荒芜。五泉岭的登山路都是狭窄的土路，到顶上五泉岭庙只有 3 千米左右的距离，这一路几乎没有人文景观，一直沿着河道边的小土路前行，直至 1.5 千米左右，沟道内无法行走，开始从左侧之字形拔高到梁上。在距离起点 2.7 千米和 2.9 千米左右分别有一处小庙，距起点 3 千米左右，即到达五泉岭庙核心区。

　　五泉岭庙（图 549）所在位置海拔 1450 米左右，地方开阔，在庙前有五口泉眼，五泉岭的名字即由此而来。我到访的时候，五泉岭庙中住着一位刘姓师傅，是曹家村人，刘师傅见我上来，问起山下新冠疫情，言谈之中体现了对民众安全、健康方面的担忧。刘师傅也聊起了我在路上碰到的流浪汉，那个流浪汉诓我说是山里人，下去买馒头没带钱，问我能不能给点。我说我没有现金，山里没信号实在没办法支援。刘师傅说，这人常在庙里混吃混喝，已经待了好几天，今天终于下山，不知道又要去哪里混了。此人看着四肢健全，智商也不低，也不知为何选择这条道，未来是否仍然走混吃混喝的这条道。

　　庙前几十米处有个泉眼，也可以看作水坑，终年有水。从这里继续向前拔高 100 米左右就能到达五泉岭最高处五泉山，不过，前方道路看着比较荒，我没往前走，只顾着和刘师傅聊天，直到天色不早，便告别刘师傅，速速下山。

图 549 五泉岭庙（2020 年 9 月）

### 3.7.23 马峪

马峪在石镜峪西侧，峪口靠近环山路有马峪口的村子。马峪有两个，一个是渭南市华州区的马峪，一个是西安市鄠邑区的马峪。这里的马峪尽管不太知名，但峪内有多处人文景观，从环山路向里 1 千米左右可见老槐树庙，庙门开放，里面有三圣宫等建筑。从老槐树庙向上，沿着马峪沟右侧的山路直行 1 千米左转上梁，一路经过几处庙宇，在距离槐树庙 1.5 千米左右即可走到佛圪垯下石砖铺就的步行道上。从马峪仰望佛疙瘩庙，分外险峻，是一处特点鲜明的景点。佛圪垯下方的步行道向东通往圣母山天主教堂（图 550），向西通往望仙坪，这几处景点共同构建了遛弯休闲的好去处，相信会逐渐走入更多驴友的视线。

图 550　东望圣母山天主教堂（2019 年 12 月）

### 3.7.24　甘峪

甘峪在鄠邑区，东侧是马峪和石镜峪。甘峪进入峪口的道路有两条，东侧经过甘峪口村，西侧沿着甘河。甘峪的河道称为甘河，发源于秦岭名山大坪梁附近，在峪口汇聚成甘峪水库。甘河在峪口附近的河道维护得非常好，宽阔的河道（图 551），奔腾不息的河水，是秦岭河道整治的典范。

从甘峪口村到甘峪水库有 2 千米左右距离，需要经过一处检查站。从检查站向里 2 千米左右有三岔路，右侧通往黑虎殿，越野车可以开到距离黑虎殿相对较近的唐道沟口。沿着左侧主路是通往甘峪深处（图 552）的道路，向里前行三四千米即到达公路和机耕路尽头，尽头的沟道又分为两条，右侧是通往甘峪深处的羊肠小道，左侧是穿越涝峪凤凰山的桑家沟。

图 551　甘峪河道（2020 年 7 月）

图 552　甘峪深处（2020 年 7 月）

### 3.7.25　白龙沟、杏景峪

　　白龙沟和杏景峪是甘峪西侧的两条小沟道。白龙沟的入口有个白龙村，从白龙村向山里行进 800 米可到白龙寺（图 553）。从白龙寺后的沟道或白龙寺西侧山梁可徒步前往黑虎殿。从白龙沟向西沿着崎岖而又狭窄的山路可到杏景峪入口，不过杏景峪没有特别的景观，只有入口附近有一座小型水库（图 554）。

图 553　白龙寺（2022 年 7 月）

图 554　杏景峪水库（2022 年 7 月）

### 3.7.26　柳泉峪

　　柳泉峪入口有个柳泉口村，从柳泉口村中间村道向南 1 千米即到柳泉峪沟口。柳泉峪的沟道有三四千米长，发源于黑虎殿所在的山梁附近。沿着柳泉峪东侧山梁上的机耕路，越野车可以开到黑虎殿附近。黑虎殿的名称来自赵财神的坐骑，黑虎殿即是财神殿。柳泉峪的西侧也有机耕路通往山梁，不过机耕路只到鹰嘴峰魁星楼附近，驴友更喜欢沿着槐树林通往状元庙的祈福路（图 555）徒步，从状元庙向南通往团圆寺以及搭仙庙附近的路况较差，小车很难通过。从黑虎殿向南可前往西观音山，以及更远的首阳山甚至大坪梁方向。

图 555　状元庙祈福路（2019 年 12 月）

## 3.8　西安市周至县

### 3.8.1　白马河沟、鸽子沟、牛角沟

#### 3.8.1.1　峪道概况

白马河沟长度五六百米，入口在柳泉西村西南方向，是周至县最东侧沟道，再往东则是鄠邑区的柳泉峪，因此，这里是周至和鄠邑区的分界沟。白马河沟的沟口有几户人家，峪内无特别观景线路。

鸽子沟又名鸽子洞沟，位于白马河沟西侧，入口西北方有永丰村。鸽子沟长度不足 3 千米，但沟内有羊肠小道通往左右山梁。鸽子沟有一些典故，据说西侧崖壁上有三个洞曾是铁扇公主的芭蕉洞，后来成为鸽子居住的地方，因此有了鸽子沟的名称。鸽子沟附近的神仙道场较多，西侧有虎头山庙、悟真寺（图 556），而鸽子沟梁顶西侧有鹰嘴峰，峰顶的魁星楼（图 557）香火旺盛，是周边居民祈福的重要地点。

牛角沟在鸽子沟西侧，两沟中间分布着虎头山庙、悟真寺、地母宫等宗教场所。牛角沟较短，其梁顶在终南山无极宫所在位置附近，也是鸽子沟通往魁星楼的公路尽头。牛角沟内无知名景观，但这些沟道附近的山梁上以及沟口附近庙宇众多，使得周至县不负道教文化聚集地的盛名。这里的悟真寺虽然不比蓝田县的悟真寺知名，而白居易笔下的《游悟真寺》记载的也是蓝田悟真寺，不过，据说这里的悟真寺的寺名正是白居易所赐，是白居易在周至县做县尉时留下的重要历史痕迹。

图 556　悟真寺（2019 年 9 月）

图 557　魁星楼（2022 年 2 月）

### 3.8.1.2　秦岭百十峰之虎头山—鹰嘴峰

概况：起点鸽子沟口海拔 560 米左右，鹰嘴峰海拔 1060 米，单程距离 3.2 千米，线路难度一般。

车辆可以停在鸽子沟入口西侧 100 米的悟真寺附近，或者鸽子沟入口的农家停车场。登顶鹰嘴峰有多条线路，可从鸽子沟西侧的公路上山，也可从悟真寺东侧的小路上山，沿着山梁行走 800 米即可与鸽子沟的公路汇聚在一起。在这 800 米的范围内，分布着柏母亭、地母宫（图 558）等宗教景点，一路瓜果飘香（图 559）。

图 558　地母宫（2019 年 9 月）

图 559　橘子树（2019 年 9 月）

从地母宫前行到机耕路上，沿着主路行走，偶尔走一些山路直拔，比走之字形山路节约几百米。道路全长 2.5 千米左右，机耕路的尽头有无极宫庙宇群（图 560），这里可见城隍庙、土地庙等神仙道场。该线路较为休闲，夏季有瓜果飘香，冬季有积雪铺路，是一处不局限于阴晴雨雪的健身线路。

图 560　无极宫土地庙（2022 年 2 月）

过了城隍庙和土地庙，一路拔高到鹰嘴峰上的状元楼（图 561）。此地是个突兀的山尖，远看如鹰嘴一般。最上方的两层状元楼供奉着文曲星，掌管天下功名利禄。顶层有对联"笔花绽定云霄外，文光高射斗牛中"，因此，每年高考时都会吸引大量考生和家长前来许愿。

从状元楼向南，一路经过状元庙（图 562）、祖师宫、团圆寺、搭仙庙等庙宇，最终距离起点 6 千米左右即可到达黑虎殿。该线路路况较好，黑虎殿海拔也不过 1260 米，从鹰嘴峰向南到黑虎殿几乎一直在平路上行走。因此，有余力的驴友往往走到黑虎殿才开始返回。

### 3.8.2　小耿峪

小耿峪的东侧是牛角沟，西侧是远近闻名的耿峪，小耿峪因为相对于耿峪长度较短而得名。小耿峪入口称为小耿峪口，峪口东侧为永丰村。从小耿峪口村向里几百米即到达沟口附近，沟口东侧有玉蝉宫（图 563）。我到访的时候这里正在做法事，也未仔细观赏，只粗略见到宫内的文圣宫、菩萨殿等。从玉蝉宫附近有几百米的机耕路延伸到小耿峪深处，机耕路尽头则是小耿峪溪流旁的羊肠小道（图564）。这里未经开发，是原始风景保护较好的小峪道。

图561　状元楼（2019年12月）

图562　站在状元庙北望状元楼（2022年2月）

图563　玉蝉宫（2019年7月）

图564　小耿峪山路（2019年7月）

### 3.8.3　耿峪

#### 3.8.3.1　峪道概况

耿峪是周至县知名的峪道，也是登顶西观音山和首阳山最便捷的峪道。峪内现有几个村子，村中有不少农家乐，耿峪公路可以一直延伸到峪内深处。在环山路上可见耿峪香山寺的标志，香山寺不在峪内深处，而在从环山路沿耿峪路进山不到1千米西侧的山脚下。据香山寺门前的碑文记载，此地古已有之，东周时期有位诸侯国的三公主叫妙善，在香山修行成菩萨，香山寺因此而闻名。如今山脚下的香山寺是登山的头天门，山顶还有多处人文遗迹，包括塔坪寺、公主墓、公主殿以及香山寺上庙等，是浅山休闲游玩的好去处。

### 3.8.3.2　秦岭百十峰之香山

概况：起点香山寺头天门海拔 540 米左右，半山梁上海拔 800 米左右，单程距离不到 1 千米，线路休闲。

从环山路转到耿峪路前行 1 千米，未进山时可看到右侧有狭窄的水泥路，该路通往香山寺（图 565）头天门，也是附近登山的主要入口。这里的头天门已经修缮为香山寺主庙，规模不大但极其新颖。

图 565　香山寺（2021 年 9 月）

从香山寺东侧有两条上山的路，左侧沿着台阶上去有条小路，是登山的近路，到达塔坪寺（图 566）不足 1 千米，右侧是一条机耕路，摩托车或小三轮车能够直接开到最高处公主殿附近，单程大概 1.5 千米。如果走左侧小路，首先会到达海拔 720 米的平台，这里便是塔坪寺。我第一次到访的时候，塔坪寺中住着两位仙姑。第二次来访时，已经时隔两年，仙姑也因为善缘搬到了山下。

沿着塔坪寺后面的山梁拔高几十米，路过公主墓（图 567），然后到达附近最高点，这里建有公主殿，是来往信众祭祀祈福的主要地方。公主殿西侧有一条机耕路直通下方的香山寺，梁上也有几条向南的小路，可通往几处农家的废宅以及香山寺旧址，这里的香山寺旧址也只剩下几间土房子。从香山寺向东南方向也能下山，沿着小路下降800 米左右可下撤到耿峪村的一户农家，从农家沿着耿峪公路向北 1 千米左右即可到达进入香山寺头天门的丁字路口，形成一个小环线。

图 566　航拍塔坪寺（2022 年 8 月）

图 567　公主墓（2020 年 8 月）

### 3.8.3.3　秦岭百十峰之西观音山

**概况**：起点耿峪白杨岔沟口停车场海拔 860 米左右，最高点西观音山顶海拔 1950 米左右，单程距离约 4.3 千米，线路难度一般。

从耿峪口向里行驶约 9 千米，即到观音山登山口（图 568）。入口处有观音山简介，但内容有一些纰漏，譬如介绍观音山海拔 2600 米明显是错误的，不过，其他信息可以参考，譬如农历五月二十五为观音山庙会。观音山向上一路都是成熟的小土路，作为知名的观音道场，香客自然不少，所以，登山路被踩得十分结实。

在通往观音山的路上有无数小庙，距离起点 400 米处有土地庙，1 千米处有龙王庙，1.2 千米处有菩萨庙，1.8 千米左右有药王殿，2 千米处有山神庙。这些庙宇极为简陋，层级分明地守护着登顶观音山的路。在距离起点 3.3 千米左右，即从白杨岔沟走到南北贯通的大梁上。这里海拔接近 1800 米，是一处三岔路口，向北通往黑虎殿，向南通往观音山。沿着大梁向南行走，在距离起点 3.5 千米左右有孙思邈孙真人的道场（图 569），这里是一处极为狭窄的崖檐，需要沿着木梯（图 570）才能到达孙真人的塑像前。

图 568　观音山登山口（2019 年 9 月）

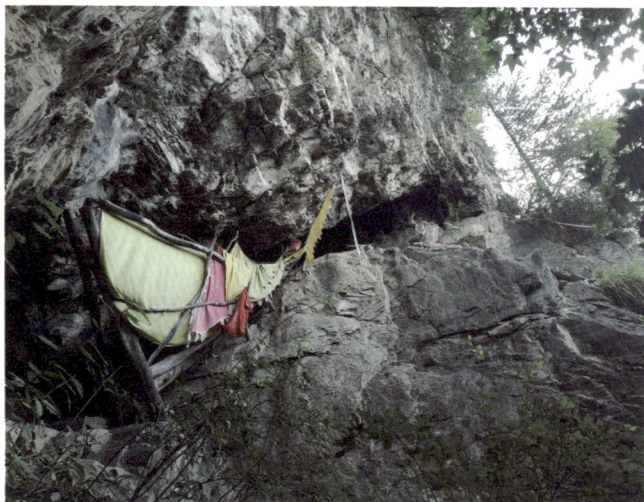

图 569　药王道场（2019 年 9 月）

图 570　木梯（2019 年 9 月）

　　距离起点 4.2 千米左右有一处观景台，登顶可见观音山的全貌（图 571）。从此处下到主路上向前行进 100 多米，即到观音山山顶。顶上有几间庙宇，依着崖壁修建，极为险峻（图 572）。有几位老师傅在这里看庙，师傅们守山多年，阅人无数，对这一带的登山故事更是了如指掌，与其交谈中也得知了一些观音山与首阳山的旧事。

图 571 观音山（2019 年 9 月）

图 572 观音庙（2019 年 9 月）

从观音山向南 8 千米可到首阳山，不过，由于线路过长，从观音山前往首阳山的人较少，人们一般选择从耿峪尽头的梨园子登顶首阳山。

### 3.8.3.4 秦岭百十峰之首阳山

概况：起点耿峪公路尽头梨园子停车场海拔 980 米左右，最高点首阳山海拔 2720 米左右，单程距离 10.8 千米，线路难度较大。

在观音山登山口向南 2 千米即到耿峪公路尽头的梨园子附近，向前沿着耿峪主路行走 1 千米到达一处废宅，这里是分岔处，右侧是耿峪河的主河道，发源于首阳山附近，左侧则是东边山梁下的小沟岔，发源于西观音山到首阳山一线的南北大梁上。沿着左侧河道行走，从沟岔中拔到主梁上，便是视野开阔的登顶主线。沟道中低矮瀑布较多（图 573），有几处需要借助简易的木梯方能通过，不过，这里也是拍照留念的好地方（图 574）。如果遇到山中大雨，首阳山绝不可攀登，沿途水流足以让人知难而退。

图 573 小瀑布（2018 年 5 月）

图 574 河道留影（2018 年 5 月）

沿着崎岖的山路拔高 1000 米，徒步 6 千米左右即到海拔 2020 米的山梁垭口。这里也是一处三岔路口，向北通往观音山，向南通往首阳山。从垭口处向南沿着大梁反复上上下下，经过 4.8 千米左右即可到达首阳山。首阳山的山顶较为开阔，山庙在首阳山巨石下，庙门前有一个大水潭，雨水丰富的季节，能看到山顶波澜壮阔。我去首阳山的那天适逢小雨，一路奔跑四个小时登顶，在顶上的庙中为驴友支起柴火，等待后队驴友将湿淋淋的衣物烘干。本想拍出首阳山的大片，但因为天气原因，仅在庙前为驴友合影留念（图 575）。

图 575　首阳山登顶小分队（2018 年 5 月）

从首阳山沿着大梁向西南方向 5 千米即可到达大坪梁草甸，大坪梁也是驴友近些年挖掘出的新线路，风景极美，但线路较难，无论从西流水还是首阳山前往大坪梁，都是一日强线。近年来，有驴友组织一日首阳山大坪梁穿越，全程 26 千米左右，耗时在 12—15 个小时之间，可见难度之大。不过，登山一定要不忘初心，登山在于锻炼身体和欣赏美景，不要为了证明什么而去登山。

### 3.8.4　虎头沟

虎头沟是耿峪西侧的一条短沟道，从环山路转向虎头沟，沿着村道直行 800 米即到虎头沟入口。从虎头沟可以向东沿小路走到通往东侧香山公主殿的机耕路上，也是附近居民遛弯的好去处。虎头沟入口西侧有玉皇庙（图 576），属于大曲村神庙。大曲村的名字据说与白居易的诗作有关，在虎头沟玉皇庙的简介中，介绍白居易游览八百里秦川，曾在一巨石上题诗"大秦巍峨八百里，曲水源源天上来"，该村的名字就是取其开头两字。

图 576　玉皇庙（2021 年 9 月）

### 3.8.5　小曲峪、大曲峪

虎头沟向西依次是小曲峪和大曲峪。两个沟峪的入口都在大曲村。小曲峪沟道较短，1 千米左右即到梁顶，与大曲峪东侧延伸的岔道汇聚在一起。小曲峪缺乏人文景观，峪道内也无机耕路通达。

大曲峪长度在 5 千米左右。沿着大曲村的村路向里 1 千米即到大曲峪入口，大曲峪入口西侧有红孩洞（图 577），这里是少有的以《西游记》中的红孩儿为主题的庙观。据洞外碑文记载，此处庙观始建于唐代，庙观依洞而建，传说红孩洞或通往四川。从红孩洞位置往峪道深处，有简易的机耕路，如果要自驾进去，也能向里行驶 2 千米左右到达峪内最后的农家。从该农家处继续向里，则是羊肠小道（图 578），左右沟岔或直行都有小路前往峪道深处。

图 577　红孩洞（2020 年 7 月）

图 578　大曲峪羊肠小道（2020 年 7 月）

### 3.8.6　浅石沟、牛角沟

浅石沟和牛角沟依次在大曲峪西侧，两个沟道都长为 2 千米左右，发源于海拔 1200 米的南侧山梁上。浅石沟入口处有浅石口村，沟口有一个名为大有的水库（图 579），水库中常年有水，偶尔可见村民在此钓鱼。浅石沟常年可见小水流，沟内尚有人家居住（图 580）。

图 579　大有水库（2022 年 2 月）

图 580　沟内人家（2022 年 2 月）

牛角沟沟口距离浅石沟西侧 500 米左右，有公路连接两个峪道。牛角沟沟口有金凤村涝池，但池中经常无水，上游的水多用来灌溉。这里有金凤山的地标，金凤山在牛角沟西侧的塬上，有文字记载其形状如凤凰卧哺，因此而得名。据说金凤山浅山上曾经道观林立，如今复原了金凤山道观（图 581），依稀能见到昔日的辉煌。金凤山不仅有人文典故，自然风景也不错。金凤山上有樱桃树 300 余亩（图 582），每年三月中下旬樱桃花开的时候，这里漫山遍野的樱花令游客赞叹不已。

图 581　金凤山道观（2022 年 2 月）

图 582　牛角沟樱桃树（2022 年 2 月）

### 3.8.7　赤峪

赤峪靠近环山路附近有一个名为赤峪口的村子，赤峪口村向里 1 千米即到达赤峪的入口。赤峪峪道有十几千米长，发源于海拔 2100 米左右的大梁上。赤峪的名气远不如西侧的田峪以及楼观台附近的几处峪口，不过，赤峪目前并没有被西侧的秦岭国家植物园所收纳进来，否则，如同田峪一般，自驾进山将变得十分不便。赤峪内有公路通往峪内深处，行驶 6 千米左右即可到达峪内深处的免费停车场。再往前走则是靠近溪流的羊肠小道（图 583），一路上溪水潺潺，绿草如茵，偶尔可见清幽雅致的农家宅院（图 584），是秦岭保护较好的未开发峪道，经常看到附近居民来此游玩戏水。

图 583　赤峪深处羊肠小道（2020 年 7 月）

图 584　赤峪内的农家宅院（2020 年 7 月）

### 3.8.8　安沟、田峪

安沟是在赤峪西侧的一条半截沟，长不足 1 千米，属于秦岭国家植物园的中心区域，在秦岭国家植物园旅游的游客，如果走的是赏花的东线，大多都会经过安沟附近。

田峪在安沟西侧，也是秦岭国家植物园的一部分，如果走景区的西线，可以乘坐摆渡车行走大约 21 千米到达海拔 900 米左右的田峪金牛坪服务区。金牛坪服务区是徒步田峪大峡谷的起点，此处住宿餐饮一应俱全，是大峡谷休闲养生的重要地方。从金牛坪后方可见大峡谷入口的牌楼（图 585），上面两排字分别是"天恩浩荡""大气大量大为"。

大峡谷景区一路步道，有山有水，有人文景观。在距离金牛坪 1.5 千米左右有观音寺以及逸仙阁茶馆。再向里 1.5 千米可见药师佛，是人们许愿保健康的地方。向前继续行走，穿过一处隧道，距离金牛坪不到 4 千米的地方，即到 512 堰塞湖（图 586），这里海拔 1120 米左右。据景区标志牌介绍，512 堰塞湖形成于 2008 年 5 月 12 日汶川大地震时期，是地震导致的堰塞湖。

图 585　入口的牌楼（2020 年 7 月）

图 586　堰塞湖标志牌（2020 年 7 月）

从堰塞湖向前几百米，可见河道旁的道路已被大自然摧毁，这里有警戒线，已经是景区不建议前行的道路。再往里走也很难走到尽头，从沟道直行虽可到田峪的水源头西光头山以及天华山，不过，这么多年只偶尔听说有驴友从西光头山下撤到田峪金牛坪附近，全程 30 千米左右，难度以及风险等级较高，不是普通驴友可以尝试的。

### 3.8.9　闻仙峪

闻仙峪即楼观台森林公园所在的峪道，峪口外分别有楼观台森林公园以及古楼观

（图 587）。闻仙峪的名称与华山脚下的文仙峪谐音，据说都与吕洞宾有关。吕洞宾即文仙，周至的闻仙峪名称来自陈抟老祖携华阴县令访吕洞宾的故事，华阴县令屡次遇见吕洞宾却不知情，即"闻仙而不知仙"，峪道因此得名。闻仙峪脚下的古楼观近年来已经发展成免费景区，而紧随其后的楼观台森林公园也开始了免费政策。楼观台附近免费景区众多，使得这里成为周至景区的聚集区之一，每年吸引了大批游客。

从仙都东路向南走到尽头即到楼观台森林公园售票处附近。进入公园，首先看到的就是显灵山上的老子铜像（图 588），这里据说是老子《道德经》的诞生地。《道德经》的 5000 箴言既是道家经典，也是中国人根深蒂固的哲学观念。闻仙峪内部有三条主要的观景道路：第一条直拔到显灵山上看老子雕像，然后向南下撤到沟底；第二条沿着闻仙峪沟道的竹林步道，一路听着溪流声向里探索；第三条从闻仙峪西梁上前行。三条道路最终都能汇聚到闻仙峪中。景区沟道的小路向里延伸到峪内 3 千米处，西梁上尚有村落。在距离起点 4 千米左右，即为沟道的梁顶垭口，从梁顶向东可以穿越到田峪，向西穿越到就峪，大梁沿线有多处农家，是驴友穿越的经典线路。

图 587 古楼观（2018 年 11 月）

图 588 航拍显灵山老子像（2022 年 10 月）

### 3.8.10 东观峪

东观峪位于周至县楼观镇化女泉（图 589）正南，沿着化女泉一路驾车到化女泉东南角的院墙外，即可在此停车登山。东观峪的名称或因为在东楼观附近而得名，楼观台景区以及背后的闻仙峪都属于东楼观的范围。东观峪入口西梁上的朱家坡有人家居住，也有机耕路通往。东观峪是穿越闻仙峪的主要入口，从东观峪入口向里 2 千米左右都是机耕路（图 590），越往里走坡度越大，但路况总体较好。东观峪与闻仙峪的长度相当，大约 4 千米即可到达梁顶。峪内猕猴桃树众多，每年猕猴桃成熟的季节，都会吸引大批的驴友前来采摘。

图 589　夕阳下的化女泉（2019 年 12 月）

图 590　东观峪机耕路（2019 年 12 月）

### 3.8.11　塔峪

#### 3.8.11.1　峪道概况

塔峪在东观峪西侧，峪口东侧有大秦寺塔，塔峪的名称即因此而来。大秦寺塔（图591）兴建于唐代，其奇特之处在于它不是佛塔，而是景教塔。景教是基督教的分支，早期由罗马传入我国，而罗马在唐代称为大秦，其教院称为大秦寺，寺内塔称为大秦寺塔。该塔因地震倾斜多年，然而依然屹立不倒，塔内刻有西方文字，是保存较好的研究丝路文化的世界遗产。塔峪入口有山神庙、菩萨庙等人文景观，峪内深处有五味子、猕猴桃、鸡头参等，因此，该峪道近年来成为商业队的重要休闲目的地。塔峪尽头的山梁南侧 1 千米处有楼子山，山顶平台开阔，尚存楼子庙。

#### 3.8.11.2　秦岭百十峰之楼子山

概况：起点大秦寺塔海拔 580 米左右，楼子山海拔 1380 米左右，单程约 7.2 千米，线路难度一般。

大秦寺有几位住庙的师傅，其中一位有缘者为我们讲解了大秦寺塔的历史，令我们受益匪浅。作别之后，我们驴友十几个人开始正式登山，此次线路规划为塔峪就峪穿越，全程 13 千米左右。前段的路况较好，如果不从沟道走，沟道旁有简易的机耕路一直延伸到峪内 3 千米处的农家附近（图 592）。

过了最后的农家之后，路渐渐变窄，但仍有浅浅的水流相伴，时而需要在河道中披荆斩棘方能通过。在距离起点 4.7 千米左右有岔路口，左侧线路成熟，右侧直拔难度较大，建议走左侧主路。在距离起点 6.2 千米左右到达三岔路口，从三岔路口向西可到就峪，向东可穿越到田峪的后东明村，而向南 1 千米可到达楼子山的菩萨庙（图

593）。这最后 1 千米山路全在梁上，坡度不大，只有最后一段有 100 米的拔高。驴友一般从梁上抄近路登山，下撤的时候从楼子山南面下山。南侧的视野较为开阔（图594），可饱览南侧绵延不绝的山峰。

图 591　大秦寺塔（2020 年 5 月）

图 592　峪内人家（2020 年 5 月）

图 593　楼子山菩萨庙（2020 年 5 月）

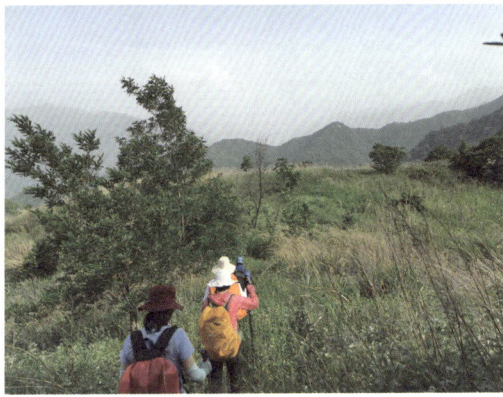

图 594　楼子山南侧风景（2020 年 5 月）

走塔峪穿就峪的线路，一般需要包车或对穿。就峪上来的路要经过秤沟湾，这是一条 S 型通往楼子山三岔路的大弯，全长 4 千米左右，入口有大铁门，一般可以随意进入。沟道内原有人家，现已搬迁，只剩下秤沟湾沟口的守林人员。这里别的没有，香椿树铺天盖地。每年香椿叶可以采摘的时候，大量驴友前来采摘香椿叶。因此，从就峪往返楼子山也是一条知名的采摘线路。

### 3.8.12　吃水沟

#### 3.8.12.1　峪道概况

吃水沟是塔峪西侧的小沟道，其入口西侧是延生观村，东侧是声名显赫的延生观

（图 595），曾号称关中三观（东楼观、西楼观、延生观）之首。据说唐代的玉真公主在此修道，因此最早名为玉真观，延生观依托于曾经的玉真观而修建，规模宏大。沿着长生西路走到头，在温泉道交叉口可见通往吃水沟深处的狭窄公路，沿着公路行驶 1 千米左右到达吃水沟入口处的农家停车场。这里的登山线路有寨子梁公主庙，线路休闲，景色较好，也曾见户外队发布过公主庙的徒步活动。

图 595 延生观雪景（2022 年 2 月）

### 3.8.12.2 秦岭百十峰之寨子梁—八宝青云渡仙舟

概况：起点吃水沟公路尽头海拔 620 米左右，寨子梁公主庙海拔 820 米左右，单程距离约 1.2 千米，八宝青云渡仙舟海拔 920 米左右，距离公主庙不过 1.5 千米，线路休闲。

吃水沟公路尽头有几户农家，车辆不必行驶到公路尽头（图 596），在稍微开阔的公路拐角处都可以停车。该线路路况较好，前段 200 米是机耕路，可通往峪内更深处的农家。在机耕路尽头右转上梁，一路沿着一米多宽的山路拔高，全程几乎没有岔路，在山梁上可俯瞰西侧的吃水沟（图 597）以及延生观。

图 596　公路尽头（2022 年 2 月）

图 597　俯瞰吃水沟（2022 年 2 月）

　　前行 900 米左右到达三岔路口，左侧通往沟道深处，右后方 300 米左右到达公主庙（图 598）。公主庙所在的山尖称为寨子梁，然而庙比山有名，村民常以庙名指代这里。公主庙坐落在一处高台上，其下方有水管连接附近的山泉，不过，冬季一般无水源，需要游客自己带水。公主庙坐北朝南，其庙前庙后各有一块平台，站在北侧平台，视野较好，可俯瞰山脚下的延生观村。

图 598　公主庙（2022 年 2 月）

　　在公主庙所在的山梁向西南方向 1 千米，向右横切公主庙西侧沟道，有成熟的小路可通往淘水沟梁顶附近的几处庙宇，这里是"八宝青云渡仙舟"所在的位置（图599），如今有老君顶、二郎庙、圣母宫、灵官殿（图 600）等。此处有机耕路下撤到淘水沟西侧山梁，可与公主庙以及延生观形成环形穿越，全程 7 千米左右，是一条风光优美路况较好的休闲观景线。

图 599　八宝青云渡仙舟（2022 年 2 月）

图 600　灵官殿（2022 年 2 月）

### 3.8.13　淘水沟

淘水沟在吃水沟西侧，比吃水沟更短，入口有个长生观村，长生观村中的公路可通往淘水沟（图 601）沟口。沟内河谷较窄，水量较少，没有令人印象深刻的景观。然而，淘水沟的梁顶道观林立，其中的"八宝青云渡仙舟"最为知名。此地山顶上修建了太清宫，因山头形似巨型轮船，站在山顶如立船头，故而有了"八宝青云渡仙舟"的说法。

通往"八宝青云渡仙舟"的主路在淘水沟西侧的山梁上，途经大圣庙（图 602），有机耕路可自驾直达"八宝青云渡仙舟"下方的停车场。这里是当地百姓的休闲步道，经常可以看到三五成群的老百姓徒步上山，拔高 300 米，徒步 3 千米左右即可驻足"仙船"，体会仙人逍遥洒脱的感觉。除此之外，在与公主庙环形穿越的路途上人文景点众多，且线路成熟，未来或有潜力成为知名户外线路。

图 601　淘水沟（2022 年 2 月）

图 602　淘水沟西梁大圣庙（2022 年 2 月）

### 3.8.14 就峪

#### 3.8.14.1 峪道概况

就峪在延生观西侧，入口处有西楼村。就峪峪道长达 20 多千米，其河道发源于道家名山四方台。从就峪入口沿着西王路向里几十米有老子墓，据说老子葬于此处。沿西王路山路向山上驾驶 1 千米有一岔路口，右转可到达西楼观。西楼观建于浅山山坡上，气势恢宏。从西楼观向南拔高 40 米左右可到达吾老洞，或沿着山路自驾也能到达吾老洞停车场。在这块神仙福地，不仅有神秘莫测的吾老洞，也有老子学院等道家学府，更有陡峭的大陵山，海拔 1020 米左右，峰顶建有玉皇庙，也是附近较为知名的休闲登山线路。就峪不仅人文景观卓绝，自然景观也比较丰富。在就峪峪口西侧的大陵山附近，有神秘的龙洞景观，龙洞中一汪水潭取之不尽用之不竭，却不知水源从何而来（图 603）。从吾老洞机耕路徒步或自驾都能到达龙洞的位置。龙洞附近建有财神殿、山神洞（图 604）、龙王洞等，以及依托险要的地势而成的庙宇山洞，令人不由得惊叹大自然鬼斧神工，老百姓智慧无穷。

图 603　龙泉（2020 年 6 月）

图 604　山神洞（2020 年 6 月）

沿着就峪主路可行驶十几千米到达峪内深处，此处的路标（图 605）显示距离四方台还有 9 千米。这里是翠香猕猴桃的发源地，一路有许多农家种植猕猴桃。驱车行进 11 千米左右，到达公路尽头，沿着土路徒步 1 千米左右可见娘娘庙，以及许多古栈道遗迹（图 606）。就峪水流丰富，一年四季水流不断，或许是因为水源头在海拔 2600 多米的四方台。四方台因为老子讲经的传说而知名，更因为曾经有飞机在此坠毁，增添了此地的神秘色彩。然而，从就峪很难到达四方台，也未曾听说有驴友从就峪攀登四方台，四方台的最佳攀登线路是南坡。我曾协同十几个驴友成功登顶四方台，了却了一大遗憾。

图 605　路标（2022 年 10 月）

图 606　古栈道遗迹（2022 年 10 月）

### 3.8.14.2　秦岭百十峰之大陵山

概况：起点吾老洞海拔 720 米左右，最高点大陵山玉皇庙海拔 1020 米左右，单程 1.3 千米左右，线路休闲。

吾老洞的洞外两侧有碑文，东侧写着洞天道院，西侧则是吾老洞的简介，洞口上方的吾老洞几个字乃康熙年间所刻（图 607）。据说老子在吾老洞修炼得道，也是在吾老洞坐化。吾老洞洞中有老子雕像，洞中最深处还有洞穴被封存，从外面看深不见底。从吾老洞出发，沿着广场西南方向的小路前行，向上徒步 500 米，可俯瞰山下风景，此时吾老洞已在脚下渐行渐远。

向上行走 1 千米左右即到垭口位置，此时海拔 920 米左右。从垭口右转向上沿着山梁攀登，最后拔高 100 米，十分钟即可到达山顶。顶上有水槽、玉皇庙以及观景台。在观景台可以清晰地望见宏伟的西楼观庙宇（图 608）。

图 607　吾老洞（2020 年 6 月）

图 608　航拍西楼观（2022 年 10 月）

从吾老洞到大陵山顶的玉皇庙（图 609 和图 610）十分休闲，走得快的 40 分钟可以走一个来回，走得慢的也不会超过 3 个小时。该线路老少皆宜，风景又好，是附近居民健身观景的重要场所。

图 609　大陵山玉皇庙（2020 年 6 月）

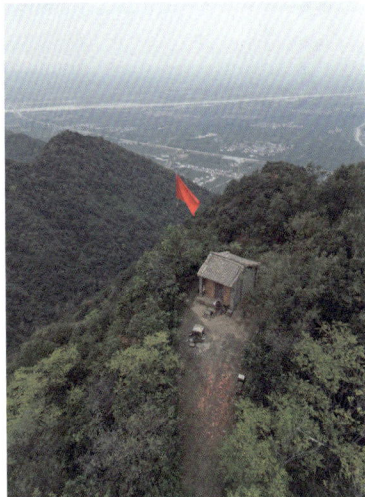

图 610　俯瞰玉皇庙（2022 年 10 月）

### 3.8.15　马岔峪

#### 3.8.15.1　峪道概况

马岔峪在就峪西侧，入口处有周一村和马岔村。马岔峪峪道较长，峪内公路延伸到峪道 5 千米处的焦家坪位置。从焦家坪沿着东侧沟道翻到山梁，即到达王母岭梁上人家，翻过山梁即可下撤到就峪。马岔峪水草丰茂，猕猴桃遍地，更有神秘的人文景观，包括天然的刘师洞以及人工开凿的张师洞。其中，张师洞是周至张公发挥愚公精神，率子孙开凿的洞穴，据说这些洞穴一是躲避乱世之所，二是用来修身养性。山洞依着马岔峪与黄池峪中间山梁高处而修建，包括卧室、琴房、书房、柴房、练功场等，完全是古代道家仙人的修身福地。据记载，2013 年张家子孙重修张师洞，使其焕然一新。

#### 3.8.15.2　秦岭百十峰之张公山

概况：起点马岔峪公路尽头海拔 1000 米左右，最高点张公洞海拔 1350 米左右，单程大约 1.9 千米，线路简单。

在马岔峪尽头有几个沟岔，沿着右侧沟岔主路上山，有成熟的小路通往山上，沿途尚有几户农家分布在梁上和沟道中。沿着之字形山路向上，在距离起点 1.1 千米左右即到达刘师洞庙。经过庙宇之后行至梁上，然后向左后方行走几十米可到达崖壁旁的刘师洞（图 611），据说这是刘姓师傅修炼的地方。在刘师洞附近有一些庙宇，譬如清阳宫等（图612），都是依附修行者的名气，后来陆续修建的庙宇。

图611　刘师洞（2019年10月）

图612　清阳宫（2019年10月）

继续向上拔高，在距离起点1.8千米左右，有一处平地和一个小水潭，这里距离张公山（图613）不到100米，应当是张公开垦的水源和耕地。张公山是附近的最高点之一，在秋季红叶满山时，此地更像一个火红的鸡冠，因此又有鸡冠山的说法。

继续前行100米，沿着张公子嗣修建的台阶拾级而上，经过张公祠的大门（图614），便进入了这块神仙洞府。从以往关于该洞的记载来看，2013年整修后的张公洞，显得颇为大气，一改往日颓废山寨的形象（图615）。

图613　张公山（2019年10月）

图614　张公祠大门（2019年10月）

图 615　张公洞（2019 年 10 月）

### 3.8.16　团标峪

团标峪在马岔峪西侧，峪口有个团标村。西安周边的驴友大多听说过这个地名，因为经环山路前往黑河方向必须经过团标收费站。该收费站建在非高速路的环山路上，团标峪就处在该收费站东侧 500 米的位置。团标峪较短，只有 3 千米左右，然而，这 3 千米左右的沟道和东侧的山梁吸引了大量商业队来访。这里的主要人文景观称为十二天门（图 616），从头天门即定空寺位置向上拔高，经过十二道天门到达最高处的小庙，每个天门都是一处庙宇。十二天门的布局在秦岭北麓仅此一个，因此吸引大批驴友到访。

团标峪也是欣赏红叶的好地方，除了距离西安市比较近的圭峰山红叶，团标峪红叶在商业队的宣传下，也逐渐变成小网红。驴友沿着十二天门到顶，从梁上向南走到垭口就餐，然后从垭口沿团标峪东梁下撤（图 617），形成团标峪小环形穿越。大美的红叶就在团标峪的东岭上，整个穿越线路全长 10 千米左右，难度一般。驴友们一路哼着十二天门歌，一路欣赏红叶美景，促使环形穿越十二天门逐渐成为西安周边主流的登山线路之一。

图 616　十二天门（2019 年 10 月）

图 617　梁上留影（2019 年 10 月）

### 3.8.17　黄池峪、寒峪

黄池峪在团标峪西侧，又名黄巢峪，峪口有前黄池村。黄池峪的名字与黄巢有关，据说唐代农民起义军首领黄巢曾在此安营扎寨，峪内公路尽头的东侧山梁上有黄巢洞遗址。黄池峪尽管知名度不高，但峪内人文与自然景观俱佳。沿着成熟的峪内公路，可通往峪内 7 千米深处的后黄池村。公路尽头向上几十米西侧有几间庙宇，碑文上刻着"莲云台"字样（图 618）。据碑文介绍，这些庙宇建于 1990 年左右，是一位颇具善心的熊姓道长所创建，历经多年，终于形成一定的规模。从莲云台庙向深山行走可见更多庙宇，庙宇东侧沟道中有条小路，路标指向黄巢洞。从莲云台庙沿着溪流旁的小路前行，1 千米以内一直可见碧水悠悠（图 619），水中时而可见光滑而有光泽的石块，或许是玉石，我虽是门外汉，但看见这样的石头仍惊叹不已。

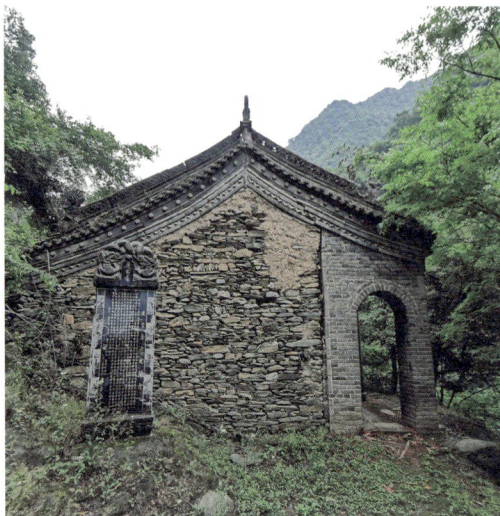

图 618　莲云台（2020 年 6 月）

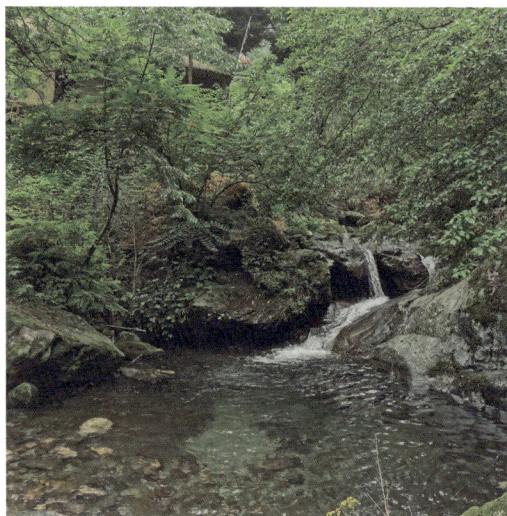

图 619　黄池峪溪流（2020 年 6 月）

寒峪是一条极短的沟道，也可以看作黑河峪的分支。寒峪的潺潺溪流与黑河在金盆水库附近交汇。寒峪口设有保护站，不是驴友可以随意进出的地方。

### 3.8.18　黑河峪

#### 3.8.18.1　峪道概况

黑河峪长度有 90 多千米，其入口在马召镇，是南来北往的重要集散地，驴友进入黑河峪多在此用餐。黑河峪发源于太白山南坡下的二爷海，浩浩荡荡的天水连同黑河峪无数沟岔的水流，最终汇入黑河口的金盆水库。金盆水库是西安市的生命线，承担着西安市的主要供水功能。难怪西安人总爱说，喝的都是山泉水。此言不虚，黑河水是山泉，而且是海拔 3500 米以上的二爷海的水。从黑河峪口向山中仰望，可见仙游寺法王塔屹立于金盆水库旁，是附近的重要地标之一。

黑河峪目前又是 G108 国道的代名词，该国道是通往陕南佛坪的重要道路。曾经的老周佛路修建到半途而废，其所有的功能都被 108 国道所取代。不过，驴友熟悉该路，还因为这是通往黑河森林公园内部的厚畛子镇，以及闻名遐迩的老县城（图 620）和黄柏塬的主线路，也是一条风景较为优美的自驾线路。黄柏塬和老县城之间有黄柏塬森林公园的天然阻隔，使得 108 国道更是自驾到达老县城以及太白南坡铁甲树的唯一线路。许多驴友走过太白山南南穿越，或者南北穿越，108 国道都是必经之路。

图 620　老县城（2020 年 10 月）

黑河峪中也有攀登四方台和西光头山的最佳登山点。沿着黑河峪内小王涧方向的东河行驶，在王家河和东河交汇处左转继续沿东河行驶，过双庙子村之后到达庙梁子附近，这里是攀登四方台的登山口。而沿东河继续向里过高桥左转到玉皇庙村，即西光头山的登山口。这两个登山口距离西安市较远，漫长的山路要行驶 2 个小时左右，但是风景优美，因此纵使路途遥远，西光头山仍吸引着驴友们每年例行打卡。

### 3.8.18.2 秦岭百十峰之四方台

概况：起点庙梁子海拔 1250 米左右，最高点四方台海拔 2620 米左右，单程约 6 千米，线路难度较大。

四方台路途遥远，且路况不明，在我们登顶之前鲜有轨迹发布在网络上。因此，我们一行决定提前露营，第二天早上一早爬山。营地在距离登山口 4 千米的下梁子农家，这里有路灯，还有网络信号，是一个完美露营地（图 621），我们一行玩到深夜才酣然入睡。第二天早早起来洗漱做饭，告别农家之后，一行驾车来到庙梁子登山口（图 622）。这里有一处小桥，向里侧河道延伸的地方有平地可停三五辆车。

图 621　露营农家（2020 年 5 月）

图 622　庙梁子登山口（2020 年 5 月）

沿着河道前行，起初路况较好，沿途尚能看到几处废宅。经过 1 千米左右有分岔路，沿着右侧河道继续向前。在距离起点 2.5 千米左右可见一个浅浅的石檐，檐下有天然石头桌椅。这里也是一个岔道口，西侧经过大滩，沿山梁到达四方台，东侧需要在谷底缓慢拔高。我们选择东上西下，结果表明，不如东侧原路返回。西侧下山的路十分陡峭，有几处找不到路，硬切下来极为艰险。距离起点 3.8 千米左右即到达海拔 2200 米的箭竹林，之后的路况较为原始，许多地方疑似无路。在距离起点 4.8 千米，海拔 2440 米左右的地方，左侧路况不明，只得向右下降几十米到达底下的平台（图 623），从平台处向右上方拔高 100 多米，在距离起点 5.3 千米左右，终于到达海拔 2580 米的梁上垭口（图 624）。这里视野开阔，向右前行几十米即可看到前方四方台草甸。

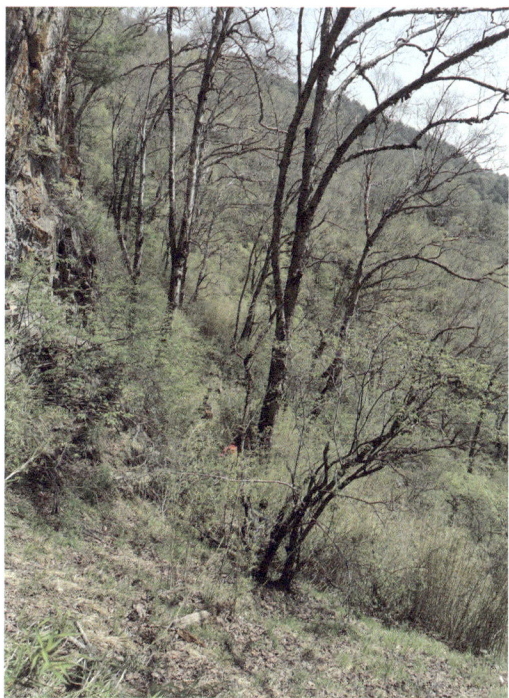

图 623　下降谷底（2020 年 5 月）

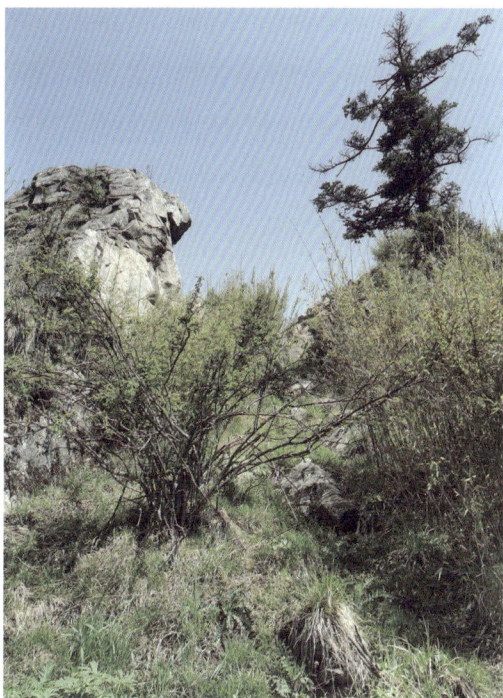

图 624　梁上垭口（2020 年 5 月）

　　在梁上只需沿着草甸走向最高处即可，距离起点 6 千米左右即可到达最东边的平台（图 625），驴友们陆续到达，一起在草甸合照（图 626）。四方台可理解为四方平整的台子，有天圆地方之意。不过，据我们观察，也可以理解为四方有四处高台，我们走过了西台、中台、东台和北台，其中东台海拔最高。从东台俯瞰，草甸上绿草如茵，向北望去，就峪的沟道尽收眼底。

图 625　四方台留影（2020 年 5 月）

图 626　草甸合照（2020 年 5 月）

如今，四方台老子讲经的故事依然为人传颂，在老子所处的时代，若非神仙或拥有坚毅的精神和强健的体魄，怎能来到如此艰险的地方？而四方台坠落的飞机，早已被村民集体运送出山。据村民口述，当时出动了全村的青年劳动力，才将飞机残骸运送出山，或许，路就是那时候踩出来的。

### 3.8.18.3　秦岭百十峰之西光头山

概况：起点玉皇庙村农家停车场海拔 1540 米左右，最高点西光头顶海拔 2960 米左右，单程 6.5 千米左右，线路难度中等。

西光头山的游客一般都会选择环形穿越，从左侧上右侧下，或者反向穿越。我们一行在八点半赶到玉皇庙村登山口（图 627），做了热身运动之后，开始反向从安沟攀爬西光头山，在距离起点 1 千米左右路过沟内最后一户人家。向上的道路较为清晰，一直都在沟道左侧的小路上行走，几乎不需要过河。在距离起点 1.9 千米左右进入一片花海（图 628），这里是两条沟道汇聚的开阔谷地，现有一座废弃的房屋。

图 627　玉皇庙村登山口（2020 年 8 月）

图 628　安沟花海（2020 年 8 月）

沿着之字形山路向垭口拔高，在距离起点 3.6 千米左右即到达海拔 2260 米的垭口（图 629）。垭口向北通往光头山，向南翻过两个小山头，下降到桦树坪山庄。最近听说有驴友从天华山附近穿越到西光头山，不过，该线路并不如安沟登顶的线路休闲。从垭口一路向北，距离起点 4.1 千米左右进入箭竹林。向上的路逐渐陡峭，视野时而开阔，时而狭窄。这里已经是羚牛的核心营地，我们小心翼翼地前行，既不想惊扰羚牛，又担心看不到羚牛。不过，这次运气不错，看到了羚牛的几个群落。就这样，一路憧憬着羚牛和草甸，在距离起点 5.3 千米左右逐渐进入海拔 2700 米的小草甸（图 630）。

图 629　垭口（2020 年 8 月）

图 630　小草甸（2020 年 8 月）

距离起点 5.8 千米左右到达西光头山南草甸最高点，从高点向下俯瞰，草甸一望无垠令人震撼（图 631）。此时海拔大约 2860 米，距离西光头山最高点还有垂直 100 米的距离。驴友在此玩耍了较长时间，有的直接在草甸用午餐，因为这里风景太美，实在不忍心早早地离开。

图 631　南草甸（2020 年 8 月）

在距离起点 6.5 千米左右，到达西光头山最高点，此处海拔 2960 米左右。不过，最高点处在丛林中，视野并不开阔，前队选择在此用餐，用餐完毕后便向着北草甸奔去。沿着梁上行走，在距离起点 8 千米处到达北草甸（图 632）。北草甸虽然规模小于南草甸，但同样仙气飘飘，云海翻腾。从北草甸向下，在距离起点 10 千米左右，有一处海拔 2560 米的垭口，是一块不错的露营点。该露营点下方不远处有水源，许多两日穿越的驴友选择在此处露营，省却背水的烦恼。营地下方几百米处还有一座窝棚（图 633），据说是开采金矿时留下的，至今仍有矿洞可见。

图 632　北草甸（2020 年 8 月）

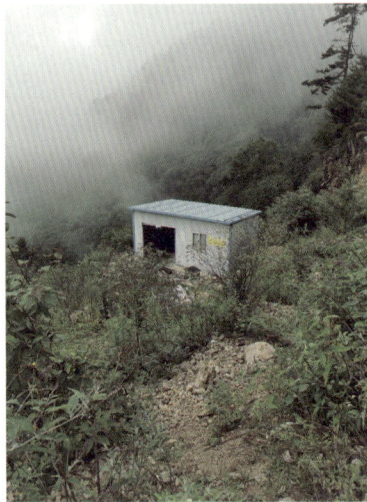

图 633　窝棚（2020 年 8 月）

继续下行，路况越来越好，像极了走在景区道路上。途中可见多处休息点，有圆盘餐桌和圆柱状的石凳。而距离起点 12.5 千米左右，看到第一处木头标牌，上面写着"光头山顶海拔 2996 米"。沿着优美的森林步道，在距离起点 13 千米左右完成环形穿越。北侧的山路确实比南侧好走百倍，如果是露营或原路返回，走北侧攀爬则更为休闲。

### 3.8.19　小虎峪

#### 3.8.19.1　峪道概况

小虎峪相对于其西侧较长的虎峪而得名，尽管小虎峪长度不如虎峪，但风景较好。小虎峪的峪口外有个虎峪村，属于周至县马召镇。小虎峪中有兴龙山道观群，在通往兴龙山的路上，有二郎庙、药王洞、菩萨亭、女娲洞、三皇洞、斗母宫、老君殿、老母殿、宣道堂等庙宇。沿着机耕路徒步约 3 千米到达兴龙山山顶，山顶上有凌霄殿，这些道观依山傍水而建，风景优美，是值得开发的重要旅游资源。

#### 3.8.19.2　秦岭百十峰之兴龙山

概况：起点位于虎峪村南侧 1.5 千米左右的二郎庙附近，海拔 680 米左右，最高点兴龙山凌霄殿海拔 950 米左右，单程 3 千米，线路休闲。

　　二郎庙已在小虎峪山中，沿着虎峪村向里，经过观音庙，沿着机耕路上行 1 千米到达二郎庙附近，其附近还有药王洞、女娲洞（图 634）、三皇洞等。因为沿途都是机耕路，从二郎庙（图 635）也能自驾登顶，不过，自驾登顶显然少了一些乐趣。

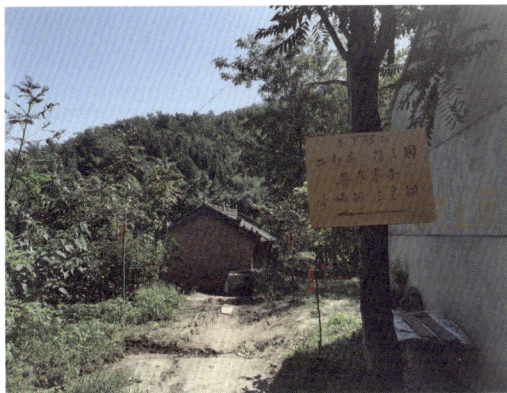

图 634　女娲洞（2020 年 8 月）

图 635　二郎庙（2020 年 8 月）

　　从二郎庙向上几十米即是斗母宫，斗母宫规模较大，设施较全，山下修行的多半在这里居住。继续上行，在经过一个大弯道之后，到达老君殿位置，老君殿前方 100 米有黑虎潭和财神殿。这些庙宇建立在有水的沟道旁，取水十分方便。距离起点 1.2 千米左右有一处护林站（图 636），地方宽阔，几间小房子远看如同庙宇一般。护林站前方几十米有宣道堂，过了宣道堂即到达小虎峪梁顶附近，从这里需要沿着机耕路右转走向兴龙山的山尖，在距离起点两千米左右即可登顶（图 637）。

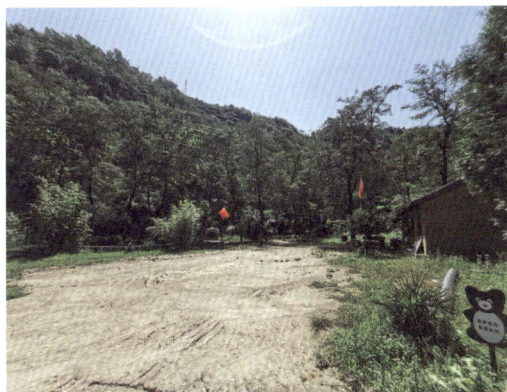

图 636　护林站（2020 年 8 月）

图 637　兴龙山山顶（2020 年 8 月）

　　据碑文记载，兴龙山自康熙年间得名，上有玉皇庙。兴龙山附近有多处天然石洞，冬暖夏凉，令人称奇。马召镇居民每年在此举办热闹非凡的庙会。从兴龙山向北沿着山梁下山，可经过神仙洞等天然洞穴，800 米左右即下撤到斗母宫和老君殿中间的位置，比上山的之字形山路节省 1 千米左右，更可以满足部分游客不走回头路的需求。

### 3.8.20　虎峪

虎峪在小虎峪西侧，入口与小虎峪相距 300 米左右。虎峪的溪流源于海拔 1200 米左右的山梁，梁的南侧即是黑河峪三兴村附近。从虎峪入口沿沟道前行，徒步 3 千米左右可到达虎峪梁顶。虎峪属于未开发区，峪内风光较为原始。峪口有甘露寺（图638），有公路直达甘露寺，从甘露寺再往里则是森林中的羊肠小路。甘露寺中有位慈祥的女师傅，虽然远离凡尘，但仍对尘世生活充满关切。得知我在大学教书，师傅再三嘱托，一定要教育孩子们，"明事理，守方寸，勤于学"，"切莫随波逐流，蹉跎人生"。

图 638　甘露寺（2020 年 8 月）

### 3.8.21　熨斗峪

熨斗峪在虎峪西侧，入口有上熨斗村和下熨斗村。从关中环线向南通往熨斗村的路上有一门楼，上面写着"熨斗村"三个字（图639），从门楼处向里分别经过下熨斗村和上熨斗村，距离门楼 1.5 千米左右便进入熨斗峪的泥土路。尽管该峪道有 3 千米长，但机耕路只有几百米，内部路况更差，也无知名人文自然景观。熨斗峪中目前有几户人家尚未搬迁，浅山中可见养殖用的水塘，四处奔跑的鸡鸭（图640）。尽管沿着峪道直行可到达梁顶，向西通往光秃山以及苍峪村等，向东则通往虎峪梁并可下撤到黑河峪的三兴村。然而，这些地方距离西安市区相对较远，鲜有西安驴友发起此地的活动。

图 639　熨斗村（2020 年 8 月）

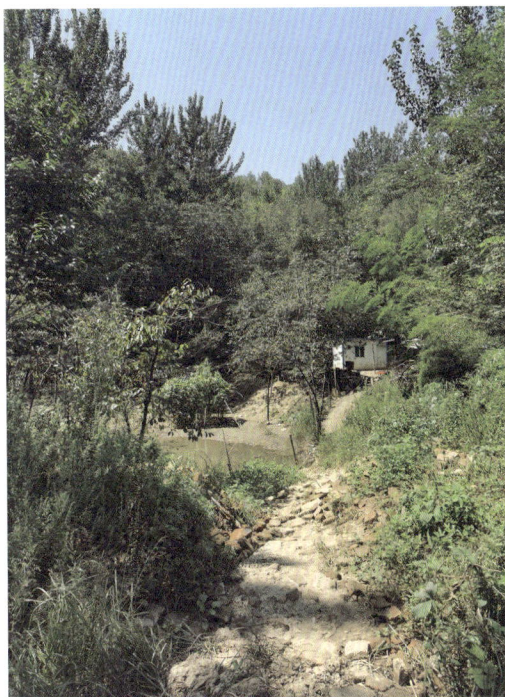

图 640　熨斗峪池塘人家（2020 年 8 月）

### 3.8.22　辛口峪

#### 3.8.22.1　峪道概况

辛口峪在熨斗峪西侧，也被称为苍峪，入口处有个辛口村。辛口峪和熨斗峪中间还有一个小沟道名为冯家村沟或九沟，地图上有此地名。辛口峪较长，常年流水不断（图641），其河流发源于 10 千米外的米汤堡附近。目前峪内正在修路，平坦的公路已经通往峪内 2 千米的地方，再往里走，是 1 千米长的机耕路（图642）。机耕路到达的地方较为偏僻，偶尔能看到猕猴桃园中劳作的农户，或在院子中嗑瓜子闲聊的村民。他们都在山下分了房子或在政府资助下自建了住房，但仍然舍不得老宅的清闲，经常在山里居住。在辛口村西侧的山梁上，有 3 千米的公路通往苍峪村，苍峪村中尚有多户农家，这里有简易的机耕路绕过周佛路的管护站大门，因此，除了西侧清凉古寺登山口，苍峪村也是通往老周佛路的重要入口之一。从辛口村西梁或清凉古寺进入老周佛路，在老周佛路上行驶 30 千米，可到达海拔 1950 米的停车场位置，这里也是一脚踏三县的登山起点。

图 641　辛口峪河道（2020 年 8 月）

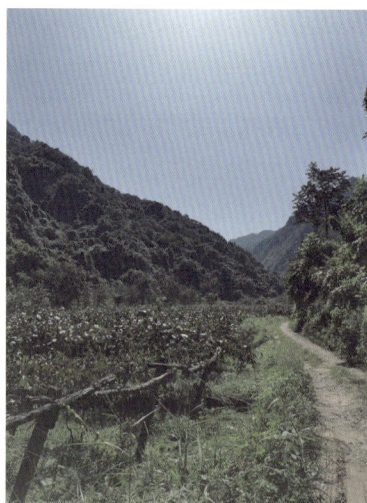

图 642　辛口峪机耕路（2020 年 8 月）

### 3.8.22.2　秦岭百十峰之"一脚踏三县"

概况：起点老周佛路海拔大约 1950 米的停车场位置，最高点海拔 2800 米左右，单程 9.5 千米，线路难度中等。

老周佛路到登山口距离长达约 30 千米，自驾需要一个半小时左右。我们夜里 4 点就从西安市区出发，计划在 8 点之前到达登山口。当时检查站无人阻拦，一路畅通，我们驱车拔高 1200 多米到达登山口停车场（图 643），与昨日在此露营的驴友一同准备登山。

图 643　登山口停车场（2020 年 9 月）

沿着公路向前行走 500 米，到达一处三岔路口，从右侧进入机耕路（图 644）。距离起点 1.7 千米左右到达古骆谷关，这里也是从骆峪采矿场附近沿着古道攀爬四五千米方能到达的骆峪梁垭口，不过，如今这里杂草丛生，已无古迹可寻。继续向前行至4 千米处，有一座石桥横在道路左下方的沟道上，算是一处难得的人文景观（图 645），胆大的驴友纷纷上桥拍照留念。

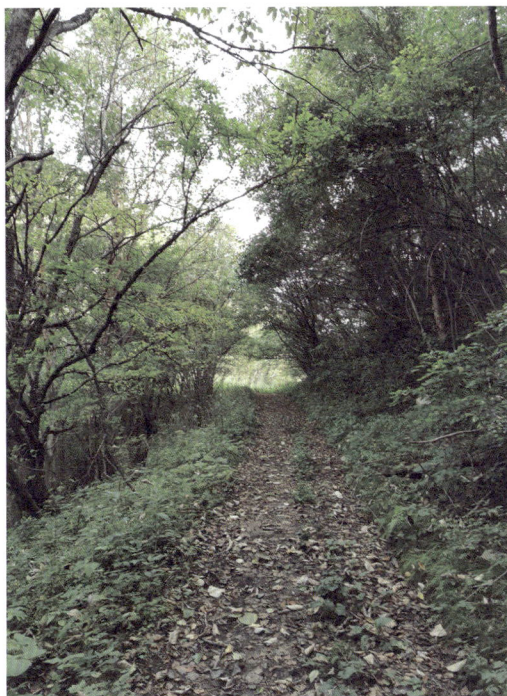

图 644  三岔路右侧机耕路（2020 年 9 月）

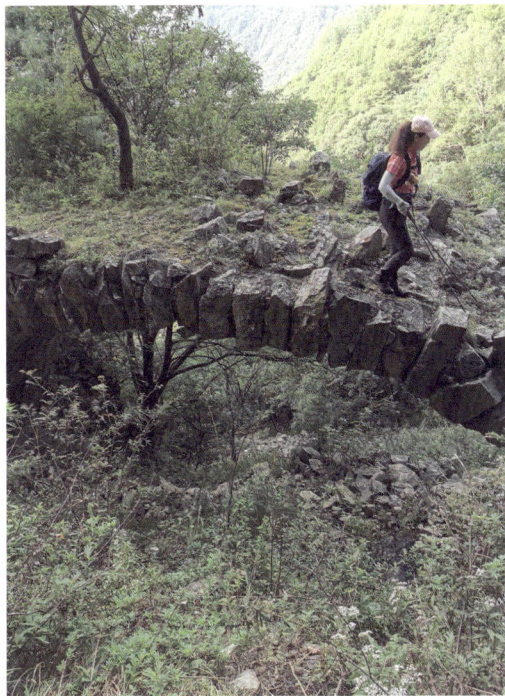

图 645  石桥景观（2020 年 9 月）

沿着机耕路行走 7 千米左右，到达海拔接近 2200 米的攀爬口，这里有小溪汇聚成的天然蓄水池。继续向前，一路经过箭竹林，穿过石海，在距离起点 9 千米左右到达垭口（图 646），垭口向北 500 米经过网红大靴石（图 647）便到达最高点。从垭口向南 500 米则可沿着南侧的沟道下撤到林场路，然后向北 4 千米到达北侧攀爬口，形成一个小型环形穿越。不过，小型环形穿越比原路返回要多三四千米机耕路，如果时间紧张，建议休息后原路返回。

最高点是地标为"一脚踏三县"的地方，确实地处周至县、眉县和佛坪县三地的边界。顶上有一个标杆（图 648），可能是近年来驴友所立，就像我和驴友也曾在草链岭上立下标杆一样。"一脚踏三县"是泥峪河的源头，正北方向正对着的沟道即是泥峪。"一脚踏三县"顶上风光卓绝，茫茫草甸在群山之巅的云雾中连绵起伏，远处的太白山闪耀着积雪反射的白光，大美秦岭尽收眼底。

图 646　垭口北望（2020 年 9 月）

图 647　网红大靴石（2020 年 9 月）

图 648　一脚踏三县（2020 年 9 月）

　　我们在山顶吃火锅，并在大靴石上拍照留念，休息 1 个多小时方才下撤。有些驴友选择了原路返回线路，有些走了环形穿越。尽管环形穿越线路距离长，但南侧顶峰怪石嶙峋，如有余力，从南侧环形穿越也是一个不错的选择。

### 3.8.23　烟火沟

烟火沟（图 649）在辛口峪西侧，和辛口峪中间还有一条小沟道叫作史家山沟，其入口在老周佛公路上。烟火沟的长度不足 3 千米，发源于韩家山西北侧的山尖附近。尽管沟道较短，却有公路通往沟口，沟内有季节性水流，无人文景观。不过，烟火沟入口东侧 400 米山梁上的清凉古寺（图 650）较为知名，有公路连接烟火沟和清凉古寺。清凉古寺是老周佛路的重要地标，也是最方便的自驾入口之一。

图 649　烟火沟（2022 年 2 月）

图 650　清凉古寺（2022 年 2 月）

### 3.8.24　骆峪

骆峪在周至县骆峪镇，峪口有骆峪水库（图 651）。骆峪峪道较长，且是古时连通汉中的傥骆古道的重要组成部分，自古以来就是文人骚客、王侯将相留名之地。骆峪的名称和古骆国的骆明有关，据说骆明是黄帝第三子，封地在此，称为骆国，如今峪口大坝下有骆明雕像（图 652）。骆峪水出了峪口叫沙河，流经周至县城时形成了大

图 651　骆峪水库（2022 年 2 月）

图 652　骆明雕像（2021 年 1 月）

片湿地，也就是周至知名的水街景区所在地。骆峪内尚有不少村落，沿着骆峪公路可行驶到峪内深处十几千米。骆峪曾有矿场，分布在峪内深处 14 千米的位置，这里也是骆峪穿越一脚踏三县的起点位置。不过，相对于老周佛路的登山线路，傥骆古道较为难走，游人相对较少。

骆峪水库向里 6.5 千米有分岔路，向东沿着公路和机耕路最终到达韩家山附近，这里也有一处村落，是骆峪韩家山环形穿越的最高点和午餐休息点。这里村东的小路通往老周佛路，不过，最后一段公路尚未修通，普通车辆还无法从此处驾驶到老周佛路上。沿着骆峪向里 9.5 千米左右的大石瓮位置，右侧有小路通往海拔 1773 米的翠峰山附近，不过，这条路目前走的人越来越少，几乎已经荒废。驴友来骆峪欣赏的主要风光是骆峪水库，在水库附近有休息平台和野餐营地，铺个垫子或者挂个吊床，在这充满人文气息的古骆国滋养地，随随便便就能玩一天。

### 3.8.25 稻峪、羊道沟

稻峪在骆峪西侧，峪口外有向阳村、稻峪村等。稻峪虽短，但有公路通达稻峪内部（图 653）。从稻峪口沿着水泥路向里可行驶 1.5 千米左右，到达右侧山梁处的一户农家。稻峪外靠近环山路附近有个暖泉寺（图 654），寺门旁有清代文物保护标志，在环山路就能看到暖泉寺的牌楼。暖泉寺修建在暖泉村的东南方向，此地也在香水湾水库的西北角，据说这里曾有温泉，也是暖泉寺得名的原因。

图 653　稻峪公路尽头（2021 年 1 月）

图 654　暖泉寺（2021 年 1 月）

羊道沟在稻峪西侧，地图上有此标记。该沟道和稻峪同源，都发源于海拔 1400 米左右的山尖附近。从稻峪入口有狭窄的公路通往羊道沟入口，羊道沟长度不足 1.5 千米，沟内风景原始，尚有几户人家居住。

### 3.8.26 强峪

强峪在羊道沟西侧，地图上标记为降峪沟。强峪的峪道长度和西侧车峪长度相近，都在 4 千米左右，发源于骆峪水库附近横向穿越翠峰山的半截梁上。强峪口有个村子名叫走马岭，村子里有多户人家居住。从走马岭向里有 1.5 千米的公路，再向里则是狭窄的机耕路。沿着机耕路前行大约 300 米，进入原始小道，此处也是三个沟岔的交汇处，其中西侧沟岔水流不断，沟岔旁有一庭院（图 655），偶尔可见院中有书法家挥毫泼墨，为山色增添不少人文气息。若沿着强峪主路前行，2 千米左右即可到达梁上，从梁上向西 2 千米即可到达翠峰山山顶的索姑庙附近。不过，这条路久无人走，路迹早已被杂草掩盖（图 656）。

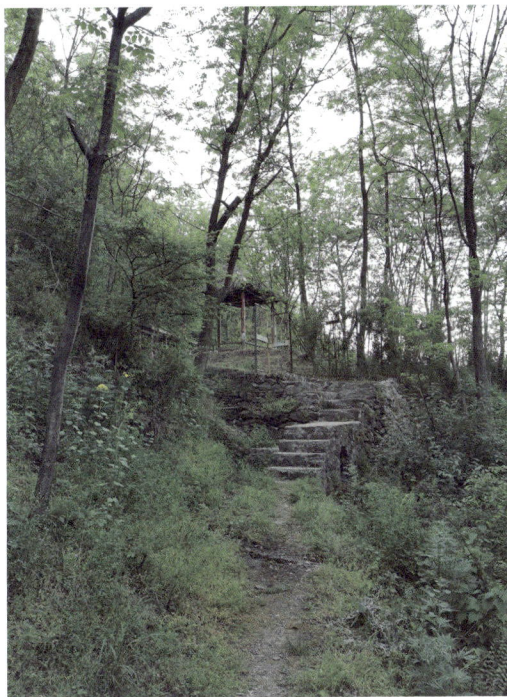

图 655　山中庭院（2020 年 5 月）

图 656　强峪内部道路（2020 年 5 月）

### 3.8.27　车峪

#### 3.8.27.1　峪道概况

车峪在强峪西侧，属于周至县马召镇，峪口有上车峪村、车峪口等地标。车峪内河流发源于海拔 1773 米的翠峰山，翠峰山又名青山，是周至县知名道场。车峪内风景秀丽，人文景观丰富，从峪口向里，沿途可经过遇仙宫、三宵洞、煎茶坪、索姑庙（图 657）、梳妆楼、脱骨洞等人文景观，因为路况较好，翠峰山成为老少皆宜的优质登山线。除了翠峰山，在峪道两千米处向东侧山梁拔高，经过 1.2 千米左右可到达王婆山（图 658），上方平台开阔，有几间庙宇，庙前庭院中有石桌石凳。尽管王婆山海拔不高，但视野较好，向东望去，足以一览众山小，是一个不错的休闲营地。

图 657 索姑庙（2020 年 5 月）

图 658 王婆山（2020 年 5 月）

### 3.8.27.2 秦岭百十峰之翠峰山

概况：起点翠峰山大门停车场海拔 800 米左右，最高点翠峰山海拔 1773 米，单程距离 4.8 千米，线路难度中等。

翠峰山大门外的路边有免费停车位，从停车处向里到达三宵洞附近还有一段公路，因管控只得徒步前行。沿主路行进 500 米左右到达三宵洞（图 659），三宵洞后方有小路可向上攀登，向上不到 200 米即与西侧的机耕路汇聚一起。距离起点 2 千米左右，机耕路消失，开始步入狭窄的登山路。从此处向前 50 米有三岔路口，东侧山路通往王婆山，南向主路通往翠峰山。向南前行，在距离起点 2.6 千米左右可见小型瀑布从崖壁上缓缓流下，汇聚成一汪清潭。在距离起点 3.1 千米左右有一道观，此处的坡度逐渐陡峭，从该庙向上 600 米即可到达海拔 1400 米的煎茶坪（图 660）。

图 659 三宵洞（2020 年 5 月）

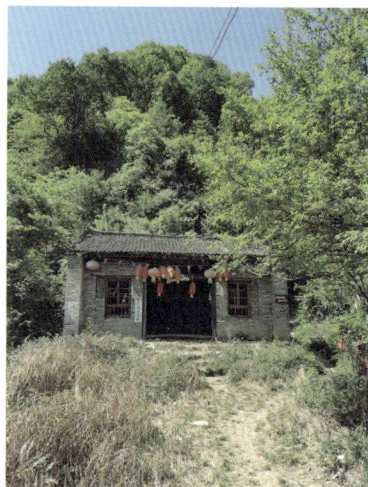

图 660 煎茶坪（2020 年 5 月）

通往索姑庙的小路（图 661）有几百米，这几百米是全程拔高最大的地方，不过，翠峰山的道路一直是之字形盘旋，降低了攀爬的难度。索姑庙附近有一个开阔的院落，墙上有青山胜迹简介（图 662），有一位老先生在此守庙。听老先生说，自己年轻时也是走过附近各个山头的强驴，也曾见过许多人从此处走向太白山或骆峪等。不过，少了西安驴友的铁蹄，山上的路渐渐地荒了，到访的游客最远到达后山的梳妆楼附近。

图 661　索姑庙的小路（2020 年 5 月）

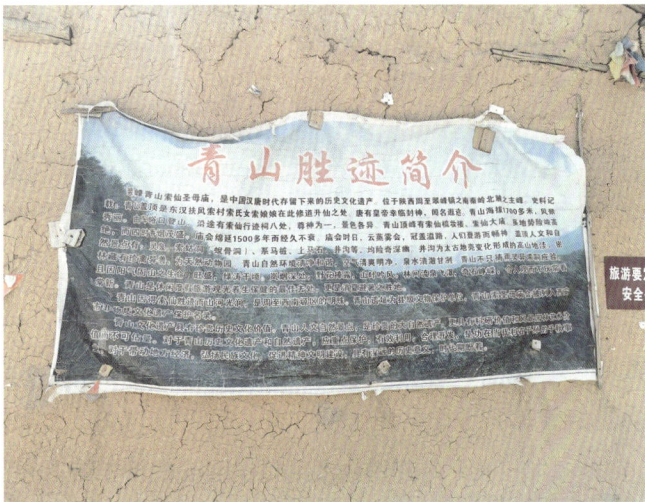

图 662　青山胜迹简介（2020 年 5 月）

翠峰山索姑庙东侧有水源，上边搭着一个棚子，对水源保护较好。从水源地沿着左侧小路前行 400 米，即可到达梳妆楼下方的脱骨洞。这儿的天然洞穴想必是古时修行者修行的重要场所，从脱骨洞出来即可脱胎换骨。翠峰山山顶有多处穿越线路，除了向东下撤到骆峪，以及车峪附近的小沟道中，还可以向西沿着棺材沟下撤到泥峪，棺材沟口有公路通达，从泥峪中穿越青峰山也极为方便。

### 3.8.28　竹峪、黑沟、槐树沟

竹峪在秦岭三百峪中至少出现三次，几乎都不太知名。周至县的竹峪似乎也不是单独的一个峪，然而，当沿着环山路向西行驶，过了马召镇之后印象最深的就是竹峪的引导牌，这个牌子是竹峪不甘寂寞的象征，告诉人们这里有个地方叫竹峪。其实，这里的竹峪指的是峪口的竹峪镇，沿着竹峪镇向里走，在丹阳广场附近分为左右两个沟道，且都有公路连通峪内深处。丹阳广场是竹峪镇的活动中心，以其西侧的丹阳观（图 663 和图 664）而命名。

图 663　俯瞰丹阳观（2021 年 9 月）

图 664　丹阳观景观（2021 年 9 月）

　　沿着丹阳观东侧的道路前行有岔路，不过，两条路最终汇聚在黑沟水库（图 665）附近。左侧沟道是竹峪的一个支流，称之为黑沟。丹阳观右侧的公路延伸比左侧长，过了丹阳广场还有接近 6 千米的距离，这个支道称为民主沟，当地人也叫槐树沟（图 666）。沟道尽头有入山小路，可供游客徒步休闲。

图 665　黑沟水库（2021 年 9 月）

图 666　槐树沟（2021 年 9 月）

　　竹峪可以作为黑沟和槐树沟的总称，夹在车峪和泥峪之间，尽管竹峪现在不甚知名，但竹峪镇西侧的中国周城活龙山景区以及龙阳沟千亩红梅基地近两年的兴起，或许会带动周边峪口包括竹峪走进人们的视线。

### 3.8.29　泥峪

　　泥峪在周至县竹峪村西侧，入口有个塔庙村，是周至县最西侧峪道。泥峪的河道称为泥峪河，河道较长，发源于一脚踏三县。泥峪内有成熟的公路通往峪内深处，不过，只延伸到峪内 7 千米左右的和坪附近，此处海拔 1000 米左右，尚有几户人家（图 667）。从此处登顶一脚踏三县，路况差，单程在 13 千米左右，只有部分强驴曾成功穿越。如果只为欣赏一脚踏三县的美，可以考虑从老周佛路休闲登顶。不过，泥峪内部水流潺潺，古道依旧，有仙人墓、石门洞天等景观，尤其是石门景观，浑然天成的高大石门是泥峪的打卡网红地，吸引了宝鸡市和西安市大量驴友。只可惜，我独自一人只走到泥峪石门遗址界碑（图 668）处，并未前往里面一睹石门洞天风采。

图 667  和坪人家（2021 年 9 月）

图 668  泥峪石门遗址界碑（2021 年 9 月）

## 3.9  宝鸡市眉县

### 3.9.1  跑窝沟

#### 3.9.1.1  峪道概况

跑窝沟在宝鸡市眉县境内，是宝鸡市最东侧沟道，沟口有上跑窝村和下跑窝村。跑窝沟虽不知名，但在环山路上能看到一个巨大的十字山指示牌，指向的就是跑窝沟所在位置。在峪口的上跑窝村西侧山梁下有一处宏伟的教堂，而在其西南方向向上 100 米还有一处教堂。这里是秦岭深山三处有一定规模的教堂之一，另外两处分别是渭南市华州区东牛峪的教堂和西安市鄠邑区石镜峪的圣母山教堂。从天主教堂东侧沿着机耕路进山，在距离教堂 600 米的地方有分岔路，右侧是跑窝沟主路，左侧通往十字山的朝圣路，向上 1 千米即到达十字山，每年五月有许多信众前来朝圣。

#### 3.9.1.2  秦岭百十峰之十字山

起点：教堂停车场海拔 700 米左右，终点十字山海拔 1000 米，单程 1.6 千米左右，线路休闲。

教堂附近有停车场，我来的时候是在冬日，几乎看不到游客，随便找个位置停车，然后边走边欣赏这些颇有特色的宗教建筑。教堂最早由城固县刘嘉录神父在 18 世纪兴建，"文革"期间被毁，现在看到的教堂是近年来所建造。这里有两处主要建筑，距离 100 米左右。据说一处是圣约瑟教堂（图 669），一处是圣母堂（图 670）。

图 669　圣约瑟教堂（2021 年 1 月）

图 670　圣母堂（2021 年 1 月）

从天主教堂进山，沿途都是机耕路，向前行进 600 米有岔路口，左侧登山入口可以看到朝圣路的石头标志（图 671）。沿着东边的之字形朝圣路上山，徒步 800 米左右到达梁上，梁上可见多处碑文记载耶稣受难的经历（图 672）。即使没有宗教信仰的人或许也知道耶稣的故事，以及《圣经》对全球文化的影响力。十字山属于浅山，此时只有我一个徒步者，周边静悄悄的，只能偶尔听到鸟雀触动枝杈的声响，或许这样静谧的场所更能让人回归本心，去思考哲学以及与信仰相关的事情。

图 671　登山入口（2021 年 1 月）

图 672　梁上石碑（2021 年 1 月）

距离起点 1.6 千米左右，此时总体拔高了大约 300 米，便到达十字山顶（图 673）。十字山顶仍在修建，上面有一些宗教建筑（图 674）。面对这些宗教建筑，人们须有敬畏之心，且不能犯了某些忌讳，于是，我虔诚地瞻仰一番之后，便迅速下山。

图 673　十字山顶（2021 年 1 月）

图 674　十字山顶宗教建筑（2021 年 1 月）

### 3.9.2　小镇沟、大镇沟

小镇沟在跑窝沟西侧，入口东侧是宝鸡市眉县咀头村。小镇沟发源于海拔 1300 米左右的半截梁上，几乎和跑窝沟同源，该峪道长度不足 2 千米，除了峪口处有几户人家，内部较为原始。

大镇沟在小镇沟西侧，峪口是宝鸡市眉县桐花岭村。该峪道较长，水流资源丰富（图 675），发源于 15 千米深处海拔 2400 米的无名山峰。峪口有大镇护林站（图 676），车辆一般无法进入，但人员可以出入。沿机耕路进山大概 3 千米到达观音堂附近，这里尚有几间庙宇。进山 8 千米左右有分岔路，东西两边分别是东沟和西沟，西沟入口有莲花山庙。莲花山庙建在九顶莲花山上，据说从山顶航拍能看到类似九朵花瓣的山峰，因而此地名为九顶莲花山。从西沟或东沟都可徒步到达大镇沟梁顶，据说可以从梁顶向东进入泥峪，向西进入汤峪。

图 675　大镇沟河道（2021 年 1 月）

图 676　大镇护林站（2021 年 1 月）

### 3.9.3　狼窝沟

大镇沟西侧有几条较短的沟道，从东向西依次是狼窝沟、花连沟、碾槽沟，其中花连沟最长。狼窝沟的入口处是狼窝村，可能这里真的有狼群出没，不过，现在秦岭深山已经看不到狼的踪迹。环山路上可看到灵龙山的牌坊（图 677），灵龙山人文纪念园就在狼窝村的南侧，占据着狼窝沟的风水，也是一处鸟语花香吉祥之地。狼窝沟入口处有一个小水库（图 678），其他再无特别的景观。

图 677　灵龙山牌坊（2022 年 2 月）

图 678　狼窝沟水库（2022 年 2 月）

### 3.9.4　花连沟、碾槽沟

花连沟入口（图 679）东侧有地名王家山，碾槽沟入口有地名七星原，碾槽沟因沟口朝向汤峪，更像是西汤峪的分支。这些沟道入口附近有一些酒店，都是汤峪温泉以及太白山旅游衍生出来的产业。不过，因为这些沟道知名度较低，鲜有驴友到访。这两个沟道都有公路连接东侧的狼窝沟，其中在花连沟入口东侧的山坡上有村民修建的一个小庙名为无量殿（图 680），是村中善男信女祈福的场所。

图 679　花连沟入口（2022 年 2 月）

图 680　无量殿（2022 年 2 月）

### 3.9.5　西汤峪

#### 3.9.5.1　峪道概况

西汤峪在宝鸡市眉县，也是太白山森林公园所在地。西汤峪的名称是相对于西安市蓝田县的汤峪而命名的，两者都有温泉，从地理位置上，一个在东一个在西，因此被称为东汤峪和西汤峪。西汤峪因太白山而知名，太白山是秦岭山脉在陕西省内的最高峰，其主峰拔仙台海拔 3771 米。太白山曾被古人认为高不可攀，然而在景区公路修建到海拔 2760 米左右的下板寺之后，以及在天下索道和下板寺索道贯通后，一日登顶太白山拔仙台已经成了普通驴友可以考虑的事情。

太白山山势高大，其下河流湍急，瀑布飞扬，位于峪内 14 千米左右的莲花峰瀑布落差最大达到 150 米，在秦岭深山也算是屈指可数的大瀑布。太白山山顶有著名的高山湖泊大爷海，其南侧还有二爷海、三爷海以及玉皇池，这些高山湖泊增添了太白山的高深莫测。太白山自古以来被认为是神山，据说姜子牙在山顶宣布封神榜，在极其高俊的拔仙台上，依然有残缺的庙宇存在。

太白山的徒步线路极其丰富，游客们一般乘坐景区摆渡车行驶 30 千米到达天下索道附近，然后乘坐索道到达海拔 3400 多米的天圆地方。也有游客乘坐摆渡车继续前行到达下板寺索道的徒步登山口，坐索道或徒步 3 千米途经拜仙台（图 681）到达天圆地方。从天圆地方沿着大梁向南徒步 8 千米左右，即可到达太白山最高处拔仙台。除此之外，驴友也有从太白山南坡（图682）铁甲树经过15千米攀爬到达拔仙台，不过线路较长，拔高大，大多重装露营。也有驴友从斜峪的羊皮沟或药王谷等地，经平安寺、放羊寺等穿越到太白山。更有驴友从23千米登山口、蒿滩或塘口等地登顶鳌山，沿着鳌山大梁经过顶棚梁垭口、2800营地、万仙阵以及跑马梁等地，历经3至7天的征程，最终到达拔仙台，完成鳌太穿越。尽管鳌太线路已被相关部门禁止，执法人员日夜在塘口等地守候，太保局的人员也在山梁上登记劝返，但鳌太穿越在驴友圈子中从未消失，每年仍有大量驴友参与鳌太穿越。越是禁止，越让人有挑战的冲动，山就在那里，总有一些人寻路到达。

图681　拜仙台（2021年6月）

图682　太白山南坡（2021年6月）

### 3.9.5.2　秦岭百十峰之拔仙台

概况：起点天圆地方海拔3460米左右，最高点太白山拔仙台海拔3771.2米，单程徒步8千米，因为海拔较高，容易引起身体不适，线路难度较大。

南武功，北太白，江湖盛传久矣。武功山以高山草甸著称，而太白山则以高海拔与变幻莫测著称。太白山在南北分界处，天气多变，六月飞雪就是她的重要写照。我曾经多次穿越太白山，或南北穿越，或景区一日徒步。若想一日登顶拔仙台，需要早早地出发。在七点半左右到达太白山售票处，买了门票和车票，坐上第一班景交车，沿途不停息，经过一个小时左右，车辆行驶到天下索道起点，此地海拔2300米左右。在此地可乘坐天下索道，经过15分钟左右到达海拔3460米的天圆地方（图683）。从天圆地方向南望去，长长的木栈道（图684）延伸到高山石海，与偶尔点缀的绿树青草形成鲜明的对比。

图 683　天圆地方（2018 年 6 月）

图 684　太白山木栈道（2018 年 6 月）

　　从天圆地方南下即步入太白山大梁，这里有太白山保护区标志。距离起点 1 千米左右到达小文公庙，木板路逐渐减少，开始步入原生态的石头路。距离起点 4.7 千米左右到达大文公庙（图 685），大文公庙附近有许多铁皮房，用来招待一日无法登顶，需要中途休息住宿的游客。不过，许多驴友自带帐篷，或自带睡袋，因为山顶潮湿，大通铺的被子无法保证卫生。过了大文公庙有一段练驴坡，已经疲惫的驴友要从这里突然拔高 100 多米，在这个高海拔的地方着实有些吃力。不过，所幸距离不长，在距离起点 7 千米左右即到达大爷海附近（图 686）。这里也有歇脚吃饭住宿的地方，不过价格偏高，我记得热水加泡面要卖到 30 元，而大通铺的住宿也在 150 元左右。尽管如此，夏季的周末经常在此找不到床位，可见太白山的热门程度。

图 685　大文公庙（2018 年 6 月）

图 686　大爷海（2018 年 6 月）

　　从大爷海左右两侧都能登顶拔仙台，左侧较为陡峭，不过距离较短，右侧比较平缓，需要徒步 1 千米才能到达拔仙台。大爷海东侧有冰洞，鲜有驴友造访，来这里的驴友多是为了登顶陕西最高峰拔仙台，在拔仙台欣赏日出（图 687）、雪景以及云海。太白山不仅有高山石海，也有草甸花海，更有高山湖泊，就连秋季的红叶也比别处显得高端大气，因此，登顶太白山成了驴友心中不可磨灭的念想。我曾经在拔仙台上废弃的庙宇中露营，有幸欣赏了拔仙台的日出，那些登山造成的肌肉酸痛、高海拔反应等，都因为那一瞬间的美景而烟消云散。

图 687　拔仙台等待日出（2021 年 6 月）

### 3.9.6　滑峪沟

滑峪沟在西汤峪西侧，峪道长度不足 1.5 千米，峪口有东滑峪和西滑峪的地理坐标，是以滑峪沟命名的两个村落，分别在滑峪的东侧和西侧。东滑峪村（图 688）和西滑峪村因沟道阻隔，目前无公路连接，只能折返绕行才能自驾到达峪道两侧。峪口东侧有太宝路，是汤峪口最西侧的公路，从太宝路右转有村路通往滑峪沟入口（图 689），滑峪沟内有羊肠小道进山，有季节性水流。

图 688　东滑峪村（2022 年 2 月）

图 689　滑峪沟入口（2022 年 2 月）

### 3.9.7　吉兴沟、劳沦峪、野苇沟

#### 3.9.7.1　峪道概况

在滑峪沟西侧自东向西依次有吉兴沟、劳沦沟、野苇沟三个小沟道，野苇沟最长，发源于海拔 2100 米的半截梁上，长度在 6 千米左右。吉兴沟外有胡家岭村，劳沦沟外有刘家滩村。这几个沟道都较为原始，沟内无被开发的痕迹。值得游玩的是最西侧的野苇沟，峪内河流称为见子河。在野苇沟和劳沦沟中间的山梁上有著名的道家福地钟吕坪，这里是钟汉离和吕洞宾的道场之一，分别有西坪、中坪和东坪三处道观群，有台阶和土路通往这三个地方，是附近居民休闲遛弯的好地方。

#### 3.9.7.2　秦岭百十峰之钟吕坪

概况：起点钟吕坪护林站海拔 800 米左右，钟吕坪西坪海拔 1100 米左右，单程距离大约 1 千米，线路休闲。

在钟吕坪护林站（图 690）入口的公路旁停车之后，迈过护栏，可见一个艾草种植园。我来的季节恰逢艾草收割，院子中躺着大片的艾草，香气四溢。因为此时正值周内，登山过程中并未见到别的游客。

图 690　钟吕坪护林站（2021 年 5 月）

从艾草种植园穿过（图 691），即步入登山的台阶路。在距离起点 300 米左右有一座桥，名为朝仙桥（图 692）。桥下有溪水静静地流淌。秦岭的水资源极其丰富，并非只有大的沟道才能解决水源问题，山中随意的山凹处、泉眼旁，都能找到涓涓细流，以提供一瓢之饮。

图 691　艾草种植园小路（2021 年 5 月）

图 692　朝仙桥（2021 年 5 月）

沿着台阶向上攀爬，在距离起点 700 米左右到达八仙观（图 693）附近，这里以八仙为主题，在秦岭宗教文化中也算是比较流行的本土化特色。向上继续徒步 300 米，到达西坪最高点（图 694），这里有开阔的平台，向西可俯瞰野苇沟。西坪上有几间庙宇，最北侧的是斗母宫。

图 693　八仙观（2021 年 5 月）

图 694　西坪（2021 年 5 月）

我到访西坪的时候，遇见一位守庙的老师傅。老师傅搬来凳子，端起茶水，邀我共饮。尽管老师傅守在庙中，但对宗教信仰的看法颇为独特。老师傅觉得大众应当追求天伦之乐，而不是躲在深山中受罪。修行是什么，对于老先生而言，修行是受苦，也是因凡尘往事所受的惩戒。听起来似乎有一定的道理，至少对于部分修行者或许是适用的。能在山中听到老者这番言论，或许是我到访西坪最大的收获。

### 3.9.8　远门峪

#### 3.9.8.1　峪道概况

远门峪入口位于宝鸡市眉县远门口村，入口的重要地标是远门口玉皇宫，玉皇宫附近以及远门口村都可以停车。远门峪的名称来自民间传说，很久以前当地百姓从该峪进太白山祈福，返回时迷路，太白山神指引远处山门所在的出口，由此便有远门口和远门峪的名称。远门峪不仅自然风光秀美，道家文化也极其丰富。沿途可见玉皇宫、保安宫、金仙洞、雪木洞等自然与人文景观。如果没参观金仙洞，就如同没有来过远门峪。金仙洞距离峪口 3 千米左右，在西侧崖壁上有 14 处石洞，其中较大者深十五六米，里面有一金身老子像，故名金仙洞。洞内夏天凉气袭人，中央有一水源，从顶上不断滴水，水滴石穿，滴水成池，水流四季不断。

在距离峪口 4.5 千米左右，东侧有神仙洞，西侧有雪木洞。据说，雪木洞是明末清初关中大儒李柏的隐居之所，李柏字雪木，号太白山人，明朝灭亡之后隐居在太白山附近著书立说，在无纸张笔墨条件下，用血在槲叶上写诗，抨击朝廷黑暗，也描绘自然风情，后来这些槲叶流落在外，其诗词被帝王将相争相传颂，更被编辑为《槲叶集》。远门峪中有一条极为知名的徒步线路，即香引山环形穿越线路。香引山包括南北二峰，峰顶庙宇林立，自然景观卓绝，站在南北二峰的观景台，一切险峻、奇秀、苍翠、悠然、辽阔的意向映入眼帘。驴友一般从远门峪登香引山，然后从香山沟下山。该线路行程较长，用时较长，适合有一定户外经验的驴友。

#### 3.9.8.2　秦岭百十峰之香引山

概况：起点远门峪口海拔 860 米左右，最高点香引山南峰海拔 2000 米左右，单程距离大约 9.5 千米，线路难度较大。

远门峪入口（图 695）有远门口村，车可以停在公路边，此时向峪口望去可见管护站的大门。前行几百米，左侧有两处庙宇，分别是玉皇宫（图 696）和保安宫。我们到访时恰好碰到探庙的老人，师傅开门迎接，我们也顺便跟进，圆了进庙瞻仰的愿望。

距离起点 2.5 千米左右到达五里庙，此时可见一块巨石横搭在山路上方，像山神为路人撑起了巨大的屋檐，石檐下方有一尊卧佛，我们行礼之后便迅速通过。在距离起点 3 千米左右，可见西侧崖壁上有多处洞穴，据说总共 14 处。我们没有一一瞻仰，只参访了最大的金仙洞（图 697）。金仙洞附近有一座小铁塔（图 698），洞内有一水源，水滴从石头上不断下落,下方有几个水桶将水滴汇聚在一起。据说这里的水能祛病消灾,驴友们纷纷拿起水瓢,咕嘟咕嘟喝了几口方才离开。

图 695　远门峪入口(2021 年 3 月)

图 696　玉皇宫(2021 年 3 月)

图 697　金仙洞远景(2021 年 3 月)

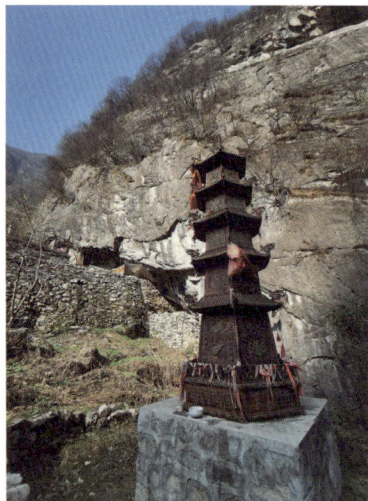

图 698　小铁塔(2021 年 3 月)

距离起点 4.8 千米左右,来到雪木洞(图 699)。雪木洞在西侧崖壁上,外有木门、石墙将洞口堵了一半。不过,因洞口较大,木门和石墙并未将洞内光线完全遮挡。雪木洞关于明末清初大儒李雪木的传说,令人对李雪木钦佩不已。此人有高洁的隐士之风,不与朝廷有所往来,是一个颇有个性的文化人,也为整个远门峪增添了浓厚的文化色彩。在距离起点 5 千米处到达十里庙农家(图 700)。这家有位老太太,热情好客,家里人多住在山下,但老人习惯了山里的生活,更喜欢在山里种药材、劈木柴的日子。

图 699 雪木洞（2021 年 3 月）

图 700 十里庙农家（2021 年 3 月）

距离起点 7.5 千米左右，到达岔道口，左侧属于太白古道之一，右侧通往香引山。这里海拔 1500 米左右，也是正式拔高的开始，从这里拔高几百米即到一处垭口，沿右侧沟道直行，距离起点 8.4 千米处有一个土地庙。在距离起点 9 千米左右，即到达香引山垭口，也是一处三岔路口，直行向下通往北香山垭口，右转向上则通往南香山。距离起点 9.5 千米，到达南香山顶峰。途中可见山头林立，庙宇众多。南香山东北方向更有一处神奇的观景台（图 701），由几块巨石拼接而成，远看如同猛兽一般虎视东方。我们在观景台打卡后，返回到途中的庙宇用餐，用餐完毕便前往韦陀庙方向。途中可见南香山的厨房，这里有几个蓄水的大水桶，可以同时满足数百人的庙会用水。韦陀庙方向因为有断崖阻隔，无法直接下撤到北香山，只能从南香山厨房所在小路下撤，即便如此，也比返回到香引山垭口节约 500 米左右。

距离起点 10.5 千米左右，到达北香山庙宇群（图 702）。我们惊喜地在庙后方发现有条小路，此路通往北香山观景台（图 703），该观景台是一个突兀的大石台，有五六米高，需要借助固定在上面的大铁链攀登而上。这里也是全程风景中的佼佼者之一，驴友们见了铁链就兴奋，有铁链的山头方能凸显山势的险峻，同时也激起了挑战的热情。

图 701　南香山观景台（2021 年 3 月）

图 702　俯瞰北香山（2021 年 3 月）

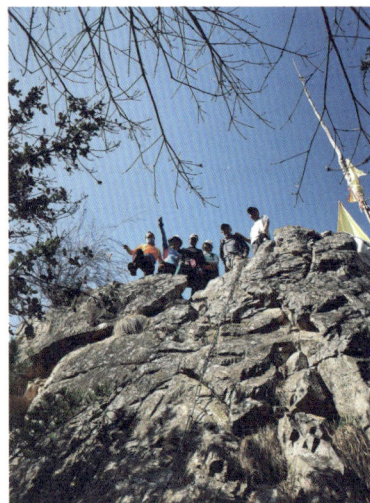

图 703　北香山观景台（2021 年 3 月）

在北香山休息片刻，我们便沿着香山沟下撤，香山沟的路况也较为成熟。除了起初 1.5 千米较为陡峭，北坡尚且残留一些积雪之外，其他地方路况较好，沿途可见漏风崖庙宇群、卧虎石、沟口崖壁上的小庙等。出香山沟之后，向东横切到远门峪的公路上遇到王母宫、古烧香台等景点，这条线路不愧是一条经典穿越线路。

### 3.9.9　香山沟

香山沟在远门峪西侧，峪口外有讲渠村、马家庄等，峪口东侧有灵官殿、王母宫、古烧香台等道观群。香山沟属于中等长度沟道，从灵官殿到梁顶大约 7 千米。沿着香山沟河道东岸的机耕路进山，距离灵官殿 1 千米左右有一处庙宇（图 704），从庙宇处沿山梁或底下河道都可以进山，两条路交会在距离小庙 1.2 千米的沟道内。不过，山梁上路况更好。在距离灵官殿 6 千米左右可见一处高高的崖壁，屹立千丈，巍峨挺拔，此崖名为漏风崖，崖下有多间庙宇（图 705）。此地风水极佳，庙下的卧虎石附近水流不断，是庙宇最为便捷的水源地。此外，香山沟作为穿越香引山的必经之路，驴友们从香山沟攀登或下撤，都能欣赏到香山沟丰富多彩的自然与人文景观。

图 704　入口处庙宇（2021 年 3 月）

图 705　漏风崖庙宇（2021 年 3 月）

### 3.9.10　小黑峪

小黑峪的入口在宝鸡市眉县黑峪村，在黑峪村外可见一处牌坊，上面写着"黑峪村—黑峪保护站"。黑峪村南有岔道口，向南的主路通往黑峪的白马寺，而向东的岔路通往小黑峪的铁佛寺。小黑峪相对比大黑峪短，仅有 4 千米左右，沟道梁顶在四咀山北侧 1 千米左右。听说四咀山的人不多，但去过红河谷神仙岭的游客很多，而神仙岭正是四咀山的一部分，从大黑峪或小黑峪都可以穿越到四咀山，但线路较为险峻，走的人极少。

从黑峪村南侧的岔道口，沿着指向铁佛寺的东侧土路，向东南方向 600 米左右可见小黑峪河道，这里的河道未修桥梁或涵洞，河道中有突兀的石头（图 706），容易剐蹭小车底盘，非越野车无法行进。在距离岔道口 1.2 千米左右到达机耕路尽头，这里西侧有采矿痕迹，左侧是进入小黑峪的小路（图 707）。沿着小黑峪内的羊肠小道前行 800 米左右可见岔路口，右侧道路通往峪内深处，而左侧道路通往铁佛寺。沿着左侧崎岖而又整洁的土路，大约徒步 1.2 千米，拔高 300 米左右，即到达海拔 1300 米的小黑峪东坡上的铁佛寺（图 708）。

图 706　小黑峪远景（2021 年 5 月）

图 707　入峪小路（2021 年 5 月）

图 708　铁佛寺（2021 年 5 月）

从碑文记载得知，铁佛寺建于北周时期，是历史上的九林寺之一，不过，如今看到的铁佛寺是几经摧毁而近年来重建的寺院。铁佛寺内有整齐的庙宇数间，寺内曾有得道高僧在此修行，如今只剩下一个年轻的法师在此守庙。这里有开阔的平台，寺院北侧还有一处修行平台，上有石凳木桌，是一个绝佳的抚琴喝茶场所。此地视野开阔，可以俯瞰黑峪村，或许这俯瞰的风景恰恰是修行者一直对抗的凡尘过往。

### 3.9.11　大黑峪

大黑峪的入口也在黑峪村，从黑峪村南侧的岔道口沿着右侧主路前行 2 千米左右，即能见到位于道路东侧的白马寺（图 709）。据说白马寺历史悠久，和《西游记》中唐僧的坐骑有一定的联系。从白马寺向山里行进 400 米左右即到达公路尽头，这里有一片开阔的地方可以停车，也是徒步游玩黑峪的起点。

大黑峪内有著名的黑峪瀑布（图 710），也是附近驴友打卡的网红地。大黑峪全长约 10 千米，发源于海拔 2400 米的四咀山，即红河谷森林公园内神仙岭所属的山峰。有人试图从黑峪穿越神仙岭，但并未成功。我从红河谷森林公园海拔 2260 米的神仙岭观景台向前探路，也没有发现可以穿越黑峪的成熟线路，估计这条线路走通的难度较大。不过，到达黑峪瀑布较为轻松，从公路尽头只需向里徒步 1.8 千米，翻过河道中的一堆大石头，即能找到藏在拐角处的黑峪瀑布。

图 709　白马寺（2021 年 5 月）

图 710　黑峪瀑布（2021 年 5 月）

### 3.9.12　赤峪

#### 3.9.12.1　峪道概况

赤峪又名红河谷，据说是因为发展旅游业而更名，现在的红河谷森林公园即在赤峪内部。赤峪峪道较长，其峪内河道称为霸王河，发源于海拔 3600 米的太白山南北大梁上。红河谷内部有几十千米长的公路，与太白山的景区公路连在一起，不过，因为属于两个景区，只能自驾到距离景区大门 20 千米左右的红河谷太白山分界处

（图711）。此地海拔2250米左右，石头遍布（图712），却依然水流湍急。这里距离下板寺的直线距离不足两千米，而走之字形公路的距离为7千米左右。

图711　分界处（2021年4月）

图712　红河谷石海（2021年4月）

赤峪景区内不仅有飞流直下的斗姆瀑布（图713），更有高耸入云的神仙岭观景台。斗姆瀑布高80余米，据说是太白山最大的天然瀑布。对于驴友而言更有吸引力的是攀爬神仙岭，神仙岭有徒步线路和东侧的缆车线路，如果选择缆车上山，登顶神仙岭将变得极其容易。除了这些知名景观，赤峪内部的分岔沟道中还藏着许多小寺庙，也是古时登顶太白山的重要途经点，如放羊寺、平安寺以及斗姆瀑布发源地的山梁上现存的斗母宫等。不过这些地方路途艰险，鲜有驴友从赤峪到达，只有重装穿越的驴友才能有缘参访这些寺庙。

### 3.9.12.2　秦岭百十峰之神仙岭

概况：起点神仙岭索道上站海拔1800米左右，终点神仙岭观景台海拔2200米左右，单程距离1千米，线路休闲。

神仙岭索道的起点海拔1350米左右，乘坐索道只需要几分钟便可拔高450米，到达神仙岭索道终点。我来过神仙岭多次，有一次阴云密布，神仙岭完全被云雾遮挡。然而，乘着索道拔高，忽然拨云见日，金色的阳光洒在云层之上，如同腾云驾雾一般妙不可言（图714）。索道终点有一个自然展馆，这里有孩子们（图715）喜欢的秦岭动物标本和介绍，可以从这里沿着东侧的木质台阶正式开始登山（图716）。

图 713　斗姆瀑布（2021 年 4 月）

图 714　神仙岭索道云海（2021 年 4 月）

图 715　登山小姐妹（2021 年 7 月）

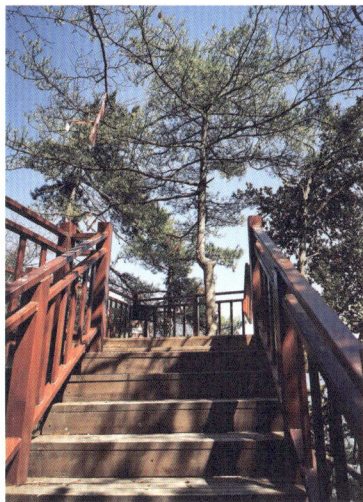

图 716　登山台阶（2021 年 4 月）

　　沿着台阶向上不到 200 米有分岔路，左侧是下山的徒步线路，通往凌空栈道（图717）等，不喜欢乘索道的游客，往往从海拔 1300 米的徒步登山口上山。不过，该线路到达索道上站的距离在 3.5 千米左右，拔高也有 500 米左右。如果全程徒步前往神仙岭观景台，确实需要一定的体能。

图 717　远观凌空栈道和高空杂技（2021 年 7 月）

沿着岔道口右侧的木质台阶上山，沿途有多个休息亭。距离索道 700 米左右有一处观景台，观景台上方的巨石上彩旗飘飘，登顶之后，发现此地视野开阔，甚至比神仙岭观景台的视野还好。四五月份，万物复苏，然而太白山的积雪仍未化掉，从神仙岭观看太白积雪（图 718），也是一大盛景。

沿着台阶继续向上徒步 400 米左右即到达神仙岭观景台（图 719），这里有一处大的平台，再往上则无法通行。我仔细查看了四周的线路，通往黑峪的路迹不明，也希望驴友安全第一，不要参与没有把握的穿越活动。

### 3.9.13　罗峪沟

罗峪沟在宝鸡市眉县红河谷西侧，入口处有罗峪口、罗峪村、铜峪东村等。从罗峪口向里驾车 2.5 千米左右即可到达佛光寺（图 720），佛光寺几乎就在罗峪沟梁顶位置，此地距离梁顶不足 500 米。我们造访的时候，正看到佛光寺的大师在写祝福，大师不修边幅，头发长长也不梳理，或许这是大师独特的修行法门。大师身边的信徒们虔诚地看着大师挥毫泼墨，我们也不便打扰，速速离开。

图 718　远观太白积雪（2021 年 4 月）

图 719　神仙岭观景台（2021 年 4 月）

图 720　佛光寺（2021 年 5 月）

### 3.9.14　铜峪沟

铜峪沟在罗峪西侧，入口处有铜峪西村以及三合庄管护站（图 721）。铜峪沟全长 5 千米左右，有碎石路和机耕路延伸到峪内深处，然而，铜峪沟因矿产开发的原因，道路被大车碾压得坑洼不平（图 722），峪内环境也因矿产开发而遭到破坏。不过，铜峪沟的矿藏开发不在主沟道内，而是距离入口 2 千米左右的西侧山梁上，而西侧山梁恰好是西侧万户沟和井索沟的梁顶。

图 721　三合庄管护站（2021 年 5 月）

图 722　碎石路（2021 年 5 月）

### 3.9.15　万户沟、井索沟

万户沟和井索沟依次在铜峪西侧，入口分别有万户村和井索村。两沟长度较短，全长都在 2 千米左右，沟内有简易的机耕路（图 723）。两沟梁顶附近都有矿藏开发，对这两处的水源头有一定的破坏。这两个峪道没有知名景点，驴友鲜有涉足。

图 723　井索沟机耕路（2022 年 2 月）

### 3.9.16　磨石沟、苍峪沟

磨石沟的入口处有上磨石村（图 724），这里也有采矿的痕迹，在峪道尽头海拔 1300 米的位置附近，从地图上已经看不到绿色。进山的路口有栏杆（图 725）阻挡无关车辆进入，驴友也鲜有涉足，只听说峪内尽头沟道西侧梁上有座叫仰天寺的寺庙，不知是否依然存在。

在磨石沟西侧有苍峪沟，其长度不足 1 千米，因没有公路通达峪口，驴友也鲜有涉足。

图 724　磨石峪标志（2021 年 5 月）

图 725　栏杆（2021 年 5 月）

### 3.9.17　斜峪

#### 3.9.17.1　峪道概况

斜峪的入口在宝鸡市眉县斜峪关，斜峪关是古代褒斜古道的北侧出口，而南侧的褒谷口在汉中市，今有石门栈道风景区。斜峪水又名石头河，斜峪的入口处有石头河水库，石头河水库的库容量较大，走在蜿蜒的山路上，一眼望不到石头河水库的边际。石头河的源头在青峰峡风景区，斜峪在青峰峡西侧的三国文化主题公园附近形成了自然的分水岭，其东侧的水汇入石头河，最终通过渭河注入黄河。而其西侧的水流汇入褒河，主要源头在石塔山东侧附近，其水流最终出褒谷口注入汉江，成为长江水的一部分。

斜峪中有日照线穿过，沿途有许多知名山峰的最佳登山口，如药王山（谷）、石榴山、青峰山、顶棚梁以及鳌山，这些山脉或是未开发区域，或是非法穿越线，或是成熟的景区，每年吸引大量游客，是太白县的重要旅游产业。途经太白县的太洋公路是驴友进入黄柏塬的重要道路之一，金秋十月，太洋公路层林尽染，红叶黄叶披满山头，也让这条公路成为一条重要的秋季观景线路。此外，太洋公路路过的 23 千米鳌山登山口，也是驴友攀登鳌头的最佳登山口，使得这条公路在驴友密集的时期热闹非凡。

### 3.9.17.2 秦岭百十峰之药王谷

概况：起点药王谷景区大门海拔 1000 米左右，最高点药王洞海拔 1400 米左右，单程距离 2 千米，线路休闲。

从日照线上在柴胡村附近向东进入通往药王谷的公路，向内行驶 3 千米左右即到药王谷景区大门（图 726）。尽管药王谷已开发十余年，然而，我们到达的时候游客寥寥无几。景区大门口有简易的售票处，我们扫码进入景区，开启药王谷之旅。从景区的规划图上可知，景区有几处环形穿越线路，走上去才发现，只有药王洞以及观音庙这些地方道路已通，其他地方仅仅在规划中，目前尚且无法通过。从景区公路尽头开始正式登山，沿着台阶路一路可以欣赏到许多养生知识（图 727），或许是因为这里有药王的故事，景区便打起了养生牌。

图 726 药王谷景区大门（2021 年 9 月）

图 727 景区养生诀（2021 年 9 月）

除了养生文化，药王谷还有大大小小的瀑布水潭几十个，每一处都有一个令人难忘的名字。徒步 1 千米以内，分别可见问心石以及静心潭等，这些瀑布水潭的名字时刻在提醒游客们，若要养生，先问问自己的心能不能静下来。行走 1.2 千米左右到达三岔口，左侧通往观音庙，右侧通往石锅瀑布（图 728），我们选择了右上左下。距离起点 1.4 千米左右可见药王石锅，这里有三阶瀑布，自上而下冲击成五个石坑。从一旁的介绍得知，传说中隋朝末年孙思邈隐居于此，常用这些石坑煮饭。后来长安瘟疫爆发，孙思邈带领村民在这里熬制药材，拯救黎民苍生。后世为纪念孙思邈，将此地称为石锅瀑布。

沿着铁梯（图 729）爬上石锅瀑布顶端，有一处休息亭。亭旁有分岔路，左侧通往观音庙，不过有些地方被冲垮，景区并不建议行走。右侧通往药王洞，从这里开始进入原始森林区，沿途景区所修的木质栈道减少，许多地方需要摸着石头过河，所幸只剩下不到 150 米的拔高，距离也不过 500 米的脚程。沿途有一个洞名为卧虎洞（图 730），据说猛虎是孙思邈以德报怨进行救治的猛虎，后来猛虎感念孙思邈的恩德，常在山林中守护孙思邈采药。在距离起点两千米左右，到达药王洞瀑布（图 731）。药王洞仿佛是个水帘洞，巨大的瀑布从天而降，瀑布后方隐约可见"药王洞"三个大字。从右侧沿着台阶走上药王洞，看到洞深七八米，药王塑像端坐洞中。我们仿佛看到一位耄耋老人，悬壶济世，记挂苍生，风餐露宿，不求功名。我们默默地表达敬佩之情，向身兼药王和太白山神两大荣誉的孙思邈作揖，希望药王能够保佑国家尽快战胜新冠病毒。

图 728　石锅瀑布（2021 年 9 月）

图 729　石锅铁梯（2021 年 9 月）

图 730　卧虎洞（2021 年 9 月）

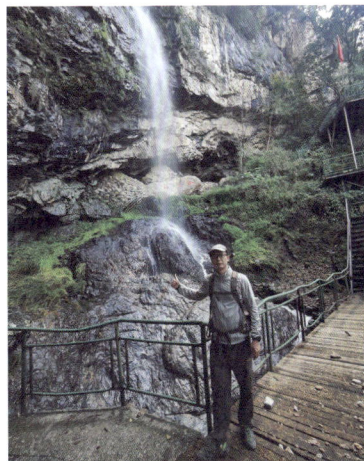

图 731　药王洞瀑布（2021 年 9 月）

药王洞右侧有路可横切到火场附近，然后沿着山梁小道拔高到海拔2250米的斗母宫附近，继续向前，穿过海拔2820米的石门，在山梁上向南可前行到海拔2760米的平安寺附近。平安寺是个三岔路口，既可以下撤到药王谷，也可以下撤到羊皮沟，是古代攀登太白祈福的重要途经地之一。从平安寺向上经过放羊寺，最终可以拔高到海拔3500米的太白文公庙附近。不过，穿越道路较长，近些年也只有穿越鳌太的驴友才会走，我们也只是畅想一下从此处徒步攀登太白的线路。从药王洞下撤到石锅瀑布上方，沿着标记观音庙的方向前行。经过一系列危险的枯木栈道之后，徒步大约500米，即到达观音庙（图732）。观音庙是纪念观音为药王化百草并为村民指路寻找药王的功德而立。观音庙上方有一处天然观音石（图733），真如民间传说的观音塑像一般，令人称奇。

图732　观音庙（2021年9月）

图733　观音石（2021年9月）

观音庙附近有观音亭，在石锅瀑布上方的亭子就是观音亭。拜访过观音亭，开始下山，很快便下撤到飞天遗石附近，即来时的岔路附近。我们用脚步丈量了景区的风景，不得不吐槽一下景区花了几十万元做的地图，辨识度极差，错误百出，远不如驴友脚下产生的轨迹图。

### 3.9.17.3　秦岭百十峰之石榴山—青峰山

概况：起点石榴山南坡登山口海拔1800米，最高点石榴山海拔2100米左右，青峰山最高点海拔2200米左右，到达石榴山顶单程1千米左右，从石榴山前往青峰山约8千米。石榴山线路休闲，而青峰山线路难度较大。

因石榴山路途较远，我们选择了包车前往。从斜峪向南绕过石头河水库，然后在水库西侧沿着公路经过高码头村、范家沟等到达海拔1800米左右的登山口。我们乘坐的是18座车辆，如果是小车，还可以前行500米，到达海拔1920米左右的停车场位置（图 734）。从机耕路尽头停车场直拔上去，便到达海拔 2060 米的石榴山水窖附近，从这里向右前行几百米便到达二郎真君镇守的石榴山（图 735）。

图 734　停车场（2021 年 5 月）

图 735　石榴山（2021 年 5 月）

石榴山原名桃山，后来据说裂开如同石榴，又因石榴神坐化于此，更名为石榴山。石榴山顶有观景台，更有一脚踏三县的标记，上面分别刻着三县名称，分别是岐山、太白和宝鸡（今宝鸡市陈仓区）。我们沿着石头攀爬，并借助铁链快速登顶（图 736），登顶后果然见到三县界碑身披红袍（图 737），驴友纷纷摆拍，尽情享受登顶的快乐。石榴山风姿卓绝，东南西北诸峰一览无余，其中南侧鳌太大梁尤其显得高俊挺拔。石榴山有多种穿越方法，向北可以穿越到华岭寺以及圆通寺，并从同峪水库或西沟水库出山，或者穿过华岭寺之后沿着老君山北侧的南寺沟出山。不过，我们既定的线路是石榴山穿越青峰山，早已安排车辆在青峰山停车场等候。

图 736　石榴山顶（2021 年 5 月）

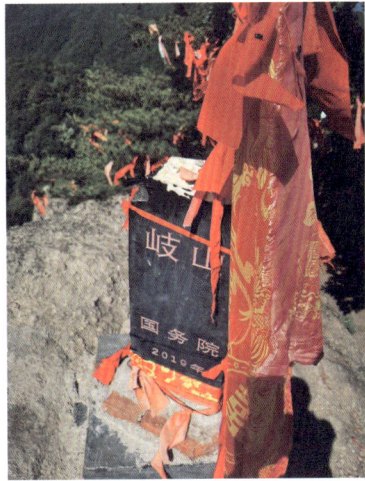

图 737　三县界碑（2021 年 5 月）

从石榴山下撤后，沿着通往青峰山的大梁前行。这段路走的人较少，路况较差，路迹时有时无。我们不得不频频拿出手机，核对轨迹是否偏移。在经过 7 千米左右的山梁穿梭之后到达南天门，南天门是北侧曹家沟的梁顶，也是从北侧宝盖寺村登顶青峰山的垭口。青峰山有东西南北中五处山峰，我们沿着小路摸爬，最终到达最高点北峰，只是北峰荒芜，已经没有人文景观。而东峰和南峰距离中峰都有接近 1 千米的距离，因攻略上并未标明线路，我们未曾前往，只听说住着几位隐士，性情各异，有的比较随和，有的则脾气暴躁。西峰在伐鱼峪尽头的菩萨山上山的路上，我们下山时并未探索西峰的风光。唯一瞻仰的人文景观是中峰平地处的几处庙宇（图 738），并在中峰道观西侧的青峰山石门处留念（图 739）。尽管此处是中峰位置，但地势开阔，更像是山中盆地，属于莲花状山峰的中心位置。

图 738　中峰庙宇（2021 年 5 月）

图 739　青峰山石门（2021 年 5 月）

从中峰道观群下撤 300 米即到停车位置，大巴车已在此等候多时。从停车场到眉太线有 10 千米的机耕路，如果车辆没有开上来，一路走下去大概需要 2 个小时。这次活动能如此休闲，得益于领队达人前期周密的组织以及宝鸡驴友的协助，否则，一旦车辆无法开进青峰山管护站，该线路将不再休闲。

### 3.9.17.4　秦岭百十峰之顶棚梁

概况：起点太白县桃川镇路平沟村顶棚梁登山口海拔 1460 米左右，最高点顶棚梁海拔 3400 米左右，单程距离 8.8 千米，线路难度较大。

顶棚梁路途较远，且拔高超过 2000 米，是秦岭一日强线，一般驴友选择夜宿顶棚梁登山口，第二天早早登山。如果第一天下午来得早，有时间可以欣赏路平沟瀑布的景观。在路平沟公路尽头停车，步行 1.6 千米即可到达路平沟瀑布（图 740）。该瀑布极为壮观，瀑布下的水潭清澈见底，是一处休闲的徒步线路。

图 740　路平沟瀑布（2018 年 8 月）

我们夜宿路平沟登山口农家乐，早上五点起床，简单吃了农家准备的早点，便开始沿着农家东南边的进山小路登山。此时天刚蒙蒙亮，所幸一路没有露水，道路在头灯的照耀下清晰可见，走了半个小时左右终于迎来了第一缕阳光。前段道路几乎一直在林子中沿羊肠小道穿梭，行进 4 千米左右步入箭竹林，此时海拔 2500 米左右。距离起点 5 千米左右，箭竹林徒步结束，此时海拔接近 2800 米。接下来的 1 千米终于可见一些特色鲜明的自然景观，有适合露营的小草甸，也有惹人喜爱的白色花海（图 741）。在距离起点 6.5 千米左右有一处悬崖（图 742），视野较好，驴友纷纷在此拍照。

距离起点 7.2 千米左右，海拔 3250 米处，绿草如茵，松叶苍翠，道路更加平坦开阔，如同进入了一处高海拔的森林公园（图 743）。此时，视野逐渐开阔，右前方的鳌山大梁也逐步映入眼帘。

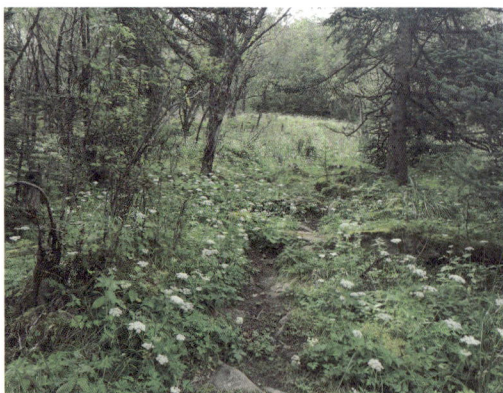

图 741　白色花海（2018 年 8 月）

图 742　途中悬崖（2018 年 8 月）

图 743　梁上道路（2018 年 8 月）

　　距离起点 8.8 千米左右，我们前队成功登顶，此时刚刚 10 点，也就是登顶总共用了 4.5 小时。这个速度和攀行首阳山、牛背梁、四方台等线路的速度不相上下，只是这里拔高 2000 米吓坏了大多驴友。我们前队趁着顶棚梁云海翻腾（图 744），迅速拍照留念，将美景收入到记忆中，而后队则没这么幸运。后队在两个小时后到达山顶，山上突降小雨，大雾弥漫，错过了顶棚梁的绝美风光（图 745）。山上的气候变化莫测，这也是一定要敬畏自然的原因。

图 744　顶棚梁云海（2018 年 8 月）

图 745　顶棚梁风光（2018 年 8 月）

### 3.9.17.5　秦岭百十峰之鳌山

概况：起点鳌山"23 公里"登山口海拔 2260 米左右，最高点鳌山大梁导航架附近海拔 3 500 米左右，鳌头位置海拔 3300 米左右，到鳌头 5.4 千米，而到导航架 7.5 千米左右，线路有一定难度。

鳌山南侧登山口叫作"23 公里"，可能与太洋公路到黄柏塬距离有关，因为此处登山口到太白县大约 50 千米，而到黄柏塬差不多 23 千米左右。登山口东边有条河沟，沟道旁有石雕的羚牛（图 746），沟道靠近公路口有平地可以停车露营，我们一行下午 6 点之前便到达露营点，安营扎寨，一起欣赏月色下的鳌山（图 747），休息好了第二天开始爬山。

图 746　石雕羚牛（2019 年 8 月）

图 747　鳌山月色（2019 年 8 月）

第二天早上 7 点左右，驴友们收拾完毕，从露营地西侧的登山口开始静悄悄地登山，这里有个登山口标志（图 748）。不过，为了防止非法穿越，据说这个标志可能会被拆除。不管如何，鳌山是驴友心中的圣地，可能是无法完全禁止的。沿着小路向上拔高，在距离起点 2 千米左右即到达牛头树位置（图 749）。继续上行，一路看到无数警示牌，禁止非法穿越，即便如此，鳌太穿越依然风行于驴友圈。该现象值得管理层反思，既然没有办法杜绝穿越，能不能想办法更好地保障户外安全。

图 748　鳌山登山口（2019 年 8 月）

图 749　牛头树（2019 年 8 月）

沿途经过松叶林、小草甸等高山景观，走到梁上之后，坡度越来越平缓。在距离起点 5.5 千米左右，便到达海拔 3320 米的鳌头附近。鳌头尽管不是鳌山的最高点，但鳌山因鳌头而得名，许多驴友慕名而来，甚至在大年初一奔赴鳌山，就是为了讨个好彩头，希望新的一年独占鳌头（图 750）。

图 750　独占鳌头（2019 年 8 月）

从鳌头沿着大梁前行，距离起点 7.5 千米左右即到达开阔的鳌山大梁（图 751）。这里也是新导航架所在的位置，放眼望去，如同月球表面一般。除了导航架（图 752），再也看不到人间的任何建筑痕迹。高山草甸的石海和天空紧紧地扣在一起，不知哪里是尽头。站在鳌山大梁上，思绪翻腾，想起许多驴友常走鳌山，甚至在冰天雪地中在鳌山露营，年年如此，乐此不疲。我试问其中的意义，驴友只道心中就这么点念想，爬山就像去看望老朋友，如果自己有余力，无论多少困难都能克服。

图 751　鳌山梁顶（2019 年 8 月）

图 752　导航架（2019 年 8 月）

## 3.10　宝鸡市岐山县

### 3.10.1　麦李峪

麦李峪又名麦李沟，入口在宝鸡市岐山县曹家村，再向外有著名的五丈原村，诸葛亮出师伐魏最终升天之地就是五丈原，现在五丈原有诸葛亮庙供游人瞻仰。进入麦李峪必须经过陕西开关厂，以及陕西开关厂的家属区。有位驴友的老家在此，其记忆中，小时候的麦李沟能捉到不少螃蟹，足见这里生态环境之优良。麦李沟发源于海拔 1600 米左右的山梁上，其水流被称为麦李河（图 753），河水清澈，常年不竭。

从陕西开关厂附近向里行进 300 米有一工厂，左右皆可通行。右侧沿着山路可以行驶到峪内深处的护林站，其下方即是白云寺所在的位置。沟道内风光卓绝，大多驴友选择从沟里徒步进山。沿着左侧道路前行后右转行驶几百米，道路越来越窄，可以找个稍微开阔的地方将车停好，便可步行进山。沿着机耕路行驶几百米即到达麦李峪入口，从此处沿着小河旁的进山小路行进 800 米左右可见一个大石门（图 754），也是此地的重要地标。

图 753　麦李河溪流（2021 年 5 月）

图 754　石门（2021 年 5 月）

距离起点 1.3 千米左右有一块巨石，其旁有一座龙王庙，这是进山所见的第二座小庙，一道庙和二道庙距离不过 150 米。过了二道庙，在距离起点 1.6 千米左右，可见左侧山沟中有一形态奇特的瀑布，瀑布后的崖壁蜿蜒扭曲如同旋转的海螺，姑且称其为海螺瀑布（图 755）。距离起点 2.4 千米即到达白云寺（图 756）所在的海拔 750 米的地方，白云寺历史不过百年，如今可见的也是后来新修的庙宇。白云寺右侧有小路到达西侧的五丈原林场蔡家庄管护站，该管护站也是西侧机耕路的终点。此处有小路延伸到峪内深处，但这里属于管护区，管护站工作人员会劝返游客。

图 755　海螺瀑布（2021 年 5 月）

图 756　白云寺（2021 年 5 月）

### 3.10.2 西沟

西沟在麦李峪西侧，峪口外有何家新庄。在何家新庄北侧进村的路上有一处大美西沟的牌坊，左右分别写着"仰石榴秀峰以壮鸿志，濯麦李灵水而馨美德"，将此处的两大自然风光尽数概括。西沟水流是麦李河的重要分支，而从西沟过圆通寺和华岭寺最终可到达南侧最高点石榴山，因此，这里仰望石榴山，沐浴麦李河。从何家新庄出发，沿土路行驶 2.5 千米左右即到达西沟水库（图 757），该水库虽然不大，但水质清澈，环境保护得较好。

从西沟水库向里 1 千米有一处保护站，这里有十几间砖瓦房，但并未见人。从管护站沿着左侧主路向里行驶 3 千米可到瓦房沟位置，这里有护林站的一排瓦房，偶尔能零星地看到几个山民。在管护站向里 1 千米有岔路，右侧过小桥有一条狭窄的机耕路，沿着机耕路驱车 3.6 千米左右即可到达圆通寺（图 758）。圆通寺是近代释德林法师筹资修建，附近有释德林法师的纪念塔。我来访的时候恰逢一位守山师傅和山下的一位居士在此，师傅带我参观了神泉，并拿出香甜的哈密瓜请我品尝。据师傅描述，圆通寺后山有路通往南侧的华岭寺以及石榴山，但现在走的人极少，偶尔看到从此穿越下山的驴友。

图 757　西沟水库（2021 年 5 月）

图 758　圆通寺（2021 年 5 月）

### 3.10.3 同峪

同峪入口有宝鸡市岐山县杨家山村，峪内的同峪河发源于石榴山北侧华岭寺所在的山梁附近，是陈仓区和岐山县的界河。通过法士特大道在法士特工厂入口右转，沿着公路行驶 5 千米左右即到达同峪入口。通往峪内的路况较差，目前全是土路，沿着土路进山 1 千米即到达同峪水库（图 759）。水库虽然不大，但碧水悠悠，从上面俯瞰，能看到水库中用于养殖的水箱漂浮在水面上。水库旁有几间房子，住着水库的看护人员。

从水库向里还可驾车三四千米到达峪内深处的张家沟附近，这里目前仍有人居住。从张家沟北侧海拔 900 米的停车位置向里徒步 3 千米即到达海拔 1720 米的华岭寺附近，从华岭寺再向上 2 千米左右，即可到达石榴山（图 760）。据宝鸡驴友尘埃一粒介绍，同峪沟有一块石头名叫骆驼石，巨大的石头像卧倒的骆驼一般，也是同峪自然景观的特色之一。

图 759　同峪水库（2021 年 5 月）

图 760　石榴山（2021 年 5 月）

## 3.11　宝鸡市陈仓区（东）

### 3.11.1　雍峪

雍峪在宝鸡市陈仓区钓渭镇，峪口外有埝台村以及庙前头村。雍峪又名金台峪，其峪口有一小型水库称为金台水库（图 761）。从连共线转到向南的进山道路，最先看到的是谭庄村的牌坊（图 762），其正面写着"谭庄村"，背面雕刻着"泽被十方"。从此处也能看到路西边的善缘寺宝塔（图 763），是此地的重要地标。善缘寺的名称很有意思，如果每个人都广结善缘，不计个人得失，"地球村"一定将变得更加和谐。

从善缘寺沿着公路向里经过庙前村之后，行进 5.5 千米左右便到达金台水库。金台水库中鱼儿翻腾，俨然是一个大鱼塘，几个小伙子正在鱼塘边现捞现烹，甚是热闹。从金台水库向里没有公路，只有一段机耕路（图 764）。该峪全长不到 5 千米，沟道最高点在海拔 1400 米左右的山脊上。

图 761  金台水库（2021 年 5 月）

图 762  谭庄村牌坊（2021 年 5 月）

图 763  善缘寺宝塔（2021 年 5 月）

图 764  雍峪山路（2021 年 5 月）

### 3.11.2  正沟、南寺沟

正沟和南寺沟在宝鸡市陈仓区钓渭镇疙瘩沟村南，这两个沟道都是疙瘩沟的分支，在疙瘩沟沟口分两岔，东边是正沟，西边是南寺沟。正沟中没有水库，南寺沟距离两沟交汇处向里 2 千米有一个水库名叫麻窝水库（图 765）。正沟中尚有人家居住，此地称为南牧场，无特别景观，往来驴友较少。从蒙家山山梁前往老君山，或有驴友将车停在正沟西侧的瓦庙附近，从瓦庙进入正沟，沿沟内前行 3 千米左右即到达海拔 1400 米左右的正沟梁顶附近，从此处横切到东侧山梁上的机耕路，此时距离老君山大概还有不到 6 千米的距离。

南寺沟是疙瘩沟西侧的分支，从疙瘩沟村沿着疙瘩沟平整的土路进山（图 766），1.5 千米左右便到分岔处。沿着西侧分岔继续前行，2 千米左右即到麻窝水库。从麻窝水库还能沿着极为狭窄的道路行驶 1 千米左右，到达麻窝水库上游的几户农家处。我到访的时候已经有多辆越野车停在路边，听到水库旁边人声喧杂，似乎是钓鱼的游客。

图 765　麻窝水库（2021 年 5 月）

图 766　进山土路（2021 年 5 月）

从水库上游沿着狭窄的机耕路（图 767）前行 1.5 千米左右到达无极宫（图 768），这里有一处农家院落，原有无极宫的牌子，现在不见了。从无极宫沿着三十盘河行进 5 千米即可到达老君山主峰。老君山四通八达，从南寺沟、正沟、雍峪以及高桥沟都能登顶。不过，正沟西侧的蒙家山山梁机耕路也是自驾的重要线路，村民进香走不动时多从此路坐摩的、三轮车等到达老君山。

图 767　水库上游的机耕路（2021 年 5 月）

图 768　无极宫（2021 年 5 月）

### 3.11.3　高桥沟

高桥沟外侧是低矮的台塬，塬上分布着大量的村落，有陈仓区高桥沟村、杨家村、李家庄、刘家庄等。此地沟道复杂，多短浅的小沟道，许多地方没有名字。我们将通往老君山登山口的沟道称为高桥沟。高桥沟两侧有公路通往老君山登山口，两条公路沿着高桥沟两侧山梁修建，在距离连共线 8 千米左右处汇聚在一起，其中，西侧公路路况较好，而东侧公路尽头有一段机耕路，坑洼不平。从公路尽头沿着机耕路向里行驶 1 千米可见一处小庙（图 769），是沿途的重要地标。

图 769　高桥沟西侧公路旁小庙（2021 年 9 月）

过了小庙，还可以沿着机耕路行驶 2.5 千米左右，到达海拔 1100 米左右的老君山登山口。此地并非机耕路的尽头，机耕路向里还有两三千米长，可通往更深处的农家。老君山登山口有两根石柱以及几处废旧的房屋（图 770），且水资源较为丰富（图 771），河流发源于秦岭深山主脊，经过九曲十八弯最终汇入伐鱼河，即使在冬季，也能见到奔腾不息的水流。从登山口向上沿着河道走 1.8 千米左右，到达海拔 1200 米的三岔路口，从此地左转垂直拔高 300 米左右即可到达海拔 1500 米左右的老君山山顶。老君山包括南北两个山峰，峰顶均有多处庙宇，也是香火旺地。不过，老君山西侧的线路较差，不如其东侧诸如南寺沟、雍峪以及蒙家山等地的攀登线路。

图 770　老君山登山口（2022 年 2 月）

图 771　河道（2022 年 2 月）

### 3.11.4　毛家沟、李家沟、孙家沟

宝鸡市陈仓区（东）多台塬地貌，使得从连共线向南沟壑纵横不知有多少条沟道，其中高桥沟西侧的沟道主要有毛家沟、李家沟以及孙家沟。这些沟道靠近山区位置多修建了小型水库，分别以其沟道名字命名，而毛家沟水库因靠近光明村，也被称为光明水库。这些水库都有公路通达，其中李家沟水库（图 772）和孙家沟水库（图 773）有公路连通。这些沟道距离较短，从水库到梁顶一般不超过 3 千米，在水库附近有进山小路，因为没有特别的户外线路，驴友鲜有到访。

图 772　李家沟水库（2022 年 2 月）

图 773　孙家沟水库（2022 年 2 月）

### 3.11.5　曹家沟

曹家沟入口在宝鸡市陈仓区曹家沟村，又名车家沟。曹家沟沟内有机耕路通往海拔 850 米的红中水库，再往里走路况较差。不过，从曹家沟村沿着沟道西侧梁上的公路向里行驶，可以绕过山梁，进入曹家沟峪道深处。曹家沟隐藏着无数的村落，譬如

关儿下、冉家沟、宝盖寺等，曹家沟尽头的宝盖寺村更是登顶青峰山的知名登山口。不过，到达宝盖寺需要经过九曲十八弯的山路，自驾里程在 20 千米以上。

　　曹家沟内知名山峰还有菩萨山，是曹家沟西侧伐鱼峪的水源头之一，曹家沟西梁公路也是攀登菩萨山的必经之地。从曹家沟村沿着山路向里 15 千米到达关儿下村，从此处向西走过十八盘，拔高到海拔 1100 米的垭口，然后下降到海拔 900 米的十二盘村（图 774），这一段十八盘公路 8 千米长，一路风景优美，适合自驾。十二盘村在伐鱼河（图 775）的中游，这里风光秀美，如同秦岭中的香格里拉。沿着伐鱼河向南行驶 4 千米即到小土路附近，再往里走路况较差，绝大部分路段仅仅容下一辆面包车通过，驴友们多采用从十二盘村包车的形式前往登山口。沿着狭窄的机耕路向里行驶 4 千米左右到达海拔 1220 米的蜂农停车场，这里是原路返回的最佳停车点，此时距离海拔 1880 米左右的菩萨山不足 4 千米。

图 774　十二盘村（2021 年 5 月）

图 775　伐鱼河（2021 年 5 月）

　　菩萨山距离较远，登顶过于烦琐，专程前往菩萨山的驴友较少。许多驴友选择附近的多日露营线路，途中可能经过菩萨山，譬如青峰山—石榴山三日穿越线路，沿途经过菩萨山、青峰山、石榴山，并最终从圆通寺或老君山等地下撤，一路人文自然景观丰富，是宝鸡市知名穿越线路之一。

### 3.11.6　伐鱼峪

　　伐鱼峪在宝鸡市陈仓区天王镇，峪口有姜太公钓鱼台风景区的大铁门（图 776），通过该景区大门即可进入伐鱼峪内部。伐鱼峪以"姜太公钓鱼，周文王访贤"为人文核心，打造了山水人文风景区，峪内有钓鱼台水库，以及以《封神演义》中描述的故事为题材的大小庙宇，更有钓鱼台的代表风景"孕璜遗璞"巨石，是钓鱼台风景区的重要打卡地。

　　伐鱼峪峪道较长，发源于青峰山和菩萨山附近，沿着伐鱼峪河道向里行走，在十几千米内的深山分布着多个村落。只不过这些村落只能从曹家沟经十二盘到达，从伐鱼峪并无公路通往峪内深处。在伐鱼峪河道尽头的青峰山下，有一处小山头名为菩萨山，尚有多间庙宇，有公路和机耕路从十二盘村到达菩萨山，大约 12 千米。不过，因为藏于深山，周边穿越线路相对匮乏，驴友专门前往的不多。

图 776　姜太公钓鱼台景区大门（2021 年 5 月）

进入姜太公钓鱼台，入口 100 米左右的河道中可见"孕璜遗璞"的巨石，旁边有姜子牙垂钓的雕像。沿着主路行走 1 千米可到达钓鱼台水库（图 777），该水库水量较大，景区提供了划船项目供游客玩耍。沿着水库西侧的小路行走 600 米可见右侧有台阶路，向上十几米可见武吉庙（图 778），传说武吉是天王镇人氏，跟随姜子牙学艺，在周王朝的建立中发挥了一定作用。

从武吉庙向上拔高 100 米即到西禅寺（图 779），这里已经不是景区管辖的范围。此地有宏伟的庙宇、耸立的佛塔（图 780），更有历经千年的石碑刻文，碑文记载伐鱼峪自古也被称为磻溪峪。西禅寺海拔 800 米，向北可沿着机耕路下山，而向上拔高 400 米可到达海拔 1200 米左右的草坪山，沿途经过多处寺庙和佛塔，是一条风景优美而又成熟的徒步线路。

图 777　钓鱼台水库（2022 年 3 月）

图 778　武吉庙（2022 年 3 月）

图 779　西禅寺（2022 年 3 月）

图 780　佛塔（2022 年 3 月）

### 3.11.7　后沟

#### 3.11.7.1　峪道概况

后沟（图 781）在伐鱼峪东侧，沟内和塬上尚有多个村落。后沟向里有王家堡、后沟等村子，沟内有乡村公路，但无法沿沟道自驾到梁顶，公路尽头只有羊肠小道通往草坪山。在后沟入口附近可远远望到右侧草坪山守林员值班的休息平台。草坪山在后沟梁顶，是个不容错过的免费景区。后沟和磻溪峪在峪口之间形成了高大的台塬，上面分布了毛家窑、儒家窑、杜家庄、曹家庄等村落，从后沟西侧的塬上有公路通往草坪山。这里不仅有风光卓绝的塔庙，也是穿越伐鱼峪线路的起点位置之一。

图 781　后沟（2022 年 2 月）

### 3.11.7.2　秦岭百十峰之草坪山

概况：起点位于草坪山海拔 900 米的停车场，最高点草坪山顶庙海拔 1200 米左右，单程距离 2.2 千米，线路休闲。

起点处有一座供守林员休息的小房子，有铁索绳拦在路中间。不过，因为前方都是砂石路（图 782），车辆容易打滑，大部分游客都将车辆停在下方停车场。从停车位置沿着硬化的机耕路前行 900 米有分岔路，沿着左侧沟道中的小路（图 783）行走比右侧砂石路节省几百米的路程。

图 782　俯瞰梁上砂石路（2021 年 5 月）

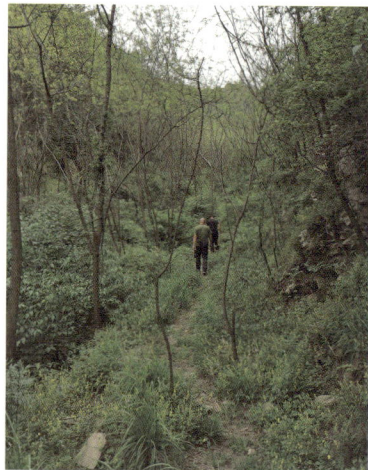

图 783　沟道小路（2021 年 5 月）

沿小路拔高到机耕路上，便到达草坪山宝塔下（图784）。越往上走，宝塔的远景风光越好，其最佳观赏位置在草坪山山顶附近（图785）。从山顶俯瞰，在几百米外的梁上，庙宇林立，气势恢宏，据说是磻溪镇村民近年来集资兴建。顶上的功德碑记载，草坪山兴建于明代，历经风雨，旧庙曾毁于2001年的大火，现在看到的都是近些年所建的。

图 784  草坪山宝塔（2021 年 5 月）

图 785  草坪山日落（2021 年 5 月）

我们到达草坪山山顶时（图786），只看到一位守庙的老人。在草坪山山顶庙下，有成熟线路通往东侧的伐鱼峪，长度不足3千米，线路较为休闲。也有驴友选择从草坪山南侧小路（图787）经过风雨洞下撤到十八盘河，然后经过付家坡村穿越到伐鱼河河道，全程距离在20千米左右。不过，因为整体拔高小，线路难度不是很大。

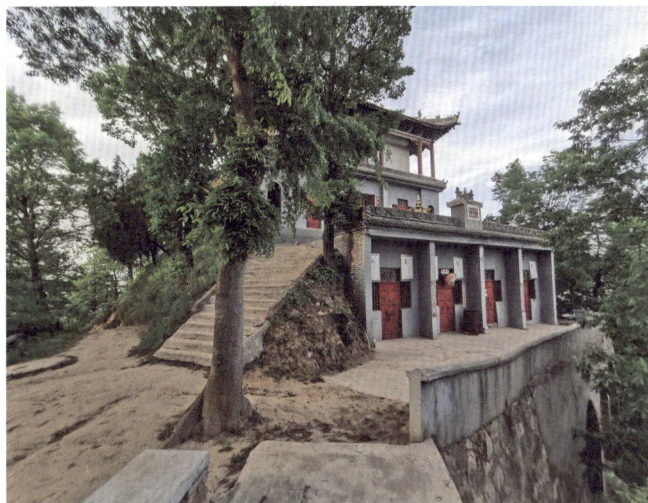

图 786  草坪山山顶（2021 年 5 月）

图 787  南侧小路（2021 年 5 月）

### 3.11.8  磻溪峪

磻溪峪在陈仓区磻溪镇，峪口外有个景家崖村。磻溪峪全长接近20千米，发源于石塔山东南侧的山梁，这些山梁也是南侧褒河的水源头之一。磻溪峪是宝鸡知名的休闲戏水峪道，峪内分布着核桃庄的几个小组，常见村民在深山劳作，或砍柴或采蜂蜜，使得磻溪峪多了一些烟火气。磻溪峪不仅自然风光好，也不乏人文故事，这里的传说主要以姜太公为主，据说姜子牙在磻溪峪垂钓，后遇到西伯侯姬昌，最终扶持周王朝崛起。然而，此传说存在争议，隔壁伐鱼峪已经建立了钓鱼台风景区，并认为伐鱼峪才是姜太公垂钓之处。传闻无法考究，不过这样也好，至少磻溪峪没有被改造成景区。

　　磻溪峪入口有管护站，从管护站沿着机耕路自驾6千米左右即到达磻溪峪水库（图788），一路上有不少休闲戏水的好地方。尽管磻溪峪有水库拦截，然而水库在深山中，下游依然接纳了来自各个岔道的溪流，瀑布也随处可见（图789）。不过，磻溪峪的机耕路较为狭窄，需要小心驾驶，以免汽车发生剐蹭。磻溪峪水库上游中央的小山叫作太公山，从机耕路上可见山上有小庙，是这里徒步休闲的重要去处。

图788　磻溪峪水库（2021年5月）

图789　磻溪峪瀑布（2021年5月）

　　过了水库，车辆依然可以通行，在距离起点管护站8千米左右，机耕路越来越窄，车辆通行变得十分困难。从这里下车向前徒步3千米可到达核桃村二组，这里尚有几户人家。越往深处人烟越稀少，道路越荒芜，只有少数从石铧山以及石塔山穿越的驴友偶尔从峪内深处走出。这里属于原生态较好的区域，少量的人家不仅没有破坏环境，反而让深山有了勃勃生机，更有一番人间仙境的感觉。

### 3.11.9　胥家沟、刘家山沟、张家岭沟

　　磻溪峪西侧分布着几个小沟道，分别是胥家沟、刘家山沟、张家岭沟、祁家沟、授衣沟、铁家沟等，这些沟道总体较短，算上台塬下的沟道也往往不足3千米。这些沟道入口之间皆有公路连通，到访极为方便。通过对这些沟道的考察，发现地图上所示的名称不一定可靠，有些名称应当以村民的说法为准。

　　胥家沟入口西侧有个胥家沟村，村子里有座五圣庙。过了五圣庙，沿着公路到达胥家沟东侧山梁，梁上有公路通往一处山庙（图790），山庙后有机耕路和羊肠小道通

往磻溪峪以及白雀寺，这两个地方都较为知名，使得此地成为周边驴友穿越的重要出发点。从胥家沟村向西，沿着公路跨过麦地沟，穿过刘家山村，即可到达刘家山沟（图791）。刘家山沟内部有进山小路，沟内水流较少，无特别的风景。从刘家山村北侧有公路通往西侧的张家岭沟，沟内无成熟线路，鲜有驴友造访。

图 790　胥家沟东侧山庙（2022 年 3 月）

图 791　刘家山沟（2022 年 3 月）

### 3.11.10　祁家沟、授衣沟、铁家沟

祁家沟入口附近有个祁家沟村，村西侧通往沟内的公路上可见祁家沟水塘，在水塘北侧有一座寺庙名为祁古寺（图792）。祁家沟的进山路况较为成熟，在沟道两侧的山坡上都有成熟的徒步线路（图793）。在白雀寺东侧的沟道中多有小路通往白雀寺，其中祁家沟东西两侧的山路最为便捷。沿着祁家沟西侧的山梁徒步4千米左右，即可到达海拔1320米左右的白雀寺。

图 792　祁古寺（2022 年 3 月）

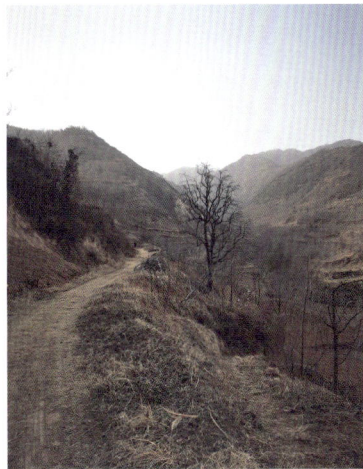

图 793　祁家沟徒步线路（2022 年 3 月）

　　从祁古寺附近沿之字形村道向西 1.8 千米左右即到授衣沟（图 794），授衣沟入口处有一水塘（图 795），水塘边的木雕上刻着"授衣沟"三个字。这里仿佛是新开设的农家小院，进院的牌坊上写着"枣林驿站"四个字。此处被布置得颇有趣味，是附近居民休闲玩耍的好地方。

图 794　授衣沟（2022 年 3 月）

图 795　授衣沟水塘（2022 年 3 月）

　　从授衣沟沿着村路向西行驶两千米即到铁家沟入口，不过，铁家沟没有特别的景观，尽管铁家沟发源于白雀寺所在的山峰，但没有成熟的道路从铁家沟登顶白雀寺。登顶白雀寺的最佳线路在铁家沟西侧的山梁上，从西侧山梁上的任家山村出发，天气好的时候，可沿着机耕路驱车 4.5 千米直达白雀寺。途中距离任家山村 2 千米的地方，有一棵古松较为奇特，据说这棵古松已经有几百年的历史，此地除了这棵古松，周边无一别的树木，从山下远远就能望见这棵神奇的古松。该古松被驴友称为"消息树"（图 796），已经被奉为神树，游客常常在其身上挂满祈福的红丝带，使得这里成为徒步白雀寺的网红打卡地。

　　从古松到白雀寺拔高不足 300 米，距离也较短，因此，许多驴友选择将车停在下方，沿着机耕路（图 797）徒步到达白雀寺（图 798）。白雀寺原名白鹤洞，据说是商汤普贤真人修身养性的地方，现存庙宇为十年前所修，是附近居民进行宗教活动的重要场所。从白雀寺顶向北有路通往祁家沟方向，白雀寺山门附近向南有路通往架花山，而白雀寺穿越架花山或者反穿的线路在当地极其知名，线路难度不大，风景较好。

图 796　消息树（2022 年 3 月）

图 797　白雀寺机耕路（2022 年 3 月）

图 798　白雀寺（2022 年 3 月）

### 3.11.11　马尾峪

#### 3.11.11.1　峪道概况

马尾峪即潘太公路穿过的峪道，此潘太公路的"潘"非磻溪的"磻"，而是指潘家湾。潘太公路属于 G244 国道的一部分，北起潘家湾，南至太白县，全长 40 余千米，路况较好，堪比西安穿过沣峪的 G210 国道。沿途景色也与沣峪相似，不仅有秦岭梁，也有大大小小的名山分布在峪道左右。

沿着潘太公路驱车深入，首先映入眼帘的是兴龙寺，兴龙寺独占一个山头，而马尾河在此处不得不避让，围着兴龙寺所在的山头形成了几字形大弯。继续向里行驶，可到达马尾峪多个名山的登山口，譬如架花山、龙床山、石塔山、冻山以及翠矶山。这些山脉宝鸡驴友非常熟悉，堪称宝鸡人的后花园。马尾峪除了名山较多，也有一些神奇的洞府，如龙床山对面的雪山洞（图799）。据说雪山洞是丘处机修行的道场，内部如同一个大冰窖，即使在夏天人们也会感到阵阵凉意。沿着雪山洞内部的木梯直上，可通往建在雪山洞洞口的庙宇最上层。庙宇居于顶端阁楼，从这里可俯瞰雪山洞道观群的整体风光。

图 799　雪山洞（2020 年 8 月）

### 3.11.11.2　秦岭百十峰之架花山

概况：起点架花山庙登山口海拔大约 820 米，架花山山庙海拔 1350 米左右，单程大约 3 千米，线路简单。

从峪口向里经过兴龙寺，距离兴龙寺 2 千米左右可见东侧有一铁丝网阻隔，这里就是架花山登山口（图800），入口处有块石碑刻着"架花山庙"四个字（图801）。该登山口无法停车，只能在西侧 100 米左右蜂农所在的茅棚附近停车。

图 800　架花山登山口（2021 年 9 月）

图 801　架花山庙石碑（2021 年 9 月）

　　起初的一段路略显陡峭，行进 600 米左右方见一片干净的树林可供休息（图 802）。距离起点 1.6 千米，海拔 1200 米左右，有一处大磨盘（图 803），不知何年何月被架在一个低低的树杈上。磨盘四周可见伪驴友留下的零星的痕迹，包括矿泉水瓶、白色塑料袋等。这里靠近山庙，却仍有素质不高的人肆意拉低秦岭的颜值。

图 802　林中休息点（2021 年 9 月）

图 803　林中的磨盘（2021 年 9 月）

　　走在两旁多是乔木的山梁上，夏季里也不觉得太热。在距离起点 2.8 千米左右即到达架花山垭口，左侧有"架花山欢迎您"的牌子，右侧是架花山的天坑水源地。顺右侧沿着山梁到达海拔 1400 米左右位置左转可通往白雀寺。沿着架花山指引的方向向上徒步 100 米依次可见老母殿和菩萨殿。最高点菩萨殿的视野较为开阔（图 804），向东可望见绵延不绝的群山，那里是白雀寺所在的方向。架花山和白雀寺是该线路的两大景观，老母殿上的对联说明了架花山与白雀寺千丝万缕的联系："游白雀寺风送花香红满地，登架花山雨滋碧树春连天。"

图 804　架花山山顶菩萨殿（2021 年 9 月）

老母殿旁有几棵山核桃树，山核桃个个粒大饱满，我和驴友在地上捡了几个，在庙前用砖块砸开，美美地品尝着常年见证佛缘的山核桃，观赏着天空中时而盘旋的白雀，思索着修行者生活的智慧。

### 3.11.11.3　秦岭百十峰之云台山

概况：起点云台山景区大门海拔 940 米左右，终点云台山玉皇庙海拔 1600 米左右，单程距离 4 千米左右，难度一般。

秦岭三百峪中，蓝田岱峪有座云台山，宝鸡也有座云台山。宝鸡的云台山入口在马尾峪潘太公路西侧，距离架花山入口 3 千米左右，可见西侧有公路通往云台山景区大门（图 805）。该景区属于免费景区，我们来的时候已经是下午 5 点多，我与驴友跑步前进，并约定 6 点半左右无论是否登顶，必须下撤。

云台山主路有 2 千多米长的机耕路，尽管能容下一辆小车，但全程几乎无错车位置，因此只能将车辆停在山门口。从景区大门向前行走 200 米可见左侧有一院落，应该是云台山的一处下庙（图 806），因为时间原因，没有进入。

沿着机耕路前行（图 807），耳边伴随着瀑布的阵阵声响。夏秋季节水量较大，使得路旁的这条瀑布较为壮观，精修的佛像在瀑布中间伫立，似乎时时刻刻不忘洗涤

图 805　云台山大门（2021 年 9 月）

图 806　云台山的下庙（2021 年 9 月）

图 807　云台山机耕路（2021 年 9 月）

俗世的尘埃。路途中偶见一头石头青牛，如果在夜间行走，或以为真的遇到了羚牛。牛头上绑着红布条，看来信众也将这头青牛赋予了精神内涵。距离起点 2.2 千米左右，即进入陡峭拔高的小路。沿着小路呈之字形向梁上拔高，沿途水流逐渐减少，直至地面溪流消失殆尽。这段路的长度占了全程的三分之一，但拔高却接近全程的一半。一路艰难拔高 300 米，在距离起点 3.2 千米左右，终于到达山顶岔路口，这里有几处庙宇，墙体通黄（图 808），守庙的师傅便住在此处。

图 808　岔路口庙宇（2021 年 9 月）

山顶岔路口是个四岔路口，右侧有崎岖的山路通往西源附近，左侧下行通往云台顶庙，左侧上行通往雪山洞对面的登山口，而左侧下行 100 米右侧有路通往海拔 1720 米左右的龙床山最高点。我迅速从左下方小路前往云台山位置，从四岔路口的庙堂到云台山山顶 400 米左右，崭新的天梯搭建在石台旁。沿着天梯拾级而上（图 809），可见南天门、石盆以及顶端的几处庙宇（图 810）。山顶上视野开阔，西侧可清晰地看到四岔路口的庙宇，东侧可一览众山小，的确是一个景色别致的好地方。

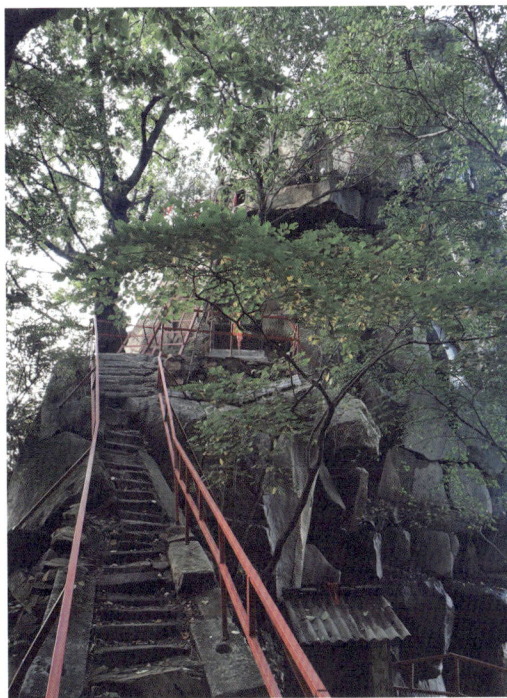

图 809　天梯（2021 年 9 月）

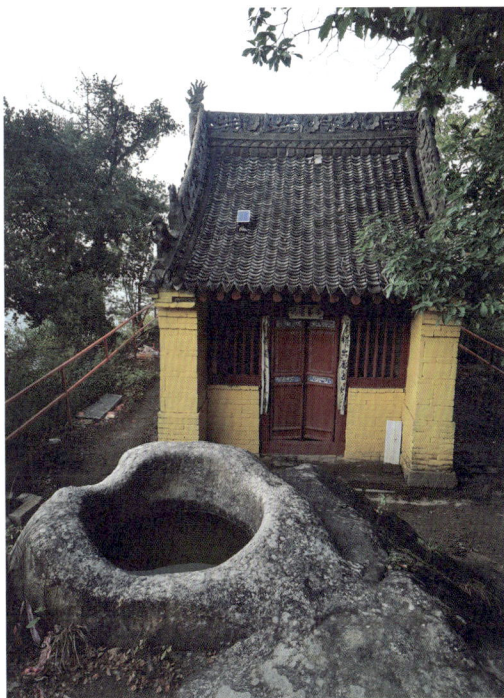

图 810　石盆和顶端的庙宇（2021 年 9 月）

### 3.11.11.4　秦岭百十峰之石铧山—石塔山

概况：起点登山口海拔 1760 米左右，石铧山海拔 2200 米左右，石塔山海拔 2100 米左右，单程不到 4 千米，难度一般。

石塔山入口在马尾峪的油条沟，此地位于马尾峪的中心位置，南侧距离秦岭梁不过三四千米。石铧山与石塔山入口相同，只不过要过石铧山必须从入口附近左转上梁，如果走右侧油条沟则多出一两千米。此次登山是跟随达人的精品户外队，我们将车停在油条沟北侧 200 米处的空地，然后开始登山。在石塔山入口处（图 811）有保护野生动物的大牌子，以及石墙上为油条沟水流预留的豁口。从豁口处上山，沿着小路行走几十米，便向左侧找路。我们沿着左侧小路行走 600 米左右从沟道切到主梁上，余下的路几乎都在梁上，虽拔高较大，但路况较好。距离起点 1 千米左右有一块大石皮，如同卧虎一般（图 812），大家纷纷在此拍照留念。

距离起点 1.9 千米即到石铧山最高处，石铧山（图 813）的风光给驴友们带来十足的惊喜。石铧山北侧的最高点是一处大石壁，但并不险要，也无开阔的视野，然而其最东侧如同犁地的铧一般的巨石才是全程的亮点，这块巨石或许就是石铧山名称由来的原因。胆子大的驴友如履平地般走了上去（图 814），而胆小的驴友只能在石铧边上负责拍照。

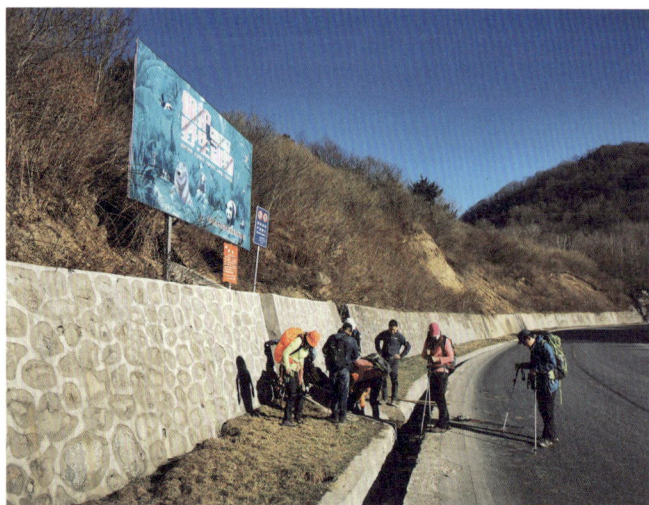

图 811　石塔山登山口（2021 年 2 月）

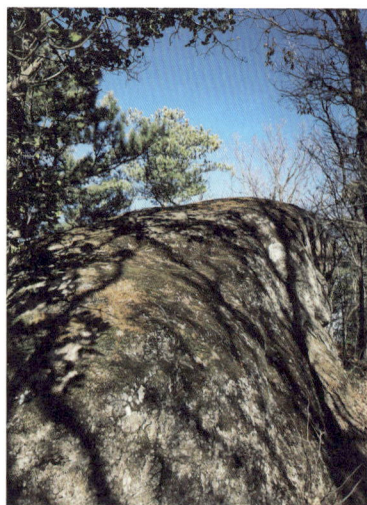

图 812　卧虎石（2021 年 2 月）

图 813　石铧山（2021 年 2 月）

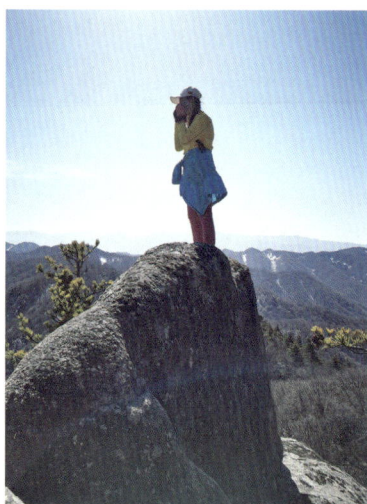

图 814　驴友留影（2021 年 2 月）

　　从石铧顶返回到主路上，左转下坡，翻越一个小山头之后，有一处欣赏石塔山的最佳位置，如果将镜头拉近，可以完美地看到石塔山菩萨般的身姿（图 815）。石塔山是一处纯天然的石顶石奇观，共有四层，而最上方的石头似乎与下方平台独立，远观极其险峻。距离起点 3 千米左右，从石铧山下撤 1 千米，便到达油条沟垭口（图 816）。从垭口处上行通往石塔山，而右侧下行可沿着油条沟出山。

　　沿着垭口小路向东行进 200 多米左转，然后徒步 500 米左右即到达石塔山下（图 817）。石塔山分四层，通过木梯可以轻松到达第一层。然而，通往第二层需要攀爬长达十米的铁链，铁链中有踩踏的脚环，但脚环之间距离过远，每次踩踏都需要借助双手的力量将自己拉起，我们驴友一行十几人也只有两个男性拉着铁链攀爬了上去。第三层更是难上加难（图 818），大铁链的源头就在第三层，尽管只有 3 米左右的高度，然而需要倒吊着攀爬，更让普通驴友望尘莫及。而最高顶第四层则无路通达，或许只有石塔爷能飞身上去。

图 815　远观石塔山（2021 年 2 月）

图 816　油条沟垭口（2021 年 2 月）

图 817　石塔奇峰（2021 年 2 月）

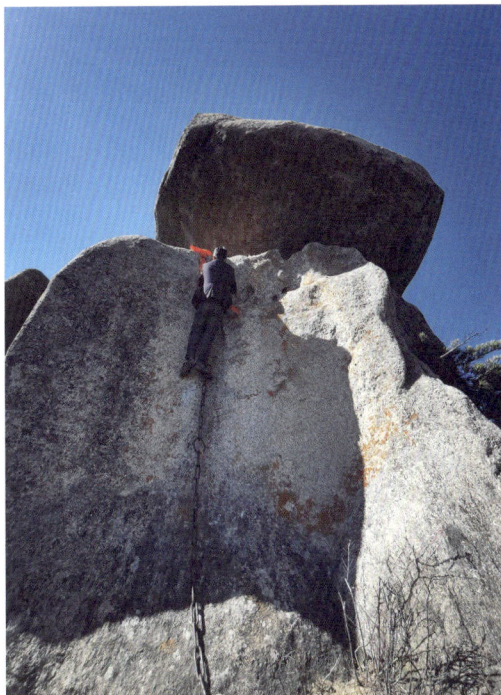

图 818　攀爬第三层的驴友（2021 年 2 月）

一层的平台能容下几十人，二层能容下十几人，而三层平台仅能容下几个人。大部分驴友都没有登到第三层，不过，无限风光在险峰。三层之上虽然没有宽阔的平台，却有几处天坑，如同人工打凿一般（图819），有的不规则，有的略显方正，如同天然的小浴池，据说这些都是第四季冰川遗迹。

图819　石塔山第三层留影（2021年2月）

我们登顶之后向一层平台的驴友招呼着向上攀登，达人组织众人借用了一层的木梯，使得大部分驴友都能登到二层，完成了攀登石塔山的壮举。打卡完成之后，众人将木梯恢复了原样。驴友们应当尊重自然，尽量保持自然风景的原貌，量力而行。登不登顶无所谓，只要曾经来过挑战过，就足够了。

### 3.11.11.5　秦岭百十峰之冻山

**概况：** 起点冻山东侧的庙峪河登山口海拔1740米左右，最高点冻山绝顶海拔2560米左右，单程距离约6千米，线路难度一般。

冻山东侧的登山口距离太白县较近，从太白县的翠矶山北麓向北行驶8千米左右到达上店坊位置。上店坊附近是西侧庙峪河的出口，沿着西侧的庙峪河机耕路向里行驶500米左右即到达登山口（图820），其附近有一些宽阔的地方可以停车。从停车位置向前几十米沿着西侧小沟道进山，一路路况较好。时而跨过河道，时而步入草丛，时而穿过松林，一路尽管视野不够开阔，但松林美景令人印象深刻（图 821）。

图 820 冻山登山口（2020 年 8 月）

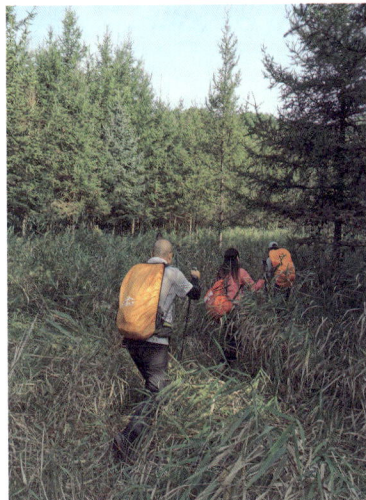

图 821 冻山路况（2020 年 8 月）

距离起点 3.8 千米可见最后的水源地，此处海拔接近 2100 米。向上密草丛生，可能是走的人较少的缘故。不过，随着商业队的拓展，近些年这条线路游人如织，路况估计会越来越好。垭口距离起点 4.5 千米左右，这里有一片小草甸，左侧通往冻山，右侧沿着山梁可下撤到登山口。向左沿着山路拔高，一路越过灌木丛和小草甸（图 822），在距离起点 6 千米左右到达冻山顶部（图 823），顶部的巨石上有一根四棱石柱，上面写着"冻山绝顶"四个字。

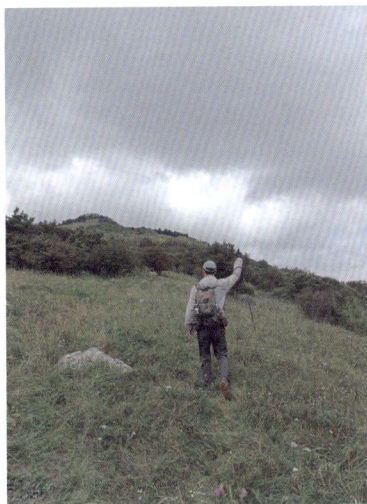

图 822 步入草甸（2020 年 8 月）

图 823 冻山绝顶（2020 年 8 月）

从冻山绝顶向西望去，沿着大梁可见草甸绵延数千米，可穿越到水蒿川以及强里川等地（图824）。这一路有多处高地，是北侧清水峪和鸡峰山水库的重要水源头。这些高地附近分布着大量草甸，其风光不逊于东梁，是尚未完全走入驴友视野的经典线路。

图 824　冻山西侧草甸（2020 年 8 月）

### 3.11.11.6　秦岭百十峰之翠矶山

概况：起点翠矶山步道入口海拔 1540 米左右，最高点聚仙楼海拔 1900 米左右，单程约 1.7 千米，线路休闲。

翠矶山在马尾峪尽头的太白县，也是驴友经常光顾的地方。我们将车停在步道入口，选择沿步道上山（图825），下山时从藏经楼附近沿着台阶路（图826）下山，形成一个小环线。

沿着公路行走 600 米到达藏经楼附近的广场，此处也是通往最高点聚仙楼的漫长台阶路（图827）的开始。首先沿着台阶在沟内行走，400 米之后右转到梁上。因为这里属于新修公园，树木不够茂密，我们几乎无时无刻不在暴晒中行走。沿着台阶路徒步 1.2 千米拔高 240 米左右，到达最高点聚仙楼（图828）。聚仙楼六面通风，每层塔檐上都有彩灯装饰，加上 1.2 千米台阶路上错落有致的太阳能路灯，夜晚从远处即可望见翠矶山灯火辉煌，附近不少居民夜晚欢聚于此，欣赏翠矶山的夜景。

图 825　翠矶山步道（2021 年 9 月）

图 826　台阶路上回望聚仙楼（2021 年 9 月）

图 827　漫长台阶路（2021 年 9 月）

图 828　聚仙楼（2021 年 9 月）

聚仙楼上风很大，似乎神仙随时可能飘过来。楼顶视野极好，可向南远观鳌山大梁，向东俯瞰太白县城（图 829）。太白县城是个袖珍小城，平均海拔 1500 米左右，又被群山环绕，夏天平均温度不到 20 度，常年用不到空调，已经成为周边居民避暑的重要目的地。我们从聚仙楼下撤后，返回到中心广场，广场东侧几十米即是藏经楼（图 830），这里所藏的经或许指的正是老子的五千真言《道德经》。

图 829  俯瞰太白县城（2021 年 9 月）

图 830  藏经楼（2021 年 9 月）

藏经楼南边有台阶可以下山，我们在下山的途中，发现有小路通往一处道观，该道观正是围绕天然洞府老君洞所修（图 831）。尽管庙宇曾被地震损坏，但老君洞依旧容颜不改。老君洞洞口有老君卧像（图 832），里面供奉着儒释道三家鼻祖，分别是孔子、释迦牟尼和老子。洞内有时有微弱的烛光，大部分时间漆黑一片，需要利用手机灯光才能窥见三祖真颜。我们未做详细攻略，误打误撞竟也走到了老君洞的位置，或许这就是道缘。

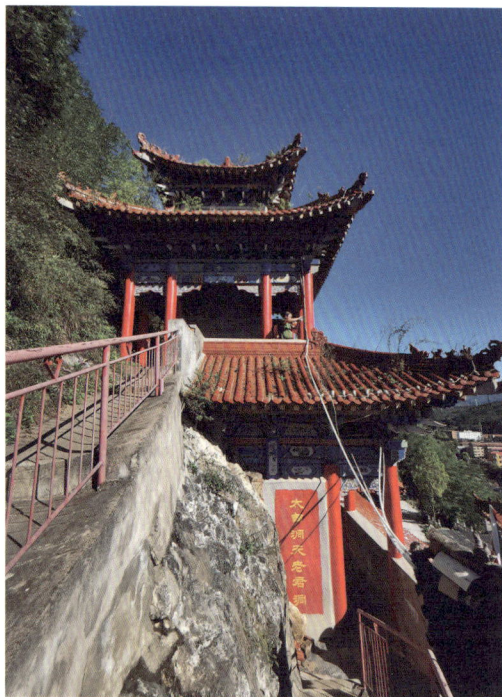

图 831  老君洞外（2021 年 9 月）

图 832  老君洞入口（2021 年 9 月）

### 3.11.12　甘沟、金家沟

甘沟和金家沟在马尾峪西侧，入口处分别有甘沟水库（图833）和金家沟水库（图834），两个水库之间有公路通达，距离在3千米左右。甘沟相对于金家沟略短，发源于距离水库不足2千米的山梁附近。金家沟长度4千米左右，入口有西塬村以及八鱼村等，在水库北侧400米左右的位置有一处小庙名为黑佛宫，名字令人印象深刻。金家沟发源于海拔1500米左右的小山头，地标为丹阳关。从金家沟西侧的西塬出发，沿山梁有成熟的山路通往丹阳关。丹阳关附近有四通八达的山路，向西南方向可沿着东岔河下撤到清水峪，向东南方向沿山梁行走3.5千米左右可到达龙床山，而向东北方向可从金家沟东岭下撤到金家沟水库附近。

图833　甘沟水库（2022年3月）

图834　金家沟水库（2022年3月）

## 3.12　宝鸡市渭滨区

### 3.12.1　清水峪、温水沟

清水峪入口有宝钛集团，需要自驾穿过宝钛集团的管护点进入峪道。若从东侧小路沿机耕路（图835）自驾，或从西侧的廖家沟村自驾进入，都只能到达祈福寺附近，再往里依然需要检查通行证，导致大多数驴友无法自驾进入清水峪深处。一般驴友只能在清水峪下游（图836）戏水，也算是到此一游。

清水峪主要分为三岔，包括东岔、中岔和西岔，其中西岔河道最长，发源于冻山所在的大梁附近。尽管西岔河道中的部分水流被鸡峰山水库借走，西岔河依然水流不断。驴友从清水峪不便进入西岔河，大部分从鸡峰山水库进入。过了鸡峰山水库纪念碑，沿西岔河行进4千米左右可见水库的引水渠源头。再往前几百米有大型河床

图 835　清水峪机耕路（2022 年 3 月）

图 836　清水峪河道（2022 年 3 月）

（图 837），极其适合休闲戏水。西岔河深处鲜有人类活动的足迹，在距离大型水床
600 米的地方有一处崖壁，崖壁下有几间破庙（图 838），是沿途少有的人类痕迹之一。
西岔河是从鸡峰山水库进入鸡峰山的必经之路，因此成为宝鸡驴友较为熟悉的网红地。
西岔河的源头在冻山西侧的草甸附近，据说翻越山梁可下撤到太白县的水蒿川，不过
这条线路极长，很少有驴友尝试。

图 837　西岔河河床（2022 年 3 月）

图 838　残庙（2022 年 3 月）

温水沟在清水峪西侧，入口处有渭滨区温泉村。温水沟全长 3 千米左右，发源于
海拔 1 200 米的山梁上，其水流朝东北方向汇聚到清水峪中。温水沟内有几个温泉水库，
现在主要用于养殖。

### 3.12.2　沙河沟

沙河沟在渭滨区马营镇，沟内有沙河沟村。沙河沟全长五六千米，不过真正在山
里的这段似乎又被当地人称为季家沟，因内部有个季家沟水库。在去鸡峰山的路上可

见一个指示牌，右侧通往鸡峰山水库（图 839），左侧通往季家沟水电站。车辆无法行驶到季家沟水库，只能徒步到达水库附近。沙河沟发源于鸡峰山水库东北侧的山梁，其水流一部分来自鸡峰山水库，在鸡峰山水库的滋养下形成了一处子水库。

图 839　鸡峰山水库（2021 年 6 月）

尽管沙河沟不太知名，但沙河沟西侧山梁上的燃灯寺则是远近闻名，被列为天台山风景区的主要景点之一。燃灯寺因燃灯佛而得名，按照佛教的说法，燃灯佛是过去佛，释迦牟尼是现在佛，而弥勒佛是未来佛，三佛并列，而释迦牟尼算是燃灯佛的弟子。宝鸡的燃灯寺建于南北朝时期，现存遗迹有明朝留下的重达 600 千克的大铁钟等（图 840）。寺庙极为宏伟，从寺中可俯瞰下方因寺而得名的燃灯寺村（图 841）。

图 840　燃灯寺铁钟（2021 年 6 月）

图 841　俯瞰燃灯寺村（2021 年 6 月）

燃灯寺也是前往鸡峰山水库的必经景点，从进山的三岔路口可看到右手边通往燃灯寺上方的公路。沿着沙河沟西侧山梁上的机耕路前行8千米左右，即可到达鸡峰山水库，该水库建于20世纪70年代，劳动人民成功地将西岔河的水资源通过引水渠引到了水库，造福了宝鸡市一方百姓。

沿着水库东侧山路继续向里，即进入鸡峰山穿越的道路，沿着西岔河的引水渠以及西岔河河道行走6千米，再沿右侧沟道拔高2千米，即可到达鸡峰山景区的黑虎桥。不过，如果只为欣赏鸡峰山美景，从景区进入是最为安全便捷的选择。鸡峰山水库的引水渠（图842）也是令人震撼的人文景观，劳动人民发扬了红旗渠精神，沿着崖壁修建了长达5千米的引水渠，方才将西岔水引入鸡峰山水库。

图842　引水渠（2021年11月）

### 3.12.3　何家沟、洙峪

洙峪峪道较短，不足3千米，分为东西两岔，东侧称为何家沟，其水流发源于鸡峰山水库北侧的山梁上。洙峪内有个洙峪村，洙峪口有座洙峪水库（图843），现在已经成为养殖的池塘。洙峪口的东西两侧都有宽广的台塬，譬如涝池塬等，塬上平坦开阔，与天际相接（图844）。塬上现已修缮了村村通公路，从塬上穿越各个峪口也较为方便。

置身塬上，远离嘈杂的市区生活，一年四季可欣赏到不同的自然风貌，是附近遛娃、采风、接近大自然的理想场所。

图 843　洣峪水库（2021 年 6 月）

图 844　塬上麦田（2021 年 6 月）

### 3.12.4　茵香峪

#### 3.12.4.1　峪道概况

茵香峪在渭滨区，峪口外有个茵香河村。从宝鸡市石嘴头堡以及石鼓园附近有通往鸡峰山的石鸡路，是自驾通往天台山景区大门的必经之路。现在新修的景区大门处也非常开阔，两旁道路可停车千辆。茵香峪较长，峪内岔道纵横，从天台山景区大门行进 4 千米左右可见一处岔道口，西侧庙沟河是茵香峪的主要水源头，发源于天台山国家森林公园的主峰天柱山以及莲花峰附近。东侧河道水流来自鸡峰山，水量相对较小，沿河道已经修建了成熟的步行道，可徒步到达宝鸡名称由来之地——鸡峰山。

天台山国家森林公园的徒步线路分为东线和西线，东线是鸡峰山景区，可从鸡峰山景区穿越到鸡峰山水库，再沿着机耕路行走 8 千米到达燃灯寺。西线是莲花峰和天柱山景区，沿着庙沟河向上切到西侧山梁，拔高到天台山最高处莲花峰以及其东侧天柱峰所在位置。从莲花峰向西可经过白马关、伯阳山、玄女峰等，下撤到烧香台停车场，从烧香台徒步 5 千米即出山到达中岩山下。

#### 3.12.4.2　秦岭百十峰之鸡峰山

概况：起点茵香峪天台山景区大门海拔 840 米左右，鸡峰山最高点 2014 米左右，单程 9 千米左右，线路有一定难度。

天台山景区已经建成多年，鸡峰山山顶的旋转梯、凌空栈道以及沿途公路等都已经修建完毕，索道也在修建中，最近几年会逐渐向大众开放。从天台山景区大门（图 845）进入，沿着景区宽阔的公路行进 4 千米左右有分岔路，东边通往鸡峰山，西边通往莲花峰以及天柱峰。

图 845　天台山景区大门（2021 年 11 月）

　　沿着通往鸡峰山的道路行走，有大约 3.5 千米长的步行道。该步行道依河修建，沿途有多处休息亭，以及飞来石、补天石等景区标志。步行道的终点有一平台，这里有分岔路（图 846），左侧是景区规划的上山线路，标记通往千尺梯、龙脊山、豁口方向。右侧标记禁止通行，属于未开发区域。不过，现在右侧已经修建了直拔垭口的台阶，沿着之字形台阶徒步 1 千米左右即可到达鸡峰山牌坊（图 847）。

图 846　岔道口（2021 年 11 月）

图 847　鸡峰山牌坊（2021 年 11 月）

　　鸡峰山牌坊后有分岔路，左侧向上前往西峰，右侧向上通往鸡峰山山顶的长空栈道，而右下方平路通往黑虎桥方向。右侧的两条路互通，在登顶之后可沿鸡峰山背侧下山，形成 O 型穿越。长空栈道沿鸡峰山险峻的崖壁修建（图 848），如同蛟龙盘旋在鸡峰山巅，令人震撼。远观鸡峰山，可见三峰鼎立如同鸡冠，这也是鸡峰山名字的由来之一。鸡峰山原名陈仓山，相传春秋时秦文公在此狩猎，得雌鸡，后雌鸡飞入山头化身为石鸡，鸡峰山也因此典故而得名。

图 848　鸡峰山栈道（2021 年 11 月）

鸡峰山不仅有天然鸡，更有人造鸡。人造鸡主要有雌雄两只，纯铁的雌鸡较小（图849），在东侧山尖上，重约 30 千克。而雄鸡较大（图 850），在西侧山尖，重达 400 千克。

图 849　东峰雌鸡（2021 年 11 月）

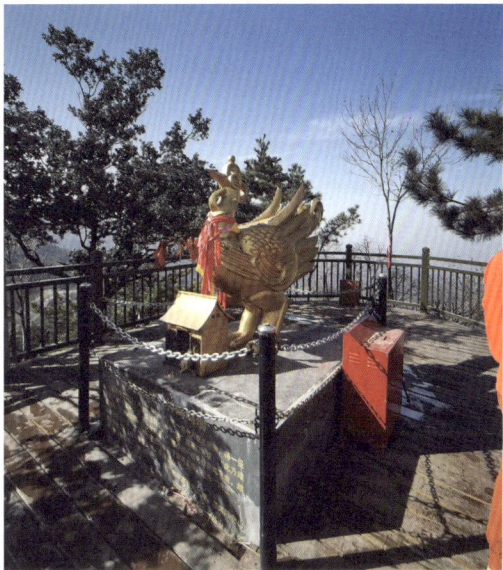

图 850　中峰雄鸡（2021 年 11 月）

景区将两只铁鸡小心地保护着，雌鸡更有铁链拴着生怕被人抱走。据说，西侧山尖上
400千克的雄鸡在2005年被人盗走，现在看到的是后来重新浇筑的。除了人造鸡，鸡
峰山上到处都是天然鸡，这些鸡绝非人力所能撼动，让偷盗者即便有贼心也束手无策。

在两只铁鸡中间是唐王石床和铁庙，在铁庙背后沿着直梯可攀爬到唐王石床顶。
唐王石床上方一侧高一侧平，像一把立在鸡峰山顶的将军椅。从两峰中间位置下撤到
后山，沿着景区修建好的旋转天梯（图851），可经过唐王棋盘、神鞭亭（图852）等
网红景点。这里神鞭亭的神鞭与天台山西线伯阳山的神鞭遥相呼应，是天台山景区的
特色之一。

图851　旋转天梯（2021年11月）

图852　俯瞰神鞭亭（2021年11月）

沿着旋梯下撤到下方，可见崖壁下的几处庙宇。继续前行，通过黑虎桥以及剑劈
石之后即返回到鸡峰山牌坊位置，完成O型穿越。不过，鸡峰山的内涵不止这些，山
内有许多小道可通往人迹罕至的奇景所在地，以及景区都没有标记的自然和人文景观，
譬如山里有数不清的石鸡，等待驴友去探索。

### 3.12.5　张家沟、陈家沟、高家峪

在茵香峪的西侧依次分布着张家沟、陈家沟以及高家峪。这几个沟道都比较短，
除去台塬中的河道，在深山中延伸不到3千米。张家沟发源于庙沟河黄丹寺北侧的山梁，
其出口处有渭滨区丁家堡村，所以，张家沟更名为丁家沟也许更合适。在与连霍高速
交接位置有张家沟水库（图853），此地原有张家沟村，但在宝鸡市的发展规划下，早
已变成高楼大厦。在张家沟的西梁上有路通往莲花峰，也是驴友从烧香台或尖山沟穿
越常走的线路。陈家沟（图854）距离张家沟仅一梁之隔，沟内有陈家堡，此地为宝鸡
驴友所熟悉，因为其东侧山梁可通往莲花峰。

图 853　张家沟水库（2022 年 3 月）

图 854　陈家沟入口（2022 年 3 月）

高家峪（图 855）又名高家河，比陈家沟和张家沟略长，发源于海拔 1560 米左右的山尖，入口有高家河村。高家峪沿途经过高家河村、沙咀咀、徐家村等，在下游汇聚其他沟道水流形成龙山河。这些沟道虽短，但都是渭河一级支流，从峪口分布上，陈家沟也可以看作高家峪的分支，与高家峪在灵山寺附近汇聚。

图 855　高家峪入口（2022 年 3 月）

### 3.12.6　石坝峪

#### 3.12.6.1　峪道概况

石坝峪又名石峪、尖山沟，这里将其称为石坝峪，是因为该峪道流出的河流被称为石坝河。石坝河河道较长，发源于天台山最高点西北侧海拔 1920 米左右的山梁上，出峪口流经陈家滩、郝家滩、孙家庄、庞家庄等村子。石坝峪内多知名瀑布,据驴友统计至少有十多处大瀑布,是观看瀑布群落的经典沟道(图856)。石坝峪内无公路通达,银昆高速高架桥横在峪口上方,从此处向里沿小路徒步5千米即到达其中一个瀑布(图857),从这里右侧沿陡坡爬升即可到达另一瀑布。过了这个瀑布,道路逐渐艰险,鲜有驴友沿着沟道探访其他瀑布。

石坝峪的入口西侧山梁上有中岩山,上有多处庙宇,是通往天台山顶峰的第一门户。不过,驴友为了节省体力,在道路无塌方的情况下,通常将车从中岩山西侧的山路开到烧香台附近,从烧香台沿着台阶一路经过伯阳山、白马关、莲花庙等,最终可到达天台山最高点天柱峰位置,并从莲花山庙附近沿山梁下撤到庙沟河,出天台山景区。该线路相对于天台山东线的鸡峰山,被驴友称为天台山莲花峰西线。尽管景区尚未将莲花峰纳入开发范围,但未来很可能成为景区的一部分,毕竟莲花峰附近庙宇林立,古迹众多,也能够增加天台山国家森林公园的影响力。

图856 石坝峪溪流(2021年11月)

图857 瀑布(2021年11月)

### 3.12.6.2 秦岭百十峰之中岩山—伯阳山—莲花峰—天柱峰

概况:起点中岩山下停车场海拔900米左右,最高点莲花峰2200米左右,单程距离约12千米,线路难度较大。

中岩山又名尖山(图858),是宝鸡市登顶天台莲花峰的第一门户。中岩山北面是天台山陵园,与中岩山同在尖山沟西侧的山梁上。在中岩山下停车后,可沿中岩山台阶上山,或从中岩山右侧山腰上山。也有驴友从中岩山西侧白家河机耕路自驾5千米左右到达烧香台停车场,使得前往莲花峰的距离缩短为7千米。不过,这条机耕路时常因山体滑坡而阻塞,驴友需提前做好功课。沿着台阶向上600米左右到达中岩山最高点无量殿（图 859），沿途庙宇甚多，尽管古朴，但多为近代所建，原有的建筑早已损毁。我第一次造访中岩山时，邂逅了中岩道长，一路听其讲述"运气论"和"养生论"，至今依然受用。

图 858　中岩山（2021 年 11 月）

图 859　无量殿（2021 年 11 月）

沿着无量殿西侧的小路下降几十米即到机耕路上。沿着机耕路进山，在距离起点 5 千米左右到达烧香台附近。烧香台是机耕路的尽头，有庙宇数间。从烧香台向里行进，距离起点 7 千米右侧有伯阳山，山顶有弥罗天洞府（图 860），据说玉皇大帝居于弥罗天宫。登顶伯阳山可选择台阶路上山，不必原路返回，有小路贯通南北。在伯阳山西侧有一块极其险峻的神鞭石，常人很难攀爬上去，上面有一根几十千克重的神鞭立在巨石上（图 861），是此处的重要标志。

图 860　弥罗天洞府（2021 年 11 月）

图 861　神鞭（2021 年 11 月）

距离起点 7.8 千米左右可见白马关（图 862），据说有白马曾在此伴随神农寻找百草，助神农躲风避雨，因此立功。白马关现有一石洞，洞中供奉白马将军，然而白马关历年有变，原来的白马塑像也不知现在何处。

图 862　白马关（2021 年 11 月）

石头路目前铺设到烧香台与白马关之间，过了白马关便进入原生态步道。这里首先可见宽阔的杨家滩，是一大片高山河流冲出的宽阔平地，平地上有高大整齐的树木，树林间溪流缓缓流淌，确实不愧杨家滩的称呼。过了杨家滩，在距离起点 10.5 千米左右到达土地庙垭口，这里也是尖山沟的一处梁顶，从此处可望见远处的玉女石，颇有石塔山的风姿。距离起点 11 千米处为天台山山门（图 863），门前两个石狮颇显沧桑，进门之后可见雍正年间所立的烧香台柱，以及宝鸡市新立的天台莲花保护碑（图 864）。

图 863　天台山山门（2021 年 11 月）

图 864　天台莲花保护碑（2021 年 11 月）

　　天台莲花保护碑的北侧有几处铁皮房屋，可供烧香的游客住宿休息。此处海拔尽管已经在 2000 米以上，但依然有源源不断的水流，使得这里成为修行福地之一。天台莲花保护碑向东拔高十几米也有几处房屋，这里分别有莲花亭（图 865）和老君顶。一路向东，在距离保护碑 1 千米左右的地方即是莲花峰。莲花峰从远处观看如同莲花一般耸立云霄，近观山峰又如同刀劈一般，游客需从狭窄的石缝中穿过，才能到达莲花峰顶（图 866）。莲花峰顶极为险峻，我们也只在稍微安全的地方站稳拍照，没敢往上攀爬。

图 865　莲花亭（2021 年 11 月）

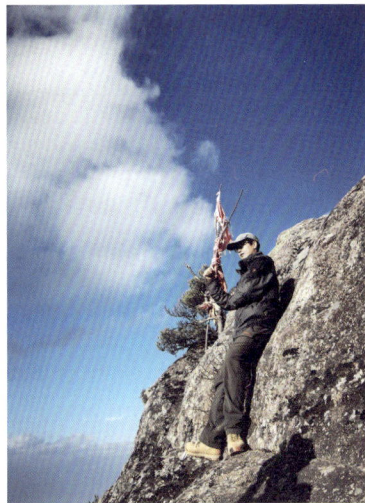

图 866　莲花峰顶（2021 年 11 月）

　　莲花峰巨石下的小平台，是观望东侧天柱峰的最佳位置。尽管天柱峰距离莲花峰直线不过几百米，然而由于时间关系，我们并未前往天柱峰。准备找机会在此重装露营，以更好地欣赏莲花峰以及天柱峰的风采。

### 3.12.7　瓦峪

　　瓦峪在石坝峪西侧，其峪道分为外部台塬沟道和深山沟道，外部台塬沟道从峪泉村的瓦峪寺附近向里绵延 3 千米，沿途有大量村落，从里向外依次是孔家渠、王家湾、刘家河湾等。而真正称得上秦岭峪道的瓦峪在孔家渠村以南，即银昆高速以南的深沟。银昆高速从宝鸡西侧入山，沿着浅山穿过天台山北麓横向到达黄峪沟附近，然后纵向穿越秦岭。银昆高速目前在瓦峪开了个高速口（图 867），从清姜峪以及北侧各个村庄都有公路到达高速口。瓦峪沟在银昆高速口以南几十米的地方有水流汇聚，形成正沟水库（图 868），水库不大，但风景独特。从正沟水库向南沿着沟道 4 千米左右可到达瓦峪水源头，即烧香台附近的山梁。

图 867　瓦峪高速口（2021 年 6 月）

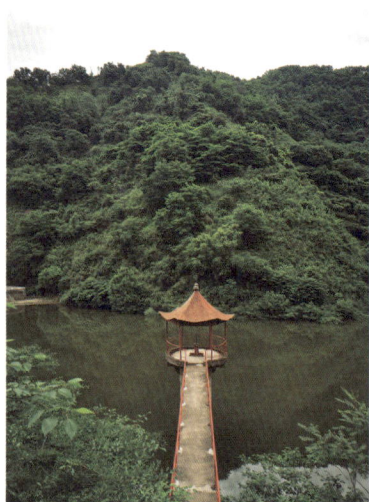

图 868　正沟水库（2021 年 6 月）

### 3.12.8　濛峪

濛峪在瓦峪西侧，峪口外有个蒙峪沟村，而蒙峪沟村西侧是海拔 830 米左右的常羊山，也是宝鸡市著名的炎帝陵景区所在地。在蒙峪沟村可见炎帝陵牌坊，沿着牌坊所在的公路可自驾到常羊山山顶。山顶有陵园，陵园北侧是炎帝陵顶上售票处（图 869），游客也可在此处购票进入。据说炎帝完成凡间任务后，与其母玄女在天台山一同升天，后人将其衣冠葬于常羊山，即现在的炎帝陵所在地。濛峪的名字有承蒙炎帝恩典的意思，据说炎帝在濛峪诞生，后在瓦峪长大，两个峪道都保留有与炎帝相关的人文古迹。濛峪在银昆高速以北的浅山沟道中分布着大量村落，银昆高速以南则为原始森林（图 870），向南不到 1 千米即到达海拔 1300 米左右的濛峪沟源头。

图 869　售票处（2021 年 6 月）

图 870　濛峪入口（2021 年 6 月）

### 3.12.9 黄峪沟

黄峪沟在濛峪西侧，峪口内有个黄峪沟村。黄峪沟和濛峪都可看作西侧清姜峪的分支，因为最终汇入清姜峪，只不过因汇聚点在清姜峪外侧的平原地区，这里将其独立列出。黄峪沟全长 8 千米左右，沟内有 4 千米左右的公路或机耕路，车辆可以从清姜峪竹园沟村北侧沿通往宝鸡南高速口的新修公路到达黄峪沟村。从黄峪沟村向里沿着狭窄的公路可继续前行 1 千米到达水坝（图 871）停车场附近，再往里是狭窄的机耕路（图 872），摩托及三轮车可通行。黄峪沟主要分为两个源头，东侧沟道发源于伯阳山以及白马关所在的山梁，海拔 1800 米左右，一年四季流水不断，这里也是驴友穿越天台山的线路之一。西侧沟道发源于海拔 1600 米左右的垭口附近，从垭口处可向西穿越到清姜峪的大沟附近。从黄峪沟的停车场附近，沿着西侧主沟向里 1.5 千米有瀑布，冬季可见冰瀑奇观，也是峪道内的重要打卡点。

图 871 黄峪沟水坝（2021 年 6 月）

图 872 黄峪沟机耕路（2021 年 6 月）

### 3.12.10 清姜峪

#### 3.12.10.1 峪道概况

清姜峪是宝鸡市知名的峪道，省道 212 从峪内穿过，是宝鸡市通往凤县的交通要道。清姜峪较长，从峪口到分水岭长达 25 千米，使得这条路堪比西安市贯通沣峪的 210 国道。两条道路同样有南北分水岭，同样在分水岭附近有知名的山峰草甸，沿途有无数经典的穿越线路。清姜峪的经典线路包括分水岭南侧的庙王山，庙王山堪比西安市的光头山，同样有电视信号塔，同样有机耕路通往山顶，只不过庙王山依然允许自驾，而光头山早已管控。除了庙王山，在分水岭北侧的云盖寺可向西拔高到海拔 1900 米的老君顶，这里也是晁峪的重要水源头之一。从老君顶向北经过将台山，可穿越到大散关景区。

而在峪口附近的古渔公园是反映宝鸡历史文化的一个重要窗口，这里不仅山好水好，人文古迹更是丰富。从古渔公园可穿越蟒荡山以及附近浅山峪口，是宝鸡驴友津津乐道的休闲线路。

此外，清姜峪有知名景区嘉陵江源头景区，嘉陵江是长江的分支，发源于代王山。嘉陵江源头景区的水流多汇入嘉陵江，然而，嘉陵江以北的溪流多汇入清姜峪。清姜峪的重要源头之一是玉皇山和锅坑梁一带的山脉，这两个地方也是驴友心目中的穿越圣地。玉皇山上有一口废旧的大钟，而其南侧两三千米处的锅坑梁则以天然石锅石坑而知名。在宝鸡驴友界，登顶锅坑梁的较多，但登顶玉皇山的则是凤毛麟角。我曾和几名驴友在锅坑梁露营，欣赏了锅坑梁的天然奇石美景，还从锅坑梁草甸远观嘉陵江源头景区的风车（图873）。不过，我们并未前往玉皇山，只是远远地欣赏了玉皇山的雄姿，期待下一次有缘登顶。

图 873　从锅坑梁远观嘉陵江源头（2022 年 7 月）

### 3.12.10.2　秦岭百十峰之庙王山

概况：起点林麝养殖基地海拔 1600 米左右，最高点庙王山海拔 2400 米左右，单程距离 11 千米左右，线路难度一般，而且可以自驾登顶。

沿着省道 212 向南过分水岭南侧的石窑铺村，右转进入通往下庄的狭窄公路，沿着公路行驶 5 千米左右到达林麝养殖基地（图 874）。许多驴友为了锻炼身体，选择从此处沿着机耕路徒步（图 875），而不是自驾登顶。这里有宽阔的停车位置，非常适合作为登山起点。

图 874　林麝养殖基地（2021 年 2 月）

图 875　登山机耕路（2021 年 2 月）

从林麝养殖基地向里逐步进入机耕路，尽管是机耕路，但路况较好，普通轿车都可开到顶部。不过，在冬季有冰雪的天气下，只有加装防滑链才能通过九曲十八弯的陡坡。从林麝基地向里行进 4 千米左右，在空旷的道路旁可见一处废宅，顶棚已经不见，只剩下屹立不倒的砖墙。沿着机耕路向山顶行驶，在距离起点 11 千米左右到达山顶（图 876）。我们在冬季自驾时幸好带着防滑链，不过，也花费了两个小时才成功到达山顶。庙王山顶部原有宝鸡电视台发射塔，现在已经荒废，只留下高高的发射架，成为附近最耀眼的地标。发射架附近有几处废弃但相对完好的房屋，可为驴友提供遮风挡雨的地方，难怪这里会成为宝鸡驴友休闲露营的经典目的地。

从庙王山山顶向西望去，可见一片小草甸。草甸下的梁上有路通往密林深处，在梁上行走 200 米左右可见右侧小路通往庵坪峪。庙王山是庵坪峪的水源头，也有驴友从庵坪峪攀登庙王山。不过，庵坪峪的登山线路单程 8 千米，拔高 1300 米左右，也是一条硬线。

图 876　庙王山山顶（2021 年 2 月）

### 3.12.11　塔稍沟、太寅峪

塔稍沟在渭滨区，紧邻东侧的清姜峪。塔稍沟沟口有个塔稍村，沟内沿途有大量村落。塔稍沟的河流发源于海拔 1300 米的峰山位置，不过，因为峪内管制，鲜有驴友到达峪内深处。

太寅峪峪口有个太寅村，是塔稍沟西侧一条中等长度的峪道。太寅峪的河流发源于海拔 1920 米左右的将台山附近，流经解甲滩村等地。宝鸡许多驴友都走过老君顶穿越将台山的线路，不过，和塔稍沟一样，驴友无法随意出入。

### 3.12.12　甘峪

甘峪在秦岭三百峪中出现多次，这里所说的甘峪位于渭滨区。甘峪又被称为小牛沟，然而，峪内水库上却写着甘峪河水库（图 877）。甘峪有很长一段河道与连共线平齐，沿着连共线经过蒋家河、甘庙村、胡家山村、下沟等注入渭河。甘峪注入渭河的地方形成一大片宽阔的水域，是个不错的观景点。甘峪在连共线以南的入口较为隐蔽，恰好在一处隧道口附近，只能从西向东右转驶入。甘峪内有多个村落，居民较多，有公路延伸到峪内深处。从连共线驶入甘峪 2 千米左右到达甘峪河水库，水库尽管不大，但水质清澈，青山绿水相互映衬，也是一处令人赏心悦目的景点。从水库向南行驶2 千米左右即到甘峪尽头。在甘峪尽头向东仍有公路延伸到东侧山梁，山梁上有人家居住。

图 877　甘峪河水库（2021 年 2 月）

### 3.12.13　晁峪

晁峪在渭滨区，峪口有晁峪村。晁峪峪道较长（图 878），发源于老君顶通往将台山的大梁附近，老君顶和将台山分别是晁峪东西两个岔道的水源头。从晁峪入口进山 6 千米左右即到段家磨村附近，这里是纵横交错的沟岔汇合点，向东沿着岔道可到达甘峪尽头的山梁，向东南方向可到达晁峪水源头之一的将台山，向南沿着主沟道经过磨镰石可到达距离段家磨村 8 千米的另外一个水源头老君顶，而向西经过金山寺等可穿越到庵坪峪的庵坪村。因此，段家磨村是徒步登山以及穿越附近沟道的重要起点，驴友多从此处一日穿越老君顶和将台山，形成 O 型穿越。这里也是附近居民休闲戏水的好去处，常见闲来无事的老年人在此吹拉弹唱，甚是欢悦。

图 878　晁峪进山路（2021 年 2 月）

## 3.13　宝鸡市陈仓区（西）

### 3.13.1　鹧鸪沟

晁峪和庵坪峪中间夹着五六个长短不一的沟岔，其中较长的是陈仓区的鹧鸪沟，沟道长度达到 8 千米左右。鹧鸪沟是秦岭三百峪中唯一以鸟名来命名的沟道，或许该沟道中常见这种鸣禽。鹧鸪沟在靠近连共线的入口西侧有鹧鸪庄，而在峪内 6 千米深处有一村庄名为鹧鸪沟村，有机耕路通往村子。目前，鹧鸪沟村的村民已经全部搬迁，仅剩下为数不多的牧民在村中居住。鹧鸪沟曾有矿藏开发，目前已经全部关停，正在生态恢复中。鹧鸪沟中水流丰富，沿途可见溪流潺潺，鸟鸣悠悠，是一处徒步休闲的好地方（图 879）。

图 879　鹟鹩沟溪流（2022 年 3 月）

### 3.13.2　庵坪峪

#### 3.13.2.1　峪道概况

庵坪峪又名安平沟，在陈仓区坪头镇，峪口外有刘家洼、韩家山等村子，从峪口向北过渭河就是九龙山风景区所在的沟道。庵坪峪如今也在修建森林公园，与九龙山南北对应，将成为景区集中的一块地方。庵坪峪的峪口有一块巨大的牌坊立在道路中央，上面写着安平沟森林公园，这里也是游客自驾进入庵坪峪的必经之路（图 880）。

图 880　安平沟森林公园牌坊（2021 年 6 月）

庵坪峪在距离峪口 5.5 千米的庵坪村附近有左右分岔，向西的分岔叫作西沟，可以横穿到林光峪。庵坪村东侧公路通往庵坪峪深山区，经过黑鹰寨（图 881），距离峪口 9 千米左右即是公路尽头（图 882）。公路尽头又分为两岔，左侧沟道是登顶庙王山

图 881　黑鹰寨（2021 年 6 月）

图 882　公路尽头（2021 年 6 月）

的主线，不过单程距离 9 千米，难度较大。除了庙王山，庵坪峪还有一处黑虎山，又名观音山，颇有子午峪玄都坛的感觉。据说赵公明的黑虎曾在此修道，山下有多处庙宇，从庵坪峪入口向里 2 千米即可到达登山口，是一处休闲的登高望远之地。

### 3.13.2.2　秦岭百十峰之黑虎山

概况：起点黑虎山山下停车场海拔 800 米左右，最高点黑虎山山顶玉皇庙海拔 900 米左右，单程距离 600 米，线路休闲。

在距离峪口 2 千米右侧，即是黑虎山登山口，黑虎山下有庙堂，庙堂南侧有宽阔的免费停车场。从山下仰望，可见右侧尖尖的山峰就是黑虎山山顶。远看山尖如此突兀，不曾想竟有路可直通山顶（图 883）。

图 883　仰望黑虎山（2021 年 6 月）

在黑虎山下方庙宇北侧,有小路通往山顶。沿途在半山腰也有庙宇(图884),根据黑虎山下方庙宇的碑文记载,黑虎山的庙宇始建于明末清初,后被毁,现在看到的建筑都是后来所建。在原有的观音庙基础上修建了黑虎殿、玉皇庙、娘娘庙、圣母殿、老君殿等,是庵坪峪的香火旺地。

距离起点600米左右,拔高了100米便到达直插云霄的玉皇殿(图885)。在秦岭深山,许多山顶都有玉皇殿。在仙班宅院中,只有玉皇大帝有资格占据顶楼,可见即使脱离凡尘,也无法避免阶层划分。从此处向下望去,能看到对面山沟弯弯曲曲地向东方延伸,此处虽然海拔不高,但风光独特。

图884　山腰庙宇(2021年6月)

图885　玉皇殿(2021年6月)

### 3.13.3　李家沟、南沟

李家沟在陈仓区,峪口正对着码大路,即通往九龙山所在沟道的主路(图886)。李家沟长度在1千米左右,发源于庵坪村向西穿越林光峪所在的垭口北侧。沟道内鲜有人家,环境相对原始。

南沟是附近较长的沟道,长度达8千米,发源于海拔1700米的山梁附近。峪道内有水流,更有人家居住(图887),从峪口向里有2.5千米左右的公路延伸到峪内深处最后一处农家。南沟河道水流不断,河道两侧经过加固修缮,使得南沟河道更加美观。

图 886　九龙山道路（2022 年 3 月）

图 887　南沟土房（2022 年 3 月）

### 3.13.4　林光峪

林光峪又名林光沟，在陈仓区坪头镇，其峪口有林光村，位于连共线上的堡子梁隧道出口位置。林光峪全长 12 千米左右，发源于庙王山西侧海拔 2100 米左右的山梁附近。林光峪自古便是陕甘交通要道，可直通凤县，沿途有多个村落。其中峪口的林光村人口最多，在林光村中有一棵 1500 年的侧柏，是远近闻名的树神，也是驴友打卡的重要地方。林光峪内现有公路通往峪内 3 千米处，再往里便是狭窄的机耕路（图 888），在峪内 6 千米左右即是棉木滩，也是目前沟道内尚有人烟的最远位置。

过了棉木滩之后，林光峪沟道分为三个岔道，其中最东侧为河道正源，发源于庙王山西侧 2100 米的山尖。而最西侧的沟道最为成熟，自古以来就是交通要道。从此处行走 3 千米左右即可到达海拔 1700 米的垭口，从垭口向南下撤 1 千米即汇聚在三岔河主路上，这里也是通往宝鸡著名休闲宝地"宽滩"的必经之路（图 889）。有许多驴友从此处向西穿越宽滩，经过孟家滩等地，最终下撤到大水峪或马宗山峪。

图 888　林光峪机耕路（2021 年 2 月）

图 889　宽滩河道（2021 年 2 月）

### 3.13.5 马宗山峪

马宗山峪又叫马宗山沟（图890），在陈仓区，其长度8千米左右，发源于海拔1200米的唐家山附近，峪内水流丰富，马宗山峪的溪流也是渭河的一级支流。峪口有个没有设防的管护站，向里行驶几百米便到达峪内公路尽头，此后是狭窄的机耕路（图891）。沿着机耕路前行，一路可见小桥流水，偶尔可见河道中的小型瀑布。马宗山峪在历史上也是知名栈道所在地，如今依然可见栈道留下的孔洞遗迹。从峪口向里行进2千米左右，有之字形机耕路可右转上梁，过垭口然后下降到大水峪瀑布前方200米的地方。因此，这条路也是休闲戏水观瀑布，穿越马宗山峪和大水峪的经典线路。

图890 马宗山峪高架桥（2021年2月）

图891 公路尽头的机耕路（2021年2月）

### 3.13.6 大水峪

大水峪在马宗山峪西侧，峪口有个仙龙村。大水峪全长超过10千米，比两侧的峪道都要长一些，发源于海拔2000米左右的山尖。大水峪是古时重要的栈道，也是通往凤县的交通要道。沿着大水峪向里有1千米左右的公路，再向里则是几百米的机耕路，下了机耕路尽头的台阶即步入大水峪河道中（图892）。沿着河道旁的小路前行1.2千米左右即到达大水峪瀑布（图893），该瀑布在宝鸡驴友圈中较为知名，是休闲的重要营地之一。此处不仅地势开阔，而且瀑布冲击力极大，与崖壁形成45度夹角，足以令驴友震撼。

图 892　大水峪入口（2021 年 2 月）

图 893　大水峪瀑布（2021 年 2 月）

　　从大水峪瀑布沿着主道路前行 6 千米即到孟家滩，这里尚有人家居住。从孟家滩沿着东侧河道拔高 4 千米即到达宽滩草甸，这里是宝鸡驴友休闲露营的好地方。不过，前往宽滩休闲的驴友一般从南侧进入，那边拔高更小，更加休闲。

### 3.13.7　芋家沟、仙龙沟、太沟

　　芋家沟在大水峪西侧，沟道长度不足两千米，其西侧有个仙龙村。仙龙村的村道与连共线有部分重叠，从芋家沟入口穿过。芋家沟水流较小，从峪口向东北汇入大水峪。该沟道没有特别的景观，生态保护相对较好。

　　仙龙沟的沟口有个仙龙村，峪内有仙龙庄、赵家湾等地标，不过，这些地方都可以看作仙龙村的一部分。从沟口向里约 2 千米有乡村公路（图 894），再向里则是羊肠小道。尽管仙龙沟的沟口在陕西，然而其西侧水源头在甘肃境内，也算是一河跨两省的区域。

　　太沟是一条不足 1 千米长的小沟道（图 895），沟内无公路，只有羊肠小道通往梁顶，翻越梁顶即到达仙龙沟公路尽头的西侧沟岔。因沟道短小，这里没有明显的河道，只是偶尔可见季节性水流。

图 894　仙龙沟村乡村公路（2021 年 2 月）

图 895　太沟入口（2021 年 2 月）

### 3.13.8　柿树湾沟

柿树湾沟在陕西省最西侧，长度不足 1 千米，属于陈仓区拓石镇仙龙村，是陕西省秦岭北麓峪道最西侧沟道。这里有连霍高速的隧道口，上面写着"甘肃欢迎您"。新冠疫情期间，跨省流动不被鼓励，我和驴友在这里小心谨慎，生怕往前走几步就变成了跨省返回人员。柿树湾沟内（图 896）无明显水流，也无公路，只有羊肠小道（图 897）通往海拔 1200 米的山尖位置。

图 896　柿树湾沟口（2021 年 2 月）

图 897　柿树湾小路（2021 年 2 月）

问道
秦岭三百峪

## 本章导读

---

旅游心理学是研究旅游活动中人的心理现象和行为规律的科学，也是心理学在旅游行为中的延伸。户外徒步属于旅游活动的一种，是一种徒步与游玩相结合的旅行活动。不过，户外徒步相对于旅游活动又有自身的特殊性，户外徒步者称为驴友，而旅游活动的主体称为游客。有时候，驴友们不喜欢游客的称谓，在某些新闻报道中，也不喜欢有些媒体用"驴友"的字眼来讲述一些山野徒步中的不文明行为。似乎，自诩为驴友的人，也是对自身素质高度认可的人。尽管如此，驴友和游客也有一定的相似之处，驴友属于广义的游客，驴友所参与的户外徒步也是广义的旅行的一部分，同样包含旅行中的一些基本要素，譬如参与户外商业活动，也牵涉到旅行的六个基本要素：食、住、行、游、购、娱等。然而，大部分不参加商团的驴友与旅游资源提供者的交互较少，驴友们往往能够自己解决食物、住宿、交通、游览、采购以及娱乐等所有事项，因此，户外徒步旅行也是旅游活动中对旅游客体依赖较少的活动。

我从事心理学的学习和研究十余年，在户外旅行情境下也情不自禁地用心理学的思维方式思考问题，诸如人们参与户外徒步的动机、决策过程等，哪些"人机环"（人物—机器—环境）属性调控了人的行为模式，等等。用心理学的思维思考旅游行为有一些潜在的益处，因为心理学是研究人的心理与行为的科学，从心理学的视角能够深化对户外旅游行为的认识，这类认识的提高有助于自我掌控感的提升。每个人都希望做自己感兴趣的事情，而不是因为生活所迫去做一些自己不感兴趣的事情。户外旅游活动正是繁忙生活的调剂品，在生存活动之外赋予生命更多的意义，但凡能够寻求这份意义的人，都更能够体会到生命的价值。追求户外徒步绝对不是对生活的逃避，反而是对生活爱得深沉的写照，只有热爱生活、懂得自我关怀的人，才能够适时地"偷得浮生半日闲"，回归内心的田园诗话。

---

## 4.1　驴友与驴友圈

有这么一个群体,他们总能够合理安排好一周的事务,在周末为自己的身心放个假,与三五好友一起,融入山林,或轻装徒步一日往返,或重装露营体验大自然的朝朝暮暮,这个群体就是驴友。驴友的说法最早来自于互联网,起初描述那些结伴旅行的人,随着驴友群体的扩大,驴友渐渐成为户外旅行者或者徒步背包客的代名词。在国内,自驾成团而少有徒步的人喜欢称彼此为车友,而那些骑摩托到处观光的人称自己为摩友,只有在山野中穿梭的人们喜欢被称为驴友。

驴友中各行各业的人都有,文化人占据更大的比例,这并不奇怪。读书人往往思想更加活跃,除却生活中的柴米油盐酱醋茶,还能够思考一些生存之外的事情,譬如,内心的呼唤。每个成年人的内心都住着一个孩子,经历过孩童时期的愉悦,谁不想每天单纯得像个孩子,无忧无虑地过一生,山野徒步是追寻孩童时期梦想的一种形式,在大自然的怀抱中,不需要处理工作场所的各种人际关系,也不用理会日常生活中的蝇头微利。你只需要将内心最自然的一面释放,一个有趣的灵魂同样吸引相似的灵魂,逐渐形成驴友的生态圈。

驴友圈是一个庞大的系统,根据六度人脉关系理论,一个人和任何一个陌生人之间的间隔不会超过六个人,这一现象或许在驴友圈中更为凸显。大部分驴友都有自己的微信群或 QQ 群,用以发布或参与户外活动。在西安市的驴友圈中,驴友几乎能够覆盖所有的人际关系,但凡驴友圈中出现一件大事,马上能够通过驴友圈让事件得以传播。这个强大的圈子也是驴友安全的重要保障,驴友圈中出现任何需要救援的事情,总能第一时间得到驴友的响应,为山中迷失的驴友提供生存希望。

一个人可以走得很快,但无法走得很远。一群人或许走得很慢,但能够走得更远。驴友圈也是一个相互扶持共同进退的群体。一旦走在了一起,队友不会因为你走得慢而将你放弃,更不会因为你出现意外而将你抛弃,户外徒步者不允许一个人掉队。你永远可以相信你的队友,哪怕落得再远,前方也永远有驴友在等待你。不过,户外徒步并非公园遛弯,有时候还要量力而行,领队有时候会根据活动难易程度评估约伴的驴友,如果该线路不太适合你的参与,也无须强求,对你的拒绝也是对你的保护。

驴友一旦融入一个驴友圈,驴友圈将成为心灵的一个庇护所。或许,你在日常生活中不愿意说话,在驴友圈中却能畅所欲言。能够在驴友圈中做真实的自己,或许是驴友圈对个人最好的回馈。现代的都市生活体系下，人与人之间关系的维系变得越来越复杂，许多人在繁华的大都市中形单影只，很难找到一个一起喝酒吃肉的朋友。然而，良好的社会关系是心身健康的基础，也是长寿的重要秘诀。在每周的户外活动中，驴友们各自带酒带肉，既能山野徒步，又能大快朵颐，真正体会到无拘无束的社会关系。

驴友圈单纯的社会关系来自驴友圈基本的规范，驴友圈中不问个人过往，如果一个人不主动说，驴友一般不要主动去问，尤其是异性的信息。我的圈子里有数百个驴友，大多数都是一起爬山认识的。然而，知道名字的没几个，因为大多数人彼此称呼对方的网名。驴友之间的记忆只有联系方式、网名以及数不尽的同行照片。驴友是户外旅行中结伴而行的朋友，但大多数社会关系仅限于此。驴友不会将自己家庭的婚丧嫁娶等事情告知驴友，除非驴友关系已经不再是单纯的驴友关系，而这层变化或好或坏，并不是大多数驴友所期待的。为了维系单纯的驴友圈，或许每个驴友都应当在这个圈子中保持户外活动的初心。

## 4.2 户外徒步旅行的动机

人的行为总是伴随一定的动机或需求，而动机或需求的满足体现了行为的意义。按照马斯洛的需要层次理论（图898），人的基本行为动机包括如下几个部分：（1）生理需要，包括人的生存需要以及生殖需求等。（2）安全需要，包括自身的生命、财产、环境、职业以及心理的安全等。（3）交往需要，包括爱的需要以及归属的需要。（4）尊重需要，包括自尊和他人尊重等。（5）自我实现需要，是发掘自身潜能、实现自己的理想和抱负的高级需要。需要层次理论将人的需求作为行为的原动力，也是预测和理解人的行为的重要理论模型。

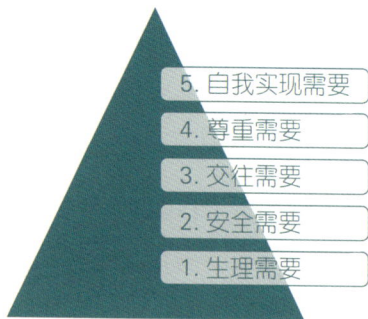

图 898　马斯洛的需要层次理论

需要层次理论具有一定的层级划分，最底层的也是最基本的需求，生理、安全、交往以及尊重的需要都属于缺失性需要，都可以从生活中索取获得，而自我实现的需要是一种成长性需要，只有具备一定的忘我精神、创造意识和挑战能力，才能够更好地实现。人的户外活动是在满足了衣食住行等基本需求的基础上形成的活动，一般情况下，驴友们的安全需求也得到了保障，而户外徒步的健身功能，也在一定程度上契合了驴友的基本生理和安全需要。除此之外，交往是重要的徒步动机，驴友常说"无驴友，不远行"，户外徒步往往是计划缜密的集体活动，在这项活动中有熟悉的驴友，能够满足交往需求。其次，尊重的需求也得到一定的满足。户外徒步是对自身体能的重要挑战，也是对领队策划能力的考验。领队希望成功地完成户外徒步，使得参与其中的驴友都能获得队友的赞许，使得尊重和鼓励的需求得到满足。最后，对于一些极度狂热的户外爱好者，发现新的线路，或者参与一些户外挑战赛等，能够极大地满足自我实现的需求。这些人往往体能充沛，户外能力较强，户外已经成为他们人生中的重要标签，只有不断地挑战户外，才能满足自我实现的需求。

除了马斯洛的需求层次理论，在与驴友的交往中，我也目睹了一些别的动机和需求。有些驴友爬山纯属为了娱乐休闲，走到哪儿无所谓，只是为了放松一下疲惫的身心，让自己能够趁着周末满血复活。也有一些驴友为了欣赏美景而爬山，喜欢扛着长枪短炮，爬到风景优美的山头，不仅自己能够欣赏美景，也用相机把这些美景记录下来，并分享给热爱户外的他人。还有一些驴友，尤其是年轻驴友，因为在生活中很少与异性有交集，所以为了交朋友而爬山，趁着爬山多认识一些志同道合的驴友，也顺便解决个人问题。此外，也有一些驴友或为了逃避现实生活，或为了寻访道友，或为了进庙还愿，或为了扬名立万。

人们的徒步动机受到年龄、性别、职业、婚姻状态、家庭收入等多种因素的影响。女性比男性有更强的社交动机，年轻人比中老年人社交动机更强，而老年人在亲近自然和健康诉求上的动机更强。那些离异以及工作失意的背包客往往具有逃避现实的动机，在山野中放飞自我，似乎更具有治愈效果。总之，形形色色的动机分布在山野徒步者中间。

或许，古代的诗人、政客在秦岭徒步时，思绪与现代人无异，动机也差别不大。因为人生短暂，所以个人应当在短暂的生命中寻求更高的生命意义，而不是像动物一般只为了满足生存需要，也许，户外徒步旅行正是摆脱无聊与平淡的法门之一。

## 4.3　户外徒步的准备阶段

户外徒步可简可繁，有些人为徒步精心准备，充分保证户外徒步的满意度，而大多数人没有太多的思考，不免在户外遇到窘迫甚至危险的事情。如果你想长久地户外徒步，一定需要做好身体、心理、时间、物资、组织等各方面的准备。

户外徒步需要一定的身体素质为基础。我曾遇到一些驴友，户外徒步正是为了对抗自身的疾病，这些人有巨大的勇气和毅力来挑战一些慢性疾病。大多数人都觉得爬山让自我感觉更舒适，这也是驱使他们孜孜不倦地户外徒步的原因。不过，相对而言，驴友的身体素质整体更好一些。普通人对驴友总有这样的印象：能长距离地暴走，也能长时间地负重。驴友身体素质较好有两方面的原因：首先是底子好，驴友有好的体能基础，才更加苛求户外徒步，将过剩的精力用在山野徒步中。其次是锻炼的效果好，即使最初登山时体能稍差，在经过几年的户外运动后，大部分驴友都能感觉到心肺功能明显增强。秦岭不同于丘陵或平原地区，这里有海拔 3700 米以上的山峰，即使浅山的海拔也平均在 1000 米以上，因此，这里的户外徒步更具有登山的性质。如果体质较弱，建议从简单的线路开始，循序渐进，逐步挑战更高的海拔以及更远的距离。

户外徒步也需要做好心理上的准备。在户外，尤其是 AA 约伴，有时候，没有领队也没有收队，你需要跟上队伍，咬牙坚持。户外徒步旅行不是去花园景区，这里没有服务人员，更没有公共服务设施。如果你离不开五星级的厕所，那不如趁早回家，户外徒步需要克服一系列人性的弱点，譬如懒惰、矫情、自私等等。如果你不幸得了公主病，千万别户外徒步，因为户外没人惯着你。驴友坚持友好、平等、互惠的原则，在你户外遇险时会在保证自身安全的同时提供支援，但这份友好不代表会任劳任怨地为你做牛做马。一次矫情情有可原，但每次都这样，就会逐渐被组织抛弃，再也没人愿意带你玩。因此，做好心理上的准备，不要做长不大的孩子，不要犯公主病，做独立坚强勇敢的户外人，你才能融入带你看世界的户外圈。

户外徒步需要做好时间上的准备。一个能够合理安排自己生活的人，才能成为真正的户外人。合理安排自己的时间，不要挤占家庭和事业的时间，在处理好工作和家庭关系的前提下，为户外活动预留时间。我见过许多户外大神，每天不在户外徒步，就在准备户外徒步的路上，难道他们没有家庭吗，没有工作吗？也许这些人真的没有工作，或许已经实现了财务自由，但是为家庭付出的时间寥寥无几。这样的户外生活并不值得提倡，毕竟获得远远没有失去的多。真正的户外人，应当担负自己的责任，区分好工作的时间、家庭陪伴的时间以及自己独享的户外时间，将自己分内的事情做好，又能为灵魂寻得自由解脱的户外出行。此外，户外人应当是一个自律守时的人，毕竟团队出行不是个人信马由缰。如果约定了集合时间，户外人应当克服困难，准时到达目的地，如果每个人耽搁三五分钟，十几个人就会耽搁很长时间，而户外出行最宝贵的就是时间，没有人有义务为你的不守时买单。一次不守时甚至放鸽子或许会得到队友的谅解，然而事不过三，如果频繁出现类似的事情，队友就会远离你，毕竟人以群分，不是一路人也无法苛求长长久久地一起出行。

户外徒步需要一定的物质基础。首先是户外装备的投入。初级装备包括登山服饰，合适的登山鞋以及登山服会让人有更舒适的登山体验，也为户外安全增添了一份保障。除了登山服饰，登山杖、登山包也是户外常见的入门装备，毕竟户外徒步大多进入山林，远离人间烟火，吃的用的都得自己背着，合适的登山包会让双肩更加舒服。此外，冬季登山还得准备冰爪以及手套等，在冰天雪地里行走，有些路段没有冰爪寸步难行。在这些基础装备上，如果需要进一步升级，那就要考虑一下通信设备譬如对讲机、北斗盒子甚至卫星电话等。如果厌倦了自带熟食，选择自己在山里做饭，还需要准备炉灶、气罐、碗筷等。如果进一步升级线路，两日以上的线路则需要准备露营装备，包括帐篷、睡袋、睡垫等。户外装备的价格差别很大，财力雄厚的人一身名牌，而较为节俭的驴友选择大众化的品牌即可。其次是户外活动费用的投入。有组织的驴友参加 AA 活动，每个人平摊油费，一次出行根据距离不等一般在 10 元到百元左右。没有组织的驴友选择乘坐公共交通工具、自驾或者参加户外商团的活动，独自出行需要自己承担所有交通费用，而参加户外商团需要一次性缴纳团费，西安周边的一日商团在 60 元到几百元不等。装备和团费的开销是户外运动中最大的两笔，除装备和团费的开销外，吃喝也需要考虑进来，毕竟即使不参加活动，也免不了要吃吃喝喝。

户外徒步也需要寻求户外组织的保护。没有组织，就没有归属感；没有组织，也没有安全感。这些年秦岭户外圈没少出事，大多数情况下是因为脱离了组织，孤身犯险。有些驴友年轻气盛，觉得自己看得懂卫星地图，装备齐全，于是挑战自然的权威。然而，户外活动就怕有个什么闪失，有驴友不幸遇到了落单的羚牛或黑熊的攻击，也有驴友遇到了难以想象的恶劣天气，甚至有驴友一不留神失足跌落悬崖。身在户外圈的人，知道户外活动绝非儿戏，经历越多，见识越广，就越觉得自身渺小。不要过分地夸大"人定胜天"，也不要心存侥幸以身犯险，户外活动一定要依托专业的组织。"三人行，必有我师"，在你的户外圈子中总有几个户外人担任活动的领队，在经验上远多于你。大多数人即使不懂轨迹图，也不知道身在哪里，但却能安全出山，因为你的身边有个负责任的组织者。

一般情况下，没有人可以在第一次户外活动前做好一切户外活动的准备，户外是一个大课堂，每个驴友都是从新驴逐渐成长为老驴，在成长的过程中，你将收获愉悦的灵魂、健康的体魄以及值得信赖的驴友。如果还没有准备好，没关系，先试着参加一个入门的户外活动，驴友们往往"好为人师"，你的遇见或许就是成长的契机。

## 4.4 户外线路的决策过程

经常有朋友问起秦岭线路，"马队，推荐一个休闲爬山的地方？""马队，我在
耿峪附近遛弯，这里有没有适合爬山的地方？"户外线路千万条，但也分为三六九等，
从难易程度上线路可分为容易型、一般型、困难型。容易型的线路老少皆宜，如果没
有特殊身心疾病应该都能完成；一般型需要一定的体能，平常注重锻炼，身体健康的
人基本能够完成；而困难型属于难度级别较高的类型，经常锻炼且体能较好的驴友才
能够完成。当我推荐线路时，一般会推荐景区成熟线路，那些野山只属于驴友，即使
容易型的线路，不熟悉地貌和线路，也无法轻松地完成。

户外线路有明显的季节性特征，如果不是单纯为了锻炼身体，大多数驴友会选择
当前季节最合适的观景线路。春季型线路注重踏青、赏花和采摘，当春回大地万物复
苏的时候，驴友们惦记的白鹃梅、紫荆花、山槐花等相继盛开，寻访有花有草的好地
方是春季户外徒步的重头戏。夏季型线路注重纳凉戏水以及草甸露营，在水流丰富的
峡谷，寻访瀑布仙泉是这个季节的重要内涵，在高山草甸，欣赏绵延不尽的草甸风光，
看云卷云舒以及日出日落，将户外活动的体验推至巅峰。秋季型线路注重红黄美景以
及休闲采摘，秋季是丰收的季节，也是秦岭山色更迭的季节，驴友们走进深山，背着
猕猴桃、板栗以及山核桃等愉悦地出山，享受着丰收的喜悦。同时，红叶与黄叶挂满
山头，在层林尽染的秋色中感受万物轮回，是驴友体验天地变化思忖生命意义的契机。
最后，冬季型线路注重欣赏雪松冰瀑，看银装素裹的冰雪世界。秦岭在每年11月份便
进入雪季，一直到来年的春天，整个冬季中有看不厌的冰瀑奇观以及玩不够的天然滑
雪场。

试想一下，想要进山徒步的你，是如何做出户外线路的决策的？哪些因素影响了
你的决策过程？你所感知到的季节、天气、交通、距离、难度、风景以及驴友建议等
是如何左右了你的行为？

对于户外大神而言，每个季节去哪里，心中早有安排。在秦岭户外大神的心理版
图中，户外线路不断延伸，直至覆盖整个秦岭。这些大神，每周都会提前规划出行线
路，有些线路属于周期性线路，每年都会走，譬如赏花摘果、观看冰瀑、欣赏草甸等，
在合适的季节响应驴友内心的召唤，与大美秦岭再度相逢。除了周期性线路，户外大
神不断地开疆辟土，不走寻常路，去看那未曾看过的风景，去攀登未曾征服的山头。

并不是每个人都是户外大神，一般驴友分为主动性驴友和被动型驴友。大多数主
动型驴友的户外决策经历以下过程。首先，感知到空闲时间来临，思考去哪里。刷刷

抖音，看看朋友圈，看看最近哪些地方比较好玩。然后，搜索一下网络上的攻略，或者在户外群里咨询一下户外大神，等确定了线路就开始发起约伴。一般情况下，主动的驴友会根据个人的喜好选择户外线路，或自驾出行或参加商团活动等，是带有一定目的的爬山。然而，还有一批驴友纯属被动型驴友，从来不规划线路，也不知道去哪儿。看到领队发活动，无论去哪儿，有时间就跟着走。这些驴友往往比较随和，爬山就是为了看看美景，活动一下筋骨。被动型驴友跟团的概率更大，因为自己懒得琢磨线路，也更容易受到宣传媒体的影响，感官被感动了便会开启说走就走的旅行。

不过，户外线路决策应当更加理性一些，毕竟户外徒步属于具有一定风险的运动。户外线路的选择要考虑到人机环相关的三方面因素，包括人的因素、线路因素以及环境因素（图 899）。

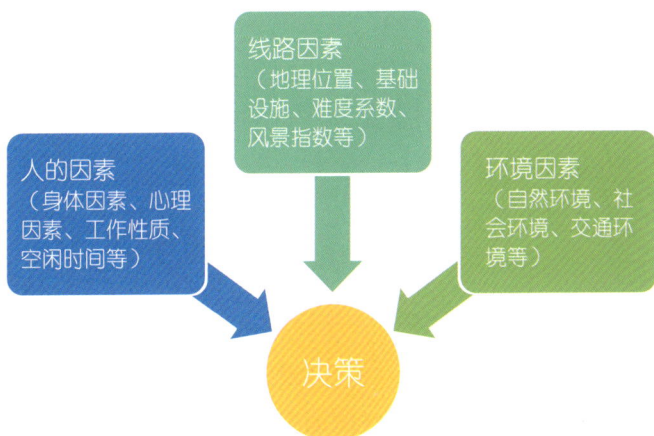

图 899　户外线路决策的影响因素

首先，在决策过程中要考虑身心状态是否允许，譬如，在感染新冠病毒之后，身体处在较为虚弱的状态，这个时候就不太适合高强度的户外运动。此外，个人的工作和时间安排会直接影响到户外线路的选择，户外活动少则一天，多则三五天甚至更长，如果没有合适的时间安排，活动便无法展开。

其次，要考虑线路的属性。譬如，线路中是否有农家以及水源，线路本身的难度和风景指数，等等。新手尤其应当关注线路难度，不要贸然参加难度过大的户外活动，即使对自己很有信心，也应当慎重选择。

最后，要考虑环境因素，包括自然环境因素。季节性变化最能影响山野徒步的路况，也会增加户外活动的变数。除此之外还应当考虑社会环境以及交通因素等，政策明令禁止的保护区域，最好不要以身试法，近年来秦岭保护力度加大，驴友户外活动的阻力增大，这些都是在户外线路决策中需要考虑的因素。只有通过详细的规划和理性的分析，才能更好地做出户外线路的选择，提升户外活动的品质。

## 4.5　户外活动中的饮食心理与行为

户外徒步旅行中对吃有特别的要求，从吃的内容能够反映出户外人的生活习惯。新驴要么进山没吃的，要么负重太多吃不完，还有的带了很多吃的却提不起胃口，而老驴则不然，老驴会精心地准备食物，不多不少刚刚好，既能够满足能量的需求，又能最大化地减少背负。此外，有时候老驴还会在山里开小灶，吃个火锅，煮个水饺，甚至煎个牛排，炒俩菜，喝着小酒看日出日落，这等洒脱惬意的事情也只有在老驴身上才能发生。户外活动中如果吃得好，将是户外旅行中的点睛之笔，更能够让人意犹未尽，提升户外活动的满意度。

我们看一看驴友们究竟吃什么、怎么吃，这些吃吃喝喝的背后究竟蕴含了什么样的心理机制。

不论一日线还是多日线，驴友们在食物消费上主要分为两类。一类是极简主义者，只携带必需的最少量的食物；另一类是享乐主义者，一般重装出行，携带大量的物资。驴友的食物消费形式主要由个人因素决定，包括年龄、性别、个性特征、日常食物消费习惯、经济基础等，这些因素都会影响人们的食物选择模式。按照饮食偏好形成模型，人的饮食行为是在毕生发展过程中逐渐形成的稳定的饮食习惯。遗传与环境首先从根源上影响了食物偏好基因的表达，大多数因食物过敏而拒绝某类食物的人或存在基因上的排斥，而生长环境中的地理环境特征等也会影响部分基因的表达。

除了先天因素之外，进食系统更多地受到后天发展变化过程中微系统的调控。人们在不同的家庭中生长，受不同的经济收入支配，食物资源分配的环境不同，可以获取的食物资源的种类受到不同条件的制约，逐渐形成了某些食材口味的偏好性。不过，食物偏好具有极强的可塑性，除了不愿意尝试新事物的严重食物恐新者，大多数人在经历新的食物的感官体验后，会对新的食物形成难以磨灭的口感记忆，因此，在人的感官功能正常的情况下，食物的可塑性也在不断地进行演变和调整。即便如此，对特殊食材的偏好依然能够预测食客的行为模式，毕竟，大多数人没有机会每天体验不同的食材，我们所能遵从的多半是稳定的进食系统，在固定的时间，与固定的人，享受那些短期有变化但长期而言稳定不变的食材配方。

户外旅行中，有些人保持和日常生活中相似的饮食，极简主义者可能从家中携带一些馒头、花卷、包子、油饼等，配上日常生活中的小菜，用塑料袋或保鲜盒装起来，放在背包中也感受不到太大的重量。极简主义者对饮料也没有太多的诉求，大部分时间用保温杯或便携水壶携带一两千克的开水或者纯净水，偶尔也会购买一些含糖饮料，或者带点小酒。极简主义者对吃并不讲究，对其而言，爬山主要的乐趣不在于吃喝，而在于身心的愉悦。还有一类极简主义者，进山的食物和平常完全不同，他们习惯在超市采购一些平时不吃的高能量食物，估算一下可能的摄入量，将食物拆分成一些小包装，方便进山携带。极简主义者对食物的欲求较少，甚至能够不吃不喝地完成山野徒步，这类人在驴友圈中并不少，尤其是女性居多。也许，极简主义者更注重健康和身材的保持，尽管山野徒步是一项耗费体能的活动，但他们依然能够控制能量摄入，使得自己不至于因为进山而暴饮暴食。

享乐主义者则不然，享乐主义者以追求享受为目的，喜欢在休闲线路上大快朵颐，更喜欢将硬线走成休闲线，无论身处何地，总能从背包中掏出大量的食材。享乐主义者的食物清单或许和家庭饮食相似，也可能与相对保守的家庭饮食完全相悖。他们喜欢在超市以及菜市场大量采购，将重口味的预包装食品或食材塞满背包，这些人也是体能较好的登山者，他们不仅食量大，负重能力也相对较强。除了背负一些自己吃的东西，他们往往是团队中的领队或大厨，一个人甚至能背负一个队伍的食材。享乐主义者并不是不注重健康，他们对饮食健康有不同的信念，相信自己吃多少就能消耗多少。享乐主义者往往具有良好的性情，团队协作能力较强，为人也乐观开朗，与这类人一起爬山，你不仅能收获户外美景，更能收获户外美食。

鉴于户外徒步的特殊性，整个旅途中没有服务人员，每个人都需要为自己的餐饮行为负责。首先，个人需要携带足够的食物和饮用水，而不是将个人餐饮寄托到其他驴友身上。其次，人人都是共餐的服务者，你需要在共餐活动中出一份力，啥事都不干只爱坐享其成的人将被队友疏离。最后，人人都应当为饮食产生的垃圾负责，有时候队伍中会有身体强壮的勇士将所有垃圾打包带走，但作为队友应当主动分担户外饮食产生的垃圾，这是人格魅力的重要体现。

## 4.6　追求安全、健康与环保的户外人

户外徒步旅行，一定要遵循三个核心准则：安全、健康与环保。这三个原则不仅是对自己负责，也是对社会和他人负责，驴友们应当遵循这三个原则，做一个有担当的人。

### 4.6.1　安全第一，旅行第二

安全是第一原则，驴友们应学会规避风险，远离无法保障安全的户外活动。驴友应当对自身有理性的评估，多听听朋友的建议，切莫"明知山有虎，偏向虎山行"。在自身未做好充分准备时，不要挑战长距离的高海拔露营活动。有些驴友没有携带过

硬的装备，也没有事先做好规划，贸然在冰天雪地里穿越生死线，真是不把自己的命当回事。此类出行产生的意外每年都有，不仅消耗掉大量的户外救援力量，也让家人无端承受了失去或险些失去亲人的痛苦。户外人最忌讳的就是侥幸心理，有些人总觉得自己的运气好，认为恶劣天气不会持续太久，或者前方不会再有类似的险情，这类侥幸心理源于对大自然缺乏敬畏。即使是专业人员，也应当放下执念，许多前车之鉴应当让我们擦亮眼睛认识自我，别人能做到的事情不代表自己也可以尝试，大多数失败的案例都已经隐入历史的尘烟，你看不到也听不到他们在求生之路上对后人的警戒。

如何确保户外旅行中的安全？

首先，胆子小一些，安全多一些。胆子越大，风险越大，当我们看到悬崖峭壁心生胆怯时，这是人的本能在保护机体的安全，如果你违背本能，战战兢兢攀爬悬崖峭壁时，最容易一失足成千古恨。

其次，做好充足的准备，每个人都应当是自身安全的第一责任人。团体活动中，不是每个人都有丰富的户外经验，要确保团队中有 GPS 导航、绳索、急救包、对讲机甚至卫星电话等应急装备。有时候，人们可能在侥幸心理的怂恿下，在无绳索保护的情况下攀爬或下降，这些冒失的行为将增加户外的风险。

再次，不要落单，更不要做"独行侠"。户外有风险，你无法预料徒步过程中的每一个突发问题，如哪个地方石头出现松动，哪个地方会有攻击性动物出没，甚至无法预料自己会不会偶发身体的不适。与驴友同行，等同于为自己额外购买了一份保险，有个人与你一起应对突发事项，个人安全就多了一份保障。

最后，选择合适的线路，不逞强，不斗勇。户外线路千万条，要选择适合自己的。那些风险较高的线路，你有理由选择回避。想一下自己的家人和朋友，你舍得让他们为你担心吗？户外人切莫忘记户外活动的初心，毕竟如果安全不在，其他都没有意义。在户外，不需要争强好胜，累了就缓一缓，实在登不了顶就原路返回，山一直在那里，无须执念太重。

### 4.6.2　健康是户外人的终极追求

健康是户外活动的第二准则。人这一生，若能运气爆棚，做到健康长寿，那是亿万钱财也换不来的。我国提出了"健康中国规划"，也是旨在提高我国居民的整体健康水平。户外人往往有较高的健康素养，主动追求健康。

户外人的年龄分布较广，下至乳臭孩童，上至耄耋老人，都能在户外看到踪影。不过，目前户外人的主体是中年人，这是因为中年人满足户外的许多条件，包括有精力、有时间、能对自己行为负责并有一定经济基础。中年人已经能够感知到身体的衰变，再不如二十多岁时那样孔武有力。即便如此，中年人一边喝着枸杞茶，一边在山中逍遥地行走，初心也是为了健康。在与自然环境的交融中，人们呼吸着大自然的清新空气，肢体也倍感舒适，每周一两次的户外徒步确实让中年人的精气神有了极大的提升。

在户外群体中，也有一部分退休的人，这些人在中年时就爱玩户外，退休后玩户外的时间更加充足。这些人更加注重健康，尤其是有一些慢性疾病的户外人，更加注重体重的变化。他们不爱胡吃海喝，用餐也更加讲究，懂得营养全面，而又不会摄入能量过高。许多户外人在户外徒步多年，也逐渐成为养生达人，知道了怎样吃喝以及配合适量的运动。我也曾见过 80 多岁的老先生，在山里与年轻人一起徒步，步伐完全不输年轻人。尽管有人认为，登山运动对膝盖的损伤较大，但是，总不能因噎废食，户外人在享受登山的快乐时，也不忘记锻炼膝盖，或采用护膝以及登山杖等保护措施以减少户外活动对膝盖的磨损。

即使那些已经爬不了山的老人，也喜欢在山林中呼吸新鲜空气。七十二峪沟壑纵横，不用登山，也能在沟壑天然氧吧中享受大自然的馈赠。不仅是秦岭山区，全国各地山水环绕的宝地，都是养生项目开展的重要地方。那些上了年纪的老人，在山水田园间，最能体会到大自然对生命的恩赐，或许唯有天人合一，才能寿比南山。

除了机体的健康，心灵的健康也不容忽视，追求身心的愉悦也是户外徒步活动的初心之一。老祖宗告诉我们，笑一笑，十年少，心灵的愉悦也是保持机体健康的法门。户外人往往具有开阔的胸襟，见识了开阔的风景，心胸自然也跟着开阔起来。在户外，守护健康愉悦的心灵需要做到以下几点。

首先，享受户外，放下烦恼。生活中的烦心事不要带到户外，也没有人喜欢被人当作情绪的宣泄桶。来到户外，就应当享受当下的愉悦，用户外的美景美事冲抵生活的不快。

其次，平心静气，无欲无求。如果你带着功利性的目的参与户外活动，那么，你多半会错过户外的美景，因为你的心思不在于欣赏美，你也错失了治愈内在心灵的机会。

再次，将生活和户外活动分开，让户外关系返璞归真。参加户外活动的朋友越来越多，但是，户外的朋友关系与同事关系以及亲戚关系有很大的区别，若想长久地参加户外活动，必须学会将户外活动和生活分开，恰当地处理好户外朋友关系，让户外徒步变得更加干净纯粹。

最后，做真实的自己，融入接纳自己的驴友圈。每个人脾气不同，你所融入的驴友圈也会有不同。户外徒步不需要数百人的大圈子，在户外徒步多年后，你的圈子可能变得越来越简单，有几个比较熟悉的驴友，每次活动就那么几个人，在这个圈子中，你能表现出真实的自己，大家彼此接纳，就会形成一个户外小团体，也避免了频繁而无意义的社会交际。

不忘初心，追求身心健康，这是户外人永恒的追求。

### 4.6.3　环保人才是真正的户外人

环保是户外永恒的主体，真正的户外人也是真正的环保人。自诩是玩户外的驴友，转身却把垃圾丢在了地上，这类人是驴友最为鄙夷的人，也是驴友眼中的伪驴。

在户外圈子中，也有一些公益组织，每到周末奔赴山林，别人丢垃圾，他们捡垃圾。这样简单的活动能够长久地持续下去，已经变得不简单。类似的组织有净水鸟、益友等。也有一些户外俱乐部在登山活动时为每个人发放一个垃圾袋，能够带着垃圾下山将得到一定的奖励，这些组织和个人为秦岭环保做出了贡献，也是户外人的典范。

深入了解丢垃圾行为与促进环保行为同样重要，我曾带着驴友以及学生深入山林，参与环保调研（图900）。尽管国内驴友的饮食行为与国外存在很大差异，食材种类也因地域不同存在天壤之别。然而，丢垃圾的行为却有一定的共性，山林中垃圾的主要源头来自户外饮食，尤其是预包装食品的使用，譬如矿泉水瓶以及食品包装袋等。

图900　观音山清山活动（2022年9月）

在沣峪东观音山（起点海拔 1100 米，最高点海拔 1800 米左右，单程 3 千米左右）的一次清山活动中，我们驴友四人清理了 4 个麻袋的垃圾，统计显示有 420 个垃圾物，包含如下分类（见表 2）：

表 2　垃圾分类

| 品类 | 细分品类 | 数量 |
| --- | --- | --- |
| 小吃零食 | 糖 | 5 |
| | 糕点饼干 | 35 |
| | 豆干肉脯 | 39 |
| | 膨化食品 | 4 |
| | 炒货坚果 | 2 |
| | 速食 | 12 |
| 饮料啤酒 | 矿泉水 | 105 |
| | 牛奶 | 41 |
| | 乳饮 / 坚果饮料 | 11 |
| | 碳酸饮料 | 20 |
| | 功能性饮料 | 30 |
| | 咖啡 / 茶饮 | 3 |
| | 果汁饮料 | 3 |
| | 啤酒 | 6 |
| 烟 | | 14 |
| 药 | | 5 |
| 其他 | 湿巾 | 29 |
| | 塑料袋 | 40 |
| | 外卖盒 | 3 |
| | 一次性雨衣 | 1 |
| | 透明胶带 | 1 |
| | 口罩 | 8 |
| | 一次性纸杯 | 2 |
| | 气罐 | 1 |

通过对回收垃圾的分类整理，我们可以看出与饮食直接相关的小吃零食包装和饮料啤酒瓶占据了垃圾中的75%，如果将塑料袋、外卖盒以及湿巾等与饮食间接产生联系的垃圾归类为饮食垃圾，那么，饮食垃圾占比在93%以上。户外垃圾产生的源头是饮食行为导致的，如此重要的现象为什么少有科学研究？户外环保行为尽管能减少环境污染，但是治标不治本。错误的饮食模式依然存在，环保素养较低的伪驴依然存在，青山绿水仍然需要漫长的过程。

环保是个大工程，单靠民间公益力量远远不够。为促进秦岭环境保护，根据对饮食行为以及环保行为的相关研究，建议从以下方面着手。

首先，驴友应养成自觉的环保习惯。成山的垃圾是一个个不起眼的垃圾堆积起来的，而青山绿水也是一个个举手之劳打造的。只要人人树立环保意识，从娃娃抓起，带动全民环保素养的提升，那么，山里便没有垃圾的容身之地。

其次，社会层面应积极干预。我们对环保的投入不够，宣传也不够，在经济发展面前，对环保缺少应有的重视。国家应当出台更多细致的环保法则，积极地宣传环保的重要性，并运用政策工具调控企业的食品生产行为，促进企业树立责任意识，将环保理念融入产品设计以及产品销售等各个环节。

再次，对饮食行为开展科学调研。秦岭环境污染行为主要来自饮食行为，那么，驴友究竟在饮食行为中的哪个或哪些环节出现了问题，导致产生污染行为？在享受食物之余，什么人在什么情境下才会做出不环保的行为？这些问题需要我们对饮食行为进一步调研，提出更加具有针对性的方案，促进相关行为主体做出实质的行为改变。

驴友的环保行为与个人的性格有密切的关系，从大五人格的角度来看，那些责任心较低以及宜人性较低的人，更倾向于不考虑环保后果，做出丢垃圾的自私行为。乱丢垃圾的现象也分为许多类，有些人光明正大地丢在路边，有些人谨小慎微地放在草丛深处，无论哪一种方式，都是不当的。为了青山绿水，为了给身边人树立良好的榜样，也为了赢得别人的尊重，请负起自己的责任。

只要人人付出一点爱，青山绿水自然来。作为真正的驴友，以身作则，投身环保，也是践行社会主义道路，构建人类命运共同体的重要体现。

走遍千山万水，归来仍是少年。当我如同经历九九八十一难，修成秦岭北麓三百峪的正果时，心中不免有诸多感慨。在朋友眼中，我是一头犟驴，但相对于那些越野犟驴以及其他户外运动项目的大神，其实我微不足道。

然而，不是每个人都有机会系统地走访秦岭三百峪，而我时间较为自由。我每年平均徒步 60 天以上，而且几乎不走重复线。因为我有一个坚定的目标，那就是在五年内完成秦岭三百峪以及百十峰的徒步，如若老走一条重复路，就浪费了一次探索新线路的机会。我经常提醒自己，有理想就应当勇于尝试，因为谁也不知道明日会不会来。

在秦岭问道的同时，我也经常反思徒步的意义。每个人都有不同的追求，有的为了锻炼身体，有的为了休闲散心，有的为了拓展知识，而大多数人没有明确的目标。我认识的驴友大多数每周登山一次，甚至一周多次，有些人反复走在同一个峪道，一个子午峪竟让他们默默地走了几十年。或许，随着时间的沉淀和体能的衰竭，许多人会停止探索，选择自己熟悉的生活方式安定下来。

有人说，徒步是一种修行。每一次徒步，似乎都是在追寻古人的脚步，也唯有身体力行，才能更深刻地理解历史的沧桑巨变，更能体会到大自然的规律。从古至今，人类的历史显得微不足道。我所记录的秦岭风景，在记录的瞬间已经成为历史。

常在山中行走，那些得道的人更加敬畏自然，对人事看得更加淡薄。人生就像秦岭三百峪的水流，起点或高或低，过程或有平静或有激昂，遇刚强而让步，遇柔弱而安抚，随遇而安，无论经历什么，最终百川归海殊途同归。

真正的驴友或许已经走在修行的边缘，他们热爱生活，为人豁达，责任意识强。真正的驴友从不将垃圾留在秦岭，不给大自然以及秦岭卫士增添负担。他们友好地保护水源，在危险的登山路段留下安全绳索。在这类人心中，守卫秦岭，以山会友，愉快而平凡地度过短暂的一生，是一种享受，也是一份责任。

在未来的生活中，攀登会是我的一种习惯，但仍只是业余爱好。我的本职工作依然是教书，并探索一些有趣的人类饮食心理与行为问题，爬山只是放松身心回归心灵的途径。未来与秦岭的交集会一直延续，我也将用我的专业知识更好地认识秦岭人，理解秦岭户外群体的心理与行为规律，也将进一步为守护青山绿水贡献自己的力量……

最后，谨以此书祝愿各位朋友也能徒步龙脊三千里，问道秦岭三百峪。除了能欣赏到大美秦岭风光，更能够在大山中找回心灵深处的宁静，更加积极乐观地面对人生。

马国杰

2023 年 7 月